全国黄金交易从业水平考试统编教材

黄金市场基础知识与交易实务

(2025 年版)

全国黄金交易从业水平考试教材编写组◎编

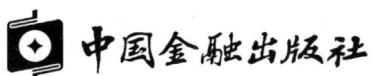
中国金融出版社

责任编辑：黄海清　白子彤
责任校对：卓　越
责任印制：丁淮宾

图书在版编目（CIP）数据

黄金市场基础知识与交易实务：2025年版／全国黄金交易从业水平考试教材编写组编. -- 北京：中国金融出版社，2025.3. -- ISBN 978 - 7 - 5220 - 2729 - 6

Ⅰ. F830.94

中国国家版本馆CIP数据核字第2025NA2805号

黄金市场基础知识与交易实务（2025年版）
HUANGJIN SHICHANG JICHU ZHISHI YU JIAOYI SHIWU（2025 NIANBAN）

出版	**中国金融出版社**
发行	
社址	北京市丰台区益泽路2号
市场开发部	（010）66024766，63805472，63439533（传真）
网上书店	www.cfph.cn
	（010）66024766，63372837（传真）
读者服务部	（010）66070833，62568380
邮编	100071
经销	新华书店
印刷	保利达印务有限公司
尺寸	169毫米×239毫米
印张	25
字数	430千
版次	2025年3月第1版
印次	2025年3月第1次印刷
定价	90.00元
ISBN 978 - 7 - 5220 - 2729 - 6	

如出现印装错误本社负责调换　联系电话（010）63263947

教材编写委员会

主　　任：余文建　高　飞

副 主 任：江会芬　肖瑞卿　李　华　马　林　曾　辉
　　　　　滕　巍　邢莹莹　庄　晓

委　　员：曹媛媛　陈利雄　井　军　陈　丹　黄党贵
　　　　　段　兵　任冬艳　刘科军　刘　钦　翁占斌
　　　　　曾　丹　李　晶　郑　峰　刘明明　童　刚
　　　　　刘　亮　谢　天　施　飚　张维德　徐荟竹
　　　　　周列颖　黄亭亭　王子剑　邱德增

编写人员：杨　艳　胡均伟　孙昌明　曾景平　柯　旭
　　　　　蔡晓春　费　超　孔　军　梁　榜　曹嘉琳
　　　　　卢　静　仲　晨　刘小俊　郑　琪　王雅菲
　　　　　吴亚彦　徐绍军　王文滨　段君杰

统　　稿：徐荟竹　吴宇峰　周　荃　张锦鹏　潘磊宁
　　　　　诸思齐

编写说明

培育理性稳健的投资者是金融市场健康持续发展的重要基础，黄金市场也不例外。2002年中国黄金市场正式建立，经过20余年的发展，已成为我国金融要素市场的一个重要组成部分，在制度建设、业务优化、技术创新等各方面均实现了跨越式发展，交易规模大幅跃升，黄金市场从业人员数量和投资者规模也随之迅速扩大。

为进一步促进和规范黄金市场发展，提升黄金交易从业人员素质，中国人民银行、发展改革委、工业和信息化部、财政部、税务总局、证监会于2010年联合发布《关于促进黄金市场发展的若干意见》（银发〔2010〕211号）强调，"采取多种形式，切实加强对投资者的教育，培育成熟的黄金市场投资群体。加大对黄金市场从业人员的培训力度，提高从业人员素质。切实加强黄金市场的风险教育，提高市场参与主体的风险意识"，并在后续相关指导意见中多次对从业人员培养和市场投教工作提出要求。

在此背景下，上海黄金交易所及上海期货交易所不断强化从业人员执业素质要求。《上海黄金交易所会员管理办法》规定交易所会员单位必须具备一定数量"经过交易所业务培训并具备交易所认可业务资质的从业人员"。为稳妥推进黄金市场业务开展，众多商业银行和证券公司也相应要求每个营业网点需配备相应资格的从业人员。上海黄金交易所持续通过"黄金大讲堂""走进金交所"等多种渠道和方式，开展从业人员培训和投资者教育，增强从业人员和投资者专业水平及风险识别、防控能力，并组织举办全国黄金交易从业水平考试帮助从业人员更好地系统把握市场基础知识。与此同时，众多有志于从事黄金交易的市场参与者也希望通过从业水平考试进一步了解市场知识和风险。多年间，已有累计14.2万名考生参加全国黄金交易从业水平考试。全国黄金交易从业水平考试成为黄金市场从业人员培养、市场知识普及和加强风险教育的一个重要载体。

《黄金市场基础知识与交易实务》是全国黄金交易从业水平考试委员会组织编写的配套学习参考材料。自2018年起，本书经过2次修订。本次修订，在系统介绍黄金市场基础业务知识的基础上，全面介绍了黄金市场监管制度新发展、自主可控金融基础设施建设新成果、行业治理体系新变化，以及国内外市场发展新趋势，同时积极倡导诚实守信、以义取利、稳健审慎、守正创新、依法合规的行业文化。

修订后的教材共分为7章23节，包括黄金市场基础知识、我国黄金市场的组织架构、黄金交易业务规则、黄金市场风险控制、黄金期货与商业银行黄金业务、黄金市场监管制度、黄金市场职业道德等内容。教材编写组及专家指导组成员来自我国黄金市场的监管部门、上海黄金交易所、上海期货交易所、国内主要商业银行和证券公司，以及黄金行业的资深专家。

希望本书对于各位读者进一步了解黄金市场有所帮助，也欢迎各位读者提出宝贵意见。

全国黄金交易从业水平考试教材编写组
2025年1月

目 录

第一章 黄金市场基础知识 ………………………………………… 1
- 第一节 黄金、白银、铂的基本特性 …………………………… 1
- 第二节 黄金文化与黄金属性 …………………………………… 6
- 第三节 黄金市场发展概况 ……………………………………… 19

第二章 中国黄金市场的组织架构 ………………………………… 29
- 第一节 黄金市场的构成要素及功能 …………………………… 29
- 第二节 上海黄金交易所概况 …………………………………… 33
- 第三节 上海黄金交易所会员管理 ……………………………… 37

第三章 黄金交易业务规则 ………………………………………… 44
- 第一节 交易通则 ………………………………………………… 44
- 第二节 竞价交易规则 …………………………………………… 49
- 第三节 询价交易规则 …………………………………………… 75
- 第四节 集中定价交易业务 ……………………………………… 121
- 第五节 交割及租借业务 ………………………………………… 137
- 第六节 清算与结算业务 ………………………………………… 160
- 第七节 国际板业务 ……………………………………………… 176
- 第八节 税收政策与发票管理 …………………………………… 196

第四章 黄金市场风险控制 ………………………………………… 213
- 第一节 黄金市场的风险控制管理 ……………………………… 213
- 第二节 风险控制管理制度 ……………………………………… 219
- 第三节 投资者适当性管理 ……………………………………… 233

第五章　黄金期货与商业银行黄金业务 ·········· 236
第一节　黄金期货业务 ·········· 236
第二节　商业银行黄金业务 ·········· 256

第六章　黄金市场的监管制度 ·········· 271
第一节　黄金市场的监管制度 ·········· 271
第二节　黄金市场反洗钱制度 ·········· 275

第七章　黄金市场从业人员的职业道德 ·········· 285
第一节　道德与职业道德 ·········· 285
第二节　黄金市场从业人员职业道德 ·········· 291

附录　黄金交易相关的法规制度 ·········· 300
一、黄金市场国家法律 ·········· 300
二、黄金市场行政法规 ·········· 321
三、黄金市场部门规章 ·········· 328
四、上海黄金交易所制度规则 ·········· 356

参考文献 ·········· 388

后记 ·········· 389

第一章　黄金市场基础知识

贵金属包括黄金、白银、铂等品种，其中，黄金是人类最早发现和利用的金属之一，其具有稀少、特殊和珍贵的特点，所以自古以来就有"金属之王"的称号，成为财富和权力的象征。人类使用黄金的历史悠久，涵盖社会生活的各个领域。黄金兼具商品属性、货币属性和金融属性，黄金的多重属性决定了黄金文化的多样性和黄金市场的特殊性。

第一节　黄金、白银、铂的基本特性

学习内容	知识点
黄金的基本特性	黄金的物理化学特性、黄金的分类、全球资源储量概况、黄金制品成色的表示方法
白银的基本特性	白银的物理化学特性、白银的主要用途、全球白银资源储量
铂的基本特性	铂的物理化学特性、铂的主要用途、全球铂资源储量

一、黄金的基本特性

（一）黄金的物理化学特性

黄金，又称金，化学符号为 Au，熔点为 1064.43℃，沸点为 2808℃，密度为 19.32 克/立方厘米，摩氏硬度为 2.5。金是热和电的良导体，导电率仅次于银和铜，导热性仅次于银。金是一种柔软的金属，具有良好的韧性和延展性，在现代加工条件下，可以被制成极薄的金箔，也可被拉成极长的金丝。金具有良好的抗化学腐蚀性和抗变色能力，化学稳定性极高，不易氧化或与其他物质发生化学反应，只溶于王水（浓盐酸和浓硝酸体积比为 3:1 的混合物）、盐酸与铬酸的混合液、硫酸与高锰酸钾的混合液等少数溶液。

第一章 黄金市场基础知识

（二）黄金的分类

在自然界，黄金以游离状态存在，以目前的技术，黄金还无法实现天然合成。按来源和提炼后含量的不同，黄金分为生金和熟金，生金是天然金、荒金、原金，熟金是生金经过冶炼、提纯后的黄金。

1. 生金

生金，也称天然金、荒金、原金，是熟金的来源，是从矿山或河底冲积层开采的没有经过熔化提炼的黄金。生金又分为矿金和沙金两种。

矿金，也称合质金，产于矿山、金矿，主要是随地下涌出的热泉在岩石缝隙中沉积而成，常与石英夹在岩石的缝隙中。矿金大多与其他金属伴生，如银、铂、锌等金属，在其他金属未剔除之前称为合质金。矿金因产于不同地质条件的矿山，所含的各种金属成分有所差异，成色高低不一。

沙金，产于河流底层或低洼地带，与石沙混杂在一起，颗粒大小不一，大的如蚕豆，小的似沙粒，形状各异，经淘洗而来。沙金起源于矿山，由于金矿石露出地面，经过长期风吹雨打，岩石经风化而崩裂，细小的金矿便脱离矿脉伴随泥沙顺水而下，在河流底层或砂石下层沉积为含金层，从而形成沙金。

2. 熟金

熟金是生金经过冶炼、提纯后的黄金，一般纯度较高、密度较细，部分可直接用于工业生产。常见的有金条、金块、金锭、金币，不同类型的黄金饰品和器皿，以及工业生产方面的金丝、金片、金板。由于用途不同，所需成色不一，或因缺乏提纯设备，而只熔化未提纯或提纯不够，形成成色高低各异的黄金。根据成色的高低，熟金又可分为纯金、赤金、色金三种。

黄金经过提纯后达到相当高的纯度称为纯金，一般指含金量在99.6%以上的黄金。赤金和纯金接近，但因时间和地域的不同，赤金的标准有所不同，在国际市场上，赤金是指成色达99.6%的黄金，而国内的赤金成色一般为99.2%～99.6%。色金，也称"次金""潮金"，是指成色较低的黄金。这些黄金由于其他金属含量不同，成色高的达99%，低的只有30%。

按含其他金属的不同划分，熟金又可分为清色金、混色金、K金等。清色金是指黄金中只掺有白银成分，不论成色高低统称为清色金，清色金较多，常见于金条、金锭、金块及各种器皿和金饰品。混色金是指黄金内除含有白银外，还含有铜、锌、铅、铁等其他金属，根据所含金属种类和数量不同，还可分为小混金、大混金、青铜大混金、含铅大混金等。K 金（或"开金"）是黄金与其他金属熔合而成的合金。一般来说，K 金含银比例越高，色泽越青；含铜比例高，则色泽为紫红。K 金的纯度用 K 值表示。我国的 K 金在新中国成立初期是按每开（K）为 4.15% 的标准计算的，1982 年以后与国际标准统一，以每 K 为 4.1666% 作为标准。

（三）黄金的全球资源储量及分布情况

黄金广泛存在于自然界，相关资料数据显示，截至 2023 年底，全球黄金证实储量与可信储量为 54770 吨。全球黄金探明资源量、控制资源量和推断资源量总计达 132110 吨，呈现出相对集中的特点，主要分布在亚洲（30100 吨）和北美洲（27820 吨），分别占全球黄金资源量的 22.78% 和 21.06%。澳大利亚、俄罗斯、南非等国家的黄金资源较为丰富。2023 年，中国是世界上最大的产金国。

（四）黄金制品的成色

黄金成色的表示方法主要有两种：一种是百分比法，通常是将黄金物品中金的含量用百分数、千分数的方式表示，如金件上标注 9999 的含金量为 99.99%，标注 999 的含金量为 99.9%；另一种是 K 金法，1K 表示黄金的含量为 4.1666%，12K 的含金量为 50%，18K 的含金量为 75%。另外，人们还用足金来表示含金量等于或大于 99% 的黄金，也俗称"二九金"，印记为"足金""99 金""G99"等。

我国对黄金制品的印记和标识有规定，一般要求有生产企业代号、材料名称、含量印记等，无印记为不合格产品，国际上也是如此。但对于一些特别细小的制品也可不作标记。

二、白银的基本特性

（一）白银的物理化学特性

白银，又称银，化学符号为 Ag，是白色、有光泽的金属。银的熔点为 961.78℃，沸点为 2212℃，密度为 10.49 克/立方厘米，摩氏硬度为 2.5~4，质

第一章　黄金市场基础知识

地柔软,有良好的柔韧性和延展性。银的延展性仅次于黄金,能压成薄片,拉成细丝,1克银可拉成1800米长的细丝,可轧成厚度为1/100000毫米的银箔。银是热和电的良导体,对光的反射性也很好,反射率达91%。银的化学性质不活泼,不与氧发生作用,但长久暴露在空气中,易与空气中的硫化氢化合,形成黑色的硫化银。

(二) 白银的使用

人类使用白银的历史可以追溯到公元前3000年。公元前700年,美索不达米亚的商人们开始使用白银作为交换手段。随着社会的发展,白银与黄金一样,先后成为众多国家的法定货币,也曾作为国际重要的支付手段。古希腊人曾铸造德拉克马银币,英国的先令最初是表示一定数量的白银;除金本位外,在国际货币史上,大多数国家都曾建立过银本位制。随着货币制度的改革和信用货币的产生,银币逐渐退出了流通领域,目前铸造的银币主要为投资银币和纪念银币。

1999年,我国宣布开放白银市场,取消了长期以来的白银统购统配政策,白银作为普通商品进入市场。白银的多功能性使其在大多数行业中的应用不可替代,特别是需要高可靠性、高精度和安全性的高技术行业,主要用于电子工业、家用电器、汽车、航空航天、摄影等领域:白银是良好的电导体,被广泛用于集成电路和小型电池,许多充电电池和氧化银电池使用银合金作为负极,用于手表、照相机等电子产品中;白银是良好的热导体,用于太阳能硅板和汽车后窗户的防霜装置等;白银具有独特的反射效果和抛光性,磨光后可以达到很高的光亮度,可用于镜子、玻璃、玻璃纸或金属制品等,且被广泛制成首饰、装饰品、银器等,因而具有较高的观赏价值和收藏价值;银的化合物也具有重要作用,如卤化银用于生产感光胶片、碘化银用于人工降雨等。

(三) 白银的全球资源储量及分布情况

银在地壳中的含量很低,自然界中的银主要以化合物形态存在,主要分布在多金属矿、铜矿及金矿中。在全球银资源中,只有约1/3是以银为主的原生银矿床,其他2/3的银资源与铜、铅、锌、金等有色金属及贵金属矿床伴生。2023年,全球主产银矿和银矿项目的总储量为107812吨(34.66亿盎司),查明资源总量(不包括储量)为236048吨(75.89亿盎司)。全球银矿资源主要集中在北美洲、中南美洲和亚洲等地区，主要产银国家包括墨西哥、中国、秘鲁、智利等。

三、铂的基本特性

（一）铂的物理化学特性

在铂族金属中，人们最熟悉、使用最多的是铂，它比黄金、白银等更加稀少和贵重。铂，俗称铂金、白金，化学符号为 Pt，是一种过渡金属，呈银白色，具有金属光泽。铂的颜色和光泽是自然天成的，历久不变，是世界上稀有的贵金属之一。

铂的摩氏硬度为 4～4.5，相对密度为 21.45 克/立方厘米，延展性强，耐熔、耐摩擦、耐腐蚀，熔点高达 1773.5℃，具备良好的导热导电性能。铂在高温下化学性质稳定，不溶于强酸强碱，在空气中不容易被氧化。铂金不吸收水银，并具有独特的催化作用。

（二）铂的主要用途

铂的性能优越，所以其用途十分广泛。在珠宝首饰业中，主要用作装饰品和工艺品；在化学工业中，用于制造高级化学器皿、铂金坩埚、电极和加速化学反应速度的催化剂；铂的抗氧化能力强且熔点高，被用于制作宇航服；由于良好的催化作用，铂作为催化剂还被用于汽车尾气净化装置，起到保护环境的作用；人的皮肤对铂基本不会产生过敏现象，铂可制作电极，用于电子脉冲调节器，直接插入人体心脏，救治心律不齐患者；铂也可用于制造潜水深度达 200 米的防水手表；铂铱合金是制造自来水笔笔尖的材料。

（三）铂的全球资源储量及分布情况

铂金在地壳中含量非常低，截至 2023 年底，全球铂金储量为 7064 吨（2.27 亿盎司）。虽然目前已有多个国家发现并开采铂矿，但储量却高度集中在南非和俄罗斯，其中，南非布什维尔德杂岩体中的铂金储量占全球总储量的 70%。此外，津巴布韦、美国、加拿大也有一定的铂矿储藏量。

第二节　黄金文化与黄金属性

学习内容	知识点
黄金的历史文化	世界黄金文化的发展、中国黄金文化的发展
黄金的商品属性	黄金的主要用途
黄金的货币属性	黄金货币属性的表现、黄金在货币体系中的地位
黄金的金融属性	黄金金融属性的表现、黄金场内交易工具与场外交易工具、影响黄金价格波动的主要因素

一、黄金的历史文化

（一）世界黄金文化的发展

黄金文化的历史与人类的历史几乎一样古老，黄金因其耀眼的光泽而成为人类最早发现的金属，马克思曾说："金实质上是人类所发现的第一种金属。"早在新石器时代，黄金就被人类发现和认识，从古至今被称为"百金之王""五金元首"，黄金点燃了人类心中的狂热情绪，成为古今中外人类的共同追求，这种对黄金与生俱来的渴望成为人类文化共通的一部分。黄金在拉丁文中是"闪耀的黄昏"的意思，有"黄色""闪光""光明"之义。在古埃及人眼中，黄金是"可以触摸的太阳"，是太阳神的象征，在古罗马人眼中，黄金是黎明女神的名字，古代人视黄金同太阳一般神圣并予以崇拜。在距今6500年至6000年前的古代埃及就有关于1份黄金与2.5份白银相等的记载，古代埃及人认为金代表太阳，是生命的颜色，银代表月亮，是制造神像骨骼的材料，社会各个阶层，上至法老，下至平民，生者与死者都佩戴金制首饰，连神兽也不例外。

尼罗河地区是人类最早的产金地，古埃及的历代法老用黄金打造自己的宝座，图坦卡蒙法老的黄金面具、黄金棺材、黄金宝座更是当今的黄金文物之最；古代欧洲的国王手持黄金权杖，以此作为权力的象征，法兰克国王的加冕之日，黄金铸成的剑是必不可少之物，当画师为他们绘制肖像时，他们必须佩带此剑；

第二节 黄金文化与黄金属性

历代因黄金而引发的争端更是史不绝书。早在公元前5世纪,古希腊抒情诗人品达就因此发出了这样的叹息:"黄金是宙斯之子,蛀虫与铁锈都无法侵蚀之,但人的灵魂却被这至高无上的财富所侵蚀。"此外,黄金还渗透到人类商业、社会和生活等各个方面,例如,腓尼基人发展商业,繁荣贸易,金器众多;古希腊人制作的反映格斗场面的金梳和黄金壳;阿基米德测量黄金王冠重量的故事;《荷马史诗》中黄金被提及达170次之多;等等。

古人多用黄金装饰刀剑等兵器,也用作盔甲上的装饰,甚至军旗上的图案也是使用金线织绣的,古埃及、古罗马、波斯帝国都有金质兵器出现,美索不达米亚的麦斯卡拉姆杜格金头盔可能是最早用于作战的金质工具,乌尔第一王朝的黄金木柄镶银刀是迄今发现的世界上最早的用黄金装饰的刀具之一。历代统治者们都深刻意识到黄金的珍贵与重要,故无论中外,历史上的每一个帝国、每一个王朝都有自己的金库,每逢乱世之时,都将黄金作为最后一搏的家底。新航路的开辟和美洲大陆的发现源于欧洲人对黄金财富的占有欲望,哥伦布在登上美洲大陆次日的日记中写道:"我心无旁骛,披荆斩棘,以探明是否有黄金的存在。"他的君主在训令中也强调:"占有黄金!无论是巧取,还是豪夺,总之,必须占有黄金。"

在政教合一的时代,黄金不仅让各国统治者为之迷恋,它还在宗教中具有重要的分量,代表着对神最虔诚和永恒的信仰。在古罗马城邦时代,国家的金库与神庙是一体的,古罗马共和国的金库就是被称为古罗马时期"最伟大的宗教庙宇"的朱庇特神庙。《圣经》中提及黄金达400多处,上帝告知摩西建造教堂以使犹太人进行礼拜,教堂中应当置有神龛,并且详细地指示"汝当覆之以黄金,内外包以纯金,四周镶上金牙边"①。在佛教中,黄金的颜色一直被视为神圣的颜色,凡佛教圣物都经常以黄色装饰表面,所谓"佛要金装"才具灵气,佛身也常用"妙色身""金色身"来形容,足见黄金在宗教崇拜中的重要作用。

黄金不仅用于人们的日常生活,同时也影响着人类思想与艺术的进步。人类使用黄金制作首饰的历史源远流长,哥伦比亚的印第安人早在公元前20世纪就开始使用黄金制作项链、别针、手镯、耳环、鼻环和脚镯,并显示出高超的辗箔、压花、包金和焊镀技术。秘鲁的查文、莫奇卡、奇穆、比库斯等时代,也已经出现了金冠、金铠、金甲和其他种类的金首饰。文艺复兴时期的金饰匠切利尼制作的黄金珐琅盐瓶,被誉为"雕塑中的蒙娜丽莎"。俄国天才金匠法贝

---

① 参见《圣经·旧约·出埃及记》,第25章。

第一章 黄金市场基础知识

热完成了独具匠心的黄金彩蛋,达到了人类艺术史的巅峰。瑞典国王古斯塔夫·阿道夫为奖励参加纽伦堡会战的军官,最先设立了金质奖章。现代奥运会冠军的金质奖牌是从 1904 年第三届奥运会开始出现的。

(二) 中国黄金文化的发展

黄金不仅在民间被广泛作为财富的象征,还被历代帝王视为权力的象征,对于普通百姓而言,人生最重要的时刻,如出生、结婚、死亡等的民间习俗无不带有黄金的印记。至今,黄金的价值标准和文化内涵仍为全社会所共有。

1. 黄金与权力

自古以来,黄金就是权力的象征,黄金的颜色也被视为皇家帝王的专用色调,代表着神圣不可侵犯的王权。春秋战国时期,带钩与礼制相结合成为阶层地位的象征,各级贵族在带钩制作上费尽心机,大量用金,争奇斗艳以互相炫耀,这种习俗为后来以官服腰带表示官员等级提供了社会基础。历代帝王往往身披黄袍,以黄金装饰宫殿,在展示威严的同时期望自身普照大地,一统天下。

官方印章是权力和等级的象征,秦统一六国后,确立了统一的官方用印制度,明确规定了不同等级的官员使用不同规格的印章,金印多为公卿一级的人员使用,这一制度一直沿用至隋代。汉代出土金印较多,据统计有 36 方左右,主要出土于王侯一级的官吏墓葬中,较为重要的有文帝行玺、滇王之印、广陵王玺,以及出土于日本的汉委奴国王金印。文帝行玺出自广州象岗山西汉南越王墓,重 148.5 克,是目前所见最大的西汉金印。秦始皇还专门为自己打造了一方皇帝玉玺,即著名的传国玉玺,以作为"皇权天授、正统合法"之信物,秦后不少帝王皆以得此玺为符应,奉若奇珍。据传西汉末年王莽篡汉时,传国玉玺被摔在地上导致破损,随后王莽用黄金将其补全,传国玉玺遂成为"镶金玉玺"。

2. 黄金与社会生活

黄金最早的用途之一是用作首饰和装饰,我国目前发现的最早的黄金制品是 1976 年在甘肃省玉门火烧沟夏代古墓中出土的金耳环,距今已有 4000 多年的历史。三星堆遗址出土的商代中晚期金面铜人像,除眉、眼以外的脸面都贴以黄金。在制作工艺方面,这一时期古人已经开始运用范铸、捶揲、锻打、錾刻、镂空、剪切等工艺来制作金器,为黄金制品增添了更多的可能性,丰富了其造型和纹饰。到了唐、宋、元、明、清几个朝代,黄金首饰业发展极为迅速,以"首"为饰,品种最多的是发饰、领饰、面饰和冠饰,其次是首饰、带饰及佩饰。窥一斑而知全豹，源远流长的黄金文化沉积于历史，早已融入人们生活的方方面面。

3. 黄金与货币

黄金还被当作货币使用，司马迁曾记述："虞夏之币，金为三品，或黄（黄金），或白，或赤。"春秋战国时期，楚国开始铸造戳印金币，《管子》表述："黄金刀布者，民之通货也。"这种金币通常被称为"爰金"或"印子金"，爰是楚国的货币重量单位，爰金在今天的湖北、安徽、陕西、河南、江苏、山东等地均有发现。

汉武帝授意将黄金制成麟趾状、马蹄状，并实行酎金律，要求诸侯王、列侯每年必须按照封国人口数缴纳一定数量的黄金助祭，酎金律稳固了黄金作为"上币"的尊崇地位。西汉海昏侯墓出土的大量金饼、马蹄金和麟趾金，便来自海昏侯刘贺所铸酎金。

4. 黄金与信仰

从某种意义上讲，黄金已经成为超越种族和时空，能够统治世界的一种信仰。所有宗教文化都喜好以黄金衬托其本身的纯洁、正统与神圣，如在佛教中，黄金被赋予富贵长久、纯洁无染的特殊含义。人们还使用黄金装点佛教寺庙，如西藏的布达拉宫就是用黄金与珠宝构筑的宗教殿堂，以黄金彰显神圣和庄严。中国古人历来对黄金有着难以割舍的情结，实则来源于太阳崇拜，成都金沙遗址出土的"四鸟绕日"金饰，表现的正是古蜀人对太阳神和太阳神鸟的讴歌与崇拜。

5. 黄金与永生

西汉时期神仙方术思想盛行，上至帝王将相，下至平民百姓都渴求羽化成仙。西汉时期，炼金士李少君向汉武帝进言，从丹砂中炼出金子制成杯盘，注入水浆，饮之即可不老不死；又提出使用金银器可以延年益寿的理论，使金器的制作和使用广为盛行，从此黄金与古人对永生的期待结下不解之缘。

在汉代的金器上，神仙羽人、奇禽异兽等图案较为常见，还不乏直接表达愿望的铭文，如"千秋万岁""寿如金石西王母"，此渴求成仙之风气，一直延续至魏晋时期，在出土的诸多金器中都得到了印证，如西安沙坡村的炼丹金灶，河北满城中山靖王刘胜的金缕玉衣、金针以及一些药盒，都反映出当时贵族阶层对享乐生活及生命的留恋。唐代盛行服食金丹，与秦汉求仙问药一脉相承并且更加浓厚，对于炼丹所用的器具，通常情况下炼丹家使用陶瓷，帝王贵族则多选用奢华的金制用具，如在西安何安村出土的金器中就发现有金药铛，为炼

第一章 黄金市场基础知识

制丹药的煮暖用具。

二、黄金的多重属性

黄金是自然界中天然存在的物质，因其独特的光泽、开采的难度、稀少的存量、稳定的性能，自古以来便受到社会各阶层的共同追逐。黄金的属性，是指黄金在人类社会发展过程中所展现出的显著的、稳定的并且被多数人认可的功能与作用。黄金具备多重社会属性，能够满足人类多方面的需求，其中商品属性、货币属性、金融属性已被广泛接受。

（一）黄金的商品属性

黄金的商品属性侧重于使用价值，归因于黄金具备能够满足人们某种需要的自然属性。黄金价格昂贵、资源稀少，具有独特的物理和化学性质，加上自古以来深厚黄金文化的积淀，使其具有特殊而广泛的用途。黄金已突破传统的珠宝首饰行业，被作为原材料越来越广泛地应用于传统工业、现代高新技术产业、电子技术、通信技术、宇航技术、化工技术、医疗技术等现代工业领域。

1. 黄金作为首饰和器具

首饰制品是黄金最早的用途，黄金首饰体积小、价值高、携带便利，具有保值和装饰的功能，是理想的馈赠品和装饰品，深受世界各国人民的喜爱。2023 年全球黄金饰品需求量为 2111.50 吨。

2. 电子工业

黄金具有良好的机械加工性能，可拉成直径为几微米的细丝，加上其导电性优良且抗氧化、耐腐蚀，使黄金及其合金被广泛用作电接触材料、电阻材料、焊接材料、测温材料和厚膜浆料。1947 年，黄金开始用于半导体工业制造晶体管，1968 年英特尔公司推出用黄金电路连接的集成电路芯片。目前，键合金丝（球焊金丝）已成为电子工业必需的材料。

黄金合金焊料具有优良的润湿性、焊接强度、耐热性、耐蚀性和工艺性，能保证焊接接头有良好的强度、热强度，如 Au–Ga、Au–B、Au–In 合金焊料用于 P 型半导体材料的焊接①。

---

① 金属镓（Gallium），元素符号 Ga；非金属硼（Boron），元素符号 B；金属铟（Indium），元素符号 In。

第二节 黄金文化与黄金属性

黄金及其合金可用作开关节点、触点、点接触材料,由于其低而稳定的接触电阻、低的噪声电平以及良好的抗有机气氛污染能力,黄金在滑动基础材料中更是被广泛应用。Au-Ni系合金中含镍(Ni)5%、9%、10%、16%的合金,被广泛用作接触压力小而电压很低的精密接点。Au-Ag系合金普遍用于低阻值电位器绕线电阻、电刷及导电环材料。黄金加入其他金属可以制作各种高、中、低电阻材料,其中Au-Ni-Cr作为精密电阻材料性能较好,是用量最大的合金[①]。黄金极易在金属和陶瓷表面做金涂层,包金玻璃、包金陶瓷、包金石英等被广泛用于电子设备、半导体器件、微型电路中作为导体材料。

3. 航空航天工业

黄金膜反射可见光的性能和抗宇宙射线的性能优越,并具有耐高温、耐腐蚀等特性,因此,黄金在航空航天领域也被大量应用,如镀金玻璃在航空航天中用于防紫外线,目前转而应用于建筑行业,起到良好的防太阳辐射和隔热作用。

1960年,科研人员发现镀金的反射镜可最大限度地反射红外光,进而发明了激光,1969年用金箔作为防宇宙线膜的"阿波罗11号"飞船成功登月。1996年美国发射火星探测器,它携带有可靠的涂镀黄金抛物面的反射望远镜。

由于黄金对红外线的反射能力高达98.44%,因此在人造卫星、宇宙飞船和航天飞机上,为防止宇宙射线和红外线的损害、提高仪表及零部件的精密度和可靠性,对许多仪表和重要零部件都要进行镀金处理,必要时还要采用纯金制作。例如,在飞机发动机外壳上需要镀一层厚度不超过0.04微米的黄金;在飞机座舱顶盖的两层薄板之间夹入一层透明金涂层,用作雷达反射介质,来减弱飞机对微波的反射,从而逃避雷达的监测。此外,宇航员身穿的太空服需要在其中镶入一层0.2微米厚的金膜,免受辐射和太阳热量。美国"阿波罗号"宇宙飞船上的仪表均采用镀金处理,美国"甲虫号"宇航站的外壳加装了铝镀金塑料隔热反射屏,使站内温度由43℃降低至24℃。在现代高空飞行中,还使用金铂合金制造发动机上的火花电极塞。

近30年以来,黄金及其合金制作的固体润滑材料极大地满足了航空航天和其他新产品在苛刻条件下润滑的需求,被广泛应用于人造卫星的太阳能电池帆板机构、红外线摄像自润滑轴承、光学仪器的驱动机构、温度控制机构、星箭分离机构、导弹防卫系统及原子能机械系统等。

---

① 铬(Chromium),元素符号Cr。

第一章　黄金市场基础知识

4. 建筑装饰

黄金用于建筑物的装饰能够起到画龙点睛的作用，古今中外的很多建筑都采用黄金装饰，如天安门、人民大会堂、东方明珠广播电视塔、布达拉宫以及克里姆林宫的教堂建筑等。其中，我国西藏布达拉宫中的第一座灵塔殿殿堂三层，塔身全部用金包裹，耗金 3721 千克。此外，黄金在佛像贴金、雕梁画栋贴金、金字牌匾等方面也有广泛的运用。

5. 化学工业

在化学工业中，表面惰性的纯金弥散分布在载体材料上，对于某些化学反应是活性的，可用作化工催化剂，如金和钯（3% 或 20%）的合金可作为催化剂应用于制造硝酸和捕收铂的生产，低温催化氧化一氧化碳的性能比铂族金属更加优良，已广泛用于环保事业。

在化纤工业中，由于金铂（Au–Pt）合金具有高强度和高耐蚀性，可用金铂合金代替铂铑（Pt–Rh）合金来制造人造纤维生产所需要的喷丝头。金还用于输送具有腐蚀性物料的钢管覆膜层上，用于盛装具有腐蚀性物料的化工容器覆盖层上。在玻璃纤维漏板生产中，在铂中添加金，可提高铂抗硼硅玻璃的浸润性。在感光化学中，金具有增感作用。

6. 科研及新材料

随着科学技术的进步，黄金的应用前景更加广阔。在科研方面，金可用于捕获慢中子，用金的放射性同位素可研究金属和合金中的扩散过程，也可研究化学和物理吸附的作用，确定各种化合物的溶解度。利用金的示踪原子还可以无损伤地辨识古玩的真伪。

纳米尺度的金在一些关键工业流程中可取代有害化学物质用于制造药品、清洁剂和食品添加剂。包含覆金、覆银、覆铜的半导体微晶玻璃在玻璃光纤开发中也起到十分重要的作用。

7. 医学及食用

黄金在医学领域具有广泛的应用。黄金的合金可用于制作假牙、牙套，假牙焊接和包覆瓷牙等；各类金盐制剂可治疗肺结核、风湿性关节炎、皮肤病等疾病；用放射性同位素 198Au 可进行肝脏、心脏病的检查及癌症的治疗；此外，金线可用于固定碎骨，金箔能处理神经受损的烧伤和治疗皮肤溃疡等。

金箔用于食用始于 16 世纪的欧洲大陆。1983 年，世界卫生组织食品添加剂法典委员会正式将黄金列入食品添加剂范畴，编为 A 表第 310 号。原卫生部发布的作为食品新资源食用的物质共分为九类，其中第八类矿物质与微量元素中

第二节　黄金文化与黄金属性

明确载有"金箔"。

（二）黄金的货币属性

黄金不仅是人类的重要物质财富，而且已成为人类储藏财富的主要手段。黄金作为货币的历史十分悠久，由于便于久藏、价值高、稳定、易分割携带等特点，早在 2700 年前黄金就开始被当作货币使用。马克思说"金银天然不是货币，但货币天然是金银"，这是从自然属性角度总结出黄金适用于担当货币的职能，具体理论依据在于，"一种物质只有分成的每一份都是均质的，才能成为价值的适当的表现形式，或抽象的因而等同的人类劳动的化身。另外，因为价值量的差别纯粹是量的差别，所以货币商品必须只能有纯粹量的差别，也就是说，必须能够随意分割，又能够随意把它的各部分合并起来。金和银就天然具有这种属性"。①

黄金史学家格林指出："古埃及和古罗马的文明是由黄金培植起来的。"历史上，掠夺和占有更多的黄金资源是古埃及、古罗马统治者黩武的动力，但当时铸造的金币属于仅限在一定范围和区域内流通使用的辅币。

正如在金本位制之前，黄金就已经在局部地区发挥着货币职能一样，布雷顿森林体系崩溃以后，在制度层面上的黄金非货币化也并非意味着黄金在现实社会已完全失去货币职能。在信用货币制度产生之后，黄金的货币功能与信用货币两者之间的地位此消彼长，并共同在国际经济舞台上发挥着重要作用。近代，黄金作为货币所发挥的功能或强或弱，在金本位制时期黄金是中心货币，在金汇兑本位制时期黄金是货币发行的基础，信用货币的发行也与黄金建立了某种平价关系，黄金始终是决定信用货币购买力的基础。直到以《牙买加协定》为标志的浮动汇率时代，纯粹的信用本位才最终确定，黄金不再作为货币定制的标准，其货币属性逐渐黯淡。但是，黄金的货币属性从未消失，每当面临金融危机和化解危机时，信用货币的脆弱性便显现出来并遭受质疑，黄金的货币属性便被人们重新认识。

全球外贸结算虽然不再使用黄金，但在平衡外贸收支时，黄金仍是一种贸易双方可接受的结算方式。当前，黄金储备仍是国家储备的重要组成部分，也是国家贸易的最后结算手段和隐形的价值尺度，如 20 世纪 90 年代末诞生的欧元货币体系，明确黄金占该体系货币储备的 15%。

---

① 卡尔·马克思. 交换过程［M］//资本论：第 1 卷第 2 章. 北京：人民出版社，2018.

第一章　黄金市场基础知识

　　黄金是可以被国际接受的重要结算货币，也被视为一种超越主权的准货币。经济学家凯恩斯揭示了货币黄金的秘密："黄金在我们的制度中具有重要的作用。它作为最后的卫兵和紧急需要时的储备金，还没有其他更好的东西可以取代它。"

　　在发达的商品经济中，货币具有价值尺度、流通手段、贮藏手段、支付手段和世界货币五种职能，其中最基本的职能是价值尺度和流通手段。如今，人们不再将黄金作为交易媒介，也不能使用黄金为商品或服务标价，或使用黄金作为记账单位，但黄金的价值贮藏功能依然存在。世界黄金协会数据显示，截至2023年12月底，全球官方黄金储备共计3.60万吨，黄金已成为全球第三大储备资产。2015年以来，全球央行官方储备资产中，黄金储备从10%提升至15%，同时美元从60%下降至50%。在未来以及相当长的时期内，黄金仍是各国央行、国际货币基金组织（IMF）重要的储备资产，在国际货币金融中的作用和地位依然十分重要。

（三）黄金的金融属性

　　黄金因稀缺而珍贵，而黄金的稳定性使其便于保存，加上特殊的自然属性，人类往往根据需求赋予黄金众多社会属性。总体来讲，黄金在历史上既作为用途广泛的商品，进行社会流通，又作为货币工具，承担流通手段、支付手段等职能，因此，黄金长期以来还被视为贮藏财富的重要手段，并被人们普遍承认和接受。黄金是金融资产中具有内在价值的、永不违约的资产，也是重要的投资工具。从本质上说，黄金可以对抗信用风险，当整个金融体系出现信用风险，或政府国债出现问题时，黄金并不会受信用波动的影响，人们往往会把目光投向最保值的资产——黄金，黄金因此发挥着避险功能和稳定器的作用。

　　进入21世纪，国际金融危机和欧债危机使欧美主要国家经济增长缓慢甚至陷入停滞。黄金由于其独特的避险功能受到追捧，黄金与股票、地产、债券等资产的收益相关性较低，是分散风险、优化资产组合的良好选择。

　　从20世纪70年代开始，美国出现新一波金融创新浪潮，在黄金现货交易基础上，逐渐衍生出黄金期货、期权、借贷、租赁、账户黄金、黄金ETF等投资品种，黄金在金融投资组合中的重要性日益凸显。黄金的金融投资属性衍生出了黄金的保值增值功能，当前，黄金资产逐渐演变成为一种公司理财、居民投资理财的重要工具。

第二节 黄金文化与黄金属性

1. 黄金作为投资品的属性

黄金和股票、期货、债券、外汇同属金融市场的重要投资品种,是构成金融市场的投资工具之一。在动荡的世界政治、经济形势下,黄金以其显著的保值避险特点,日益受到众多投资者的青睐,成为低利率时代不可或缺的投资工具。

从安全性来看,黄金具有稳定的物理属性,是历史最悠久的金属产品之一,而且是规避通货膨胀风险的最佳选择。近几十年来,通货膨胀导致各国货币贬值的情况十分普遍。通货膨胀达到一定程度时,民众避险情绪显著,任何政治波动甚至传言,都会引发人们抢购高价值物品如黄金、珠宝玉石等,以此对抗信用货币可能产生的风险。

从流动性来看,较一般商品而言,黄金的变现能力更强。投资者可根据黄金价格的波动进行买卖,进出场均无时间限制,依据个人资金情况随时入市和出市,具备变现性和灵活性。即使是非标准黄金产品(如金制首饰),在急需资金时的融资能力也强于房地产等固定资产,可通过典当或抵押等形式作为抵押物快速获得资金。

从盈利性来看,把握国际政治、经济形势的长期发展脉络,投资黄金的长期收益较为可观。黄金作为金融投资品种,与其他投资资产一样,具有一定的价格波动,黄金的价格波动幅度通常小于股票等金融资产。黄金长期投资收益具有优势,过去的数十年,黄金是最好的投资资产之一,持有黄金的长期收益率通常会高于同期的银行存款利率。

2. 黄金投资工具

按照交易类型和交易方式的不同,黄金市场可分为黄金现货交易市场和黄金衍生品交易市场。黄金现货交易基本上是即期交易,在成交后立即交割或者在两天内交割,交易标的主要是金条、金锭和金币,珠宝首饰等也包含在其中。黄金衍生品交易主要目的是套期保值和投机套利,是现货交易的补充,成交后不立即交割,而由交易双方先签订合同,交付押金,在预定的日期再进行交割。

按照交易场所划分,黄金投资工具可分为场内交易工具和场外交易工具。

(1) 黄金场内交易工具

黄金场内交易是指在交易所提供的场所以及由此延伸出来的电子交易平台之上,交易者平等参与,达成交易,如美国芝加哥商品交易所(CME)、上海黄金交易所、东京商品交易所(TOCOM)、印度多种商品交易所、迪拜商品交易

第一章 黄金市场基础知识

所等,都是由场内交易决定黄金即时价格。目前,黄金场内交易工具主要包括黄金现货、黄金期货与黄金期权、黄金 ETF 等。上海黄金交易所提供了品类齐全的黄金交易工具,除上述以外,还提供询价、租借、定价等业务。

(2) 黄金场外交易工具

黄金场外市场是一个分散且无固定交易场所的无形市场,交易通过电话或网络、做市商报价完成,也称 OTC(Over-the-Counter)市场,由交易双方对现货、隔夜、掉期和存货租赁品种进行连续双向报价并成交。

(四) 影响黄金价格波动的因素

20 世纪 70 年代布雷顿森林体系解体以后,国际黄金市场取消官方定价,黄金非货币化和价格市场化进程逐渐开启。伴随着全球黄金市场和黄金行业的发展,影响黄金价格变动的因素逐渐增多,黄金价格的形成机制日益复杂。总体而言,影响黄金价格波动的因素主要有以下几个方面。

1. 黄金的供求情况

黄金作为一种特殊商品,其价格必然遵循商品经济运行规律,在中长期内受供求关系的影响。一般来说,当供过于求时黄金价格下跌,供不应求时价格上涨。

(1) 供给因素

一般来说,黄金供需的基本情况在中长期内会影响黄金价格。黄金的实物供应主要来自矿产金、官方机构售金和再生金。黄金矿产资源的开采是黄金供应最主要的来源,全世界每年金矿产量为 3000 吨左右,且产量每年变动平稳。官方机构售金是指持有黄金储备的国家为发展对外贸易和进口的需要,而出售黄金储备换取外汇资产。再生金主要来自旧首饰、报废的计算机零件、电子设备、义齿以及其他黄金制品的回收熔化,再生金受价格影响较大。

(2) 需求因素

黄金兼具商品属性和金融属性,因此,黄金需求主要分为商品制造消费需求、金融投资需求、官方储备需求三个部分。其中,黄金的商品制造消费需求主要来自制造业和实物投资。

① 商品制造消费需求

制造业需求:包括首饰用金和工业用金两个部分,其中首饰用金多于工业用金,主要原因在于黄金非货币化后,社会的首饰用金需求被激发,黄金制品的装饰用途迅速扩大。传统金饰消费大国为印度、中国、沙特阿拉伯、阿联酋、土耳其等。首饰用金需求对黄金价格的影响较大，呈现季节性与周期性，通常第一季度及第四季度首饰金需求增长明显。例如，每年印度的婚庆及宗教节日、中国的农历新年、西方的圣诞节和情人节，对首饰金的需求都较其他时间增多。而工业用金受行业发展形势影响，需求变动相对平稳，对金价影响较小。

实物投资需求：主要体现在投资金条、金币和金章等金制品的投资需求上。投资金条是在标准金锭的基础上再加工成的面向一般民众的实金投资小金条，同时，标准金锭也可作为投资金条。我国黄金市场开放以来，投资金条的需求量呈现持续增长状态。金币分为流通性金币和纪念性金币，是一种实物金投资产品，随着金币产品日益丰富，越来越多的民众认可并购买投资产品。2023年，全球金条和金币的总需求量为1186.50吨。

②金融投资需求

随着黄金市场功能日益丰富和多元化，黄金投资品种也随之日益增多，黄金投资需求构成更加复杂，黄金产业链的上下游企业、商业银行及社会各类投资者均有黄金投融资需求。黄金市场的产品体系伴随着市场需求逐步完善，涵盖黄金现货、黄金延期、询价业务、黄金租借、黄金ETF、账户黄金、积存金、黄金期货等业务种类。投资需求整体波动较大，是影响黄金短期需求变化的主要因素。

③官方储备需求

央行储备管理的基本原则是安全性、流动性和收益性。就安全性而言，黄金通常没有政治风险或信用风险，当其他投资市场出现波动或不确定性时，黄金往往能够保持其价值；就流动性而言，黄金全球通用、市场巨大、流动性高，在极端情况下可以发挥最后支付手段的作用；就收益性而言，黄金也是一种长期的价值储藏工具。因此，黄金成为全球央行重要的储备资产。从2010年开始，全球央行连续14年净购入黄金。2022年全球央行净购金量突破历史纪录，达1082吨。2023年全球央行净购金量为1037吨。

2. 美元汇率

全球主要货币的汇率波动会影响黄金的国际市场价格，如美元作为全球主要储备货币，其汇率的强弱对黄金价格有着显著的影响。通常认为美元汇率与黄金价格负相关，主要原因有两点：一是因为当前国际黄金市场上，黄金、白银等贵金属的价格主要是以美元进行标价的，当美元等信用货币出现贬值时，

第一章 黄金市场基础知识

由于黄金作为硬通货的价值较为稳定，黄金价格相对于贬值的美元来说呈上涨趋势，这也是黄金抗通胀的原理；二是因为黄金与美元同样具有避险属性，是美元资产的替代投资工具，当美元走弱时，投资者可能会转而投向黄金，从而引起黄金价格的上涨；反之亦然。美元指数是综合反映美元在国际外汇市场的汇率情况的指标，用来衡量美元对一揽子货币的汇率变化程度。综合分析1975年以来黄金价格和美元指数的走势情况，可以看出两者基本成负相关关系（见图1-1）。

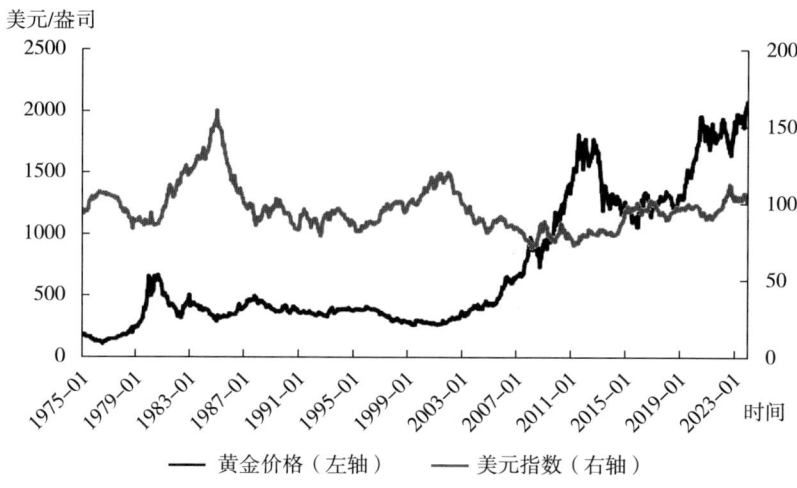

图1-1　1975年以来黄金价格与美元指数走势

3. 通货膨胀率与利率水平

因为黄金和美元的密切关联，投资黄金实际上放弃了持有美元的货币收益，因此持有黄金的机会成本要考虑经过货币购买力稀释之后美元现金的收益率，即实际利率。实际利率是名义利率减去通货膨胀预期的结果，衡量了黄金的持有成本，与黄金价格是负相关关系。因此，央行的利率决策对黄金价格有显著影响。在美联储降息周期中，实际利率整体走弱，利好黄金；在美联储加息周期中，实际利率整体走强，利空黄金。而在名义利率不变、通货膨胀预期上升的情况下，黄金一方面因为持有成本的下降变得更有吸引力；另一方面作为对抗通货膨胀的工具，吸引更多投资者购买黄金以保值，从而推高黄金价格。

黄金价格与通货膨胀率的正相关性，正是黄金货币属性和金融属性的重要表现。一方面，黄金作为经济颓势背景下的硬通货，其货币属性得到进一步发挥，黄金价格随着预期通货膨胀率的升高而上升；另一方面，黄金作为商品，其价格是价值的体现,在面临通货膨胀时,黄金、白银等贵金属作为商品的价格呈上升趋势。

4. 风险事件

黄金作为实物货币,有着得天独厚的历史地位。在极端情况下,相较于美元等信用货币,黄金是社会公认的更加安全的避险资产。地缘政治波动、经济危机等风险事件可能通过影响投资者避险情绪,从而对黄金价格产生影响。

(1) 全球地缘政治局势

黄金、白银等贵金属的价格之所以会受到国际地缘政治的影响,是由全球各个利益主体对于资源的争夺以及黄金、白银等贵金属的保值避险功能共同决定的。地缘政治风险容易带来战争预期和危机预期,局势一旦发生动荡,黄金作为硬通货的避险保值功能也会凸显,使投资者更倾向于购买黄金,黄金价格往往出现脉冲式上涨。

(2) 全球经济状况

黄金的避险属性还体现在大类资产层面。当股票、债券市场大幅波动时,黄金由于其低相关性的属性,能够有效对冲资产组合风险。因此,当经济危机或信用危机爆发时,投资者出于避险需求会买入黄金以对冲其他资产的价格下跌,进而推动黄金价格上涨。但值得注意的是,当市场短期流动性急剧收缩,引发流动性危机时,黄金的避险作用可能会让位于流动性需求,黄金被抛售引发价格下跌。

第三节　黄金市场发展概况

学习内容	知识点
国际黄金市场	国际黄金市场的发展历程、全球主要黄金市场的概况
我国黄金市场	我国黄金市场的发展历程

黄金市场(Gold Market)是交易双方集中进行黄金买卖的交易场所,提供实物现货和衍生品交易,允许交易商进行投资、投机、套利、避险、套期保值等交易操作。伴随着全球经济社会和金融市场的快速发展,黄金作为重要的金融工具和国际储备资产,在市场投融资、国际贸易和国家间债权债务清算方面

第一章 黄金市场基础知识

发挥着重要作用,也不断地支持黄金产业和实体经济的发展。

一、国际黄金市场的发展历程与现状

(一) 国际黄金市场的历史演变

国际黄金市场的发展演变主要经历四个阶段,即皇权垄断时期、金本位时期、布雷顿森林体系时期和黄金非货币化时期。

1. 皇权垄断时期(19世纪以前)

19世纪以前,黄金极其稀有,基本为权力、财富和宗教神秘力量的象征。虽然早在公元前6世纪就出现了金币,但一般平民很难拥有。黄金矿山属皇家所有,黄金是由奴隶、犯人在极其艰苦恶劣的条件下开采出来的。

新航线的开辟与新大陆的发现,对欧洲经济生活产生了巨大的影响,其中美洲、非洲的黄金及白银流入欧洲,使欧洲资本主义的原始积累迅速增加。16世纪,葡萄牙从非洲掠夺大量黄金,西班牙也大肆掠夺美洲的金银。金银的大量流入,造成了欧洲物价的上涨,出现了第一次价格革命,对欧洲封建主义的瓦解和资本主义生产关系的建立产生了重要的推动作用。17世纪,葡萄牙为了对抗西班牙而与英国结盟,并向英国开放工业品市场。这一时期,葡萄牙控制下的巴西兴起了开发黄金的高潮,从巴西而来的大部分黄金进而流向英国,使英国迅速积累了巨额的货币资本。

2. 金本位时期(19世纪初至20世纪30年代)

从19世纪初开始,俄国、美国、澳大利亚、南非以及加拿大先后发现了丰富的金矿资源,黄金的生产力和产量迅速提升,为金本位制度的建立奠定了物质基础。1816年,英国通过了《金本位制度法案》,首次以法律的形式承认黄金作为货币的本位来发行纸币。之后,德国、瑞典、挪威、荷兰、美国、法国、俄国、日本等国家先后宣布实行金本位制。人类社会进入了长达一个多世纪的金本位制时期,黄金成为一种世界公认的国际性货币。金本位制的主要特点是黄金可以自由铸造、自由兑换和自由输出入,黄金作为国内支付手段,用于流通结算,也可以作为外贸结算的国际硬通货。金本位制是黄金货币属性表现的高峰,世界各国实行金本位制有的长达100余年,短者也有数十年,而中国由于历史原因从未实行过金本位制。

进入20世纪,随着两次世界大战的爆发,各国纷纷进行黄金管制,金本位制受到极大冲击，1929—1933年爆发的世界经济危机使金本位制再也难以维持。各国纷纷加强贸易管制，禁止黄金自由买卖和进出口。这一时期，部分国家开始实行金块本位或金汇兑本位制，大大削减了黄金的货币功能。但在国际储备资产中，黄金仍是最后的支付手段，充当世界货币的职能，黄金流通受到各国的严格管制，黄金市场发育受到严重阻碍。

3. 布雷顿森林体系时期（20世纪40年代至70年代初）

1944年，参加筹建联合国的44国政府代表在美国的布雷顿森林举行会议，签订了《布雷顿森林协议》，决定建立以美元为中心的国际货币体系——布雷顿森林体系，其核心是"双挂钩"：美元与黄金挂钩，各国货币与美元挂钩，美国承担各国政府（央行）以35美元兑换1盎司黄金的义务。布雷顿森林体系实质是以黄金为基础的美元本位制货币体系，美元与黄金挂钩，黄金的保障使美元成为世界货币。在布雷顿森林体系中，黄金的价格和流动性受到严格控制，各国禁止居民自由买卖黄金，市场机制难以得到有效发挥。

布雷顿森林体系对第二次世界大战战后世界经济的重建和稳定发展发挥了重要作用，但是随着时间的推移，布雷顿森林体系的种种缺陷也逐渐暴露出来。由于该体系需要以雄厚的黄金储备为基础，而战后西欧和日本等地区经济迅速复苏，大量商品纷纷涌入美国，不断扩大的贸易逆差和众多美元外汇的持有国兑换黄金，导致美国的黄金储备大量流失，美元实际处于持续贬值的危机状态。20世纪60年代，美国相继发生了数次黄金抢购风潮，加上石油危机的冲击，美国为维护自身利益，于1971年宣布实行"尼克松新经济政策"，停止对外国政府和中央银行履行美元兑换黄金的义务。各国政府随后也纷纷宣布本国货币与美元脱钩，布雷顿森林体系开始崩溃。1976年1月，国际货币基金组织的国际货币制度临时委员会在牙买加召开会议，签署了《牙买加协定》，其重要结果之一是确定黄金和货币脱离关系。

4. 黄金非货币化时期（20世纪70年代至今）

1978年，国际货币基金组织以多数票通过批准了修改后的《国际货币基金协定》，该协定删除了以往有关黄金的所有规定，宣布黄金不再作为货币定值标准，废除黄金官价，并可在市场上自由买卖；取消对国际货币基金组织必须用黄金支付的规定；出售国际货币基金组织1/6的黄金，所得利润用于建立帮助低收入国家优惠贷款基金。从法律角度来讲，此次会议标志着国际货币体系的黄金非货币化历程正式开始（见图1-2）。

黄金非货币化使黄金成为可以自由拥有和自由买卖的商品，黄金从国家金

第一章 黄金市场基础知识

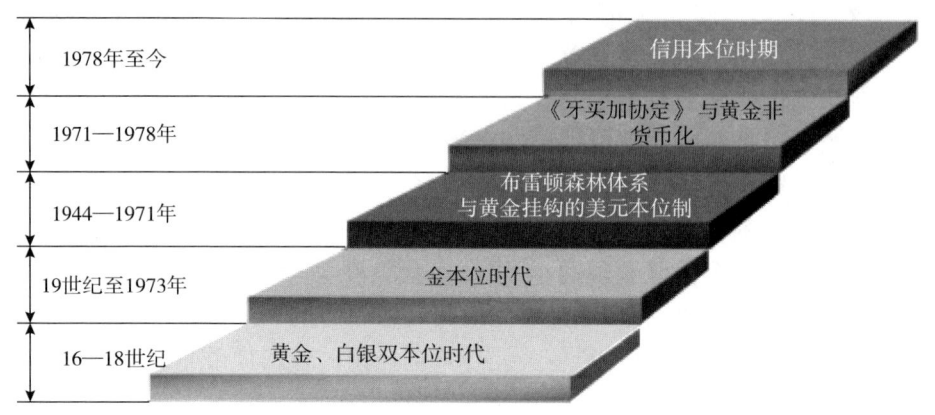

图1-2 国际黄金市场的历史演变

库走向了寻常百姓家,流动性极大增强,交易规模也迅速增加,为黄金市场的发育和发展提供了有利的现实环境。

黄金非货币化以来是世界黄金市场快速发展的时期,可以说黄金非货币化使各国逐步放松了黄金管制,是当今黄金市场得以发展的政策条件。当前,黄金的货币功能仍在发挥,黄金仍然是唯一可以代替货币进行往来结算的方式,并作为一种公认的金融资产活跃在投资领域。作为央行官方储备资产,黄金储备将继续在国际货币体系中发挥重要的战略作用。

(二) 全球主要黄金市场概况

在长期发展过程中,全球黄金交易市场已形成具有明显特征的格局,并主要分布在欧洲、北美洲和亚洲三个区域:欧洲以伦敦、苏黎世黄金市场为代表,如伦敦金银市场协会(LBMA)和苏黎世黄金总库(ZGP);北美洲主要以纽约黄金市场为代表,如纽约商业交易所(COMEX);亚洲主要以上海、东京、孟买、香港为代表,如上海黄金交易所(SGE)、上海期货交易所(SHFE)、大阪交易所(OSE)、印度多种商品交易所(MCX)、香港金银业贸易场(CGSE)。

全球主要黄金市场按交易方式划分,主要包括场内交易和场外交易两种。伦敦、苏黎世、迪拜等地的场外黄金市场非常发达,纽约的场内黄金期货、期权等衍生品市场世界领先,上海的场内黄金期货、现货交易都很活跃。各地区黄金市场在发展历程、交易品种、参与主体以及市场监管等方面各有特点。

第三节　黄金市场发展概况

1. 纽约黄金市场

（1）发展历程

纽约黄金市场是在商品交易中建立起来的，以黄金期货和期权交易为主。纽约商品交易所成立于1933年，并于1974年开始进行黄金期货交易。1994年，纽约商品交易所并入纽约商业交易所（NYMEX）后成为其金属交易分部，合并后的纽约商品交易所一跃成为世界上交易量最大和最活跃的黄金期货市场。2007年和2008年，芝加哥商品交易所（CME）分别合并芝加哥期货交易所（CBOT）和收购纽约商业交易所（NYMEX），成为全球规模最大且多元化的交易所集团。

（2）市场发展概况

根据芝加哥商品交易所的界定，黄金期货交易归下属的纽约商业交易所负责，交易的主要品种有黄金期货、迷你期货、微型期货、期权和基金。参与纽约黄金期货交易的客户主要有三类：一是套期保值客户，如生产商、提炼商、制造商、经营商、金属交易和用户终端；二是投机者，如大型对冲基金；三是场内职业投机者。发展至今，芝加哥商品交易所已经成为全球最大且交易商品最多元化的期货交易所。

2. 伦敦黄金市场

伦敦黄金市场是全球最大的场外现货黄金市场，具有悠久的历史，其发展可追溯到300多年前。1804年，伦敦取代阿姆斯特丹成为全球黄金交易的中心，1919年伦敦金市正式成立，每天上午和下午进行两次黄金定价。自发布以来，伦敦黄金定盘价一直是世界各黄金市场基准价的主要参考标准，广泛应用于生产商、消费者和金融机构之间的交易结算，也是众多黄金衍生交易合约的定价基准。1987年，伦敦金银市场协会（LBMA）成立，它是一家负责黄金和白银现货交易的全球金银行业公会，也是为会员和市场参与者提供服务的贸易行业中介机构，其交易制度较为特别，实际上不存在具体的交易场所，交易通过会员的联络网完成，伦敦金银市场协会充当的角色是会员与交易对手方的协调者。

近一个世纪以来，伦敦金定价机制主体均为欧美银行，并由伦敦的五大金商转变为巴克莱银行、德意志银行、加拿大丰业银行、汇丰银行和法国兴业银行，由于该定价机制易产生操纵黄金价格的风险，国际黄金市场呼唤更加公正、透明定价体系的呼声越来越高。2015年3月，伦敦金银市场协会黄金定盘价的机制转交给美国洲际交易所（ICE），采取全新的电子化报价方式提供现货黄金定价管理。目前，LBMA共有15家商业银行和投资机构作为黄金定盘直接参与者，其中包括中国银行（伦敦分行）。中国银行（伦敦分行）、中国工商银行、中国建设银行、交通银行、上海浦东发展银行、平安银行、中国民生银行、兴业银行、中博世金科贸有限责任公司、中钞长城贵金属有限公司等中资机构作为 LBMA 会员，直接参与国际黄金市场。

3. 苏黎世黄金市场

苏黎世黄金市场是第二次世界大战后发展起来的。瑞士具备特殊的银行体系和辅助性的黄金交易服务体系，为黄金交易者提供了一个既自由又保密的环境。瑞士与南非之间存在优惠协议，获得了南非大部分的黄金，苏联的黄金也曾聚集于此，使瑞士不仅成为世界上新增黄金的最大中转站，也是世界上最大的私人黄金存储与借贷中心。苏黎世黄金市场没有正式的组织结构，由瑞士银行等金融机构负责清算结账，它们不仅可以为客户代理交易，而且黄金交易也是这些银行本身的主要业务，提供优良安全的保险柜和黄金账户。苏黎世黄金总库（ZGP）建立在非正式协商的基础上，不受政府管辖，作为交易商的联合体与清算系统混合体在市场上起中介作用。苏黎世黄金市场无金价定盘制度，在每个交易日特定时间，根据供需状况议定当日交易金价，这一价格为苏黎世黄金官价，全日金价在此基础上的波动无涨停板限制。苏黎世黄金市场的金条规格与伦敦黄金市场相同，便于参与者同时利用伦敦黄金市场增加流通性，其交易标的为 99.5% 的成色金，交割地点为苏黎世黄金库或其他指定保管库。

4. 东京黄金市场

东京黄金交易所成立于 1981 年 4 月，其前身是由 14 家大商社组成的日本贵金属协会。成立初期，东京黄金交易所从事现货交易，1982 年开设期货业务，是日本政府正式批准的唯一黄金期货市场，为日本的黄金行业提供了具有透明度和高效率的交易平台。之后在 1984 年 11 月与东京纺织品交易所和东京橡胶交易所合并为东京工业品交易所①。1991 年 4 月，东京工业品交易所将黄金市场原有的日本传统定盘交易方式改为与世界主要市场一样的动盘交易，同时引进电子屏幕交易系统，该系统完全实现了电子操作和远程控制。交易所又在配备全新系统的基础上，采用全电子化连续交易技术。2004 年，黄金期权获准上市，日本的黄金期货市场更加活跃，据统计，当年国外投资者在东京工业品交易所所占份额为 12.5%，在黄金品种上国外投资者所占比重为 13.67%。2013 年 1

---

① 东京工业品交易所于 2013 年 2 月更名为东京商品交易所。

月,日本交易所集团由东京证券交易所和大阪证券交易所合并而成。2014年3月,大阪证券交易所更名为大阪交易所。2019年10月,东京商品交易所成为日本交易所集团子公司。2020年7月,黄金期货和黄金期货期权从东京商品交易所转移到大阪交易所。日本黄金市场与欧美黄金市场的不同之处在于,欧美黄金市场以美元/盎司计,而日本黄金市场以日元/克计。以大阪交易所标准黄金期货为例,每手交易合约为1千克(约32.15金衡盎司),交割单位为1千克纯度为99.99%的金锭,交割地点为交易所的指定仓库。

5. 中国香港黄金市场

中国香港黄金市场分为场内现货市场、场外本地"伦敦金"市场和黄金期货市场。黄金场内现货交易在香港金银业贸易场进行,香港金银业贸易场的起源可以追溯至1910年香港金银业行[①]成立,其发展历史已逾百年,是实行会员制自律管理的法人组织。虽然与伦敦黄金市场相比,香港黄金市场起步相对较晚,但是自1974年香港政府撤销了对黄金进出口的管制,香港黄金市场开始快速发展。香港黄金市场在时差上正好填补了纽约黄金市场收市和伦敦黄金市场开市前的空档,连贯亚洲、欧洲和北美黄金市场,形成连贯且完整的世界黄金市场,因此伦敦、瑞士等地的机构纷纷在香港设立分公司,它们将在伦敦的黄金交易带至香港,形成了一个无形的"伦敦金"市场。

6. 孟买黄金市场

印度是世界第二大黄金消费市场,2023年印度黄金消费量达748吨。黄金在印度有着十分深厚的文化意义,与印度的历史、文化与宗教紧密相连。金饰在节日庆典和婚庆场景发挥着重要作用,同时在印度的投资领域也有突出地位,印度城镇和乡村消费者均将黄金视作一种保值工具。2003年,设立在孟买的印度多种商品交易所有限公司(MCX)开始运营,印度的黄金期货、期权主要在此交易,黄金交易品种主要有标准黄金(Gold,交易单位为1kg)、迷你黄金(Gold Mini,交易单位为100g)、黄金金币(Gold Guinea,交易单位为8g)和金花瓣(Gold Petal,交易单位为1g)。印度于2021年推出金饰珠宝强制标记制度,2022年又启动了印度国际金银交易所(IIBX)。这些新举措将助力印度维持其主要黄金消费和贸易枢纽的地位。

7. 新加坡黄金市场

随着20世纪60年代全球黄金市场逐渐开放,新加坡组建了本国的黄金场外

---

① 金银业行后改名为金银业贸易场。

市场，并借由其区位优势致力于建设东盟地区黄金集散中心。1973 年，新加坡政府取消了黄金进口税和黄金贸易商牌照限制，并开始允许本国居民参与黄金交易，推动其黄金市场日渐繁荣。1978 年 11 月，大华银行、华侨银行等一批贵金属银行和经纪商组建了新加坡黄金交易所，市场交易曾一度比较活跃。在 20 世纪 80 年代，新加坡黄金交易所与芝商所旗下国际货币市场分部合并为新加坡国际金融交易所，并上市了 100 盎司黄金期货合约，本地商业银行成为黄金现货和期货市场的主要参与者。到 1994 年新加坡每月黄金进口已达到 30~50 吨，但金价的持续下跌加之 1994 年新加坡对黄金开征消费税，导致新加坡黄金市场从此一蹶不振，相关的期货合约也日渐式微，直至 1997 年退市。而 2008 年国际金融危机之后，各国政府对黄金资产的重视程度提高，新加坡力图恢复其区域贵金属交易集散中心的地位，并推出了一系列配套政策与举措。从 2012 年 10 月 1 日起，新加坡免除了黄金等投资型贵金属的商品与服务税，又在樟宜国际机场设立自贸区，引入了国际贵金属安保公司设立金库，并鼓励周边国家利用新加坡作为贵金属精炼、交易、物流、价格发现和风险管理的枢纽。通过上述措施，新加坡黄金市场重新活跃。

国际主要黄金市场与法兰克福、巴黎、布鲁塞尔、悉尼等地的其他交易场所相互配合，确保了黄金市场能够跨越各个时区，实现 24 小时不间断的连续交易。从交易方式和交易市场的角度来看，黄金市场的 24 小时交易包含了两层含义：第一，对于单一的黄金市场而言，可以通过延长交易时间，在正常的交易时间以外采用电子交易手段，使处于不同时区的各国投资者能够在本市场进行 24 小时的黄金交易；第二，就各黄金交易商而言，通过电话、电报以及网络等手段在世界不同时区可以实现 24 小时不间断的交易状态。

二、我国黄金市场的发展历程与现状

新中国成立前，中国黄金市场已经存在，1917 年，上海成立了金业公会，1921 年成立了上海金业交易所。之后，北京、天津、武汉等地陆续建立了黄金交易机构，一些证券交易场所也设立了黄金交易部门。由于当时社会动乱、内忧外患，民众纷纷买入黄金进行保值，拥有资产实力的投资者则进行黄金交易牟利。1926—1931 年，上海的黄金市场交易最为活跃，交易量最高达到近 2 万吨，成为当时世界第三大黄金市场。

抗日战争爆发后，国民政府实行黄金管制，黄金市场走向沉寂。抗日战争

第三节 黄金市场发展概况

胜利后，国内出现了一个相对稳定的时期，国民政府决定实行黄金自由兑换，放开黄金价格。但随着解放战争爆发，物价飞涨，人们纷纷抢购黄金，1947年2月黄金兑换被迫停止。

新中国成立以前，为了树立新政权发行货币的权威，使其成为社会主要的流通支付手段，中国共产党领导下的人民政府在解放区颁布了《金银管理暂行办法》，严禁走私倒卖金银等破坏人民币流通的行为。新中国成立后，我国黄金市场大致可分为全面管制、统购统配、过渡时期和全面市场化四个发展阶段。

1. 全面管制（1949—1982年）

新中国成立后，出于稳定人民币市场流通和保证外汇储备的目的，国家对私人黄金买卖实行全面管制，黄金的市场流动需经中国人民银行申请和配额。1950年4月，中国人民银行制定下发了《金银管理办法（草案）》，冻结民间金银买卖，规定国内的金银买卖统一由中国人民银行经营管理。

2. 统购统配（1983—1992年）

随着国家经济不断发展和国民收入的提高，黄金饰品市场恢复。1983年6月，国务院颁布了《中华人民共和国金银管理条例》，明确规定国家对金银实行统一管理、统购统配的政策；在中华人民共和国境内，一切单位和个人不得计价使用金银，禁止私相买卖和借贷抵押金银；金银的收购，统一由中国人民银行办理；凡需用金银的单位，必须按照规定程序向中国人民银行提出申请使用金银的计划，由中国人民银行审批、供应。

3. 过渡时期（1993—2001年）

20世纪90年代初，邓小平南方谈话和党的十四大提出发展社会主义市场经济，以辽宁感王镇民营黄金市场为代表的黄金私卖风潮乘势而起。1993年国务院办公厅印发文件回应了当时社会黄金市场化改革的争论，明确对黄金仍实行统收统配，但国内金价由固定制改为浮动制，且未来将对黄金市场的管理逐步推行市场化。

4. 全面市场化（2002年至今）

2001年4月，时任中国人民银行行长戴相龙宣布取消黄金统购统配的计划管理体制，在上海组建黄金交易市场。2002年10月30日，上海黄金交易所正式开业，中国黄金市场走向全面开放。上海黄金交易所的成立实现了国内黄金生产、消费、流通体制的市场化，黄金市场迎来了大发展时期，黄金交易品种不断增加，市场规模持续提升。

与此同时，商业银行陆续推出了面向各类客户的黄金业务，上海期货交易

第一章　黄金市场基础知识

所于 2008 年和 2019 年分别推出了黄金期货、黄金期权。目前，中国已逐步形成了以上海黄金交易所集中统一的一级市场为核心、竞争有序的二级市场为主体、多元的衍生品市场为支撑的多层次、全功能的黄金市场体系，涵盖竞价、定价、询价、金币、租借、黄金 ETF 等市场板块。

第二章　中国黄金市场的组织架构

自2002年上海黄金交易所正式运行,中国黄金生产、流通、消费体制实现了市场化。经过多年发展,中国黄金市场架构比较完整,参与主体类型多样,与实体经济和黄金产业密切关联,投资与风险分散等功能进一步得到发挥。

第一节　黄金市场的构成要素及功能

学习内容	知识点
黄金市场的构成要素	监督管理机构、交易所、行业自律组织、市场参与者
黄金市场的功能作用	服务实体经济发展、助力国际金融中心建设、维护国家金融市场稳定、服务百姓多元化财富配置

一、黄金市场的构成要素

全球主要黄金市场经过上百年的发展,已形成了较为完善的交易方式、产品种类、业务结构和交易系统,其构成要素和参与主体比较丰富,从作用与功能来考虑,可分为以下四类。

(一)监督管理机构

随着全球黄金市场的不断发展与完善,为保证市场的公正和公平、保护交易双方的合法利益、杜绝市场上操纵价格等非法交易行为,各地都建立了对黄金市场的监督体系,如美国商品期货交易委员会(CFTC)、英国金融服务管理局(FSA)、中国香港证券及期货事务监察委员会(香港证监会)、新加坡金融管理局(MAS)等。我国黄金市场的行政监管机构是中国人民银行,《中华人民

第二章　中国黄金市场的组织架构

共和国中国人民银行法》规定，中国人民银行的职责包括监督管理黄金市场、持有、管理、经营国家外汇储备、黄金储备。中国人民银行还有权对金融机构以及其他单位和个人执行有关黄金管理规定的行为进行检查监督。此外，中国证券监督管理委员会负责监管上海期货交易所的黄金期货业务以及上海证券交易所、深圳证券交易所上市的黄金 ETF 业务，国家金融监督管理总局负责监管商业银行开展的黄金业务。

（二）交易所

交易所作为对某种信息及物品等进行交易的信息平台，为投资者提供了一个公开、公平、公正的交易场所，并组织会员进行有关黄金等各类投资工具的交易，提供场所设施、设计和安排合约上市、组织结算交割、实施风险管理、保证合约履行、发布市场信息、监督会员行为、指定交割仓库等相关服务，在有效监督服务的基础上实现合理的经济利益，包括会员会费收入、交易手续费收入、信息服务收入以及其他收入。目前，在我国，经国务院批准或同意的可以开展黄金交易的交易所是上海黄金交易所和上海期货交易所。

（三）行业自律组织

行业协会的主要宗旨一般包括推行行业自律管理，发挥在政府与企业间的桥梁纽带作用，推广行业的方针、政策、法规等，开展国际合作与交流，维护会员和行业的公平竞争，参与行业信息统计，组织产品的开发和推广，扩大行业产品应用领域。全球黄金市场的自律组织有伦敦金银市场协会（LBMA）、世界黄金协会（World Gold Council），中国黄金市场的自律组织有中国黄金协会、地方性黄金协会等。

（四）市场参与者

黄金市场的参与者既包括黄金生产、加工、精炼、设计和销售等企业，如各大金矿、黄金生产商、黄金加工企业和首饰店，也包括专门从事黄金买卖的投资公司、商业银行、证券公司、经纪公司及个人投资者等。按照对市场风险的偏好程度，可以将参与者分为风险厌恶型和风险喜好型两大类。前者希望回避或转移风险，将市场波动的风险降到最低程度，主要包括黄金生产商和黄金消费者。后者希望能够从价格波动中获取利益，因而愿意承担风险，主要包括各种对冲基金等投资公司。

二、黄金市场的功能作用

黄金作为特殊的贵金属商品,兼具商品、货币和金融三种属性,共同造就了黄金避险、抗通货膨胀和投资收益等功能。其中,金融属性对黄金价格短期波动的影响最为突出。由于黄金具备金融属性,使黄金市场与货币市场、资本市场和外汇市场等共同构筑现代金融市场体系,对国家经济金融运行具有重要作用。

(一) 服务实体经济发展

黄金市场可以充分发挥资源配置作用,引导产业合理定价和配置资源。黄金市场涵盖现货市场和衍生品市场,有助于实体产业套期保值。黄金市场有租借、掉期等丰富的多元化产品体系,有助于优化产业融资结构。

(二) 助力国际金融中心建设

黄金作为公认的全球性资产,黄金价格影响力是国际金融中心建设的重要指标。全球黄金市场具有较高联动性,金融基础设施的跨境互联互通基础较好。

(三) 维护国家金融稳定

通常来讲,国际储备包括外汇储备、货币性黄金、国际货币基金组织储备头寸和特别提款权(SDR)。虽然黄金已不是法定货币,但黄金仍然是衡量国家经济实力和国际支付能力的重要指标,也是世界各国国际储备中的重要组成部分(见表2-1),尤其是当国际贸易长期处于逆差或外汇短缺时,黄金在维护币值稳定、保障国际支付和金融体系安全等方面的作用就变得尤为重要。

表2-1　　　　　　　　2023年末部分国家地区黄金储备情况

排名	国家、地区和组织	储备量/吨	黄金占外汇储备/%
1	美国	8133.46	69.89
2	德国	3352.65	69.06
3	意大利	2451.84	65.89
4	法国	2436.97	67.28
5	俄罗斯	2332.74	26.05
6	中国	2235.39	4.33
7	瑞士	1040.00	8.04

第二章 中国黄金市场的组织架构

续表

排名	国家、地区和组织	储备量/吨	黄金占外汇储备/%
8	日本	845.97	4.37
9	印度	803.58	8.55
10	荷兰	612.45	58.34
11	土耳其	540.19	—
12	葡萄牙	382.63	72.15
13	乌兹别克斯坦	371.37	71.42
14	波兰	358.69	12.36
15	沙特阿拉伯	332.07	4.71
16	英国	310.29	11.64
17	哈萨克斯坦	294.23	54.44
18	西班牙	281.58	18.23
19	奥地利	279.99	59.67
20	泰国	244.16	7.26
21	新加坡	230.04	4.27
22	比利时	227.40	37.13
23	阿尔及利亚	173.56	14.26
24	菲律宾	159.05	10.24
25	利比亚	146.65	10.59
26	伊拉克	142.58	8.48
27	巴西	129.65	2.44
28	埃及	126.30	25.47
29	瑞典	125.72	13.79
30	南非	125.41	13.40
31	墨西哥	120.13	3.74
32	希腊	114.40	55.93
33	韩国	104.45	1.66
34	罗马尼亚	103.62	9.48
35	卡塔尔	100.95	13.08
36	匈牙利	94.49	13.80
37	澳大利亚	79.85	8.61
38	科威特	78.97	10.02
39	印度尼西亚	78.57	3.59
40	阿联酋	74.5	2.63

数据来源：世界黄金协会。

(四) 服务百姓多元化财富配置

黄金已成为投资者理财规划和投资组合的重要标的品种,投融资功能已成为黄金市场的重要功能,可以有效满足百姓多元化的财富配置、养老投资需求。

第二节 上海黄金交易所概况

学习内容	知识点
上海黄金交易所的概况	成立时间、监管部门、成立的意义、基本职能、业务概况

一、上海黄金交易所简介

上海黄金交易所(Shanghai Gold Exchange,SGE),是经国务院批准,由中国人民银行组建,在国家工商行政管理局登记注册的,不以营利为目的,实行自律性管理的会员制法人。上海黄金交易所成立于2002年10月30日,遵循公开、公平、公正和诚实信用的原则组织黄金、白银、铂金等金属交易,它的成立实现了中国黄金生产、消费、流通体制的市场化,是中国黄金市场开放的重要标志(见表2-2)。

表2-2　　上海黄金交易所主要产品和业务推出时间

年份	产品与业务
2002	Au99.95、Au99.99
2003	Pt99.95
2004	Au(T+D)、Au50g、黄金租借
2005	启动夜市交易
2006	Au100g、Ag99.9、Ag(T+D)
2007	Au(T+N1)、Au(T+N2)、Ag99.99
2012	黄金询价业务
2013	Au99.5、黄金ETF

第二章 中国黄金市场的组织架构

续表

年份	产品与业务
2014	mAu（T+D）、国际板启动并增设 iAu99.95、iAu99.99、iAu100g
2016	"上海金"定价合约
2018	白银询价业务、熊猫金币（PGC30g）
2019	"上海银"定价合约、沪纽金（NYAUTN06、NYAUTN12）
2022	履约担保型询价业务

2023年，上海黄金交易所总交易额19.53万亿元，同比增长14.62%，其中，黄金成交量4.15万吨，成交额18.57万亿元（见图2-1），自2007年起，已连续多年位居全球场内现货黄金交易场所第一；白银成交量17.06万吨，成交额9418.43亿元；铂金成交量7.34吨，成交额171.18亿元（见图2-1）。

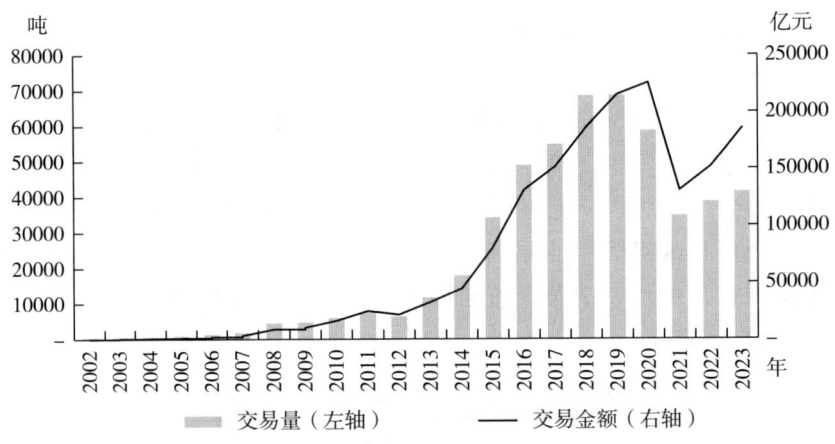

图2-1 历年上海黄金交易所黄金交易量和交易金额

2014年9月，上海黄金交易所启动国际板，成为中国黄金市场对外开放的重要窗口；2016年4月，发布全球首个以人民币计价的黄金基准价格"上海金"，有效提升了我国黄金市场的定价影响力；2018年9月，正式挂牌中国熊猫金币，打通了我国黄金市场与金币市场的产品通道，向发挥我国黄金市场的价格发现功能、丰富黄金市场的投资品种迈出了坚实的一步；2019年10月，推出"上海银"定价合约，发布中国白银市场基准价格，满足市场对人民币白银基准价格的需求，提升国内白银市场的国际影响力；2022年10月，上市履约担保型

第二节　上海黄金交易所概况

询价业务，切实履行合格中央对手方职责，精准服务市场主体，有效完善黄金基础设施功能。

（一）上海黄金交易所的基本职能

- 提供黄金和其他贵金属现货、延期及其衍生品交易服务；
- 提供集中竞价交易、询价交易及其他交易方式；
- 提供上市品种交易的场所、设施和相关服务，设计交易产品，安排产品上市，制定交易规则，组织并监督管理交易、清算和结算、交割及其他相关业务；
- 拟订黄金市场基础设施建设标准，提供交易登记、账户服务、托管服务、仓储运输服务等相关服务；
- 按照章程和业务规则对会员进行监督管理；
- 中国人民银行规定的其他职责。

（二）业务概况

1. 组织形式

上海黄金交易所实行会员制组织形式，其会员按照权利义务的不同，其会员可以分为普通会员和特别会员；按照注册地点的不同，其会员可以分为国内会员和国际会员。截至 2023 年底，上海黄金交易所拥有各类会员 291 家，其中国际会员 103 家。

2. 交易方式

竞价市场按照"自由报价、撮合成交"的方式进行集中竞价交易；询价市场通过指定的询价平台实行自主报价、协商成交；定价市场按照"以价询量、数量匹配"的方式进行集中定价交易。此外，上海黄金交易所还提供黄金租借和黄金 ETF 等业务。

3. 交易品种和价格

目前，上海黄金交易所的交易品种为黄金、白银、铂金和金币，交易标的必须符合上海黄金交易所规定的标准。所有交易合约的报价货币统一为人民币。

4. 资金清算

上海黄金交易所实行"集中、净额、分级"的资金清算原则，截至 2023 年底，上海黄金交易所主板共有指定保证金存管银行 18 家，国际板共有指定保证金存管银行 10 家。

第二章　中国黄金市场的组织架构

5. 交割储运

上海黄金交易所实物交割实行"一户一码"的交割原则，实物交割便捷。截至 2023 年底，在全国共计 37 个城市设立 69 家指定仓库，由上海黄金交易所在全国范围内对金锭和金条进行统一调运配送，便于会员就近入库、就近提货出库。

6. 质量认证

上海黄金交易所对于可提供标准金锭、金条、银锭企业的资格进行认定，并指定权威质检机构对交易产品质量进行监督，对质量纠纷进行检测和仲裁。

7. 税收制度

《财政部　国家税务总局关于黄金税收政策问题的通知》《黄金交易所黄金交易增值税征收管理办法》《财政部　国家税务总局关于铂金及其制品税收政策的通知》对场内黄金（铂金）交易增值税即征即退政策和专用发票的开具作出了明确规定：按照上海黄金交易所规定注册登记的会员以及按照上海黄金交易所章程登记备案的客户，通过上海黄金交易所销售标准黄金（持有上海黄金交易所开具的"黄金交易结算凭证"），未发生实物交割的，免征增值税；发生实物交割的，由税务机关按照实际成交价格代开增值税专用发票，并实行增值税即征即退的政策，同时免征城市维护建设税、教育费附加。《财政部　税务总局关于继续执行的城市维护建设税优惠政策的公告》《财政部　税务总局关于城市维护建设税计税依据确定办法等事项的公告》明确，对黄金交易所会员单位通过黄金交易所销售且发生实物交割的标准黄金，免征城市维护建设税。教育费附加和地方教育附加计征依据与城建税计税依据一致。

8. 系统服务

上海黄金交易所维护会员及投资者在交易中的合法权益，为市场参与方提供相关的平台、设施和服务，包括安全便捷的系统平台、交易登记托管服务、市场行情等。

二、上海黄金交易所组织架构

上海黄金交易所实行会员制，会员大会由普通会员组成。理事会是会员大会的常设机构，对会员大会负责。理事会下设战略发展委员会、风险管理委员会、会员管理委员会、业务委员会、技术委员会、薪酬委员会和反洗钱委员会七个专门委员会。

第三节 上海黄金交易所会员管理

学习内容	知识点
会员制组织形式	会员的概念、会员大会
会员的分类	普通会员的范畴、特别会员的范畴、国内会员与国际会员
会员的权利与义务	会员权利与义务的内容
会员资格管理	会员准入要求、交易员管理、会员资格相关规定
会员业务管理	客户资质要求、委托交易要求、资金账户管理要求及其他业务管理要求

一、会员制组织形式及会员分类

上海黄金交易所实行会员制的组织形式。上海黄金交易所会员是指根据有关法律、行政法规、部门规章的规定，经交易所批准，有权在交易所开展黄金等贵金属交易及其相关活动的法人或其他经济组织。

按照权利义务的不同，上海黄金交易所会员分为普通会员和特别会员（见图2-2）。会员大会由普通会员组成，行使相关职权。召开会员大会应有2/3以上普通会员出席，每一个普通会员有一票表决权。

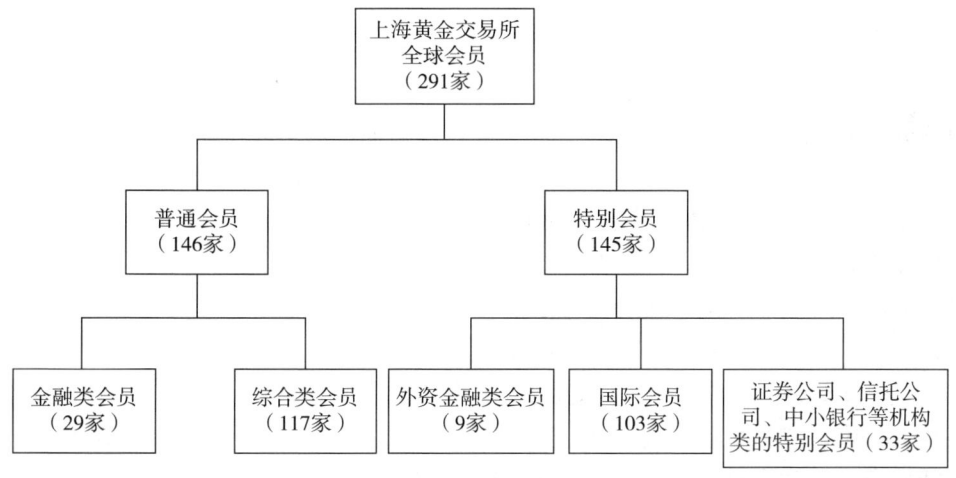

图2-2 上海黄金交易所会员组织架构

第二章 中国黄金市场的组织架构

（一）普通会员和特别会员

普通会员按照业务范围可分为金融类会员和综合类会员。

1. 金融类会员

金融类会员可开展自营业务、代理业务以及监管机构批准的其他业务，类似于全牌照会员，主要是国内知名商业银行，包括国有商业银行、股份制商业银行等，如中国银行、中国工商银行、浦发银行等。除自营业务、代理法人客户进行黄金交易外，金融类会员还开展黄金租借质押、账户黄金、实物金等业务。其中的18家金融类会员为上海黄金交易所指定存管银行，协助上海黄金交易所办理交易资金清算业务。

2. 综合类会员

综合类会员可开展自营业务和代理法人客户业务，主要是产用金企业和黄金投资咨询服务公司等，如山东黄金集团、紫金矿业集团股份有限公司、上海老凤祥有限公司等。综合类会员除自营业务、代理法人客户业务外，还可开展黄金租赁、黄金质押等业务。据初步统计，国内会员（主要以综合类会员为主）年产金、用金量占全国的90%，冶炼能力占全国的95%。

3. 特别会员

上海黄金交易所根据市场发展需要可吸纳特别会员，特别会员包括国际会员、外资金融类会员以及上海黄金交易所认可的其他类型的机构投资者。特别会员不享有会员大会投票权等权利。

（二）国内会员和国际会员

按照注册地点的不同，上海黄金交易所会员可分为国内会员和国际会员。国内会员是指依法在中国境内登记注册的法人或其他经济组织。国际会员是指在中华人民共和国境外（包括香港、澳门、台湾地区）及上海黄金交易所认可的其他地区登记注册的法人机构或其他营业机构，包括国际知名银行、券商、珠宝首饰、产用金企业等。国际会员依其业务范围分为A类国际会员、B类国际会员和C类国际会员，其中A类国际会员可开展自营业务和代理业务，B类国际会员仅限开展自营业务。国内会员代理的客户为国内客户，国际会员代理的客户为国际客户。

截至2023年底，上海黄金交易所全球会员总数为291家，其中，普通会员共计146家，包括金融类会员29家、综合类会员117家；特别会员共计145家，包括外资金融类会员9家、国际会员103家和证券公司、信托公司、中小银行等机构类的特别会员 33 家（见图 2-2）。

二、会员的权利和义务

上海黄金交易所的各类会员依据不同类型享有不同的业务权利，对应地须履行相应的义务。具体而言，上海黄金交易所会员享有以下权利：
- 在上海黄金交易所开展黄金和其他贵金属交易业务；
- 按照《上海黄金交易所章程》和《上海黄金交易所交易规则》行使申诉权；
- 获得有关交易信息和服务；
- 对上海黄金交易所业务与发展提出建议；
- 《上海黄金交易所章程》规定的其他权利。

普通会员除享有以上规定的权利外，还享有以下权利：
- 参加会员大会，行使选举权、被选举权和表决权；
- 提出召开临时会员大会动议；
- 《上海黄金交易所章程》规定的其他权利。

权利与义务是相辅相成的，上海黄金交易所会员应履行的义务包括：
- 遵守国家有关法律、法规、部门规章和政策；
- 遵守《上海黄金交易所章程》规定；
- 执行会员大会、理事会的决议；
- 遵守上海黄金交易所业务管理制度；
- 开展投资者教育，保护投资者的合法权益；
- 认缴会员资格费、年会费和其他费用；
- 接受上海黄金交易所的业务监督与管理；
- 向上海黄金交易所提供经营情况和财务会计报表；
- 上海黄金交易所业务管理规定明确的其他义务。

此外，普通会员还应当履行出席会员大会、参与上海黄金交易所管理的义务。

三、会员资格管理

（一）会员准入要求

申请成为上海黄金交易所会员的机构，在满足《上海黄金交易所章程》对

第二章 中国黄金市场的组织架构

会员条件规定的同时，还必须具备下列条件：
- 中华人民共和国境内登记注册的企业法人或其他经济组织；
- 遵守国家法律法规、监管机构和交易所章程及各项业务管理制度；
- 净资产不低于5000万元人民币，最近三个会计年度连续盈利；
- 依法合规经营、信誉良好，最近三年无严重违法违规行为；
- 有健全的组织机构和财务管理制度及完善的内部控制与风险管理制；
- 有固定的经营场所和必要设施；
- 交易所规定的其他条件。

申请成为会员还须向上海黄金交易所提交以下书面资料：
- 入会申请书，申请书需加盖公章，同时提供法定代表人身份证明文件复印件、影印件；
- 工商或其他行政管理部门核发的相关经营证照等；
- 经审计的最近三个会计年度的财务报告；
- 住所或者营业场所使用证明；
- 公司章程、相关业务制度及反洗钱、反恐怖融资、反逃税内控制度等；
- 董事、监事、高级管理人员的个人资料；
- 控股股东、实际控制人的名称、出资额、持股比例、业务范围、注册资本、注册地址和法定代表人以及受益所有人等信息；
- 境内外控股子公司及主要参股公司信息；
- 合规情况证明材料，包括企业信用评价、企业及其董事、监事、高级管理人员和实际控制人无严重违法违规行为证明；
- 交易所认为需要提供的其他文件。

普通会员入会时，应缴纳会员资格费。会员资格费缴纳标准：金融类会员140万元人民币，综合类会员110万元人民币。会员资格费缴纳标准可由交易所根据实际情况另行调整。外资金融类会员适用普通会员中金融类会员的会员资格费收费标准，其他特别会员的会员资格费缴纳标准由交易所根据实际情况另行制定。

（二）交易员管理

会员入会后应选派若干名交易员，交易员是指经过业务培训并具备交易所认可业务资质的从业人员。交易员须经其会员授权，在交易所从事的业务活动均由该会员承担全部责任。

第三节　上海黄金交易所会员管理

交易员在同一时期内，只能受聘于一家会员，不得在其他会员处兼职。会员资格发生变更的，该会员对其交易员的授权自动失效。

（三）会员资格相关规定

会员应按照交易所规定条件和程序终止会员资格。会员资格终止后，交易所退回实缴会员资格费，对于会员已缴纳的其他费用不予退还。

会员申请终止会员资格，应向交易所提交下列文件：
- 申请书；
- 有关批准文件或者决定书；
- 会员资格证书；
- 业务清理情况说明；
- 交易所要求提交的其他文件。

会员申请终止会员资格文件齐备的，交易所按要求完成退会手续办理。

会员资格不得转让，禁止以发包、出租或抵押等方式变相转让会员资格。

兼并会员的法人或与会员合并后新设立的法人若要承继会员资格的，应向交易所提出书面申请，经交易所审核批准后，方可承继会员资格。

会员存在以下情形之一的，经批准，交易所有权取消其会员资格：
- 违反中华人民共和国法律、法规、规章，严重违反交易所章程、交易规则及有关规定的；
- 被监管机构认定为市场禁止进入的；
- 违反监管机构及交易所制定的反洗钱和反恐怖融资制度及发票等相关管理规定，且情节严重的；
- 将会员资格或交易席位发包给他人管理或经营的；
- 资金、人员和设施严重不足，管理混乱，经整改无效的；
- 拒不执行会员大会或理事会决议的；
- 无正当理由连续三个月未开展交易的；
- 参与非法交易活动的；
- 伪造、涂改、买卖各种凭证或审批文件的；
- 恶意破坏交易系统的；
- 交易所认定的其他情形。

发生会员资格取得、承继和终止的，上海黄金交易所按规定向中国人民银行报备，并向市场公告。

第二章 中国黄金市场的组织架构

四、会员业务管理

获得会员资格后，即可开展自营业务，相关代理业务须经上海黄金交易所批准后方可开展。会员开展代理业务应符合上海黄金交易所制度要求并按规定程序办理。会员、会员董事、监事和高级管理人员及其相关从业人员必须遵守中华人民共和国有关法律、法规、政策和交易所章程、交易规则、办法等各项业务规定。会员应加强对客户的教育和培训，提高市场运作和经营水平，严格执行中华人民共和国反洗钱、反恐怖融资和税收等规定。

（一）客户资质要求

开展代理业务的会员不得接纳有下列情况之一者为客户：
- 不具有完全民事行为能力的；
- 机构客户未能提供法定代表人授权委托书的；
- 违反监管机构及上海黄金交易所制定的反洗钱和反恐怖融资制度及发票管理规定，且情节严重的；
- 未按上海黄金交易所规定提供身份基本信息及资质证明；
- 法律法规、监管机构及上海黄金交易所规定的其他情形。

（二）委托交易要求

会员接受客户委托从事交易时，应遵循"了解你的客户"原则，审核客户的有效身份证件或有效身份证明文件，登记身份基本信息，留存有效身份证件或其他身份证明文件的复印件或者影印件，了解其经营活动基本情况，了解交易的实际受益人。

会员接受客户委托，应与客户签署代理业务协议书和《风险揭示书》，同时应以书面方式明确代理客户在反洗钱和反恐怖融资方面的职责。会员接受客户委托，下达交易指令或资金调拨指令时，应以双方约定的授权委托形式开展。客户交易资金来源与客户名称不相符的，应当提供交易资金合法来源及使用权的证明。没有授权委托或授权不明的，不得代客户从事交易活动。

会员应及时、准确执行客户交易指令。委托交易完成后，会员应及时通知客户。

第三节　上海黄金交易所会员管理

（三）资金账户管理要求

会员应当对自有资金与客户保证金分账管理，客户保证金专户存储，严禁挪用、占用。会员不得将收取的客户保证金用于自身经营活动或充抵自身债务。会员不得允许他人擅自使用客户保证金或擅自用客户保证金为他人经营活动提供担保。

会员应设置独立的保证金科目并分客户进行明细核算，不得以结算单代替客户明细账。

客户办理存取款手续时，会员应要求客户或其合法资金调拨人提供完备的客户资金调拨手续。

（四）其他业务管理要求

会员应采取有效措施，妥善保存客户开户资料、委托记录、交易记录等文件资料，防止出现遗失、毁损、伪造、篡改等情况，保存期限不得少于15年，如对交易交割结算有争议的，应保存至该争议消除时为止；涉及反洗钱和反恐怖融资调查，且反洗钱和反恐怖融资调查工作在规定的最低保存期届满时仍未结束的，应将其保存至反洗钱和反恐怖融资调查工作结束。

会员和保证金存管银行应对客户身份资料和交易记录保密，不得泄露业务中获取的商业秘密，法律、法规、规章另有规定的除外。

为控制交易风险，会员需要对客户持仓实施强行平仓的，应当遵守双方合同规定的标准和条件，并以合同约定的方式通知客户。

会员不得允许客户透支交易，不得以任何形式虚假开户、借用（或出借）账户，不得挪用、占用客户保证金，不得以夸大宣传、编造或故意传播虚假信息等方式误导、欺诈客户。不得以任何形式向客户作获利保证，也不得以任何形式与客户约定分担风险或分享盈利。

会员可依照与客户签订的双方合同收取结算准备金和代理手续费。

开展代理业务的会员应设立风险准备金专用账户，按不低于年代理手续费5%的比例提取风险准备金。

第三章　黄金交易业务规则

目前，上海黄金交易所已建成了由竞价、询价、定价、租借、黄金 ETF 等市场共同组成、融境内主板市场与国际板市场于一体的多层次的黄金市场体系。本章对黄金交易中的竞价市场、询价市场、定价市场、租借业务与黄金 ETF、交割业务、结算业务、国际板业务和税收政策与发票管理等内容进行逐一介绍，使读者全面系统地掌握黄金现货交易规则和相关流程。

第一节　交易通则

学习内容	知识点
交易模式	交易品种、各交易模式的主要特征
交易时间	竞价交易时间、"上海金"集中定价交易时间

一、交易品种与交易模式

上海黄金交易所按照公开、公平、公正和诚实信用的原则，组织经中国人民银行批准的黄金及其他产品的交易、结算、交割和实物统一配送。目前上市的品种包括黄金、白银、铂金、金币等，今后将根据市场需求适当发展其他交易品种。

根据交易模式的不同，上海黄金交易所的上市合约分为竞价交易合约、询价交易合约、集中定价交易合约及其他经中国人民银行批准的合约等。

上海黄金交易所在交易权限管理上，采用交易所可控制会员及客户的交易权限、会员可控制客户的交易权限的方式。在交易业务上，交易所按照不同的方式进行管理，资金的管理穿透到会员席位，实物与合约持仓的管理穿透到客户，如代理业务，上海黄金交易所对会员代理席位的代理保证金总账户

第一节 交易通则

进行管理,同时管理客户的实物库存明细和合约持仓明细,但不掌握具体客户的资金信息。

(一) 竞价交易

竞价交易是指在交易所按照"价格优先、时间优先"的原则,以自由报价、撮合成交的方式进行的交易。当买入价大于等于卖出价则自动撮合成交,撮合成交价等于买入价(bp)、卖出价(sp)和前一成交价(cp)三者中居中的一个价格:当 $bp \geq sp \geq cp$ 时,最新成交价=sp;当 $bp \geq cp \geq sp$ 时,最新成交价=cp;当 $cp \geq bp \geq sp$ 时,最新成交价=bp。

例如,针对某黄金合约已有的买报价为480元,前一成交价为479.9元的行情,之后的卖报价为479.8元时,成交价取上述三个价格按数值大小排序后,处于中间的479.9元。"三价取其中"的原则能在一定程度上规避错单造成市场价格的异常波动,减少错单损失。

开盘价的上一成交价为cp,即上日收盘价,新挂盘合约的cp为挂盘基准价。

当某延期交收合约以涨跌停板价格成交时,成交撮合实行"平仓优先"和"时间优先"的原则。

(二) 询价交易

询价业务是指在上海黄金交易所指定询价交易平台达成的询价交易业务,或交易双方通过其他方式达成询价交易后,在上海黄金交易所进行的询价登记,以及其在上海黄金交易所开展的结算、交割等业务。上海黄金交易所的询价业务分为以交易双方信用关系为基础的双边信用型询价业务和交易所收取保证金并进行逐日盯市结算的履约担保型询价业务。

(三) 集中定价交易

目前,采用集中定价交易模式的有"上海金""上海银"两个合约。"上海金""上海银"集中定价交易是指市场参与者在交易所平台上,通过"以价询量、数量匹配"的定价过程,在市场量价平衡时,形成"上海金"和"上海银"人民币基准价,所有申报按基准价成交的交易。集中定价过程产生的基准价反映的是定价时点上的市场价格信息(见表3-3、表3-4)。

第三章 黄金交易业务规则

二、交易时间

上海黄金交易所的交易日为每周一至周五（国家法定节假日及交易所公告的休市日除外），交易所一般于年末在网站公布下一年度的全年节假日休市安排，如有变更将另行公告。

不同交易方式的交易时间安排各有不同，竞价交易的交易时间安排分为普通交易日模式（模式 A）和节假日（除周六、周日）后第一个交易日模式（模式 B）。若周末交易所系统需要进行重大维护，交易所可以决定周五夜市临时休市，下一交易日按模式 B 运行，并提前 5 个工作日发布公告。具体交易时间安排见表 3-1 和表 3-2。

表 3-1　　　　　　　　普通交易日的交易时间明细（模式 A）

周一	周一开市	上周五 19:45
	开盘集合竞价	上周五 19:50～19:59
	夜市连续交易时段	上周五 20:00～上周六 2:30
	交易暂停	上周六 2:30～周一 9:00
	日市连续交易时段	9:00～15:30
	交收申报	15:00～15:30
	收盘	15:30
	中立仓申报	15:31～15:40
	交收申报撮合配对	15:40
	收市	15:45
周二	周二开市	周一 19:45
	开盘集合竞价	周一 19:50～19:59
	夜市连续交易时段	周一 20:00～周二 2:30
	交易暂停	2:30～9:00
	日市连续交易时段	9:00～15:30
	交收申报	15:00～15:30
	收盘	15:30
	中立仓申报	15:31～15:40
	交收申报撮合配对	15:40
	收市	15:45

第一节 交易通则

续表

周三	周三开市	周二 19:45
	开盘集合竞价	周二 19:50~19:59
	夜市连续交易时段	周二 20:00~周三 2:30
	交易暂停	2:30~9:00
	日市连续交易时段	9:00~15:30
	交收申报	15:00~15:30
	收盘	15:30
	中立仓申报	15:31~15:40
	交收申报撮合配对	15:40
	收市	15:45
周四	周四开市	周三 19:45
	开盘集合竞价	周三 19:50~19:59
	夜市连续交易时段	周三 20:00~周四 2:30
	交易暂停	2:30~9:00
	日市连续交易时段	9:00~15:30
	交收申报	15:00~15:30
	收盘	15:30
	中立仓申报	15:31~15:40
	交收申报撮合配对	15:40
	收市	15:45
周五	周五开市	周四 19:45
	开盘集合竞价	周四 19:50~19:59
	夜市连续交易时段	周四 20:00~周五 2:30
	交易暂停	2:30~9:00
	日市连续交易时段	9:00~15:30
	交易暂停	11:30~13:30
	下午时段连续交易	13:30~15:30
	交收申报	15:00~15:30
	收盘	15:30
	中立仓申报	15:31~15:40
	交收申报撮合配对	15:40
	收市	15:45

第三章 黄金交易业务规则

表 3-2　　　　　节假日（除周六、周日）后第一个交易日的
交易时间明细（模式 B）

	项目	时间
节假日（除周六、周日）后第一个交易日	开市	8:45
	开盘集合竞价	8:50~8:59
	连续交易时段	9:00~15:30
	交收申报	15:00~15:30
	收盘	15:30
	中立仓申报	15:31~15:40
	交收申报撮合配对	15:40
	收市	15:45

表 3-3　　　　　集中定价交易时间明细

项目	"上海金"（SHAU）		"上海银"（SHAG）	
	早盘	午盘	早盘	午盘
参考价申报时间	10:09~10:14	14:55~14:59	9:39~9:44	14:25~14:29
定价开始时间	10:15	15:00	09:45	14:30

表 3-4　　　　　集中定价交易申报时限与成交阈值

	市场申报	首轮 60 秒，其他轮次每轮 30 秒
定价过程	补充申报	每轮 10 秒
	成交阈值	"上海金"400 千克 "上海银"9000 千克

在未遇到节假日时，上海黄金交易所的开市时间安排在上一自然日 19:45，夜市交易至次日凌晨 2:30 后暂停；如果是一般交易日，暂停至次日 9:00 恢复交易，如果是周末，暂停至周一 9:00 恢复交易，直至 15:45 交易收市。上述从开市到收市的整个过程为一个交易日，具体交易日期按交易收市所在的自然日确定。竞价时间明细表中的交易状态是按照状态内容最多的延期交收合约的合约状态切换时间罗列的，如现货实盘合约等状态较少的，合约收盘前一般为连续交易状态。

上海黄金交易所在年末会公布下一年度的节假日休市安排，逢节假日前夜，无夜市交易，节假日后第一个交易日的开市时间为当日上午 8:45。

第二节 竟价交易规则

学习内容	知识点
竞价交易合约的内容	合约的种类、合约参数的概念、交易单位
竞价交易合约的行情	行情术语的概念
竞价交易合约的分类	现货实盘合约的交易机制、现货即期合约的交易机制、现货延期交收合约的交易机制、延期补偿费与中立仓
竞价交易合约的操作	下单及交易指令、跨市套利的原理和操作、竞价交易合约参数表
沪纽金	沪纽金背景、意义

一、竞价交易合约

根据交割地点的不同，上海黄金交易所的竞价合约分为主板合约和国际板合约。目前，根据交易方式的不同，竞价交易合约包括现货实盘合约、现货即期合约、现货延期交收合约及其他经中国人民银行批准的合约。现货实盘合约包括 Au100g、Au99.99、Au99.95、Au99.5、Pt99.95、iAu100g、iAu99.99、iAu99.5、PGC30g，其中 iAu100g、iAu99.99、iAu99.5 为国际板合约。现货即期合约有 Ag99.99。现货延期交收合约包括 Au（T+D）、mAu（T+D）、Au（T+N1）、Au（T+N2）、Ag（T+D）、NYAuTN06、NYAuTN12 等。新增合约根据交易所公告确定合约内容。

竞价交易合约的主要合约参数包括交易品种、合约代码、交易方式、交易单位、报价单位、最小变动价位、最大单笔报价量、最小单笔报价量、最低交易保证金、最大单日涨跌幅限制、交易时间、结算方式、交割品种、交割方式、交割时间、交割地点、交易手续费、交割费等。

交易单位是指每手合约代表的标的物数量，一般以"手"为交易单位。不同交易合约每手代表的商品数量各不相同，报价量必须是 1 手的整数倍（见表3-5）。

第三章　黄金交易业务规则

表 3-5　　　　　上海黄金交易所竞价交易主要合约的交易单位

品种	合约	每手的交易单位
黄金	Au100g	100 克
	Au99.99	10 克
	Au99.95	1000 克
	Au99.5	12500 克
	iAu100g	100 克
	iAu99.99	10 克
	iAu99.5	12500 克
	Au（T+D）	1000 克
	mAu（T+D）	100 克
	Au（T+N1）	100 克
	Au（T+N2）	100 克
	NYAuTN06	100 克
	NYAuTN12	100 克
熊猫金币	PGC30g	30 克
铂	Pt99.95	1000 克
白银	Ag99.99	15 千克
	Ag（T+D）	1 千克

报价单位是指合约对应的每计量单位的货币价格。如黄金、铂金的报价单位为元（人民币）/克，白银的报价单位为元（人民币）/千克。

最小变动价位是指在竞价交易过程中，对合约每计量单位报价的最小变动数值。报价的最小变动数值必须是最小变动价位的整数倍。如黄金 Au99.99、Au（T+D）合约的最小变动价位为 0.01 元/克，黄金 Au（T+N1）、Au（T+N2）合约的最小变动价位为 0.05 元/克，白银 Ag（T+D）合约的最小变动价位为 1 元/千克。

每日价格最大波动限制规定了上海黄金交易所合约在一个交易日中交易价格波动不得高于或者低于规定的涨跌幅度。上海黄金交易所规定现货实盘合约涨跌幅计算的基准价为合约上一交易日的收盘价，现货即期合约与现货延期交收合约涨跌幅计算的基准价为合约上一交易日的结算价。对应的基准价加上允许的合约当日最大涨幅构成当日价格上涨的上限，称为涨停板；基准价减去允许的合约当日最大跌幅构成当日价格下跌的下限,称为跌停板。合约涨跌停板的设定主要取决于合约交易保证金比例以及标的物价格波动的剧烈程度,如白银的历史价格波动剧烈程度高于黄金,对应合约的每日价格涨跌停板相对较大。而对于现货实盘合约,理论上不需要有每日价格最大波动幅度的限制,但作为交易系统合约设置上的参数项,设置成不太可能触及的30%。

最大(小)单笔报价量,是上海黄金交易所对单笔报单申报数量的限制,大于最大单笔报价量和小于最小单笔报价量的报单无效。目前,上海黄金交易所竞价合约的最小单笔报价量均为1手,部分活跃合约Au99.99、Au100g、Au(T+D)、Ag(T+D)的最大单笔报价量当前分别为50000手(500千克)、1000手(100千克)、200手(200千克)、10000手(10吨)。

最低交易保证金比例是指上海黄金交易所针对盘中实行保证金交易的合约设定的最低保证金标准,上海黄金交易所可在此基础上根据市场情况调整合约交易保证金水平。会员参与上海黄金交易所各类合约的交易,应当按交易所的规定缴纳交易手续费。需要说明的是,合约参数表中关于交易保证金比例、交易手续费等参数项是上海黄金交易所对交易所会员的规定。上海黄金交易所要求会员开展延期交收合约等保证金产品代理业务时,对客户收取的交易保证金比例必须高于上海黄金交易所对会员收取的保证金比例。

二、竞价交易合约的行情

上海黄金交易所一般将实时行情数据提供给资讯公司,由资讯公司将制作而成的行情产品提供给市场。上海黄金交易所网站提供延时行情及每日盘后行情,竞价合约的主要行情字段包括昨收盘、昨结算、开盘价、最高价、最低价、最新价、涨跌、涨跌幅、买价、买量、卖价、卖量、成交量、成交金额、持仓量、交收量、收盘价、结算价等。上海黄金交易所对主要行情术语的规定如下:

开盘价:现货实盘合约的开盘价为该合约当日第一笔成交价,现货即期合约与现货延期交收合约通过集合竞价产生开盘价;开盘集合竞价没有产生开盘价的,以当日第一笔成交的价格作为开盘价。

收盘价:收盘价是指该合约当日最后5笔成交的加权平均价;当日无成交价格的,以上一交易日的收盘价作为当日收盘价。

最高价与最低价:最高价与最低价是指一段时间内某合约成交价中的最高价与最低价,合约收盘后为该交易日的最高价与最低价。

第三章　黄金交易业务规则

最新价：最新价是指某交易日某合约交易期间的最新一笔即时成交价格。

涨跌与涨跌幅：现货实盘合约盘中的涨跌计算为最新价减去上日收盘价，全日的涨跌为今收盘减去昨收盘。现货即期合约与现货延期交收合约的盘中涨跌计算为最新价减去上日结算价，全日的涨跌为今收盘减去昨结算。涨跌幅按涨跌数值进行相应计算。

结算价：结算价为某合约当日一定时间内成交价格按照成交量计算的加权平均价，当前上海黄金交易所合约结算价的统计时段为整个交易日；当日合约无成交的，以上一交易日的结算价作为当日结算价。结算价是当日交易结束后，对当日合约持仓或实物交割等进行保证金、盈亏及交割货款结算的基准价。

成交量与成交金额：成交量是某合约当日成交合约的双边累计数量，单位为"手"。成交金额为某合约按每笔成交价格、交易量及每手代表的交易单位计算的累计成交金额。上海黄金交易所允许现货实盘合约的大宗交易，大宗交易仅将成交量与成交金额在盘后计入对应实盘合约的行情，行情价格不作改变。

持仓量：也称未平仓合约量，是指交易者在某时点上持有的某未平仓合约的双边数量。

交收量：交收量是指某延期交收合约的实物交割的双边累计数量，为交收申报与中立仓申报集中交割匹配成功的双边量。

昨收盘与昨结算：分别是"昨日收盘价"与"昨日结算价"的简称。

上海黄金交易所的集合竞价采用最大成交量的成交原则，即以此价格成交能得到最大成交量。高于集合竞价产生价格的买入申报，以及低于该价格的卖出申报全部成交；等于集合竞价产生价格的买入申报和卖出申报，按申报量少的一方进行成交。

上海黄金交易所可以将长时间内没有交易且没有持仓的合约设定为不活跃合约，合约被设定为不活跃时将不会在公开行情中显现，不再具备公开的竞价交易功能。待市场有交易需求时上海黄金交易所可恢复该合约的交易。

黄金、白银是全球性的交易产品，通过处于不同时区市场间的接力，实现全球24小时连续交易。为了降低市场参与者的持仓风险、提升我国黄金市场的国际化水平，上海黄金交易所从2005年11月8日起在国内率先开展夜市交易，于2007年3月1日将夜市交易的结束时间从23:30延长到凌晨2:30，从2019年6月10日起取消午间交易暂停时间。目前，上海黄金交易所全天的连续交易时间达到了13个小时，基本覆盖欧美市场的主要交易时段。

三、竞价交易合约的分类

上海黄金交易所目前的竞价交易合约有现货实盘合约、现货即期合约、现货延期交收合约三类。

（一）现货实盘合约

上海黄金交易所当前的黄金现货实盘合约有 Au100g、Au99.99、Au99.95、Au99.5、iAu100g、iAu99.99、iAu99.5、PGC30g 共八个合约，铂金现货实盘合约有 Pt99.95。进行现货实盘合约交易时，买报价时必须有全额资金，卖报价时交易账户中必须有相应的实物。报价后，对应的资金或实物即被冻结，资金或实物不足，报价无法提交。

上海黄金交易所对现货实盘合约实行实时交割，报价成交后，买入的黄金实物可用于当日或以后交易日的卖出，也可以申请提货；买入的铂金实物不能在交易所卖出，只能申请提货。客户卖出实物所得货款为可用资金，可用于本交易日内的交易，但盘中不能提取。日终清算后，可用资金余额转为可提资金。

上海黄金交易所允许现货实盘合约的大宗交易，现货实盘合约的大宗交易是指由买卖双方协商确定成交价格且成交数量较大的交易，具备上海黄金交易所现货市场交易权限的会员同时具有大宗交易业务权限，会员可通过会员服务系统进行大宗交易申报，交易系统自动匹配后，通过上海黄金交易所场务复核成交。

法人客户可通过会员代理参与大宗交易，在上海黄金交易所要求进行大宗交易的买方客户与卖方客户中，至少应有一方是上海黄金交易所金融类会员的自营交易账户，大宗交易的单笔交易金额要求不小于 200 万元。

大宗交易成交与该合约的现货实盘竞价成交为同一合约的不同成交方式，大宗交易成交信息不在竞价实时行情中显示，大宗交易的成交价不计入行情，成交量和成交金额在盘后计入历史行情。大宗交易达成后会员可在会员服务系统查询大宗交易成交单。

（二）现货即期合约

现货即期交易是指客户在 T+0 日以保证金达成交易，在 T+2 日以 T+0 日的结算价进行实物交割的交易。目前 Ag99.99 合约采用现货即期交易方式。具体业务流程如下：

- 客户进行买报价或卖报价时，必须有20%的保证金。
- 以成交当日为T+0日，日终结算时对买入量和卖出量进行轧差，轧差后的净头寸按当日结算价冻结20%的保证金，同时对成交价与结算价的差额进行结算。在T+2交易日日终结算时，按T+0日的结算价，对T+0日的净头寸执行实物交割。
- 上海黄金交易所对T+2日不能履行实物交割的一方按即期合约交割违约处理，根据违约金比例向违约方收取违约部分的违约金，根据违约金比例向守约方支付被违约部分的补偿金，同时实物交割终止。违约金比例为20%。
- 实物交割后卖方的保证金转换为向买方交付增值税专用发票的担保金，上海黄金交易所收到买方已取得卖方增值税发票的信息后，释放该担保金。

（三）现货延期交收合约

1. 延期交收合约的交易

延期交收交易是指以支付保证金的形式在交易所集中买卖某种延期交收合约的交易活动。延期交收合约有现金交割和实物交割两种交割方式。采用现金交割方式的，客户在交割结算日根据交割结算价进行现金交割。采用实物交割方式的，客户可以选择合约成交当日交割，也可以延期交割，同时引入延期补偿费机制来调节实物供求矛盾。现金交割延期交收合约没有延期补偿费机制，且只允许在交割结算日期进行现金交割。目前，上海黄金交易所延期交收合约包括Au（T+D）、mAu（T+D）、Au（T+N1）、Au（T+N2）、Ag（T+D）、NYAuTN06、NYAuTN12等；其中，NYAuTN06、NYAuTN12为现金交割延期合约，其余为实物交割延期合约。

延期交收合约的交易按买卖方向和交易性质分为买入开仓、卖出平仓、卖出开仓、买入平仓四类。其中，买入开仓、卖出开仓为增加持仓的操作，需按申报价冻结规定比例的保证金；买入平仓、卖出平仓是减少原有持仓的操作，将按上日结算价释放规定比例的保证金。具体为买入开仓形成多头持仓；卖出平仓是对多头持仓进行反向的卖出，以了结多头的交易。卖出开仓形成空头持仓；买入平仓是对空头持仓进行反向的买入，以了结空头的交易。上海黄金交易所按照先开先平的原则进行平仓处理。

在上海黄金交易所的延期交收合约中，黄金延期合约的最低交易保证金比例为6%、白银延期合约的最低交易保证金比例为7%，日常的交易保证金水平根据市场风险情况确定，节假日前一般会根据假期长短相应提高交易保证金。同时，上海黄金交易所要求会员开展代理业务时的交易保证金必须高于交易所当时对会员的交易保证金水平。

现货实盘合约交易的交易标的是实物，在上海黄金交易所的延期交收合约中投资者需要先买入或存入实物后才能进行卖出操作。延期交收合约的交易标的是标准化合约，采用买空或卖空的双向保证金交易机制。投资者可以在看涨交易合约标的物的情况下买入延期交收合约，多头持仓，待价格上涨后卖出平仓，进行获利了结；反之，投资者在看跌交易合约标的物的情况下先卖出延期交收合约，空头持仓，待价格下跌后买入平仓，进行获利了结。有关行业的经营者也可以根据自身业务需要开展相应的套期保值交易。延期交收合约交易有较高的杠杆，对交易保证金而言盈利或者亏损都被成倍放大，不熟悉保证金交易的投资者入市之前一定要学习和模拟，需要预设好合约的价格走势不及预期时的应对措施，设置好止损位，切忌满仓操作，把风险控制放在首位。套期保值交易的仓位也要与经营规模相匹配，不要背离套期保值的初衷。

上海黄金交易所对延期交收合约的双向同时持仓无限制。例如，客户有10手Au（T+D）合约的空头持仓，想要进行买入平仓了结时，如果误操作成买入开仓，就会形成同时持有10手多头和10手空头的情况。

2. 延期交收合约的限仓管理

上海黄金交易所在会员席位和客户两个层面对现货延期交收合约的最大单边持仓数量进行管理。当会员席位多头或空头某一方向的合计持仓达到该方向的席位限仓上限时，其席位下的所有客户在该方向上只能进行平仓报价，不能进行开仓报价。当客户多头或空头某一方向的合计持仓达到该方向的客户限仓上限时，客户在该方向上只能进行平仓报价，不能进行开仓报价。

客户延期交收合约的持仓受上海黄金交易所和会员席位的双重管理，会员可在上海黄金交易所的客户限仓数额内对客户进行限仓。上海黄金交易所按客户号对客户进行限仓管理，会员席位按客户交易编码对客户进行限仓管理。在上海黄金交易所一户多码的客户交易编码管理制度下，同一客户号可在多个会员席位下开立交易编码，客户的多个交易编码对某合约的合计持仓量，不得超过上海黄金交易所对该客户号的限仓。客户可以通过会员向上海黄金交易所申请扩大某延期交收合约的持仓限额。

如果行业客户觉得限仓额度相较自身的黄金、白银现货业务规模存在不足，可按上海黄金交易所的规定，申请套期保值限仓额度，套期保值限仓额度有额度使用期限，默认为一年，期限内独立于上述普通限仓额度，单独管理。超过套期保值额度使用期限后，额度失效，原持有的套期保值头寸自动转为普通持仓，按普通限仓额度进行管理，持仓超过客户限仓额度的需按规定减仓。

3. 延期交收合约的实物交割制度

实行实物交割的延期交收合约没有固定的合约到期日，实物交割采用交收申报制度，不论当日新增持仓或历史持仓，都可以在每个交易日的15:00~15:30进行交收申报。多头持仓可进行收货申报，空头持仓可进行交货申报。未进行交收申报的持仓和进行了交收申报但最终没有实现交割配对的持仓，自动延期到下一交易日，直至平仓了结或交收申报成功后通过实物交割了结合约持仓。

客户进行交收申报时，应按合约最小交收申报量的整数倍进行申报，当前，黄金延期交收合约的最小交收申报量为1手，白银延期交收合约的最小交收申报量为15手。交收申报时上海黄金交易所系统冻结相应数量的持仓，同时，对交货申报冻结交割所需的相应实物，对收货申报按上一交易日结算价冻结足额货款，确保交收配对成功后客户能够履行实物交割。交收申报结束前，客户可以撤销申报。

延期交收持仓的实物交割可在每个交易日进行，但对每日某个合约要求交货或收货的持仓数量往往是不相等的，为此，实物交割延期交收交易引入延期补偿费机制来调节合约交易中的实物供求矛盾。延期补偿费是客户延期交收时，为了融通资金或实物所发生的成本，延期补偿费的支付方向根据交货申报和收货申报的数量对比情况确定。

当某实物交割延期交收合约空头方申报的交货量小于多头方申报的收货量时，当日延期补偿费支付方向为"空付多"，结算时该合约的全部空头持仓，按一一对应的方式向全部的多头持仓支付延期补偿费。当某实物交割延期交收合约空头方申报的交货量大于多头方申报的收货量时，当日延期补偿费支付方向为"多付空"，结算时该合约的全部多头持仓，按一一对应的方式向全部的空头持仓支付延期补偿费。当交货申报量等于收货申报量时，不发生延期补偿费支付。总结起来就是根据交收申报结果，申报量少的一方对应的持仓方向须向申报量多的一方对应的持仓方向支付延期补偿费。

实行实物交割延期交收合约的延期补偿费有按日收付和定期收付两种收付方式。

(1) 按日收付

每日根据交收申报情况执行合约的延期补偿费收付，收付数量为从本交易日到下一交易日前的自然日天数（含节假日）。目前，Au（T+D）、mAu（T+D）、Ag（T+D）等延期交收合约采用按日收付这种方式。

（2）定期收付

合约的延期补偿费只根据指定的延期补偿费收付日的交收申报情况，对当日的日终持仓执行延期补偿费收付，其他交易日可以进行交收申报和交割匹配，不进行延期补偿费收付。目前，Au（T+N1）、Au（T+N2）延期交收合约采用定期收付，Au（T+N1）的延期费支付日为6月15日，Au（T+N2）的延期费支付日为12月15日。

延期补偿费的计算方法如下：

延期补偿费 = 持仓量 × 当日结算价 × 延期补偿费率 × 收付数量

当前，按日收付的延期交收合约的延期补偿费率为 $1.1‰$，定期收付的延期交收合约的延期补偿费率为 3%，上海黄金交易所根据市场利率水平和实物交收情况调整延期补偿费率。另外，作为一种有针对性的持仓成本，延期补偿费也被作为应对交割异常的风险控制手段，交易所可根据市场风险控制需要临时调整延期补偿费率。延期补偿费收付方式、延期补偿费率等发生变更的按照上海黄金交易所公告执行。

为了最大限度地满足合约的实物交割需求，延期交收合约通过中立仓机制缓解交割矛盾。当某实物交割延期交收合约的交货申报量与收货申报量不相等，即存在交收申报量差时，通过中立仓申报调节合约实物交收不平衡的矛盾。中立仓是客户根据交收申报结果以实物或货款平衡交收申报量差时生成的持仓。中立仓的具体申报方式为，当交收申报结果为收货量大于交货量时，市场上有闲置实物的客户以交实物的形式进行中立仓交货申报；当交收申报结果的交货量大于收货量时，市场上有闲置资金的客户以收实物的形式进行中立仓收货申报。

中立仓申报时间为每个交易日的15:31~15:40。客户在中立仓申报时间段内，按照某合约当日交收申报结果确定的中立仓方向进行中立仓申报时，上海黄金交易所按合约当日结算价冻结获取反向持仓所需的保证金，同时按申报方向冻结履行实物交收所需的全额货款或相应实物。中立仓申报同样需按最小交收申报量的整数倍申报，申报状态结束前客户可以撤销申报。

交收申报和中立仓申报按"时间优先"的原则进行集中撮合配对，配对成功的交收申报和中立仓申报在当日结算时按合约当日结算价完成实物交割。

中立仓通过弥补交收申报量差的形式参与延期交收合约实物交割的同时，

第三章 黄金交易业务规则

系统自动为其生成了与交割行为方向相反的延期交收合约持仓。中立仓收货成功后，按当日结算价生成空头持仓；中立仓交货成功后，按当日结算价生成相应的多头持仓；上海黄金交易所对中立仓免收手续费。

对于 Au（T+D）、mAu（T+D）、Ag（T+D）等按日收付延期补偿费的合约，在 15:30 交收申报结果确定后，当日所有多空持仓收取延期补偿费与支付延期补偿费的数量都已确定下来，其中，交收申报量差部分的持仓，一定处于可收取延期补偿费的持仓方向上。我们也可以把中立仓理解为获取了交收申报量差部分的持仓，交收申报量差部分持仓因为中立仓的介入，满足了交割要求离开了市场，中立仓获取了该部分持仓，获得收取延期补偿费的权利，而合约的总持仓未发生变化。

例如，某日一延期交收合约的总持仓为 1000 手，空头申报的交货量为 150 手，多头申报的收货量为 100 手。在没有中立仓的情况下，当日可完成的交割量为 200 手，空头交货申报时间靠后的 50 手的交货要求没有被满足，当日确定的延期补偿费支付方向为"多付空"，多头阵营中未进行交收申报的 400 手持仓，必须支付延期补偿费，而空头阵营中进行了交货申报但交收要求没有被满足的 50 手和没有进行收货申报的 350 手都可以获得延期补偿费。

如果在紧接着的中立仓申报过程中，中立仓收货 40 手，意味着上述交收申报未交货成功的 50 手中，有 40 手的交货要求得到了满足，离开了市场，系统生成空头方向的中立仓，可以理解为中立仓是获取了满足交割要求离场者的 40 手空头持仓，使合约的多、空持仓仍旧保持平衡（见表 3-6）。

表 3-6　　　　　　　　交收申报实例说明

T 日	期初持仓/手	交收申报/手	中立仓申报/手	交收申报成交/手	期末持仓/手	T+1 日交收申报/手
空头（交货）	500	150	—	140	360	40
多头（收货）	500	100	40	140	360	—
合计	1000	250（200）	40	280	720	
说明	多头=空头	收货<交货，多头付空头	中立仓收货，获得实物与空头持仓	交收申报与中立仓申报集中撮合	多头付空头	T+0 日中立仓需要在 T+1 日进行交收申报，完成延期补偿费套利

第二节 竞价交易规则

参与中立仓是一个无风险的套取延期补偿费的过程，如上例中，T+0日通过中立仓申报收到40手的实物，并以获得的空头持仓在当日"多付空"的延期费支付方向下，收取了延期补偿费；在T+1日，该40手空头持仓必须进行交货申报，以确保不会处于支付延期补偿费的持仓方向。中立仓获得和了结的价格都是按当日结算价计算的，T+0与T+1之间的价格波动风险被实物和持仓锁定了。在本例中，假如T+1日价格上涨，40手空头持仓将发生亏损，同时上日收到的40手实物交割后可获得的货款将等额增加，交货成功后收回的货款扣除空头持仓亏损后的结果，与T+0日收货付出的货款是一致的，上日的中立仓收货和今日的交收申报交货过程，套取了1天的延期补偿费。

交收配对成功但结算时没有相应的可用资金或可用库存，按交割违约处理。上海黄金交易所按合约当日结算价和违约金比例计算违约金，违约部分不足1手按1手计。延期交收合约的违约金比例为6%。

出现交收申报违约时，上海黄金交易所向违约方收取违约金，向守约方支付补偿金，同时合约终止。如果中立仓申报违约，上海黄金交易所向违约方收取违约金，向守约方支付补偿金，守约方的合约终止，违约方在交收配对时获取的中立仓依然为有效持仓。

实行实物交割的延期交收合约允许连续持有，直至平仓或完成交收。采用延期补偿费定期收付的Au（T+N1）、Au（T+N2）合约的延期补偿费率较高，每个合约的两次延期补偿费支付日的间隔为1年，同时在合约进入补偿费支付日所在月份时，会大幅度提高保证金比例至20%，对于没有交割能力的客户，持仓跨越延期补偿费支付日的风险和不确定性较高，一般投资者可选择在进入合约补偿费支付日所在月份前平仓或移仓至其他合约。

延期交收合约交易是属于现货范畴的交易，其每日可以进行实物交割的制度安排，使合约交易价格偏离现货价格时可以通过交割套利，让价格回归，所以每日可交割的延期交收合约交易的是现货价格。以上海黄金交易所竞价交易金额最大的Au（T+D）合约为例，每日合约的实物交收量与成交量之比长期稳定在40%左右，通过中立仓机制，长期维持实物交收的平衡状态，大量的实体企业可以直接通过Au（T+D）合约完成日常的黄金实物销售采购。

4. 延期交收合约的现金交割制度

除实物交割外，上海黄金交易所延期市场部分合约实施现金交割制度。目前实施现金交割的场内合约有2019年10月上线的沪纽金合约。现金交割是指到期的未平仓合约按合约到期日的交割结算价进行统一清算、划付盈亏并了结合

第三章　黄金交易业务规则

约的交割方式。沪纽金6月合约的到期日为每年的6月15日，12月合约的到期日为每年的12月15日，逢节假日，提前至15日的上一交易日。进入合约现金交割日所在的交割月，交易保证金率提高至10%。

现金交割合约的核心要素之一是交割结算价。沪纽金的交割结算价由全球最具流动性的纽约黄金期货市场结算价体系计算得出，保证了交割结算价的权威性、公允性、不可操纵性（具体计算方式见表3-7）。

5. 今日仓、平今仓、历史仓和超期持仓

上海黄金交易所的现货延期交收交易中还有几个与持仓相关的概念：今日仓，是指本交易日内新开或新增的持仓；平今仓，是指平仓了结今日新增的持仓；历史仓，是指本交易日之前所开的持仓；超期持仓，是指连续持有时间超过上海黄金交易所规定期限的持仓。

以上概念中，部分与交易费用相关。上海黄金交易所按照合约成交金额的一定比例收取交易手续费，会员可对客户加收一定比例的代理手续费。同时，长期以来上海黄金交易所对延期交收交易执行平今仓免收交易手续费的优惠措施，只要某交易日内，客户在某合约的交易记录中先出现了开仓交易，之后又出现该合约平仓交易时，不管该客户是否有该合约的历史持仓，与当日开仓量对应的平仓数量，一律视为平今仓，日终清算时可享受交易所"平今仓免手续费"的优惠。

上海黄金交易所的交易系统记录每一笔延期交收合约的开仓日期明细，当客户平仓时，按照"先开先平"的顺序执行。上海黄金交易所可以对连续持有时间超过规定期限的超期持仓征收超期费。超期费已演变成一项风险控制指标，正常情况下不设置延期合约的超期期限，不启用超期费，如果启用按照上海黄金交易所相关公告执行。

四、竞价交易合约的操作

上海黄金交易所实行会员制的组织架构，会员可以直接在交易所交易，非会员（客户）参与交易必须通过有相关代理资质的会员代理。

上海黄金交易所包括主板和国际板两个业务板块，主板会员主要分为综合类会员和金融类会员两类。在代理资质上，主板的综合类会员可以受理境内的法人交易代理业务，金融类会员可以受理境内法人和自然人的交易代理业务。

客户参与上海黄金交易所相关合约的交易，一般涉及开户、下单、结算、交割等业务环节。

（一）开户步骤

上海黄金交易所会员可以直接参与交易，客户必须通过会员代理参与交易，类似于参与股票交易，须先前往证券公司开户，通过券商代理进入证券交易所交易。客户基础开户流程如下。

目前，机构客户可以选择上海黄金交易所的金融类会员或综合类会员作为自己的代理机构，开立上海黄金交易所的交易账户。

第一步：提交材料。材料包括上海黄金交易所开户登记表；机构营业执照、组织机构代码证、税务登记证、法定代表人身份证。如为增值税一般纳税人，有增值税开票需求的，需提交增值税一般纳税人资格证明复印件、近期的增值税纳税申报表和近期开具的销项增值税专用发票。

第二步：风险揭示及风险承受能力评估。由法定代表人或授权人在《风险揭示书》上签名并加盖公章。

第三步：签订交易代理协议。由法定代表人或授权人在该协议上签名并加盖公章。

第四步：获取交易编码。上海黄金交易所实行客户交易编码管理制度，客户交易编码申请成功后，客户即可通过代理机构提供的客户端交易软件或通过网上银行等方式参与上海黄金交易所的交易。

（二）竞价交易下单及竞价交易指令

客户的交易客户端由受理开户的会员单位提供，会员应为客户建立独立的资金账户。客户可按规定将资金存入会员的代理资金专用账户，再转入上海黄金交易所代理保证金账户；使用保证金封闭运营系统的会员，其客户可直接将交易资金转入上海黄金交易所的代理保证金账户。会员的代理资金专用账户在上海黄金交易所官网上公示，客户可通过网站查询。

综合类会员代理业务的客户端主要是经上海黄金交易所认证的二级系统产品。金融类会员代理业务的客户端主要有网上银行、商业银行自行开发的客户端等。

客户在开始交易前，首先应熟悉客户端功能，同时理解上海黄金交易所竞价交易指令的含义。上海黄金交易所的竞价交易指令主要分为限价指令、市价指令、撤销指令三类。

第三章 黄金交易业务规则

- 限价指令分为普通限价指令、即时全部成交或撤销限价指令（以下简称限价 FOK 指令）和即时成交剩余撤销限价指令（以下简称限价 FAK 指令）：普通限价指令是指按照限定价格或者更优价格成交的指令；限价 FOK 指令是指限价指令中所有数量必须立即成交，否则将全部自动撤销的指令；限价 FAK 指令是指限价指令中无法立即成交的部分自动撤销的指令。
- 市价指令是指不限定价格、按照当时市场上可执行的报单成交的指令。上海黄金交易所市价指令分为：最优五档即时全部成交或撤销市价指令（以下简称最优五档市价 FOK 指令）、最优五档即时成交剩余撤销市价指令（以下简称最优五档市价 FAK 指令）和最优五档即时成交剩余转限价指令。为减少市价指令对市场行情可能造成的意外冲击，上海黄金交易所不提供无条件限制的市价指令。上述市价指令的含义为：最优五档市价 FOK 指令是指不限定价格，在对手方实时最优五个价位内立即全部成交否则自动撤销的指令；最优五档市价 FAK 指令是指不限定价格，在对手方实时最优五个价位内以对手方价格为成交价依次成交，未成交部分自动撤销的指令；最优五档即时成交剩余转限价指令是指不限定价格，在对手方实时最优五个价位内以对手方价格为成交价依次成交，未成交部分自动转为以最新成交价为委托价格的限价指令。
- 撤销指令。报单未完全成交前可以进行撤销，撤销指令只对原报价未成交部分有效，若该笔报价已全部成交，则该撤销指令无效。在交易暂停期间，上海黄金交易所不接受任何报价或撤销报价指令。

竞价交易报单只能在合约价格限制范围内申报，超过价格限制范围的报单为无效报单。报单经上海黄金交易所确认后生效，报单在一个交易日内有效。

五、跨市套利

全球性商品（如黄金、白银、石油等）的金融衍生品交易市场可能遍布世界多个区域。受全球供求关系的共同影响，这些市场对同一标的物产品的交易价格虽不可能完全一致，但却是高度相关的。任意交易所的同类衍生品合约均存在一定的价差，价差不是一成不变的，而是根据市场条件持续频繁波动的。从统计意义上来看，价差以较大概率在一定区间内波动，当出现较大异常值后将较大概率回归正常区间，价差的波动特征为跨市场套利提供了盈利空间。

套利交易者需同时在相关合约上进行反向交易，套利成功与否的关键，是

第二节 竞价交易规则

看价差能否在套利者预期的时间内回归正常。如果套利者判断未来一段时间内价差将缩小，此时可卖出一定量的价格相对较高的合约，同时买入对等数量的价格相对较低的合约，构建跨市套利仓位，等到价差缩小至正常区间时进行反向平仓实现交易盈利。如果套利者判断未来一段时间内价差将扩大，套利者可以买入一定量的价格相对较高的合约，同时卖出对等数量的价格相对较低的合约，等到价差回升至正常区间时进行反向平仓实现交易盈利。

黄金、白银是市场上较为典型的适合跨市场套利交易的品种，两者都是国际性交易品种，产品标准统一、交易量大、参与者多、市场流动性好，在全球多个时区可实现24小时连续交易。

近年来，芝加哥商品交易所、上海黄金交易所、上海期货交易所占据全球场内黄金成交量前三。三个市场的主力合约常常存在明显的价差，根据不同的操作周期，当发现价差超出正常区间时，跨市投资者可以进行跨市场或者多市场套利。例如，上海黄金交易所和芝加哥商品交易所黄金主力合约中长期的价差波动有一定的规律可循，当价差偏离超出一定幅度时，在两个市场同时进行方向相反、数量相等的买卖操作，建立跨市场套利仓位，等待价差回归常态时平仓获利了结。同样地，分析上海黄金交易所和上海期货交易所黄金主力合约之间的价差，也存在一定的短线套利机会。专业的跨市场套利投资者的频繁交易，使全球各交易所同品种合约的价差异常时能被随时纠偏。

同一商品在不同市场交易价格存在价差有多种客观原因。如Au（T+D）合约和芝加哥商品交易所黄金主力合约的价差，主要受实物供求关系和渠道成本的影响，外汇买卖价差、交易手续费、进出口额度和外汇额度等均可归为跨市场套利交易成本。Au（T+D）合约和上海期货交易所黄金主力合约价差，主要受跨市场套利交易成本和合约期限不一反映的费用及时间成本的影响。

表3-7　　　　　　　上海黄金交易所主板竞价交易合约参数
表3-7-a　　　　　　　Au99.95合约参数

交易品种	黄金
合约代码	Au99.95
交易方式	现货实盘交易
交易单位	1000克/手
报价单位	元（人民币）/克
最小变动价位	0.01元/克

第三章 黄金交易业务规则

续表

每日价格最大波动限制	上一交易日收盘价±30%
最小单笔报价量	1手
最大单笔报价量	500手
交易时间	日间：9:00~15:30 夜间：20:00~次日2:30
结算方式	钱货两讫
交割品种	标准重量3千克，成色不低于99.95%的金锭
交割方式	实物交割
交割时间	T+0
质量标准	经交易所认定的可提供标准金锭企业生产的符合交易所执行的《金锭》标准的实物，及伦敦金银市场协会（LBMA）认定的合格供货商生产的标准实物
交割地点	交易所指定仓库
交易手续费	成交金额的万分之三点五
交割费	0
上市日期	2002年10月30日

表3-7-b　　　　　**Au99.99 合约参数**

交易品种	黄金
合约代码	Au99.99
交易方式	现货实盘交易
交易单位	10克/手
报价单位	元（人民币）/克
最小变动价位	0.01元/克
每日价格最大波动限制	上一交易日收盘价±30%
最小单笔报价量	1手
最大单笔报价量	50000手
交易时间	日间：9:00~15:30 夜间：20:00~次日2:30
结算方式	钱货两讫
交割品种	标准重量1千克，成色不低于99.99%的金锭
交割方式	实物交割

第二节 竞价交易规则

续表

交割时间	T+0
质量标准	经交易所认定的可提供标准金锭企业生产的符合交易所执行的《金锭》标准的实物，及伦敦金银市场协会（LBMA）认定的合格供货商生产的标准实物
交割地点	交易所指定仓库
交易手续费	成交金额的万分之三点五
交割费	0
上市日期	2002年10月30日

表3-7-c　　　　　**Au99.5 合约参数**

交易品种	黄金
合约代码	Au99.5
交易方式	现货实盘交易
交易单位	12.5千克/手
报价单位	元（人民币）/克
最小变动价位	0.01元/克
每日价格最大波动限制	上一交易日收盘价±30%
最小单笔报价量	1手
最大单笔报价量	200手
交易时间	日间：9:00～15:30　夜间：20:00～次日2:30
结算方式	钱货两讫
交割品种	标准重量12.5千克，成色不低于99.50%的金锭
交割方式	实物交割
交割时间	T+0
质量标准	经交易所认定的可提供标准金锭企业生产的符合交易所执行的《金锭》标准的实物，及伦敦金银市场协会（LBMA）认定的合格供货商生产的标准实物
交割地点	交易所指定仓库
交易手续费	成交金额的万分之三点五
交割费	0
上市日期	2013年6月6日

第三章　黄金交易业务规则

表 3-7-d　　　　　　　　　　Au100g 合约参数

交易品种	黄金
合约代码	Au100g
交易方式	现货实盘交易
交易单位	100 克/手
报价单位	元（人民币）/克
最小变动价位	0.01 元/克
每日价格最大波动限制	上一交易日收盘价±30%
最小单笔报价量	1 手
最大单笔报价量	1000 手
交易时间	日间：9:00~15:30　夜间：20:00~次日 2:30
结算方式	钱货两讫
交割品种	标准重量 0.1 千克，成色不低于 99.99% 的金条
交割方式	实物交割
交割时间	T+0
质量标准	经交易所认定的可提供标准金条企业生产的符合交易所执行的《金条》标准的实物，及伦敦金银市场协会（LBMA）认定的合格供货商生产的标准实物
交割地点	交易所指定仓库
交易手续费	成交金额的万分之三点五
交割费	0
上市日期	2006 年 12 月 25 日

表 3-7-e　　　　　　　　　　PGC30g 合约参数

交易品种	熊猫金币 30 克
合约代码	PGC30g
交易方式	现货实盘交易
交易单位	30 克/手
报价单位	元（人民币）/克
最小变动价位	0.01 元/克
每日价格最大波动限制	上一交易日收盘价±30%
最小单笔报价量	1 手
最大单笔报价量	1000 手
交易时间	日间：9:00~15:30　夜间：20:00~次日 2:30

第二节　竞价交易规则

续表

结算方式	钱货两讫
交割品种	标准重量30克、成色为99.9%、由中国人民银行发行属于国家法定货币的熊猫金币
交割方式	实物交割
交割时间	T+0
质量标准	中国人民银行制定的《贵金属纪念币　金币》行业标准
交割地点	交易所指定仓库
交易手续费	成交金额的万分之三点五
交割费	0
上市日期	2018年9月12日

表3-7-f　　　　Pt99.95合约参数

交易品种	铂金
合约代码	Pt99.95
交易方式	现货实盘交易
交易单位	1000克/手
报价单位	元（人民币）/克
最小变动价位	0.01元/克
每日价格最大波动限制	上一交易日收盘价±30%
最小单笔报价量	1手
最大单笔报价量	1000手
交易时间	日间：9:00~15:30　夜间：20:00~次日2:30
结算方式	钱货两讫
交割品种	标准重量分别为0.5千克、1千克、2千克、3千克、4千克、5千克、6千克，成色不低于99.95%的铂锭
交割方式	实物交割
交割时间	T+0
质量标准	伦敦铂钯市场协会（LPPM）、东京商品交易所（TOCOM）、纽约商品交易所（NYMEX）认可的或经交易所认定的合格铂锭供货商生产的标准实物
交割地点	交易所指定仓库
交易手续费	成交金额的万分之四
交割费	0
上市日期	2003年7月30日

第三章　黄金交易业务规则

表 3－7－g　　　　　　　　　Ag99.99 合约参数

交易品种	白银
合约代码	Ag99.99
交易方式	现货即期交易
交易单位	15 千克/手
报价单位	元（人民币）/千克
最小变动价位	1 元/千克
每日价格最大波动限制	上一交易日结算价 ±10%
最小单笔报价量	1 手
最大单笔报价量	1000 手
保证金比例	20%
交易时间	日间：9:00～15:30　夜间：19:50～次日 2:30
结算方式	钱货两讫
交割品种	标准重量 15 千克，成色不低于 99.99% 的银锭
交割方式	实物交割
交割时间	T＋2
质量标准	经交易所认定的可提供标准银锭企业生产的符合交易所执行的《银锭》标准的实物，及伦敦金银市场协会（LBMA）认定的合格供货商生产的标准实物
交割地点	交易所指定仓库
交易手续费	成交金额的万分之二
交割费	1 元/千克
开票方式	卖方给买方开具增值税发票
违约金比例	20%
上市日期	2010 年 4 月 26 日

第二节 竞价交易规则

表3-7-h　　　　　　　　　Ag（T+D）合约参数

交易品种	白银
合约代码	Ag（T+D）
交易方式	延期交收交易
交易单位	1千克/手
报价单位	元（人民币）/千克
最小变动价位	1元/千克
每日价格最大波动限制	按合约实际交易保证金比例减1个百分点确定
最小单笔报价量	1手
最大单笔报价量	10000手
合约期限	连续交易
最低交易保证金比例	7%
交易时间	日间：9:00~15:30　夜间：19:50~次日2:30
延期补偿费收付日	按自然日逐日收付
延期补偿费率	合约市值的万分之一点一/日
最小交收申报量	15手
交收申报时间	15:00~15:30
中立仓申报时间	15:31~15:40
超期持仓期限	按交易所公告执行
超期费率	按交易所公告执行
交易手续费	成交金额的万分之二
违约金比例	合约价值的6%
结算方式	当日无负债结算制度
实物交收方式	交收申报制
交割方式	实物交割
交割品种	标准重量15千克，成色不低于99.99%的银锭
交割时间	交收申报配对成功的当日
交割地点	交易所指定仓库
交割费	1元/千克
上市日期	2006年10月30日

第三章　黄金交易业务规则

表 3-7-i　　　　　　　　Au（T+D）合约参数

交易品种	黄金
合约代码	Au（T+D）
交易方式	延期交收交易
交易单位	1000 克/手
报价单位	元（人民币）/克
最小变动价位	0.01 元/克
每日价格最大波动限制	按合约实际交易保证金比例减 1 个百分点确定
最小单笔报价量	1 手
最大单笔报价量	200 手
合约期限	连续交易
最低交易保证金比例	6%
交易时间	日间：9:00~15:30　夜间：19:50~次日 2:30
延期补偿费收付日	按自然日逐日收付
延期补偿费率	合约市值的万分之一点一/日
最小交收申报量	1 手
交收申报时间	15:00~15:30
中立仓申报时间	15:31~15:40
超期持仓期限	按交易所公告执行
超期费率	按交易所公告执行
交易手续费	成交金额的万分之二
违约金比例	合约价值的 6%
结算方式	当日无负债结算制度
实物交收方式	交收申报制
交割方式	实物交割
交割品种	基准交割品种为标准重量 3 千克，成色不低于 99.95% 的金锭；标准重量 1 千克，成色不低于 99.99% 的金锭可替代交割
交割时间	交收申报配对成功的当日
交割地点	交易所指定仓库
交割费	0
上市日期	2004 年 8 月 16 日

第二节 竞价交易规则

表 3–7–j　　　　　　　Au（T+N1）、Au（T+N2）合约参数

交易品种	黄金
合约代码	Au（T+N1）、Au（T+N2）
交易方式	延期交收交易
交易单位	100 克/手
报价单位	元（人民币）/克
最小变动价位	0.05 元/克
每日价格最大波动限制	按合约实际交易保证金比例减 1 个百分点确定
最小单笔报价量	1 手
最大单笔报价量	2000 手
合约期限	连续交易
最低交易保证金比例	6%
交易时间	日间：9:00~15:30　夜间：19:50~次日 2:30
延期补偿费收付方式	按延期补偿费收付日确定的收付方向，定期收付
延期补偿费收付日	Au（T+N1）：6 月 15 日 Au（T+N2）：12 月 15 日，遇节假日提前到前一交易日
延期补偿费收付月份保证金比例	Au（T+N1）：5 月最后一个交易日至 Au（T+N1）延期补偿费收付日，Au（T+N1）保证金调整为 20%，延期补偿费收付日日终结算时起恢复正常保证金比例 Au（T+N2）：11 月最后一个交易日至 Au（T+N2）延期补偿费收付日，Au（T+N2）保证金调整为 20%，延期补偿费收付日日终结算时起恢复正常保证金比例
延期补偿费率	合约市值的百分之三
最小交收申报量	1 手
交收申报时间	15:00~15:30
中立仓申报时间	15:31~15:40
超期持仓期限	按交易所公告执行
超期费率	按交易所公告执行
交易手续费	成交金额的万分之二
违约金比例	合约价值的 6%

第三章 黄金交易业务规则

续表

结算方式	当日无负债结算制度
实物交收方式	交收申报制
交割方式	实物交割
交割品种	标准重量1千克，成色不低于99.99%的金锭
交割时间	交收申报配对成功的当日
交割地点	交易所指定仓库
交割费	0
上市日期	2007年11月5日

表3-7-k　　**NYAuTN06、NYAuTN12 合约参数**

交易品种	黄金
合约代码	NYAuTN06、NYAuTN12
交易方式	延期交收交易
交易单位	100克/手
报价单位	元（人民币）/克
最小变动价位	0.05元/克
每日价格最大波动限制	按合约实际交易保证金比例减1个百分点确定
最小单笔报价量	1手
最大单笔报价量	2000手
最低交易保证金比例	6%
交易时间	日间：9:00~15:30　夜间：19:50~次日2:30
现金交割月份保证金比例	NYAuTN06：5月最后一个交易日至NYAuTN06交割结算日，NYAuTN06保证金调整为10%，交割结算日日终结算时起恢复正常保证金比例 NYAuTN12：11月最后一个交易日至NYAuTN12交割结算日，NYAuTN12保证金调整为10%，交割结算日日终结算时起恢复正常保证金比例
交易手续费	成交金额的万分之二
结算方式	当日无负债结算制度
交割方式	现金交割
交割结算日	NYAuTN06：6月15日 NYAuTN12：12月15日 如遇节假日调整至前一个交易日

第二节　竞价交易规则

续表

交割结算价	NYAuTN06 交割结算价 =（交割结算日 COMEX 黄金期货最近的 8 月合约在北京时间 15:25~15:30 的加权平均价）－（交割结算日前一交易日 COMEX 黄金期货最近的 8 月/6 月日历价差合约的结算价） NYAuTN12 交割结算价 =（交割结算日 COMEX 黄金期货最近的 2 月合约在北京时间 15:25~15:30 的加权平均价）－（交割结算日前一交易日 COMEX 黄金期货最近的 2 月/12 月日历价差合约的结算价） 交割结算价以人民币计价，按交割结算日外汇交易中心在北京时间下午 3 点公布的美元/在岸人民币（USD/CNY）汇率及每盎司 31.10 克进行转换，计价单位为元（人民币）/克
上市日期	2019 年 10 月 14 日

表 3-7-1　　mAu（T+D）合约参数

交易品种	黄金
合约代码	mAu（T+D）
交易方式	延期交收交易
交易单位	100 克/手
报价单位	元（人民币）/克
最小变动价位	0.01 元/克
每日价格最大波动限制	按合约实际交易保证金比例减 1 个百分点确定
最小单笔报价量	1 手
最大单笔报价量	2000 手
合约期限	连续交易
最低交易保证金比例	6%
交易时间	日间：9:00~15:30　夜间：19:50~次日 2:30
延期补偿费收付日	按自然日逐日收付
延期补偿费率	合约市值的万分之一点一/日
最小交收申报量	1 手
交收申报时间	15:00~15:30
中立仓申报时间	15:31~15:40
超期持仓期限	按交易所公告执行

第三章　黄金交易业务规则

续表

超期费率	按交易所公告执行
交易手续费	成交金额的万分之二
违约金比例	合约价值的6%
结算方式	当日无负债结算制度
实物交收方式	交收申报制
交割方式	实物交割
交割品种	标准重量1千克，成色不低于99.99%的标准金锭
交割时间	交收申报配对成功的当日
交割地点	交易所指定仓库
交割费	0
上市日期	2014年1月2日

六、沪纽金

上海黄金交易所积极响应国家对外开放战略要求，努力践行黄金市场"市场化、国际化"发展战略，通过与芝加哥商品交易所集团进行相互价格授权合作，于2019年向全市场推出沪纽金延期合约。沪纽金延期合约是使用COMEX黄金期货价格进行到期结算的现金交割产品，共设立NYAuTN06和NYAuTN12两个合约，以元（人民币）/克计价，分别以6月15日和12月15日为交割结算日。

沪纽金延期合约的上线实现了全球最大的黄金现货市场和黄金期货市场间的深度合作，切实推动了境内外黄金市场的合作融通；沪纽金延期合约是国内首个跨境商品现金交割合约，是中国要素市场探索上海国际金融中心建设路径的有益实践。

沪纽金延期合约的推出为国内市场参与者提供了投资国际黄金价格的合法渠道，在丰富市场交易策略、满足投资者多样性交易需求、促进国内黄金价格与国际黄金价格的互相传导等方面发挥了积极作用，对提升中国黄金市场的国际影响力、切实助力上海国际金融中心建设有积极意义。

沪纽金NYAuTN06和NYAuTN12合约与Au（T+N1）和Au（T+N2）类似，以保证金交易，每手为100克、最小变动价格0.05元，非交割日日终结算时按合约自身成交的结算价进行每日无负债清算，计入单向大边保证金模式的黄金组合，遵循相同的风险控制管理模式。不同之处在于，沪纽金分别以 6 月 15 日和 12 月 15 日当天亚洲时段 COMEX 黄金期货价格的人民币换算价格为最终结算价，对市场未平仓的合约进行盈亏计算和持仓了结，且没有交收申报和延期补偿费制度。

第三节　询价交易规则

学习内容	知识要点
询价市场概况	询价市场简介、市场结构、产品体系
询价市场的参与者	会员机构、代理客户、做市商、经纪商
询价市场产品	即期、远期、掉期的概念和交易模式，询价拆借的内容，询价期权的概念及分类，询价期权合约、履约担保型合约的内容
询价交易流程	流程步骤，交易、登记、确认、变更、执行、清算、结算与交割，询价即期、远期、掉期、期权业务及履约担保型的合约参数

一、询价市场概况

询价交易通常发生在选择卖家、讨价还价、双边交易的过程中。在日常生活中，客户通过网购平台选择卖家、沟通议价、双边交易的过程就可以理解成为一个典型的询价交易场景。

在黄金等贵金属领域，询价市场是全球交易网络体系的重要组成部分。在长期的历史选择和发展过程中，国际黄金市场形成了以纽约为代表的竞价市场和以伦敦等地为代表的询价市场。

为加快推进中国黄金市场体系建设，上海黄金交易所根据中国人民银行整体部署，顺应市场需求，在 2011 年试点推出询价交易产品，2012 年建立银行间黄金询价市场，标志着询价板块正式启动。本书所讲的询价交易是指市场参者通过上海黄金交易所指定的交易平台以双方询价方式进行的交易。

上海黄金交易所黄金询价市场建立以来，整体呈现快速发展的态势，2023

第三章 黄金交易业务规则

年，黄金询价市场累计成交规模达到 3.7 万吨，在我国多层次黄金市场体系中发挥积极的市场作用：一是丰富了市场交易模式，提升了机构投资者交易效率，增强了黄金市场的资源配置功能；二是对接套期保值、配置投资需求，对接资产管理、黄金投资理财发展，有效发挥了服务实体经济的市场功能。

（一）发展历程

2011 年 3 月，上海黄金交易所询价市场试运行。

2012 年 12 月，与中国外汇交易中心合作推出银行间黄金询价即期交易类型，开创国内要素市场跨市场合作的先河。

2013 年 3 月，上海黄金交易所推出银行间黄金询价远期交易类型。

2013 年 9 月，上海黄金交易所建立银行间黄金询价市场远期价格曲线报价机制。

2013 年 11 月，上海黄金交易所推出银行间黄金询价掉期交易类型。

2013 年 11 月，中国银行间市场交易商协会（NAFMII）发布《中国场外黄金衍生品交易基本术语》。

2014 年 7 月，上海黄金交易所启动银行间黄金询价市场尝试做市业务。

2014 年 7 月，上海黄金交易所询价交易平台上线现金差额结算功能。

2014 年 7 月，上海黄金交易所询价交易平台上线询价拆借合约。

2014 年 9 月，银行间黄金询价市场引入首家券商金融机构。

2015 年 1 月，国际板询价品种正式上线。

2015 年 1 月，银行间黄金询价市场引入上海国利货币经纪有限公司、上海国际货币经纪有限责任公司两家市场经纪机构。

2015 年 2 月，询价期权业务上线，标志着境内首个交易所挂牌的实物期权产品诞生。

2016 年 1 月，询价期权（二期）线上交易产品上线，实现询价期权线上交易、存续管理等线上全流程管理功能。

2016 年 1 月，正式启动银行间市场做市制度，银行间黄金市场成为继银行间外汇市场、银行间债券市场后又一引入做市商制度的银行间要素市场。

2016 年 3 月，国际主流信息提供商——汤森路透公司发布银行间黄金询价市场即时行情，人民币黄金中远期价格在产品定价、市值评估等方面应用逐步扩大。

2016 年 4 月，上海黄金交易所黄金询价期权业务获得 2015 年度上海金融创新奖三等奖。

第三节　询价交易规则

2016年4月,"上海金"上市首日,询价市场上线挂钩"上海金"基准价的现金结算型询价合约,"上海金"开始在人民币黄金场外衍生品市场发挥基准作用。

2016年6月,开展国际会员询价代理业务试点,试点范围包括询价即期、询价远期、询价掉期、询价期权。

2017年11月,推出黄金询价期权隐含波动率曲线,对接"上海金"基准,构建场外衍生应用场景体系。

2018年1月,白银询价业务上线,覆盖询价即期、远期、掉期。

2019年7月,白银询价期权产品上线。

2022年9月,履约担保型询价合约上线。

(二) 市场结构

上海黄金交易所指定询价交易平台包括上海黄金交易所询价交易系统、中国外汇交易中心系统等。依托上海黄金交易所指定询价交易平台,上海黄金交易所询价市场包括银企询价市场、银行间询价市场、国际板询价市场三个各有侧重、充分联通的细分市场板块。

1. 银企询价市场

该市场依托上海黄金交易所询价交易系统,定位为场外询价基础市场,以各类企业法人客户、商业银行为主,主要发挥着套期保值、大宗交易、配置投资等功能,是银行间询价市场发展的重要客户来源。

2. 银行间询价市场

该市场定位为场外询价批发市场,以具有黄金进出口资格的银行、各类金融机构为主,主要发挥批发融通、价格形成、风险对冲等场外市场中枢功能。市场建有做市商制度,经批准的做市机构向市场连续提供3个月、6个月、1年等标准期限买、卖双边价格,提供流动性。该市场主要依托上海黄金交易所指定的中国外汇交易中心系统进行线上交易,金融机构同时可根据业务需要,通过上海黄金交易所询价交易系统进行同业询价交易。

3. 国际板询价市场

该市场定位为我国场外询价国际化平台,引入境外机构、国际投资者,支持主板交易席位、国际板交易席位之间通过上海黄金交易所询价交易系统互通交易,主要发挥对接境内外场外询价业务需求,提升人民币黄金中远期基准价格影响力的国际化功能。

第三章　黄金交易业务规则

（三）产品体系

上海黄金交易所上市的询价交易品种有黄金、白银，以及其他经中国人民银行批准的品种。其中，按照交易类型不同，上海黄金交易所挂牌询价合约包括询价即期、远期、掉期合约，询价期权合约，询价拆借合约等；按照交割地点的不同，上海黄金交易所挂牌询价合约包括主板询价合约和国际板询价合约，同时对主板交易席位、国际板交易席位开放。

上海黄金交易所询价交易分为以交易双方信用关系为基础的双边信用型询价业务，和交易所收取保证金并进行逐日盯市的履约担保型询价业务。

二、询价市场的参与者

（一）会员机构

上海黄金交易所对询价业务实行准入管理，会员机构开展相关询价业务，应当事先根据申请条件和办理手续向上海黄金交易所提出申请。

会员机构开展询价业务必须配备相应的交易员和席位用户。会员根据上海黄金交易所相关规则，通过上海黄金交易所指定系统为其交易员、席位用户进行相关询价业务权限授权，交易员、席位用户根据系统授权在上海黄金交易所指定系统进行的操作，均被视为其所属会员的行为，具有法律效用。

（二）代理客户

询价市场为机构投资者市场，法人客户参与上海黄金交易所询价业务，应委托其代理会员机构进行，自然人客户暂不允许参与上海黄金交易所询价业务。

会员机构接受代理客户询价业务申请时，应当与客户签署委托代理协议，明确询价业务中双方的权利与义务，协议应至少包括客户授权会员代理询价交易、登记、确认、变更、执行和清算、结算与交割等内容。

会员机构对其自营询价业务承担履约责任，代理客户对其委托的询价业务承担履约责任。

（三）做市商

上海黄金交易所询价市场实行做市商制度。做市商是指经审核批准，能够

第三节　询价交易规则

按规定在询价市场持续提供买、卖双边可成交报价的机构。

做市商应根据要求积极开展做市业务，履行其做市义务，提高市场流动性，完善市场价格发现机制。作为做市商，机构还应遵守相关规则，在规定的交易时间内，在银行间黄金询价市场连续提供买、卖双边价格，且所报双边价格应是有效的可成交价格，双边报价价差应处于合理范围。此外，做市商应本着诚实交易的原则，不得虚假报价，不利用非法或其他不当手段操纵市场价格，努力维护市场的健康平稳发展。正式做市商对黄金询价市场远期价格曲线进行定盘报价。

在履行义务的同时，做市商也享有黄金询价市场新业务试点的优先权、在黄金市场进行产品创新的政策支持等权利。

上海黄金交易所定期对做市商进行日常管理和考核评价管理，分为月度、季度、年度考核评价。做市商资格实行年审制，年审周期按照做市商管理办法有关规定执行，上海黄金交易所根据做市商年审考核周期内的得分以及市场扩容需要对做市商资格执行年审调整。

截至2023年底，银行间询价市场做市商17家，其中，12家正式做市商为交通银行、中国银行、中国建设银行、中信银行、中国农业银行、兴业银行、招商银行、中国工商银行、宁波银行、平安银行、上海浦东发展银行和中国民生银行；5家尝试做市商为广发银行、上海银行、北京银行、浙商银行和澳新银行（中国）。若做市商资格发生调整，上海黄金交易所会及时向市场公布。

（四）经纪商

上海黄金交易所询价市场实行经纪商制度。经纪商是指经上海黄金交易所认定的，通过电子技术或其他手段，帮助市场参与者达成询价交易并从中收取佣金的中介服务机构。

经纪商本着公正、公平、诚信、为客户保密的原则开展业务，并按照审慎经营的原则，制定与上海黄金交易所询价经纪业务相适应的管理办法和操作流程，建立全面有效的风险管理程序和内部控制制度。

上海黄金交易所对经纪商实行备案管理。有意向参与询价交易经纪业务服务的机构须向上海黄金交易所提交书面备案材料，经上海黄金交易所核准后方可开展上海黄金交易所询价经纪业务。目前，已通过备案的经纪商为上海国利货币经纪有限公司、上海国际货币经纪有限责任公司、平安利顺国际货币经纪有限责任公司、中诚宝捷思货币经纪有限公司、天津信唐货币经纪有限责任公司。

会员可通过指定系统为其自营席位和代理客户选择绑定经上海黄金交易所备案的经纪商,授权其提供经纪服务。经纪商在会员和客户的授权下,为会员和客户提供交易撮合或登记等中介服务。

三、询价市场产品

(一) 询价即期、远期、掉期

1. 基本概念

(1) 询价即期交易

询价即期交易是指交易双方以约定的合约、数量、价格等要素,在交易当日(T+0日)或后续两个交易日(T+1日、T+2日)到期结算交割的交易(见图3-1)。

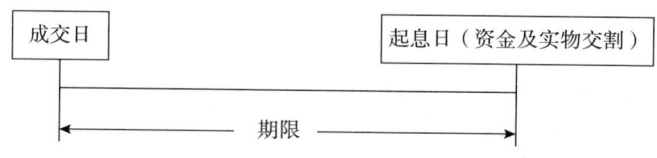

图 3-1 询价即期交易

其中,起息日是指交易达成后,交易双方履行资金及实物划拨,其资金或付款能真正执行生效的日期。一般情况下,起息日与结算日、交割日相同。

(2) 询价远期交易

询价远期交易是指交易双方以约定的合约、数量、价格等要素,在未来某一交易日(不含T+1日、T+2日)到期结算交割的交易(见图3-2)。

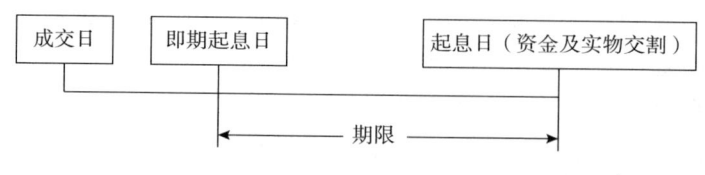

图 3-2 询价远期交易

其中,期限指交易所跨时间长度,通常以起息日与该交易品种即期起息日

第三节　询价交易规则

的时间差表示，分为标准期限与非标准期限。

（3）询价掉期交易

询价掉期交易是指交易双方以约定的合约、数量、价格等要素，在两个不同的交易日进行方向相反、数量相等的两次到期结算交割的交易（见图3-3）。

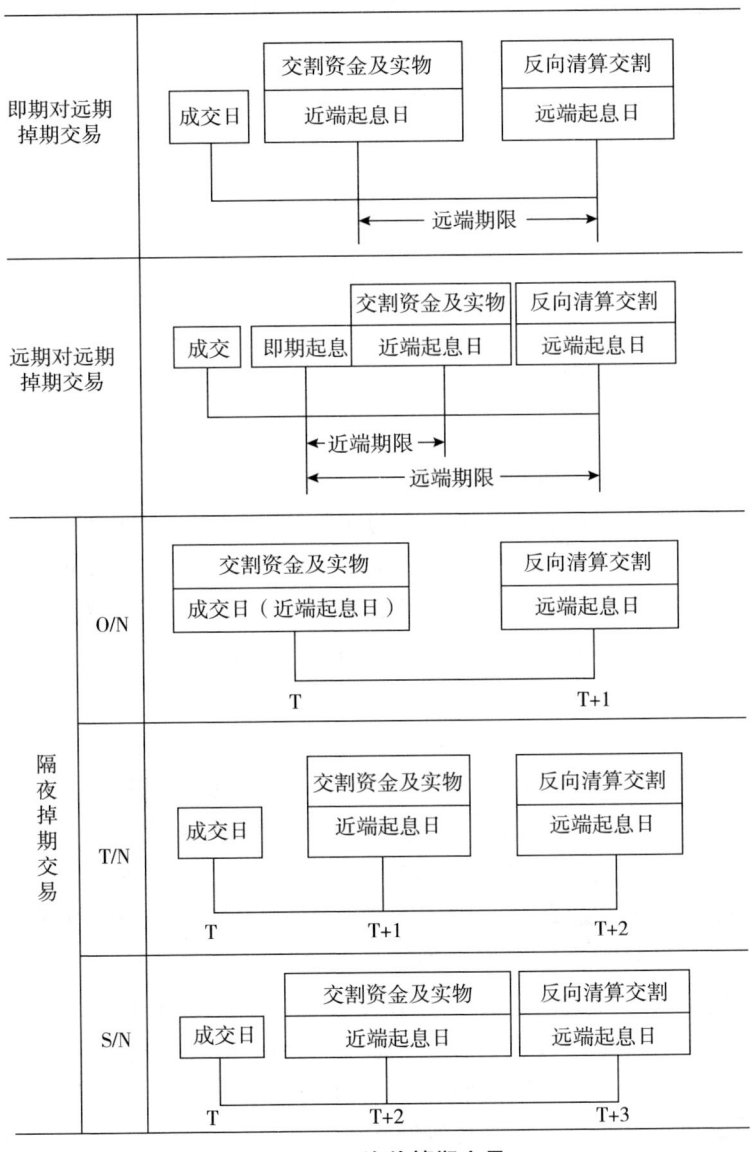

图3-3　询价掉期交易

第三章 黄金交易业务规则

每笔掉期交易包含一个近端期限和一个远端期限,分别用于确定近端起息日和远端起息日。这两个期限可以是标准期限,也可以是非标准期限。近端起息日是第一次资金及实物交割的日期;远端起息日是第二次资金及实物交割的日期。

按照起息日的不同,掉期交易分为即期对远期掉期交易(Spot-Forward)、远期对远期掉期交易(Forward-Forward)和隔夜掉期交易。其中隔夜掉期交易包括O/N(Overnight)、T/N(Tomorrow-Next)和S/N(Spot-Next)三种(见表3-8)。

表3-8　　　　　　　　　隔夜掉期交易的种类

期限	全称	近端起息日	远端起息日
O/N	Overnight	交易日(T+0)	T+1
T/N	Tomorrow-Next	T+1	T+2
S/N	Spot-Next	T+2	T+3

2. 合约种类

上海黄金交易所挂牌的询价即期、远期、掉期合约按照交割地点的不同,分为主板合约和国际板合约。主板合约包括PAu99.95、PAu99.99、PAg99.99等,国际板合约包括iPAu99.99、iPAu99.5、iPAu100g等。上海黄金交易所指定的中国外汇交易中心系统挂牌的黄金询价交易品种货币对为AUX.CNY、AUY.CNY,分别对应PAu99.95、PAu99.99的主板合约。

3. 合约参数

询价即期、远期、掉期合约的主要参数包括合约代码、交易单位、交易类型、即期报价单位、即期最小变动价位、远掉期点报价单位、远掉期点最小变动价位、最大报单量、最小报单量、涨跌幅限制、参考合约、可选参考价格、到期结算方式、资金结算方式、交割品种、交割地点、交易时间、登记时间等。

询价即期、远期和掉期合约的到期结算方式分为实物交割和现金结算。其中,实物交割交易是指交易双方在到期日按照约定要素根据钱货两讫原则进行结算与交割的交易。现金结算交易是指交易双方在到期日以约定的参考价格与交易价格轧差后对现金差额进行资金结算的交易。参考价格是交易双方指定日期对应的收盘价、开盘价、加权平均价、"上海金"基准价等上海黄金交易所公开的市场价格或交易双方约定的其他价格。

询价即期、远期和掉期合约的资金结算方式分为上海黄金交易所结算资金

第三节　询价交易规则

和非上海黄金交易所结算资金两种方式。其中，上海黄金交易所结算资金指交易双方委托上海黄金交易所进行资金结算；非上海黄金交易所结算资金指由交易双方自行完成资金结算。实物交割交易的资金结算方式必须为上海黄金交易所结算资金。

各询价合约有关参数按询价即期、远期、掉期业务合约参数表执行。上海黄金交易所可根据市场发展需要调整合约或合约参数，并向市场公告。

4. 交易要素

询价即期、远期、掉期交易的交易要素主要包括合约代码、交易品种、数量、方向、到期日、期限、成交价格、到期结算方式、资金结算方式、参考价格、交易双方信息等。

（1）数量

询价即期、远期、掉期交易的数量须为 1 手的整数倍。其中，询价掉期交易的近端数量与远端数量须相等。

（2）方向

询价即期、远期交易的方向以黄金、白银等交易品种的买卖方向为准，包括买入和卖出。方向为买入的一方称为买方，方向为卖出的一方称为卖方。

询价掉期交易的方向以黄金、白银等交易品种的近端买卖方向为准，包括买入（Buy/Sell，以下简称 B/S）和卖出（Sell/Buy，以下简称 S/B）。方向为买入（B/S）的一方称为买方，方向为卖出（S/B）的一方称为卖方。

（3）到期日

询价即期、远期、掉期交易的到期日为交易双方约定的到期结算交割日期。其中，询价掉期交易到期日包括近端到期日、远端到期日。

（4）期限

询价即期交易的期限是指到期日与交易日的日期间隔。询价远期交易的期限是指到期日与 T+2 日的日期间隔。询价掉期交易的期限包括近端期限和远端期限。

5. 交易示例

（1）即期交易示例

2023 年 5 月 9 日，机构 A 通过上海黄金交易所询价交易系统与机构 B 达成了一笔 PAu99.99 的即期询价交易。机构 A 为卖方，机构 B 为买方。机构 A 约定以 500.000 元/克的价格向机构 B 卖出 Au99.99 标的 60000 克（见表 3-9）。

第三章 黄金交易业务规则

表 3-9　　　　　　　　　　即期交易的要素

卖方	机构 A	买方	机构 B
成交日	2023 年 5 月 9 日	交易模式	询价
交易品种	PAu99.99	价格（元/克）	500.000
交易标的	Au99.99	计价货币	CNY
交易数量（克）	60000	交易金额（元）	30000000
交易方向和数量	机构 A 卖出 Au99.99 共 60000 克；机构 B 买入 Au99.99 共 60000 克		
期限	即期	起息日	2023 年 5 月 11 日
清算模式和方式	净额清算		

（2）远期交易示例

2023 年 5 月 15 日，机构 A 通过中国外汇交易中心外汇交易系统与机构 B 成交一笔一年期 AUX.CNY 的远期交易。约定机构 A 卖出 AUX 标的 60000 克。机构 A 为卖方，机构 B 为买方，机构 B 报出即期价格 AUX.CNY=510.000，远期点 1000.0，即机构 A 以 AUX.CNY=510.000 元/克的价格在 2024 年 5 月 17 日向机构 B 卖出 AUX 共 60000 克（见表 3-10）。

表 3-10　　　　　　　　　远期交易的要素

卖方	机构 A	买方	机构 B
成交日	2023 年 5 月 15 日	远期全价（元/克）	510.000
交易品种	AUX.CNY	交易模式	询价
交易标的	AUX	交易数量（克）	60000
计价货币	CNY	交易金额（元）	31200000
即期价格（元/克）	510.000	远期点（分/克）	1000.0
交易方向和数量	机构 A 卖出 AUX 共 60000 克；机构 B 买入 AUX 共 60000 克		
期限	1Y	起息日	2024 年 5 月 17 日
清算模式和方式	净额清算		

其中，银行间交易品种 AUX.CNY 对应上海黄金交易所询价系统交易品种 PAu99.95，AUY.CNY 对应上海黄金交易所询价系统交易品种 PAu99.99。远期点以分（人民币）/克为单位，精确到小数点后一位，可以为正也可以为负；远期全价指交易双方约定的在远期起息日买卖黄金的价格。远期全价的计算公式为

$$远期全价 = 即期价格 + 远期点$$

即期价格是远期交易成交时报价方报出的即期价格。如果发起方为卖方，

第三节 询价交易规则

则即期价格和远期点均使用 Bid 方报价；如果发起方为买方，则即期价格和远期点均使用 Offer 方报价。

其中，Bid 方报价指做市商或报价方为买入黄金而报出的价格，Offer 方报价指做市商或报价方为卖出黄金而报出的价格。

（3）掉期交易示例

2023 年 5 月 8 日，机构 A 通过上海黄金交易所询价交易系统与机构 B 成交一笔 1 年期 PAu99.99 的掉期交易，约定机构 A 在近端卖出 Au99.99 共 60000 克，远端买入 Au99.99 共 60000 克。机构 A 为发起方，成交时机构 B 报出的即期价格为 500.000 元/克，1 年期的远期点为 5000.0，即机构 A 会在 2023 年 5 月 11 日以 500.000 元/克的价格向机构 B 卖出 Au99.99 共 60000 克，在 2024 年 5 月 10 日以 550.000 元/克的价格从机构 B 买入 Au99.99 共 60000 克（见表 3-11）。

表 3-11　　　　　　　　　掉期交易的要素

卖方	机构 A	买方	机构 B
成交日	2023 年 5 月 8 日	即期价格（元/克）	500.000
交易品种	PAu99.99	交易模式	询价
交易标的	Au99.99	计价货币	CNY
清算模式和方式	净额清算		
近端交易			
交易数量（克）	60000	交易金额（元）	30000000
近端期限	即期	近端起息日	2023 年 5 月 10 日
近端远期点（分/克）	0.0	近端掉期全价（元/克）	500.000
交易方向和数量	机构 A 卖出 Au99.99 共 60000 克；机构 B 买入 Au99.99 共 60000 克		
远端交易			
交易数量（克）	60000	交易金额（元）	33000000
远端期限	1Y	远端起息日	2024 年 5 月 10 日
远端远期点（分/克）	5000.0	远端掉期全价（元/克）	550.000
交易方向和数量	机构 A 买入 Au99.99 共 60000 克；机构 B 卖出 Au99.99 共 60000 克		

其中，掉期价格包含近端价格和远端价格。掉期点指用于确定远端价格与近端价格之差的点数。掉期点以分（人民币）/克为单位，精确到小数点后一位，可以为正也可以为负。掉期全价的计算公式为

第三章　黄金交易业务规则

掉期全价 = 即期价格 + 相应期限掉期点

其中，即期价格是掉期交易成交时报价方报出的即期价格。

如果发起方近端买入、远端卖出，则近端掉期全价 = 即期价格 Offer 方报价 + 近端掉期点 Offer 方报价，远端掉期全价 = 即期价格 Offer 方报价 + 远端掉期点 Bid 方报价。

如果发起方近端卖出、远端买入，则近端掉期全价 = 即期价格 Bid 方报价 + 近端掉期点 Bid 方报价，远端掉期全价 = 即期价格 Bid 方报价 + 远端掉期点 Offer 方报价。

例如，一笔 1M/2M 的掉期交易成交时，报价方报出的即期价格为 500.00/501.00，近端掉期点为 400.0/405.0，远端掉期点为 900.0/908.0。

若发起方近端买入、远端卖出，则近端掉期全价为 501.000 + 405.0/100 = 505.050，远端掉期全价为 501.000 + 400.0/100 = 505.000，掉期点为 900.0 − 405.0 = 495.0；若发起方近端卖出、远端买入，则近端掉期全价为 500.000 + 400.0/100 = 504.000，远端掉期全价为 500.000 + 908.0/100 = 509.080，掉期点为 908.0 − 400.0 = 508.0。

（二）询价拆借

1. 基本概念

询价拆借交易是指在金融机构以及上海黄金交易所批准的其他机构之间进行的，交易一方以约定利息从另一方拆入黄金等贵金属实物，并约定在未来某一日期归还的交易。

2. 主板合约和国际板合约

上海黄金交易所挂牌的询价拆借合约，按照交割地点的不同，分为主板合约和国际板合约。主板合约包括 LAu99.95、LAu99.99 等。国际板合约包括 iLAu99.99、iLAu99.5、iLAu100g 等。

3. 合约参数

询价拆借合约的主要参数包括合约代码、交易单位、交易期限、最小报单量、最大报单量、利率单位、利率最小变动价位、计息基准价单位、计息基准价最小变动价位、利息结算方式、交割品种、替代还金品种、交割地点、交易时间、登记时间等。

（1）计息基准价

询价拆借交易的计息基准价是指用于确定拆借名义本金的价格。

第三节　询价交易规则

（2）计息基准

计息基准为根据拆借计息期计算拆借利息的方法，包括"实际天数/实际天数""实际天数/365""实际天数/365（固定）""实际天数/360""30/360"等类型（详见下文）。

（3）利息结算方式

询价拆借交易的利息结算方式分为上海黄金交易所结算利息和非上海黄金交易所结算利息：上海黄金交易所结算利息是指交易双方委托上海黄金交易所进行利息结算；非上海黄金交易所结算利息是指交易双方自行完成利息结算。

各交易合约有关参数按询价拆借业务合约参数表执行。上海黄金交易所可根据市场发展需要调整合约或合约参数，并向市场公告。

4. 交易要素

询价拆借交易的交易要素主要包括合约代码、数量、方向、起息日、到期日、期限、货物属性、利息结算方式、拆借利率、计息基准、计息基准价、名义本金、付息日、交易双方信息等。

（1）方向

询价拆借交易的方向以实物的拆借方向为准，包括拆入和拆出。拆入的一方称为拆入方，拆出的一方称为拆出方。

（2）起息日

询价拆借交易的起息日为交易双方约定的，拆出方将实物过户交付至拆入方的日期。

（3）到期日

询价拆借交易的到期日为交易双方约定的，拆入方将实物过户归还至拆出方的日期。

（4）期限

询价拆借交易的期限是指到期日与起息日的日期间隔。

（5）货物属性

询价拆借交易的货物属性是指交易双方约定的所拆借实物的交割品种和仓库归属。询价拆借交易在归还时，货物属性默认与拆借时的货物属性保持一致；涉及替代归还的，交易双方通过询价拆借交易的还金参数修改另行约定所归还实物的货物属性。

（6）名义本金

名义本金是指交易双方约定的询价拆借上海黄金交易所对应实物的货币价

第三章 黄金交易业务规则

值,计价货币为人民币,计算公式为

$$名义本金 = 计息基准价 \times 重量$$

(7) 付息日

付息日指交易双方约定的,拆入方将利息支付给拆出方的日期。付息日可选择起息日至到期日之间的任一交易日(含起息日、到期日当日)。

5. 计息基准说明

(1)"实际天数/实际天数"(简写为 A/A)

指该计息期的实际天数除以 365 的商。如果该计息期的任何部分属于闰年,则应为以下二者之和:①计息期属于闰年那部分的实际天数除以 366 的商;②计息期属于非闰年的那部分的实际天数除以 365 的商。

(2)"实际天数/365"(简写为 A/365)

A/365 是指该计息期的实际天数除以 365 的商,若该计息期包含 2 月 29 日,计算该日利息。

(3)"实际天数/365(固定)"(简写为 A/365F)

A/365F 是指该计息期的实际天数除以 365 的商,若该计息期包含 2 月 29 日,不计算该日利息。

(4)"实际天数/360"(简写为 A/360)

A/360 是指该计息期的实际天数除以 360 的商。

(5)"30/360"

30/360 是指计息期计息天数除以 360 的商。计息期计息天数的计算根据 1 年 12 个月、每个月 30 天的原则计算,但下述两种情况应按以下指定的天数计算当月天数:

一是若计息期第一天不是 30 日或 31 日,但最后一天为 31 日时,计息期最后一天所在月份应为 31 天;二是若计息期最后一天是 2 月的最后一天,则 2 月计息天数应为当月的实际天数。

6. 拆借交易示例

2023 年 10 月 20 日,机构 A 通过上海黄金交易所交易系统与机构 B 成交一笔期限为 1 周的 LAu99.99 的拆借交易,交易数量 500000 克,拆借利率 2.30%,计息基准价 = 500.00 元/克,A 为黄金拆入方。2023 年 10 月 20 日机构 B 向机构 A 拆出 Au99.99 共 500000 克,2023 年 10 月 27 日机构 A 向机构 B 还金 Au99.99 共 500000 克(见表 3 - 12),相应的利息为

$$500.00 \times 500000 \times 2.30\% \times 7/360 = 111805.56 \text{ 元}$$

第三节 询价交易规则

表3–12 拆借交易的要素

拆入方	机构A	拆出方	机构B
成交日	2023年10月20日	计息基准价（元/克）	500.00
交易数量（克）	500000	拆借利率	2.30%
币种	CNY	名义本金（元）	250000000
交易品种	LAu99.99		
交易标的	Au99.99	计价货币	CNY
期限	1W	起息日	2023年10月20日
到期日	2023年10月27日	付息日	2023年10月27日
计息基准	A/360		
利息（元）	111805.56		
结算模式	上海黄金交易所利息结算		
交易方向和数量	机构A拆入Au99.99共500000克；机构B拆出Au99.99共500000克		

（三）询价期权

1. 基本概念

询价期权交易是指买入方有权在约定的时间按照约定价格买入或者卖出约定数量的标的合约的交易。期权买方以支付权利金的方式拥有权利；期权卖方收取权利金，并在期权买方选择行权时履行义务（见图3–4）。

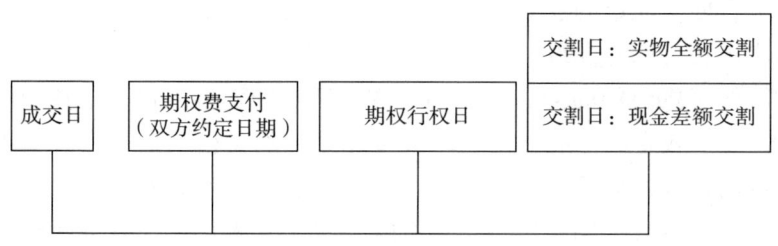

图3–4 询价期权

2. 基本术语

（1）权利金（Premium）

权利金又称期权费、期权金，是期权的价格，是期权的买方为获取期权合约所赋予的权利而必须支付给卖方的费用。

（2）内涵价值

看涨期权的内涵价值＝标的资产市场价格－执行价格

第三章 黄金交易业务规则

$$看跌期权的内涵价值 = 执行价格 - 标的市场资产价格$$

(3) 时间价值

$$时间价值 = 权利金 - 内涵价值$$

期权距到期时间越长,时间价值越大,因为对期权买方来说获利的可能性越大;期权距到期时间越短,时间价值越小,因为期权卖方所需要承担的风险越小,因此卖方在卖出期权时所要求的权利金也不会很多。其他条件不变的情况下,越临近到期日,时间价值的衰退速度就会越快;在到期日,期权没有时间价值。

(4) 历史波动率

历史波动率是由标的资产的历史价格数据经过分析整理后,得出的波动率数值,是对历史价格波动情况的反映。

(5) 隐含波动率

隐含波动率是通过期权的权利金价格对市场未来波动情况的预期。

3. 期权种类

(1) 按买方行权的方向划分

看涨期权(Call Options):期权的买方向期权的卖方支付一定数额的权利金后,即拥有在期权合约的有效期内,按事先约定的价格向期权卖方买入一定数量标的合约的权利,但不负有必须买进的义务。期权买方若不想买,只需让该合约到期作废即可。如有人买,也可将看涨期权转卖出去。对看涨期权卖方来说,有义务在期权规定的有效期限内,应期权买方的要求,以期权合约预先约定的价格卖出相关标的合约。

看跌期权(Put Options):期权的买方向期权的卖方支付一定数额的权利金后,即拥有在期权合约的有效期内,按事先约定的价格向期权卖方卖出一定数量标的合约的权利,但不负有必须卖出的义务。同样地,若不想卖,可让期权到期作废,也可将看跌期权转售。对看跌期权卖方来说,则有按期权合约的约定随时买入相关标的合约的义务。两者不同之处见表3-13。

表3-13　　　　　　　执行价格与标的资产市价的比较

期权类型	看涨期权	看跌期权
实值期权	期权执行价格 < 标的资产市场价格	期权执行价格 > 标的资产市场价格
虚值期权	期权执行价格 > 标的资产市场价格	期权执行价格 < 标的资产市场价格
平值期权	期权执行价格 = 标的资产市场价格	期权执行价格 = 标的资产市场价格

第三节 询价交易规则

（2）按交割时间划分

美式期权：在规定的有效期限内的任何时候都可以行使权利。期权买方既可以在期权合约到期日这一天行使权利，也可以在期权行权日之前约定的任何一个交易日行使权利。

欧式期权：在规定的合约行权日方可行使权利。期权买方在期权合约到期日之前不能行使权利。

美式期权与欧式期权的划分并无地域上的区别。近年来，无论在欧洲还是在美国，或是其他地区，美式期权已占据主流，欧式期权虽仍存在，但其交易量已比不上美式期权。

4. 影响期权价格的主要因素

（1）标的资产的市场价格与期权的执行价格

由于看涨期权在执行时，其收益等于标的资产当时的市价与执行价格之差。因此，标的资产的价格越高、执行价格越低，看涨期权的价格就越高。

对于看跌期权而言，由于执行时其收益等于执行价格与标的资产市价的差额，因此，标的资产的价格越低、执行价格越高，看跌期权的价格就越高。

（2）期权的期限

对于美式期权，由于期限较长的期权包含期限较短的期权的所有执行机会，因此期限越长，期权价格越高。对于欧式期权，上述结论不一定成立。

但在一般情况下（即剔除标的资产支付大量收益这一特殊情况），由于期限越长，标的资产的风险就越大，因此即使是欧式期权，期限越长，其期权价格也越高，即期权的边际时间价值（Marginal Time Value）为正值。

（3）标的资产价格的波动率

由于期权买方的最大亏损额仅限于期权价格，而最大盈利则取决于执行期权时标的资产市场价格与执行价格的差额，因此波动率越大，对期权买方越有利，期权价格也相应更高。

无风险利率、标的资产的收益率等相关因素也会对期权价格产生影响。

5. 询价期权合约

上海黄金交易所挂牌的询价期权合约包括 OAu99.99 和 OAu99.95，其标的合约分别为 PAu99.99 和 PAu99.95 即期合约。

（1）合约参数

询价期权合约的主要参数包括合约代码、交易单位、交易类型、行权方式、最大报单量、最小报单量、标的合约代码、标的合约期限、权利金和行

第三章 黄金交易业务规则

权价报价单位、权利金最小变动价位、行权价最小变动价位、结算方式、可选参考价格、交割品种、实物交割地点、交易时间、登记时间、行权时间、平仓时间等。

- 询价期权的交易类型包括看涨期权和看跌期权。
- 询价期权的行权方式包括欧式期权和美式期权。
- 询价期权合约按结算方式分为实物交割期权和现金结算期权。实物交割期权：期权标的合约为实物交割型询价即期合约，即期权行权后所产生的询价即期交易，在到期结算时将进行实物交割。现金结算期权：期权标的合约为现金结算型询价即期合约，即期权行权后所产生的询价即期交易，在到期结算时将进行现金结算。
- 询价期权合约的交易单位（每手重量）与其标的合约的交易单位一致。询价期权合约权利金与行权价的报价单位同其标的合约报价单位一致。各交易合约有关参数按询价期权业务合约参数表执行。上海黄金交易所可根据市场发展需要调整合约或合约参数，并向市场公告。

（2）交易要素

询价期权交易的交易要素主要包括合约代码、行权方式、交易类型、数量、方向、行权日、结算日、期限、行权价格、权利金、参考价格、交易双方信息等。

①方向

询价期权交易的方向以期权行权权利的买卖方向为准，包括买入和卖出。其中，方向为买入的一方称为买方，又称期权持有方，指支付一定权利金，有权在约定时间按照约定价格通过标的合约买入或者卖出约定数量的黄金、白银等交易品种的一方；方向为卖出的一方称为卖方，又称期权立权方，指收取一定权利金，有义务在约定时间按照约定价格通过标的合约买入或者卖出约定数量的黄金、白银等交易品种的一方。

②行权日

询价期权交易的行权日指交易双方约定的期权买方选择是否行权的日期。询价期权交易的结算日指期权买方在行权日行权后，交易双方按照约定的行权价格通过标的合约实际执行结算交割的日期。

询价期权交易的行权日为结算日前第 N 个交易日，N 为该询价期权标的合约期限，具体按照对应合约参数表的标的合约期限（T+N）相关规定执行。美式期权可在交易双方约定的行权日之前行权，对应的实际结算日为实际行权日

第三节 询价交易规则

后第 N 个交易日。

询价期权交易的行权日、结算日应晚于交易当日（T+0 日）。

③结算日

询价期权交易的结算日为交易当日后续两个交易日（T+1 日、T+2 日）的，期限为结算日与交易日的日期间隔；结算日晚于 T+2 日的，期限为结算日与 T+2 日的日期间隔。

④权利金

权利金总额根据交易双方约定的权利金、重量所确定，计算公式为

$$权利金总额 = 权利金 \times 重量$$

6. 询价期权交易示例

2023 年 1 月 9 日，机构 A 通过上海黄金交易所询价交易系统向机构 B 买入 OAu99.95 共 100000 克，期限为 2 个月的看涨期权交易。机构 A 为买方，机构 B 为卖方。双方约定期权权利金为 5.31 元/克，行权价格 520 元/克，权利金支付日为 2023 年 1 月 9 日，行权日为 2023 年 3 月 9 日，行权方式为欧式期权，采用实物全额交割方式。则 2023 年 1 月 9 日，机构 A 向机构 B 支付权利金 $5.31 \times 100000 = 531000$ 元。3 月 9 日，若机构 A 行权，则上海黄金交易所询价交易系统自动生成机构 B 与机构 A 的一笔黄金 PAu99.95 的 T+0 即期交易，机构 B 向机构 A 卖出价格为 520 元/克、数量为 100000 克的 Au99.95 黄金（见表 3-14）。

表 3-14　　　　　　　案例涉及的交易要素

买方	机构 A	卖方	机构 B
成交日	2023 年 1 月 9 日	行权价（元/克）	520.00
交易品种	OAu99.95		
交易标的	Au99.95	计价货币	CNY
期限	2M	权利金（元/克）	5.31
行权方式	欧式期权		
行权日	2023 年 3 月 9 日	结算日	2023 年 3 月 9 日
结算模式	实物交割		
交易类型	看涨期权		
交易方向和数量	机构 A 买入 Au99.95 共 100000 克；机构 B 卖出 Au99.95 共 100000 克		

第三章　黄金交易业务规则

四、履约担保型询价交易

（一）基本概念

上海黄金交易所履约担保型询价业务是指在交易所指定询价交易平台达成的收取保证金并进行逐日盯市的询价业务，又称保证金询价。交易所为保证金询价交易提供集中履约担保。

（二）交易品种

履约担保型询价合约为CAu99.99，对应交割品种为Au99.99。目前，履约担保行询价业务已开通登记方式进行交易。

交易双方通过登记确认的方式进行履约担保型询价即期、远期、掉期交易。履约担保型即期、远期交易通过交易所确认后，交易所根据交易信息生成成交单，并更新买卖双方在相应到期日的保证金询价合约上的持仓。保证金询价掉期交易通过交易所确认后，交易所根据交易信息生成近端和远端两笔即期、远期成交单，并更新买卖双方在相应到期日的保证金询价合约上的持仓。

（三）交易保证金计算

对于交易和登记过程中的保证金收取，根据可能出现的成交情况，按最大可能保证金金额收取，即大边保证金。

$$交易保证金 = 每手持仓保证金金额 \times \text{Max}（多头持仓，空头持仓）$$

其中，多头持仓包括当前持有的所有到期日买持仓、买报单，以及本方已确认的买待确认成交单；同理，卖持仓则包括当前持有的所有到期日卖持仓、卖报单，以及本方已确认的卖待确认成交单。

1. 示例：开仓

①客户A当前持有到期日2022/6/23多头1手、2022/7/15空头6手、2022/8/5多头1手，每手保证金金额45000元（下同）

第一步计算已有掉期持仓保证金：$45000 \times \min（1+1，6）= 90000$（元）；

第二步计算剩余持仓大边保证金：$45000 \times [\max（6，1+1）- \min（1+1，6）] = 180000$（元）；

总交易保证金：$90000 + 180000 = 270000$（元）。

第三节 询价交易规则

②客户 A 与客户 B 登记了一笔到期日为 2022/7/20 远期交易，客户 A 方向为买

第一步计算已有掉期持仓保证金：

45000×min（1+1，6）=90000（元）；

第二步计算剩余持仓大边保证金：45000×max｛[max（6，1+1）- min（1+1，6）]，1｝=180000（元）；

总交易保证金：90000+180000=270000（元），本环节无须再追加保证金。

③成交后

第一步计算已有掉期持仓保证金：45000×min（1+1+1，6）=135000（元）；

第二步计算剩余持仓大边保证金：45000×[max（6，1+1+1）- min（1+1+1，6）]=135000（元）；

总交易保证金：135000+135000=270000（元），本环节无须再追加保证金。

2. 示例：即远期平仓

到期日	持仓	待确认成交单（买）	待确认成交单（卖）
2022/7/6	1	—	—
2022/7/15	-6	5	—

会员确认前冻结保证金为 min（6，1）×45000+[max（6，1）- min（1，6）]×45000=270000（元）；会员确认后应冻结保证金：min（6，1）×45000+max（5，5）×45000=270000（元），确认前后无须追加保证金。

3. 示例：掉期平仓

到期日	持仓	待确认成交单（买）	待确认成交单（卖）
2022/7/15	1	—	-1
2022/7/22	-1	1	—

会员确认前冻结保证金为 min（1，1）×45000=45000（元）；会员确认后应冻结保证金为 min（1，1）×45000+max（1，1）×45000=90000（元）；成交之后，客户手上无持仓，释放 90000 元保证金。

（四）日间保证金与盈亏

履约担保型询价实行保证金制度。保证金包括未被合约占用的结算准备金

第三章 黄金交易业务规则

和已被合约占用的交易保证金。当市场快速变化，或者每日价格波动增大时，可能导致提高保证金，以应对较高的风险。

五、询价交易流程

(一) 询价交易流程

狭义上，询价交易流程是指市场参与者以双方询价方式达成交易的过程，包括交易发起方（Taker）发送询价请求，输入黄金询价交易品种、交割日期、买入/卖出数量，等待交易报价方（Maker）回应价格。同时，发起方（Taker）可以选择向指定的一方或几方进行询价，也可以直接向市场最优价的报价方询价。接着，交易报价方接到询价请求后，综合考虑交易品种、交割日期、买卖方向信息输入价格和价格有效时间，发送给交易发起方，发起确认成交。若发起方在有效时间内没有确认价格，则该价格作废。

(二) 询价业务流程

广义上，询价业务流程包括在上海黄金交易所指定询价交易平台达成的询价交易业务，交易双方通过其他方式达成询价交易后在上海黄金交易所进行的询价登记，以及其在上海黄金交易所开展的清算、结算与交割等业务（见图3-5）。

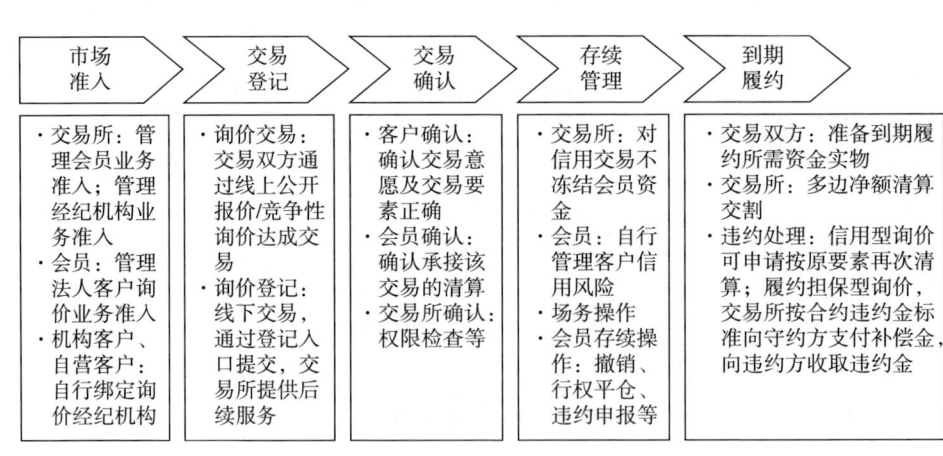

图3-5 询价业务流程

第三节　询价交易规则

六、交易、登记及确认

（一）定义

1. 线上交易与线下交易

上海黄金交易所会员、客户可以通过上海黄金交易所指定询价交易平台进行询价交易，也可以在上海黄金交易所外通过其他方式达成询价交易后向上海黄金交易所提交登记。通过上海黄金交易所指定询价交易平台进行的询价交易称为线上询价交易，非通过上海黄金交易所指定询价交易平台达成的询价交易称为线下询价交易。

2. 询价登记

询价登记是指线下询价交易达成后，交易相关方向上海黄金交易所提交询价交易各项要素的行为。

3. 询价确认

询价确认是指线上询价交易达成或线下询价交易登记提交后，各相关方进行交易后确认的行为。

（二）期限规则

1. 标准期限

期限分为标准期限和非标准期限，标准期限有关定义见表3–15、表3–16、表3–17和表3–18。

表3–15　　　　信用型询价即期、远期、掉期合约期限名称

期限名称	到期日
TODAY	交易当日（T+0）
TOM	交易当日后的第一个交易日（T+1）
SPOT	交易当日后的第二个交易日（T+2）
1D	SPOT之后的第一个交易日（T+3）
1W	SPOT之后一周
2W	SPOT之后两周
3W	SPOT之后三周

第三章 黄金交易业务规则

续表

期限名称	到期日
1M	SPOT 之后一个月
2M	SPOT 之后两个月
3M	SPOT 之后三个月
4M	SPOT 之后四个月
5M	SPOT 之后五个月
6M	SPOT 之后六个月
9M	SPOT 之后九个月
1Y	SPOT 之后一年

表 3-16　　　　　　　　　询价拆借合约

期限名称	到期日
O/N	起息日之后的第一个交易日
1W	起息日之后一周
2W	起息日之后两周
3W	起息日之后三周
1M	起息日之后一个月
2M	起息日之后两个月
3M	起息日之后三个月
4M	起息日之后四个月
5M	起息日之后五个月
6M	起息日之后六个月
9M	起息日之后九个月
1Y	起息日之后一年

表 3-17　　　　　　　　　询价期权合约

期限名称	结算日
TOM	交易当日后的第一个交易日（T+1）
SPOT	交易当日后的第二个交易日（T+2）
1D	SPOT 之后的第一个交易日（T+3）
1W	SPOT 之后一周
2W	SPOT 之后两周

第三节　询价交易规则

续表

期限名称	结算日
3W	SPOT之后三周
1M	SPOT之后一个月
2M	SPOT之后两个月
3M	SPOT之后三个月
4M	SPOT之后四个月
5M	SPOT之后五个月
6M	SPOT之后六个月
9M	SPOT之后九个月
1Y	SPOT之后一年

表3-18　履约担保型询价

期限名称	结算日
TODAY	交易当日
TOM	交易当日后的第二个交易日（T+1）
SPOT	交易当日后的第二个交易日（T+2）
YYYYMM	SPOT之后的三个月度期限①
YYYYMM	3个月期限后的四个季度期限②

注：①月度期限为每个月的15日，如果该日为节假日则顺延至下一交易日，如果下一交易日出现跨月则为上一交易日。

②季月为每年的3月、6月、9月、12月。

2. 假期调整规则

若遇上海黄金交易所休市日，1M以下标准期限对应的相关日期顺延至下一交易日，1M以上（含1M）标准期限对应的相关日期遵循"经调整的下一交易日"规则调整。其中，"经调整的下一交易日"指顺延至下一交易日，但如果下一交易日跨至下一月，则提前至上一交易日。

3. 月末规则

（1）询价远期、掉期交易的交易期限

询价远期、掉期交易的交易期限应符合月末规则，即若T+2日为某个月的最后一个交易日，则1M以上（含）标准期限的询价远期、掉期交易的到期日也应落在相应月份的最后一个交易日。

第三章 黄金交易业务规则

(2) 询价拆借交易的期限

询价拆借交易的期限应符合月末规则,即若起息日为某个月的最后一个交易日,则1M以上(含1M)标准期限的询价拆借交易的到期日也应落在相应月份的最后一个交易日。

(3) 询价期权交易的期限

询价期权交易的期限应符合月末规则,即若T+2日为某个月的最后一个交易日,则1M以上(含)标准期限的询价期权交易的结算日也应落在相应月份的最后一个交易日。

(三) 报价成交

1. 公开报价

公开报价是指具备相应资格的市场参与者为引导对手方询价而向市场发布的双边/单边报价。公开报价应是有效的可成交价格,不得虚假报价,不得利用非法或其他不当手段操纵市场价格。

具备做市商资格的市场参与者可以通过上海黄金交易所指定系统对获准做市的询价合约进行公开报价。其他市场参与者向上海黄金交易所提交书面申请,经上海黄金交易所审核批准后,可以通过上海黄金交易所指定系统对指定询价合约进行公开报价。

2. 定向询价

定向询价是指具备询价业务资格的市场参与者向指定交易对手方发起询价,同时向多家交易对手方发起的定向询价又称竞争性询价。定向询价支持以量询价和以价询量两种方式。

3. 线上询价交易过程

线上询价交易过程主要包括:交易发起方发送询价请求,待交易对手方回应;交易对手方接到询价请求后,综合考虑后输入所查询交易要素,发送给交易发起方,发起方可以确认成交。若交易双方未能在有效时间内达成交易,该询价过程自行终止。

线上询价交易达成后由上海黄金交易所指定系统生成的电子凭证等同于成交合同,对交易双方具有法律约束力,交易双方不得擅自变更或解除。

4. 报价格式

• T+2日即期交易以全价报价,其他即期、远期、掉期交易以远掉期点报价,远掉期点可以为正也可以为负。

第三节 询价交易规则

询价即期、远期交易全价为 T+2 日即期交易价格加相应远期点，掉期交易全价为 T+2 日即期交易价格加相应掉期点，分别为近端全价和远端全价。

- 询价拆借交易的利息结算方式选择"上海黄金交易所结算利息"模式的，拆借利率须为固定年化利率，数值应大于零；选择"非上海黄金交易所结算利息"模式的，拆借利率可由交易双方自行商定。
- 公开报价的报价标的是上海黄金交易所指定 Delta 值的询价期权合约，以期权隐含波动率报价；定向询价以权利金进行报价。Delta 值是标的合约价格发生单位变化时，期权权利金所发生的变化。

5. 交易时间

线上询价交易时间为每周一至周五（上海黄金交易所公告休市日除外）询价市场规定的线上询价交易时段，具体按照询价合约参数执行。

（四）登记

1. 登记主体

执行询价登记的主体称为登记提交方。登记提交方为交易双方的某一方，或为获得交易双方授权的经纪商。

2. 登记提交过程

询价登记提交过程主要包括：询价登记提交方向上海黄金交易所提交询价登记所需的各项要素；上海黄金交易所对登记要素有效性、完整性检核后，受理询价登记提交；询价登记提交应由交易双方约定的登记提交方执行，分别或重复提交将被视作提交不同的询价交易。

3. 登记提交时间

询价登记时间为每周一至周五（上海黄金交易所公告休市日除外）询价市场规定的开市时间与登记结束时间之间，具体按照询价合约参数执行。

（五）确认

1. 确认环节

询价确认包括客户确认、会员确认、上海黄金交易所确认三个环节。

（1）客户确认

客户对已成交的询价交易的要素进行确认的行为。客户确认可以由客户授权其代理会员代为操作。

第三章　黄金交易业务规则

（2）会员确认

会员在本方客户确认的基础上，确定为该笔交易代理结算、交割的行为。

（3）上海黄金交易所确认

上海黄金交易所在双方会员确认的基础上，确定为该笔交易提供结算、交割等服务的行为。

2. 确认时间

询价确认应于线上询价交易达成或线下询价交易登记提交的当日，在询价市场规定的开市时间与登记结束时间之间完成；当日结算交割、付息或者行权日为下一交易日的交易最迟应于当日日终结算前完成确认，其他交易最迟应于当日确认截止时间前完成确认。

询价确认完成后，上海黄金交易所在指定系统中形成相应的电子凭证，作为交易双方结算交割权利义务以及上海黄金交易所提供结算交割服务的依据。

3. 确认效力

询价确认为交易后处理流程，询价确认是否成功不影响交易双方业已达成的询价交易的法律效用。交易双方另有约定的情况除外。

上海黄金交易所各指定询价交易平台对询价确认另有规定的，按照各指定询价交易系统专项制度的具体规定执行。

七、变更与执行

（一）基本原则

询价变更是指对已确认的询价交易的交易要素进行调整的行为，如日期修改、交易撤销等。

询价执行是指询价交易中的某一方或双方对行使权利或履行义务作出决定的行为，如期权行权、违约申报、再次结算申报等。

询价变更与执行需由询价交易的一方或双方提出申请，上海黄金交易所根据会员的申请，对相关询价交易作出变更或执行。根据风险管理的需要，重要的询价变更与执行需由上海黄金交易所进行人工审核。

询价变更与执行从发起方式上可以分为单方申请和双方申请。单方申请的询价变更与执行由符合规定的一方发起；双方申请的询价变更与执行需由询价交易的双方协商共同发起，或由询价交易的一方发起，另一方确认。

（二）询价即期、远期、掉期交易

会员可以对确认后的询价即期、远期、掉期交易进行变更与执行，包括交易撤销、补录与修改经纪商信息、违约申报、再次结算和日期更改。其中，日期更改需由上海黄金交易所进行人工审核。

1. 交易撤销

交易双方会员协商一致后可通过上海黄金交易所系统撤销未结算或结算失败的即期和远期交易、未结算或近端结算失败的掉期交易。交易一经撤销，上海黄金交易所不再对该笔交易进行后续处理。

2. 违约申报

若客户在与会员约定的时点前未将足额资金和实物存入指定账户，该会员可于交易日结算前通过上海黄金交易所系统对以下询价即期、远期、掉期交易进行违约申报：

- 对客户当日到期的因资金不足而导致违约的实物交割交易进行买方违约申报。对于买方违约申报的实物交割交易，上海黄金交易所在当日日终结算交割时自动判定买方为违约。
- 对客户当日到期的可能因资金不足而导致违约的现金结算交易进行违约申报。对于违约申报的现金结算交易，在当日日终结算交割时，若被申报客户为支付方，上海黄金交易所自动判断其为违约。

3. 再次结算

对于因违约或其他原因导致结算失败的询价即期、远期、掉期交易，交易双方会员应协商一致后于再次结算日收市前分别向上海黄金交易所提交加盖公章的申请。上海黄金交易所根据申请在再次结算日按原交易要素（到期日除外）重新进行结算。

已结算的即期和远期交易不得更改到期日、参考价格日期；已近端结算的掉期交易不得更改近端到期日、近端参考价格日期；已远端结算的掉期交易不得更改近端和远端到期日、近端和远端参考价格日期。

询价即期、远期、掉期交易的到期日，现金结算参考价格日期如遇上海黄金交易所休市日，则由上海黄金交易所进行一次性调整，将到期日、参考价格日期更改为原日期的下一交易日。

第三章　黄金交易业务规则

（三）询价拆借交易

会员可以对确认后的询价拆借交易进行变更与执行，包括交易撤销、还金参数修改、提前还金、主动还金、利息再次结算、再次还金和日期更改。其中，日期更改需由上海黄金交易所进行人工审核。

1. 撤销

交易双方会员协商一致后可通过上海黄金交易所系统撤销未借金过户或借金失败的拆借交易。交易一经撤销，上海黄金交易所不再对该笔交易进行后续处理。

2. 还金参数修改

还金参数修改包括还金仓库修改和还金品种修改。交易双方协商一致后可通过上海黄金交易所系统修改还金仓库。对于可替代交割的询价拆借合约，交易双方可通过上海黄金交易所系统更改还金品种，以实现替代交割还金。

3. 提前还金

经交易双方协商一致需提前还金的，交易双方可在到期前任一交易日（不含到期日）收市之前分别向上海黄金交易所提交申请。上海黄金交易所根据申请进行实时还金过户；若付息日晚于申请日，则将付息日更改为申请日。

拆入方可于到期日非日终结算时段通过上海黄金交易所系统以实时过户方式进行主动还金。

4. 再次结算交割

对于因违约导致利息支付失败的询价拆借交易，交易双方会员应协商一致后于再次结算日收市前分别向上海黄金交易所提交申请。上海黄金交易所根据申请在再次结算日日终按原交易要素（付息日除外）重新进行利息结算。

对于因违约导致还金失败的询价拆借交易，交易双方会员应协商一致后于再次结算日收市前分别向上海黄金交易所提交申请。上海黄金交易所根据申请在再次结算日按原交易要素（到期日除外）重新进行还金过户。

5. 日期要素变更

申请更改询价拆借交易的付息日或到期日，应由双方会员协商一致后分别向上海黄金交易所提交申请。上海黄金交易所审核通过后，对交易进行相应更改。

已付息的拆借交易不得更改付息日；已还金的拆借交易不得更改到期日。询价拆借交易的付息日、到期日如遇上海黄金交易所休市日，则由上海黄金交易所进行一次性调整，将付息日、到期日更改为原日期的下一交易日。

（四）询价期权交易

会员可以对确认后的询价期权交易进行变更与执行，包括平仓、行权、交易撤销、权利金违约申报、权利金再次结算和日期更改。其中，交易撤销和日期更改需由上海黄金交易所进行人工审核。

1. 平仓

在行权日（含）之前每个交易日的平仓时间内，交易双方可通过上海黄金交易所系统对未行权的期权交易平仓，平仓权利金由双方约定。

平仓当日结算时支付平仓权利金。若平仓时该笔期权交易的开仓权利金尚未支付，则须在平仓当日结算时完成支付。

2. 行权

对于已支付权利金且未平仓的询价期权，期权买方可在约定的时间内通过上海黄金交易所系统行权并及时通知期权卖方。

欧式期权：期权买方可在行权日当日的行权时间内行权。

美式期权：期权买方可在行权日当日或行权日之前任一交易日的行权时间内行权。

询价期权行权后，上海黄金交易所询价系统自动生成一笔该期权标的合约的询价即期交易（以下简称行权交易），买方为看涨期权的买方或看跌期权的卖方，卖方为看涨期权的卖方或看跌期权的买方，价格为期权行权价格，数量为期权交易数量，到期日为行权当日后第 N 个交易日（N 为该询价期权标的合约期限）。

结算方式为实物交割的询价期权行权后，行权交易为实物交割型。

3. 撤销

申请撤销未平仓且未行权的期权交易，应由双方会员协商一致后分别向上海黄金交易所提交申请。上海黄金交易所审核通过后，对交易进行撤销。交易一经撤销，上海黄金交易所不再对该笔交易进行后续处理。

4. 违约申报

若客户在与会员约定的时点前未将足额资金和实物存入指定账户，该会员可于交易日结算前，通过上海黄金交易所系统对客户当日到期的因资金不足而导致开仓或平仓权利金违约的询价期权交易进行权利金违约申报。对于买方违约申报的询价期权交易，上海黄金交易所在当日日终结算交割时自动判定权利金支付方为违约。

对于因违约或其他原因导致权利金结算失败的询价期权交易，交易双方会员应协商一致后于再次结算日收市前分别向上海黄金交易所提交申请。上海黄金交易所根据申请在再次结算日按原交易要素（到期日除外）重新进行权利金结算。

5. 日期要素变更

申请更改询价期权交易的结算日，应由双方会员协商一致后不晚于结算日分别向上海黄金交易所提交申请。上海黄金交易所审核通过后，对交易进行相应更改。结算日更改后，行权日自动更改为结算日前第 N 个交易日，N 为该询价期权标的合约期限。

已平仓或已行权的期权交易不得更改结算日。

询价期权交易的权利金支付日、平仓权利金支付日、结算日如遇上海黄金交易所休市日，则由上海黄金交易所进行一次性调整，将付息日、到期日、结算日更改为原日期的下一交易日。询价期权交易的行权日固定为结算日前第 N 个交易日，N 为该询价期权标的合约期限。

八、询价业务清算、结算与交割

（一）基本原则

1. 责任

上海黄金交易所根据信用型询价交易双方的委托提供清算、结算与交割服务，但不改变交易双方作为交易主体承担相应履约责任的法律关系；根据履约担保型询价交易采用中央对手（CCP）清算模式，当出现违约时，交易所按合约违约金标准向守约方支付补偿金，并向违约方收取违约金，同时交收终止。

2. 账户

询价交易与上海黄金交易所竞价、定价等其他交易模式使用相同的资金账户、实物账户管理体系。

3. 净额

对市场参与者同一交割日同一品种的交易进行买卖轧差。对于净买方，按照轧差后的资金净额进行资金结算；对于净卖方，按照轧差后的实物库存净额进行实物交割。

第三节 询价交易规则

上海黄金交易所对当日参与日终清算的询价交易进行清算,并根据清算结果组织结算。结算一旦完成不可撤销。上海黄金交易所另有规定的除外。

4. 履约担保型询价交易当日盈亏和入库溢短

当日盈亏 = {∑[(卖出成交价 – 当日结算价)×卖出量] + ∑[(当日结算价 – 买入成交价)×买入量]}×交易单位 + ∑[(当日结算价 – 上一日结算价)×上日持仓量]×交易单位。

入库溢短:履约担保型询价合约入库溢短差重量金额 = 入库溢短差重量 × 合约交割日该履约担保型询价合约的结算价。

上海黄金交易所对当日参与日终清算的询价交易进行清算,并根据清算结果组织结算。结算一旦完成不可撤销。上海黄金交易所另有规定的除外。

5. 清算顺序

日终交割清算顺序为履约担保型询价合约、双边信用型询价合约。前序合约交割获得的实物、货款,可用于后续合约交割。

6. 违约判断

信用型询价交易双方未能在其资金账户或实物账户上备足资金或实物导致询价交易无法履约的,上海黄金交易所将其判定为违约交易。违约交易由交易双方自行协商处理。客户在与会员约定的时点前已将足额资金和实物存入指定资金账户和实物账户,但由其代理会员的代理账户资金不足导致客户相关交易被上海黄金交易所判定为违约交易的,代理会员应根据与客户签署的委托代理协议承担相应责任。

履约担保型询价交易采用中央对手(CCP)清算模式,当出现违约时,交易所按合约违约金标准向守约方支付补偿金,并向违约方收取违约金,同时交收终止。

7. 手续费率

上海黄金交易所对当日日终清算前确认的询价交易向会员收取手续费,当日日终清算后确认的询价交易的手续费在下一交易日收取。询价交易发生撤销情况的,已收取的手续费不作退还。会员可以根据与客户之间委托代理协议的约定,向客户收取代理手续费。上海黄金交易所可以根据市场情况制定或修订手续费标准并公告执行。

(二)询价即期、远期、掉期清算、结算与交割

在实物交割即期交易的到期日、远期交易的到期日或掉期交易的近端到期

第三章　黄金交易业务规则

日，交易的买方应向卖方支付资金，卖方应向买方交割实物。在实物交割掉期交易的远端到期日，交易的买方应向卖方交割实物，卖方应向买方支付资金。

在现金结算即期交易的到期日、远期交易的到期日或掉期交易的近端到期日，若现金差额为正值，则交易的买方应向卖方支付相应金额；若现金差额为负值，则交易的卖方应向买方支付相应金额；若现金差额为零，交易双方无须进行资金收付。在现金结算掉期交易的远端到期日，交易双方的支付方向相反。

现金结算交易的现金差额 =（交易价格 − 参考价格）× 交易重量

上海黄金交易所每日日终清算时，在竞价交易、定价交易清算结束后，对当日到期的黄金即期、远期和掉期交易与现金结算的白银即期、远期和掉期交易进行违约判断，并对履约交易进行净额清算；再对当日到期的实物交割的白银即期、远期和掉期交易进行违约判断，并对履约交易进行逐笔全额清算。

上海黄金交易所进行净额清算前的违约判断时，按净额方式计算各交易方的应收或应付资金、应收或应付实物。若资金或实物不足，上海黄金交易所按交易时间逆序逐笔将交易判定为违约，直至资金与实物可以满足剩余交易的履约。违约判断后，按照净额对各交易方进行清算、结算与交割。

上海黄金交易所对实物交割的白银询价即期、远期和掉期交易按时间顺序逐笔以全额方式计算交易双方的应收或应付资金、应收或应付实物。若资金或实物不足，导致询价交易无法履约的，上海黄金交易所将该笔交易判定为违约；若资金与实物充足，则对该笔交易进行结算与交割。针对违约交易重复上述步骤，直至无新的履约交易出现。

（三）询价拆借清算、结算与交割

在拆借交易的起息日，交易的拆出方应向拆入方过户实物；在拆借交易的付息日，交易的拆入方应向拆出方支付利息；在拆借交易的到期日，交易的拆入方应向拆出方过户实物。

拆借交易确认成功后，上海黄金交易所对实物进行实时过户。续借交易确认成功后，上海黄金交易所将原交易视为还金成功、将续借交易视为借金成功，无须进行实物过户。

对于借金过户失败的拆借交易，上海黄金交易所不再对该笔交易进行后续的付息和还金处理。

上海黄金交易所每日日终清算时，在竞价交易、定价交易和其他类型询价交易清算结束后，对当日应还金的拆借交易进行违约判断，对履约交易进行逐

第三节　询价交易规则

笔清算,并对违约交易重复进行违约判断和逐笔清算,直至无新的履约交易出现;再对当日应付息的拆借交易进行违约判断,对履约交易进行逐笔清算。提前还金或主动还金失败的交易在到期日日终清算时仍正常进行还金处理。

(四) 询价期权清算、结算与交割

在期权交易的权利金支付日,交易的买入方应向卖出方支付权利金;在期权交易的平仓权利金支付日,交易的卖出方应向买入方支付权利金。

上海黄金交易所每日日终清算时,在竞价交易、定价交易清算结束后,对当日应支付的询价期权权利金进行违约判断,并对履约的权利金进行净额清算。

上海黄金交易所进行净额清算前的违约判断时,按净额方式计算各交易方的应收或应付资金。若资金不足,上海黄金交易所按"先询价即期、远期、掉期交易,后权利金"的顺序,按交易时间逆序逐笔判定违约,直至资金可以满足剩余交易的履约。违约判断后,按照净额对各交易方进行清算、结算与交割。行权交易的结算与交割按询价业务即期、远期、掉期业务执行。

九、询价市场数据

(一) 黄金、白银远期价格曲线

黄金、白银远期价格曲线(以下简称远期价格曲线)是上海黄金交易所根据指定的远期曲线报价机构自主报出的黄金、白银远期升贴水计算确定形成的连续曲线,是黄金、白银产品定价、风险对冲、市值评估领域的重要基准。

每个交易日 10:15 前,上海黄金交易所指定的远期曲线报价机构通过上海黄金交易所询价交易系统提交基于当日 10:00 市场行情的远期报价,报价内容包括:
- 报价品种:Au99.99、Au99.95、Ag99.99;
- 报价期限:O/N、1W、2W、1M、3M、6M、9M、1Y 等期;
- 报价方向:买卖双边;
- 报价方式:采用远期点报价,黄金品种报价精度为 0.1 分/克,白银品种报价精度为 0.1 元/千克。

(二) 远期价格曲线的计算

每个交易日的 10:20,上海黄金交易所根据以下算法计算远期价格曲线:

第三章 黄金交易业务规则

- 每个交易日,收到各指定机构提交的报价后,将同一品种、同一期限、同一方向的报价按照由高至低的顺序排列,剔除最高、最低各 N 家报价,对其余报价进行算术平均,得出该品种该期限该方向的远期点。其中,N 为当日报价机构数乘以比例参数后四舍五入所得的整数。
- 将上述的买价与卖价远期点求算术平均值,得到该品种该期限的远期平均价。
- 各品种、各期限的远期平均价组成各品种的远期价格曲线。

(三)黄金期权隐含波动率曲线

上海黄金交易所黄金询价期权隐含波动率曲线(以下简称波动率曲线)是由上海黄金交易所根据其指定的期权隐含波动率曲线报价团试点成员(以下简称试点成员)自主报出的黄金询价期权隐含波动率计算确定形成的曲线。

每个交易日 10:00 前,试点成员向上海黄金交易所提交隐含波动率报价,报价内容包括:

- 报价合约:OAu99.99;
- 报价期限:1W、1M、3M、6M、1Y 期限;
- 报价方向:买卖双边;
- 报价方式:隐含波动率,报价单位为%。

(四)期权隐含波动率的计算

每个交易日,收到各试点成员提交的报价后,将同一期限、同一方向的报价进行算术平均,得出该期限、该方向的波动率。

对于同一期限,将"1"中得出的买价与卖价波动率求算术平均值,得到该期限的波动率中间价。

各期限的波动率中间价组成该合约的波动率曲线。

询价各业务合约参数见表 3-19。

表 3-19　　　　　询价即期、远期、掉期业务合约参数
表 3-19-a　　　　　PAu99.99 合约参数

合约代码	PAu99.99
交易单位	100 克/手
交易类型	即期、远期和掉期

第三节 询价交易规则

续表

即期报价单位 （T+2 日到期）	元/克	
即期最小变动价位 （T+2 日到期）	0.001 元	
最大报单量	50000 手	
最小报单量	1 手	
远掉期点报价单位	分/克	
远掉期点最小变动价位	0.1 分	
涨跌幅限制	暂不设	
到期结算方式	实物交割	现金结算
资金结算方式	上海黄金交易所结算资金	上海黄金交易所结算资金、非上海黄金交易所结算资金
可选参考价格	—	Au99.99 开盘价、Au99.99 收盘价、Au99.99 加权平均价、"上海金"基准价早盘价、"上海金"基准价午盘价或交易双方约定的其他价格
交割品种	标准重量 1 千克，成色不低于 99.99% 的金锭	—
实物交割地点	上海黄金交易所指定仓库	—
交易时间	每个交易日 9:00~15:30	
登记时间	每个交易日 8:55~17:00（当日到期交易登记时间为 8:55~15:30）	

表 3-19-b　　　　PAu99.95 合约参数

合约代码	PAu99.95
交易单位	1000 克/手
交易类型	即期、远期和掉期
即期报价单位 （T+2 日到期）	元/克
即期最小变动价位 （T+2 日到期）	0.001 元
最大报单量	5000 手

第三章 黄金交易业务规则

续表

最小报单量	1手	
远掉期点报价单位	分/克	
远掉期点最小变动价位	0.1分	
涨跌幅限制	暂不设	
到期结算方式	实物交割	现金结算
资金结算方式	上海黄金交易所结算资金	上海黄金交易所结算资金、非上海黄金交易所结算资金
到期结算方式	实物交割	现金结算
可选参考价格	—	Au99.95开盘价、Au99.95收盘价、Au99.95加权平均价、"上海金"基准价早盘价、"上海金"基准价午盘价或交易双方约定的其他价格
交割品种	标准重量3千克，成色不低于99.95%的金锭	—
实物交割地点	上海黄金交易所指定仓库	—
交易时间	每个交易日9:00~15:30	
登记时间	每个交易日8:55~17:00（当日到期交易登记时间为8:55~15:30）	

表3-19-c　　　　PAg99.99 合约参数

合约代码	PAg99.99
交易单位	30千克/手
交易类型	即期、远期和掉期
即期报价单位（T+2日到期）	元/千克
即期最小变动价位（T+2日到期）	0.1元
最大报单量	5000手
最小报单量	1手
远掉期点报价单位	元/千克
远掉期点最小变动价位	0.1元
涨跌幅限制	暂不设

第三节 询价交易规则

续表

到期结算方式	实物交割	现金结算
资金结算方式	上海黄金交易所结算资金	上海黄金交易所结算资金、非上海黄金交易所结算资金
可选参考价格	—	Ag99.99 开盘价、Ag99.99 收盘价、Ag99.99 加权平均价、Ag（T+D）开盘价、Ag（T+D）收盘价、Ag（T+D）结算价或交易双方约定的其他价格
到期结算方式	实物交割	现金结算
交割品种	标准重量15千克，成色不低于99.99%的银锭	—
实物交割地点	上海黄金交易所指定仓库	—
交易时间	每个交易日 9:00~15:30	
登记时间	每个交易日 8:55~17:00（当日到期交易登记时间为 8:55~15:30）	

表 3-19-d　　　　iPAu99.99 合约参数

合约代码	iPAu99.99
交易单位	10 克/手
交易类型	即期、远期和掉期
即期报价单位（T+2 日到期）	元/克
即期最小变动价位（T+2 日到期）	0.001 元
最大报单量	500000 手
最小报单量	1 手
远掉期点报价单位	分/克
远掉期点最小变动价位	0.1 分
涨跌幅限制	暂不设
到期结算方式	实物交割　　　现金结算
资金结算方式	上海黄金交易所结算资金　　上海黄金交易所结算资金、非上海黄金交易所结算资金

第三章 黄金交易业务规则

续表

可选参考价格	—	iAu99.99 开盘价、iAu99.99 收盘价、iAu99.99 加权平均价、"上海金"基准价早盘价、"上海金"基准价午盘价或交易双方约定的其他价格
交割品种	标准重量1千克，成色不低于99.99%的金锭	—
实物交割地点	上海黄金交易所指定仓库	—
交易时间	每个交易日 9:00～15:30	
登记时间	每个交易日 8:55～17:00（当日到期交易登记时间为 8:55～15:30）	

表 3-19-e　　　　　　　　　iPAu99.5 合约参数

合约代码	iPAu99.5	
交易单位	12.5 千克/手	
交易类型	即期、远期和掉期	
即期报价单位（T+2 日到期）	元/克	
即期最小变动价位（T+2 日到期）	0.001 元	
最大报单量	500 手	
最小报单量	1 手	
远掉期点报价单位	分/克	
远掉期点最小变动价位	0.1 分	
涨跌幅限制	暂不设	
到期结算方式	实物交割	现金结算
资金结算方式	上海黄金交易所结算资金	上海黄金交易所结算资金、非上海黄金交易所结算资金
可选参考价格	—	iAu99.5 开盘价、iAu99.5 收盘价、iAu99.5 加权平均价、"上海金"基准价早盘价、"上海金"基准价午盘价或交易双方约定的其他价格

第三节 询价交易规则

续表

交割品种	标准重量12.5千克，成色不低于99.5%的金锭	—
实物交割地点	上海黄金交易所指定仓库	—
交易时间	每个交易日9:00~15:30	
登记时间	每个交易日8:55~17:00（当日到期交易登记时间为8:55~15:30）	

表3-19-f　　　　iPAu100g合约参数

合约代码	iPAu100g	
交易单位	100克/手	
交易类型	即期、远期和掉期	
即期报价单位（T+2日到期）	元/克	
即期最小变动价位（T+2日到期）	0.001元	
最大报单量	50000手	
最小报单量	1手	
远掉期点报价单位	分/克	
远掉期点最小变动价位	0.1分	
涨跌幅限制	暂不设	
到期结算方式	实物交割	现金结算
资金结算方式	上海黄金交易所结算资金	上海黄金交易所结算资金、非上海黄金交易所结算资金
可选参考价格	—	iAu100g开盘价、iAu100g收盘价、iAu100g加权平均价、"上海金"基准价早盘价、"上海金"基准价午盘价或交易双方约定的其他价格
交割品种	标准重量0.1千克，成色不低于99.99%的金条	—
实物交割地点	上海黄金交易所指定仓库	—
交易时间	每个交易日9:00~15:30	
登记时间	每个交易日8:55~17:00（当日到期交易登记时间为8:55~15:30）	

第三章　黄金交易业务规则

表 3-20　　　　　　　　　　询价拆借业务合约参数
表 3-20-a　　　　　　　　　LAu99.99 合约参数

合约代码	LAu99.99
交易单位	1000 克/手
交易类型	拆借
最大报单量	5000 手
最小报单量	1 手
利率单位	%
利率最小变动价位	0.0001%
计息基准价单位	元/克
计息基准价最小变动价位	0.001 元
利息结算方式	上海黄金交易所结算利息、非上海黄金交易所结算利息
交割品种	标准重量 1 千克，成色不低于 99.99% 的金锭
替代还金品种	标准重量 3 千克，成色不低于 99.95% 的金锭
交割地点	上海黄金交易所指定仓库
交易时间	每个交易日 9:00～15:30
登记时间	每个交易日 8:55～17:00（当日付息交易登记时间为 8:55～15:30）

表 3-20-b　　　　　　　　　LAu99.95 合约参数

合约代码	LAu99.95
交易单位	1000 克/手
交易类型	拆借
最大报单量	5000 手
最小报单量	1 手
利率单位	%
利率最小变动价位	0.0001%
计息基准价单位	元/克
计息基准价最小变动价位	0.001 元
利息结算方式	上海黄金交易所结算利息、非上海黄金交易所结算利息
交割品种	标准重量 3 千克，成色不低于 99.95% 的金锭
替代还金品种	标准重量 1 千克，成色不低于 99.99% 的金锭
交割地点	上海黄金交易所指定仓库
交易时间	每个交易日 9:00～15:30
登记时间	每个交易日 8:55～17:00（当日付息交易登记时间为 8:55～15:30）

第三节　询价交易规则

表 3-20-c　　　　iLAu99.99 合约参数

合约代码	iLAu99.99
交易单位	1000 克/手
交易类型	拆借
最大报单量	5000 手
最小报单量	1 手
利率单位	%
利率最小变动价位	0.0001%
计息基准价单位	元/克
计息基准价最小变动价位	0.001 元
利息结算方式	上海黄金交易所结算利息、非上海黄金交易所结算利息
交割品种	标准重量 1 千克，成色不低于 99.99% 的金锭
替代还金品种	无
交割地点	上海黄金交易所指定仓库
交易时间	每个交易日 9:00~15:30
登记时间	每个交易日 8:55~17:00（当日付息交易登记时间为 8:55~15:30）

表 3-20-d　　　　iLAu99.5 合约参数

合约代码	iLAu99.5
交易单位	12500 克/手
交易类型	拆借
最大报单量	500 手
最小报单量	1 手
利率单位	%
利率最小变动价位	0.0001%
计息基准价单位	元/克
计息基准价最小变动价位	0.001 元
利息结算方式	上海黄金交易所结算利息、非上海黄金交易所结算利息
交割品种	标准重量 12.5 千克，成色不低于 99.5% 的金锭
替代还金品种	无
交割地点	上海黄金交易所指定仓库
交易时间	每个交易日 9:00~15:30
登记时间	每个交易日 8:55~17:00（当日付息交易登记时间为 8:55~15:30）

第三章 黄金交易业务规则

表3-20-e　　　　iLAu100g 合约参数

合约代码	iLAu100g
交易单位	100 克/手
交易类型	拆借
最大报单量	50000 手
最小报单量	1 手
利率单位	%
利率最小变动价位	0.0001%
计息基准价单位	元/克
计息基准价最小变动价位	0.001 元
利息结算方式	上海黄金交易所结算利息、非上海黄金交易所结算利息
交割品种	标准重量0.1千克,成色不低于99.99%的金条
替代还金品种	无
交割地点	上海黄金交易所指定仓库
交易时间	每个交易日 9:00～15:30
登记时间	每个交易日 8:55～17:00（当日付息交易登记时间为 8:55～15:30）

表3-21　　　　询价期权业务合约参数
表3-21-a　　　　OAu99.99 合约参数

合约代码	OAu99.99	
交易单位	100 克/手	
交易类型	看涨期权、看跌期权	
行权方式	欧式期权、美式期权	
最大报单量	50000 手	
最小报单量	1 手	
标的合约代码	PAu99.99	
标的合约期限（T+N）	T+0	
报价单位	元/克	
权利金最小变动价位	0.000001 元/克	
行权价格最小变动价位	0.001 元/克	
到期结算方式	实物交割	现金结算
可选参考价格	—	Au99.99 开盘价、Au99.99 前一交易日收盘价、Au99.99 前一交易日加权平均价、"上海金"基准价早盘价、前一交易日"上海金"基准价午盘价

第三节 询价交易规则

续表

交割品种	标准重量1千克，成色不低于99.99%的金锭	—
实物交割地点	上海黄金交易所指定仓库	—
交易时间	每个交易日9:00~15:30	
登记时间	每个交易日8:55~17:00（行权日为下一交易日的，交易登记时间为8:55~15:30）	

表3-21-b   **OAu99.95合约参数**

合约代码	OAu99.95	
交易单位	1000克/手	
交易类型	看涨期权、看跌期权	
行权方式	欧式期权、美式期权	
最大报单量	5000手	
最小报单量	1手	
标的合约代码	PAu99.95	
标的合约期限（T+N）	T+0	
报价单位	元/克	
权利金最小变动价位	0.000001元/克	
行权价格最小变动价位	0.001元/克	
到期结算方式	实物交割	现金结算
可选参考价格	—	Au99.95开盘价、Au99.95前一交易日收盘价、Au99.95前一交易日加权平均价、"上海金"基准价早盘价、前一交易日"上海金"基准价午盘价
交割品种	标准重量3千克，成色不低于99.95%的金锭	—
实物交割地点	上海黄金交易所指定仓库	—
交易时间	每个交易日9:00~15:30	
登记时间	每个交易日8:55~17:00（行权日为下一交易日的，交易登记时间为8:55~15:30）	

第三章　黄金交易业务规则

表 3-21-c　　　　　　　**OAg99.99 合约参数**

合约代码	OAg99.99	
合约名称	OAg99.99	
交易单位	30 千克/手	
交易类型	看涨期权、看跌期权	
可行权方式	欧式期权、美式期权	
最大报单量	5000 手	
最小报单量	1 手	
标的合约代码	PAg99.99	
标的合约期限（T+N）	T+2	
权利金与行权价格报价单位	元/千克	
权利金最小变动价位	0.001 元/千克	
行权价格最小变动价位	0.1 元/千克	
可选结算方式	实物交割	现金结算
可选参考价	—	Ag99.99 开盘价、Ag99.99 前一交易日收盘价、Ag99.99 前一交易日加权平均价、Ag（T+D）开盘价、Ag（T+D）前一交易日收盘价、Ag（T+D）前一交易日结算价
交割品种	标准重量 15 千克、成色不低于 99.99% 的银锭	—
实物交割地点	交易所指定仓库	—
行权截止时间	14:00:00	
交易时间	每交易日 9:00~15:30	
登记时间	每交易日 8:55~17:00（行权日为下一交易日的交易登记时间为 8:55~15:30）	

表 3-22　　　　　　　**履约担保型询价合约参数**
CAu99.99 合约参数

合约代码	CAu99.99
交易方式	保证金询价交易
交易类型	即期、远期和掉期
交易单位	1000 克/手
报价单位	元（人民币）/克

第四节 集中定价交易业务

续表

登记最小变动价位	0.001 元/克
最小单笔成交量	1 手
最大单笔成交量	5000 手
登记时间	每交易日 9:00~15:30
最后登记日	到期日当日
交易保证金	按合约上线前交易所公告执行
违约金	
交易手续费	
上市日期	
每日结算方式	当日无负债结算制度
交割日期	到期日当日
到期结算方式	实物交割
交割品种	标准重量 1 千克、成色不低于 99.99% 的金锭
质量标准	经交易所认定的可提供标准金锭企业生产的符合交易所执行的《金锭》标准的实物,及伦敦金银市场协会(LBMA)认定的合格供货商生产的标准实物
交割地点	交易所指定仓库

第四节　集中定价交易业务

学习内容	知识点
集中定价交易业务概况	集中定价交易的定义、定价交易与竞价交易的区别
集中定价交易业务的重要意义与构成要素	集中定价交易业务的重要意义与构成要素
集中定价交易业务的定价机制	集中定价的过程、初始价的形成过程与交易轮次安排、清算交割
集中定价交易业务的市场参与主体	定价成员的申请条件、提供参考价成员的条件
"上海金"与"伦敦金"定价机制比较	"上海金"与"伦敦金"在定价参与者范围、初始价形成机制、清算交割方式等方面的差异
"上海金"人民币基准价的应用	"上海金"人民币基准价在多领域的应用

第三章 黄金交易业务规则

一、集中定价交易的业务概况

上海黄金交易所于 2016 年 4 月 19 日推出"上海金"人民币集中定价交易业务，发布以人民币计价的黄金基准价；于 2019 年 10 月 14 日推出"上海银"人民币集中定价交易业务，发布以人民币计价的白银基准价。定价业务与竞价业务、询价业务共同组成了上海黄金交易所的三大主要交易方式。

"上海金"与"上海银"既是指采用集中定价交易方式的一类交易产品，也是一种实物标准。"上海金"是在上海黄金交易所指定金库存放，可用于上海黄金交易所各种交易、结算、交割、租借、登记、托管等业务的以人民币标价的黄金，"上海金"的质量标准为经上海黄金交易所认证或认可、成色不低于 99.99%、重量为 1 千克的标准金锭。"上海银"是在上海黄金交易所指定银库存放，可用于上海黄金交易所各种交易、结算、交割、租借、登记、托管等业务的以人民币标价的白银，"上海银"的质量标准为经上海黄金交易所认证或认可、成色不低于 99.99%、重量为 15 千克的标准银锭。

集中定价交易是指市场参与者在上海黄金交易所平台上，通过"以价询量、数量匹配"的定价过程，在市场量价平衡时，形成"上海金""上海银"人民币基准价，并按基准价成交的交易。

集中定价交易与竞价交易的区别在于：集中定价交易是按照"以价询量、量价平衡"的交易原则进行的时点交易，即在某一具体时点，寻找使所有买卖供求平衡的价格，并确保有效申报按该价格全部成交，整个市场的供求力量平衡对成交起决定作用；竞价交易是按照"价格优先、时间优先"的交易原则进行连续交易，即在某一会员或客户带量出价要约买进或卖出时，另一会员或客户以"时间优先"原则、以此要约价格或更优价格卖出或买进成交，成交的是该要约价格项下的部分量或全量。

二、集中定价交易的重要意义

（一）"上海金"

我国黄金资源储量丰富，产量连续多年居世界第一，是世界最大的黄金生产国和消费国，我国还是目前所有国家和地区中黄金产业链上中下游覆盖面最全的国家。"西金东移"已成为全球黄金市场发展的一个显著趋势，但与此同时，"西价"并未"东移"，伦敦黄金市场和纽约黄金市场仍主要掌握着全球黄金市场现货与期货定价权。

国际市场的黄金买卖或套期保值等交易一般以美元/盎司计价的伦敦黄金定盘价或是纽约黄金价格作为基准价。我国黄金原料和成品的进口也基本以美元计价。结算带来的汇兑损失和外汇保值成本，加重了黄金行业企业负担。推出以人民币计价的黄金基准价，使之逐渐被全球所接受和运用，是未来我国黄金行业在发展以及进一步开拓全球业务进程中的客观需要。

上海黄金交易所推出"上海金"人民币集中定价交易，为全球黄金行业多提供了一个选择——可信赖和可交易的人民币黄金基准价，即"上海金基准价"（Shanghai Gold Benchmark Price）。"上海金基准价"的推出，进一步完善了中国黄金市场的价格形成机制，为黄金相关衍生产品提供定价基准，有助于促进黄金市场产品创新，为市场参与者提供更丰富的风险管理工具，从而更好地发挥市场服务实体经济的功能，同时还有利于促进国内黄金价格体系的进一步完善。

（二）"上海银"

我国白银的供应量和需求量均居世界前列，但全球白银市场仍由伦敦和纽约市场分别掌握着全球白银现货和期货定价权。国内市场，白银冶炼厂、贸易商等各类参与者开展套期保值、签订贸易合同等业务时都需要一个可成交的市场公允价格，但市场缺乏具有公信力的白银现货价格信息。

近年来，上海黄金交易所的白银市场规模和影响力不断扩大，商业银行、上下游生产企业、贸易商等市场参与者类型不断丰富。2017—2019年，上海黄金交易所市场累计成交白银分别达到115.53万吨、83.41万吨和180万吨，三年的白银主力合约实物交收量分别达到1.06万吨、2.67万吨和5.16万吨，场外实物不断向上海黄金交易所平台集中。在此基础上，借鉴"上海金"的成功经验，上海黄金交易所于2019年10月14日推出"上海银"定价业务，向市场发布白银人民币基准价。"上海银"定价业务流程与"上海金"基本一致，机构客户均可参与交易，每个交易日进行早盘和午盘两场集中定价交易，并向市场发布白银基准价。"上海银"基准价的发布，有效服务了白银产业链企业，形成了中国白银市场公允的价格信号，提升了国内白银市场的影响力。

第三章 黄金交易业务规则

三、集中定价合约的基本要素

"上海金""上海银"集中定价交易合约是上海黄金交易所黄金、白银现货合约，其交易代码为 SHAU 和 SHAG。经上海黄金交易所批准同意的会员、机构客户均可参与集中定价交易业务。

每个交易日，集中定价交易分为早盘定价交易和午盘定价交易两场。在市场量价相对平衡，形成"上海金""上海银"人民币基准价后，该场定价交易结束。

"上海金"报价单位为元（人民币）/克，最小变动价位为 0.01 元。"上海金"人民币集中定价合约交易单位为"手"，每手为 1 千克，最小申报量为 1 手，单一客户每场单边最大申报量为 10000 手。"上海银"报价单位为元（人民币）/千克，最小变动价位为 1 元。"上海银"每手为 15 千克，最小申报量为 1 手，单一客户每场单边最大申报量为 40000 手。

"上海金""上海银"人民币集中定价交易不设涨跌停板限制，有利于寻找在具体定价时点上市场供求平衡时的真实价格。定价过程中某轮的买入申报量与卖出申报量之差等于或小于定价合约规定的成交阈值，则满足集中定价成交条件，"上海金"成交阈值为 400 手，"上海银"成交阈值为 500 手。

集中定价交易采用保证金交易方式，由上海黄金交易所进行集中清算、结算与交割，执行 T+0 结算和 T+2 实物交割，即 T+0 日对同一账户早盘和午盘的集中定价成交进行盈亏计算，并对合约净买卖量收取规定比例的保证金。"上海金"最低保证金比例暂定为 6%，"上海银"为 10%。T+2 日日终清算时，按 T+0 日的结算价，对 T+0 日的净头寸执行资金清算和实物交割。上海黄金交易所目前设定的交易保证金水平，是通过大量的历史数据和统计模型计算得出的，基本能够覆盖一般两个交易日的价格波动。如遇到特殊的市场情况，上海黄金交易所将对保证金进行调整，同时根据《上海黄金交易所风险控制管理办法》相关规定实施相应的风险控制措施。

上海黄金交易所已有的现货合约为 T+0 日交割，要求会员和客户在黄金已全数存入交易所仓库或资金已全额存入交易所交易账户后才能交易，交易产生的价格是这部分黄金和资金供求力量关系的体现。"上海金"集中定价合约实行 T+2 日交割的优势在于，除上海黄金交易所仓库存放的黄金可参与交易，交易所指定仓库以外的、在途的、在工厂等的黄金，均可在保证金的基

第四节 集中定价交易业务

础上参与交易。其交易产生的价格在反映全市场黄金和资金供求力量关系方面更具有代表性。

表 3-23　　"上海金""上海银"集中定价合约参数
表 3-23-a　　"上海金"集中定价合约参数

项目	项目内容或参数
交易品种	黄金
交易代码	SHAU
报价单位	元（人民币）/克
交易方式	集中定价交易
交易单位	1 千克/手
最小变动价位	0.01 元/克
每日价格最大波动限制	无限制
保证金比例	6%
单笔最小报价量	1 手
单笔最大报价量	10000 手
成交方式	数量匹配
成交阈值	400 千克
交易手续费	按交易所公告执行
参考竞价合约	Au99.99
每轮申报时限	首轮市场申报 60 秒 + 补充申报 10 秒 自第二轮开始，每轮市场申报 30 秒 + 补充申报 10 秒
结算方式	钱货两讫
交割方式	实物交割
交割时间	T+2
交割品种	标准重量 1 千克、成色不低于 99.99% 的金锭
质量标准	经交易所认定的可提供标准金锭企业生产的符合交易所执行的《金锭》标准的实物，及伦敦金银市场协会（LBMA）认定的合格供货商生产的标准实物
交割仓库	交易所指定黄金交割仓库
交割费	0
违约金比例	等同于保证金比例
上市日期	2016 年 4 月 19 日

第三章 黄金交易业务规则

表 3–23–b　　　　"上海银"集中定价合约参数

项目	项目内容或参数
交易品种	白银
交易代码	SHAG
报价单位	元（人民币）/千克
交易方式	集中定价交易
交易单位	15 千克/手
最小变动价位	1 元/千克
每日价格最大波动限制	无限制
保证金比例	10%
单边最小报价量	1 手
单边最大报价量	40000 手
成交方式	数量匹配
成交阈值	7500 千克
交易手续费	按交易所公告执行
参考竞价合约	Ag（T+D）
每轮申报时限	首轮市场申报 60 秒 + 补充申报 10 秒 自第二轮开始，每轮市场申报 30 秒 + 补充申报 10 秒
结算方式	钱货两讫
交割方式	实物交割
交割时间	T+2
交割品种	标准重量 15 千克、成色不低于 99.99% 的银锭
质量标准	经交易所认定的可提供标准银锭企业生产的符合交易所执行的《银锭》标准的实物，及伦敦金银市场协会（LBMA）认定的合格供货商生产的标准实物
交割仓库	交易所指定 Ag（T+D）白银交割仓库
交割费	1 元/千克
违约金比例	等同于保证金比例
上市日期	2019 年 10 月 14 日

四、集中定价交易的参与主体

经上海黄金交易所批准同意的会员、机构客户均可参与集中定价交易业务。

第四节　集中定价交易业务

会员和客户参与集中定价交易，须向交易所提出申请，客户申请由会员代理。申请成功的市场参与者可以通过现有的上海黄金交易所的客户端参与交易。

此外，上海黄金交易所还选择了多家定价成员和提供参考价成员共同报价，包括商业银行、产用金银企业等多层次市场主体，融汇了主板和国际板国内外参与者，体现了人民币黄金与白银市场广泛性和多元化特点，使基准价充分反映人民币黄金白银市场及产业链实体经济的供需诉求，有效地确立了基准价的行业公信力和权威性。

（一）定价成员

定价成员是指在规定时间段内提供相应定价合约参考价，并在一定数量范围内承担平衡供需职责的机构。定价成员除须遵守交易所的相关规章制度外，还须承担在集中定价交易开始前规定时间段内提供符合当时市况的参考价报价和接受分配规定数量量差的义务，同时享有在补充申报时段报量的权利。

申请成为定价成员需要满足以下条件：
- 定价成员应为金融机构或贵金属产业链上的龙头实体企业；
- 注册资本不低于 1 亿元人民币或具有等额净资产；
- 具有良好的信誉和经营历史，近三年内无重大违法违规记录；
- 有健全的组织机构和账务管理制度及完善的内部控制和风险管理制度；
- 在交易所或国内、国际贵金属市场交易活跃，年交易量位居前列；
- 在交易所黄金或白银品种的实物交割量排名前列；
- 遵守执行交易所的规章制度；
- 交易所规定的其他条件。

（二）提供参考价成员

提供参考价成员是指在规定时间段内提供相应定价合约参考价的机构。提供参考价成员除须遵守上海黄金交易所的相关规章制度外，还须承担在集中定价交易开始前规定时间段内提供符合当时市况的参考价报价义务。

申请成为提供参考价成员应满足以下条件：
- 提供参考价成员应为金融机构或贵金属产业链上的龙头实体企业；
- 注册资本不低于 5000 万元人民币或具有等值净资产；
- 具有良好的信誉和经营历史，近三年内无重大违法违规行为记录；
- 在交易所或国内、国际贵金属市场交易活跃，年交易量位居前列；

第三章 黄金交易业务规则

- 遵守执行交易所的规章制度；
- 交易所规定的其他条件。

五、集中定价交易的定价机制

在集中定价交易中，市场参与者在交易所平台上，按照"以价询量、数量匹配"的集中交易方式，在达到市场量价相对平衡后，最终形成"上海金""上海银"人民币基准价。

（一）集中定价过程

集中定价交易流程见图 3-6。

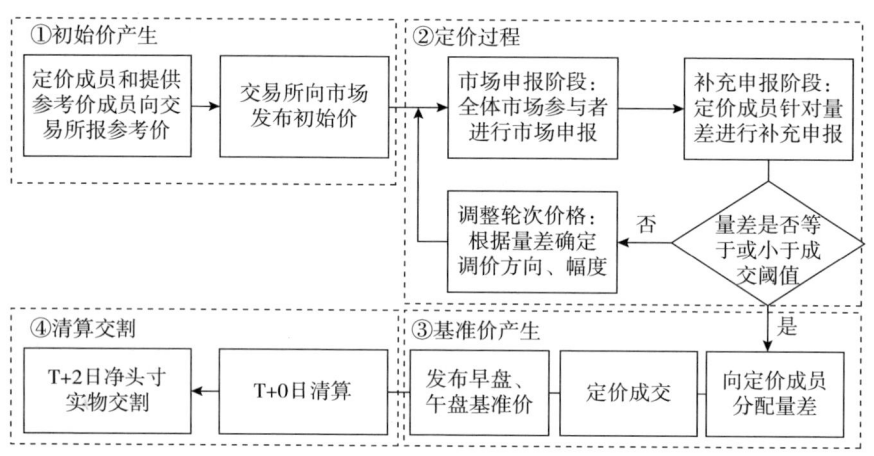

图 3-6 集中定价业务流程

- 由相应产品的定价成员和提供参考价成员，在定价开始前的参考价录入时段，通过交易终端向上海黄金交易所提供当日市场参考价。
- 交易系统收集定价和参考价成员上报的参考价，去除其中最高价和最低价之后，以算术平均价作为本轮定价的初始价提供给市场，并开始多轮"以价询量"的定价过程。
- 会员和客户针对初始价或之后的系统出价，申报买卖意向和数量。
  - 如果买卖数量不平衡且量差大于规定的成交阈值，买量大于卖量则上调价格，买量小于卖量则下调价格。
  - 当轮次内申报买入量与申报卖出量之差达到或小于事先公布的成交

阈值时，产生基准价，定价过程结束，系统对全部有效申报按基准价成交，量差由定价会员均摊。

- 早盘和午盘定价成交轧差后进行集中清算交割，并于 T+0 日日终对净持仓收取规定比例的保证金，在 T+2 日完成资金结算和实物交割。

（二）初始价的形成

初始价的计算和确定分为以下三个层次。

定价成员和提供参考价成员在规定时间段内提供参考价，若参与报价的成员数大于等于总数的 50%，交易所在剔除申报的全部参考价中一个最高价和一个最低价后，以剩余参考价的算术平均价作为第一轮集中定价的初始价。

若参与报价的成员数少于总数的 50%，则认定该场参考价申报无效。交易所分别将以黄金现货合约 Au99.99 以及白银延期合约 Ag（T+D）在提供参考价时间段内的市场成交算术平均价作为"上海金""上海银"本场次的初始价。

若 Au99.99 或 Ag（T+D）在提供参考价时间段内没有有效价格，则以上个场次的"上海金""上海银"人民币基准价作为本场次的初始价。

（三）集中定价交易的轮次安排

集中定价交易每场由多轮次交易组成。一次市场申报和补充申报合称为一轮。首轮市场申报时段和补充申报时段的时间安排分别为 60 秒和 10 秒。自第二轮开始，每轮市场申报时段和补充申报时段的时间安排分别为 30 秒和 10 秒。补充申报只有承担余量分配义务的定价成员能参加，且其申报方向只能为减少量差的方向，不能反转本轮次市场申报时段确立的买卖对比方向。

（四）价格调整方向与步长

每场集中定价由多轮次买卖量申报完成。在第二轮价格较第一轮上涨（或下跌）的基础上，如果第三轮价格较第二轮上涨（或下跌）则称价格为同向变动；反之则称价格为反向变动。

每一轮补充申报结束，若量差仍未满足集中定价成交条件，交易系统根据买卖量差情况调整出价，发起下一轮询量过程。当卖出量减去买入量的差量大于成交阈值时下调价格，当买入量减去卖出量的差量大于成交阈值时上调价格。"上海金""上海银"合约买卖量差与调整步长之间的关系见表 3-24。交易所可以根据情况，对申报量差及价格调整步长进行调整。

第三章　黄金交易业务规则

表 3–24　　　　集中定价交易申报价差与下轮调价关系

表 3–24–a　　"上海金"集中定价交易申报价差与下轮调价关系

买、卖申报量对比情况与上轮保持一致时本轮量差与下轮调价步长关系		买、卖申报量对比情况与上轮相反时，本轮量差与下轮调价步长关系
量差（千克）	调价幅度	
量差≤400	成交	—
400＜量差＜3500	0.1 元/克	回撤本轮调价步长的 50%
3500≤量差＜6000	0.2 元/克	
6000≤量差＜10000	0.3 元/克	
量差≥10000	0.4 元/克	

表 3–24–b　　"上海银"集中定价交易申报价差与下轮调价关系

买、卖申报量对比情况与上轮保持一致时本轮量差与下轮调价步长关系		买、卖申报量对比情况与上轮相反时，本轮量差与下轮调价步长关系
量差（千克）	调价幅度	
量差≤7500	成交	—
7500＜量差＜21000	2 元/千克	回撤本轮调价步长的 50%
21000≤量差＜45000	4 元/千克	
45000≤量差＜75000	8 元/千克	
量差≥75000	16 元/千克	

（五）"价优不减量"原则

会员和客户在前后轮次之间的撤单须遵循"价优不减量"原则，即某轮集中定价申报未满足成交条件进入下一轮，当出价相对上轮下跌时，系统自动撤销卖方的所有申报，不允许买方减少或撤销申报；当出价相对上轮上涨时，系统自动撤销买方的所有申报，不允许卖方减少或撤销申报。被撤销一方的会员和客户认同新一轮出价的，需要重新报量。

（六）量差分配与补充申报

集中定价交易机制的核心是寻找在某一具体定价时点上，市场供求平衡的价格，作为该时点市场的基准价格。若买量和卖量在定价时点完全相等，量差为零，买卖都能同时完全满足，是最理想的状态。但在一个全球广泛参与的市

第四节 集中定价交易业务

场中，在某一时点上的单一价格，要使买卖量完全一致，在实际交易中出现的概率较小。故集中定价交易引入定价成员机制，由定价成员平均分摊有限的买卖数量缺口，使全市场买卖量相等，从而尽快达到市场供求均衡，提高定价效率。

只有定价成员才能进行补充申报，定价成员在某轮补充申报时段的申报量，仅用于补足市场申报的买卖量差额，不能反转本轮市场申报时段确立的买卖对比方向。按照"时间优先"的原则，大于市场申报买卖差额部分的补充申报量无效。若某轮补充申报结束，量差仍未满足形成定价成交条件，定价成员在该轮的补充申报将转换成下一轮的市场申报，该定价成员对已申报量的撤销须符合"价优不减量"的原则。

补充申报有利于提高交易效率、尽快形成均衡价格。同时，通过补充申报环节减少量差总量，有利于减轻定价成员量差分配的负担。这是定价成员承担量差分配义务而享有的权利。

（七）清算交割

集中定价合约是上海黄金交易所的上市合约，上海黄金交易所将是所有定价交易的中央交易对手方，实行集中清算、结算与交割，所有交易均基于保证金。

上海黄金交易所对定价合约与交易所的其他交易合约实行同一账户集中清算。交易所依次按照竞价交易、集中定价交易、询价交易的顺序进行清算和交割。具体为，上海黄金交易所对每日开设早盘和午盘两场交易的定价合约以午盘的基准价格作为合约的结算价，对同一客户早盘和午盘的定价成交进行盈亏计算，并对合约净头寸收取规定比例的保证金。每日开设一场交易的定价合约以该场基准价格作为合约的结算价收取规定比例保证金。在T+2日日终结算时，按T+0日的结算价，对客户T+0日的定价合约净头寸执行实物交割清算。上海金的参考竞价合约为Au99.99，上海银的参考竞价合约Ag（T+D）。在T+2日日终结算时，买方资金账户应有足额资金，卖方实物账户应有足额实物，若不能满足以上条件，则构成交割违约。交易所将根据定价合约违约金比例向违约方收取违约头寸对应的违约金，同时合约终止。

"上海金"和"上海银"集中定价交割标的参数见表3-23。

六、"上海金"与"伦敦金"定价机制比较

"上海金"定价交易是以元（人民币）/克定价，对象为在上海黄金交易所

第三章 黄金交易业务规则

指定仓库即期清算交割的 1 千克金锭。"伦敦金"是以美元/盎司定价,对象为在伦敦即期清算交割的 12.5 千克金锭,并按即期汇率折算为英镑/盎司、欧元/盎司的定价。

"上海金"人民币集中定价机制和"伦敦金"定价机制主要有以下三个方面的不同。

一是定价参与者范围不同。"伦敦金"定价的直接参与者为其定价成员。"上海金"定价的参与者为上海黄金交易所的全体会员及机构客户,其中包括定价成员和提供参考价成员。

二是定价初始价形成机制不同。"伦敦金"的初始价是由其定价主席确定的,目前伦敦金银市场协会(LBMA)黄金定价机制的定价主席为美国洲际交易所。"上海金"基准价定价机制的初始价由定价成员和提供参考价成员集体申报形成,具体规则为:若该场提供参考价的定价成员和参考价提供成员数超过总数的 50%,则由系统剔除申报的全部参考价中最高价和最低价后算术平均形成初始价;若该场提供参考价的成员数少于 50%,则以黄金现货合约 Au99.99 在相应时段内市场实际成交的算术平均价格作为初始价;若 Au99.99 合约无有效成交,则以上一场次的"上海金"基准价作为本场的初始价。与 LBMA 黄金初始价形成机制相比,"上海金"初始价形成机制更多地依赖事先约定的规则和更广泛的市场参与者机制,降低人为操控的可能性。

三是清算交割方式不同。在"伦敦金"定价机制中,美国洲际交易所是 LBMA 黄金定价机制的管理者和平台提供方,不负责交易后的清算职责,LBMA 黄金定价机制的直接定价参与机构之间必须互相给予授信额度,采用场外自行清算的方式。间接参与者以及委托直接参与机构的客户均需通过直接参与者进行清算。"上海金"基准价定价是上海黄金交易所的合约,上海黄金交易所作为中央对手方,采取集中、净额清算交割,不需要参与者之间互相进行授信评估。

表 3-25 "上海金"和"伦敦金"合约参数对比

项目	"伦敦金"合约参数	"上海金"合约参数
交易场所	美国洲际交易所(ICE)	上海黄金交易所(SGE)
交易代码	LBMA GOLD PRICE	SHAU
报价单位	美元/盎司	元(人民币)/克
交易方式	集中定价交易	集中定价交易
交易平台	WebICE 交易平台	"上海金"定价交易平台

第四节　集中定价交易业务

续表

项目	"伦敦金"合约参数	"上海金"合约参数
参与者	定价会员及其定价会员代理的市场参与者	满足交易所相关规则条件的会员及客户
交易单位	1 盎司/手	1 千克/手
定价主席	有	无
最小变动价位	0.01 美元/盎司	0.01 元/克
每日价格最大波动限制	无限制	无限制
单边最小报价量	1 手	1 手
单边最大报价量	100000 手	10000 手
成交方式	数量撮合	数量撮合
成交阈值	10000 盎司（约合 311 千克）	400 千克
量差分配	15 家直接参与定价会员	12 家定价会员
交易开始时间	早盘定价 10:30 午盘定价 15:00（伦敦时间）	早盘定价 10:15 午盘定价 15:00（北京时间）
提供参考价时间	无	早盘 10:09~10:14 午盘 14:54~14:59
初始价形成方式	定价主席确定	1. 在满足条件的参考价中去除最高价和最低价后的算术平均；2. 若不满足条件则取提供参考价时段 Au99.99 合约市场成交的算术平均价格；3. 若 Au99.99 合约市场无成交，则取上一场的基准价
每轮申报时限	每轮市场申报 30 秒	首轮市场申报 60 秒+补充申报 10 秒；自第二轮开始，每轮市场申报 30 秒+补充申报 10 秒
申报方式	定价行直接申报	分为全市场申报和定价会员补充申报 2 个倒计时申报时段
清算方式	由直接定价行进行场外清算	由交易所集中清算
交割方式	实物交割	实物交割
交割时间	T+2 日	T+2 日
交割品种	经 LBMA 认证的重量为 400 盎司且成色不低于 99.5% 的标准金锭（非指定条块）	经交易所认可的标准重量 1 千克，成色不低于 99.99% 的金锭
客户参与方式	委托直接定价行匿名代理间接参与	通过交易所代理机构代理，形成客户编码直接参与交易

七、"上海金"人民币基准价的应用

"上海金"人民币基准价的推出,进一步完善了中国黄金市场的价格形成机制,为黄金相关衍生品提供定价基准,有助于促进黄金市场产品创新,为市场参与者提供更丰富的风险管理工具,从而更好地发挥市场服务实体经济的功能。

(一)作为黄金企业套期保值交易贸易结算的基准

"上海金"基准价为黄金生产链企业在签订黄金、黄金原料等贵金属贸易和交易的合同时,提供了除以美元标价的"伦敦金""纽约金"定价之外的、亚洲时区黄金基准价格的选择。以"上海金"基准价为价格锚签订黄金相关的贵金属资源、原料和成品的国际套期保值交易、进出口贸易合约,有利于降低我国黄金企业的汇率风险,增强人民币在国际贵金属市场中的计价和结算能力。目前,部分产金企业正在研究铜金矿等黄金原料和黄金成品进口等贸易中运用以人民币计价的"上海金"基准价的可行性和应用范围。

(二)作为黄金租赁、抵押等黄金资金融通的计价依据

在商业银行之间以及商业银行与客户之间进行黄金租赁、抵押等业务时,公允合理的合同价格在保护交易双方合理权益方面发挥重要作用。多家商业银行在与客户进行黄金租赁业务时,已经将"上海金"基准价作为黄金租赁合同的价格计算基准。

(三)作为银行间询价市场中黄金衍生产品结算价

竞价合约的开盘价、加权平均价等价格都是过去交易价格的统计,不能拿来直接交易,即不能在此价格上再进行买或者卖,故不能成为黄金远期合约和期权等衍生产品的基准价格。在银行间询价市场中,多家银行已经通过上海黄金交易所询价交易平台开展了以"上海金"基准价为参考价格的现金结算型询价即期、远期、掉期、期权合约交易。

(四)金融机构设计产品的锚定价

"上海金"基准价为商业银行黄金理财产品提供了可供交易的基准价格,使

理财产品的估值更加准确。商业银行在黄金积存等黄金理财产品方面已经引入"上海金"基准价作为其锚定价格。2020年多家基金公司推出运行7只上海金ETF产品，丰富了投资者黄金市场参与、资产配置渠道。

（五）国际机构高度关注，并开始寻求合作运用

"上海金"基准价为全球黄金市场提供了价格风向标，"伦敦金""纽约金""上海金"三个时区的价格为国际市场参与者提供更为全面和客观的全球黄金市场动态。芝加哥商品交易所于2019年10月推出以"上海金"为基准价的衍生品。

"上海金"人民币基准价的国内外影响力将是一个逐渐建立的过程，未来上海黄金交易所将逐步争取实现国内外主要从事贵金属贸易与交易的银行和公司机构企业参与"上海金"人民币集中定价交易；争取实现国内银行和企业用"上海金"人民币基准价作为签订进出口黄金、黄金原料和产品的基准价；争取实现国际黄金和黄金原料及产品贸易使用"上海金"人民币基准价作为合约的基准价；争取实现国际长期黄金投资和各种黄金衍生产品，使用"上海金"人民币基准价及其月平均价，作为设计合约的基准价。

"伦敦金"和"纽约金"在国际黄金市场的影响力是经过上百年、通过逐渐影响市场参与者的交易习惯，不断推广逐步建立的。扩大"上海金"基准价的影响力，提升以人民币标价的黄金产品在全球黄金市场中的话语权，将"上海金"打造成与"伦敦金""纽约金"齐名的黄金市场的标志性品牌，实现上海与伦敦、纽约"三足鼎立"的世界黄金市场格局任重道远。

八、案例分析

（一）"上海金"案例分析

假设初始价是550.70元/克，首轮市场申报阶段买量为1600手，卖量为20手；进入补充申报阶段，定价成员补充申报卖量为0手，总量差为1580手。量差未满足基准价产生条件，进入第二轮，买量大于卖量，系统上调价格，调价幅度为0.1元/克，系统出价为550.80元/克。根据"价优不减量"原则，第一轮的卖量20手保留到第二轮，第一轮的买量由系统自动全撤。

第二轮市场申报，市场申报买量为570手，卖量20手，进入补充申报阶段，

第三章 黄金交易业务规则

定价成员补充申报卖量为30手,总量差为520手。量差未满足基准价产生条件,进入第三轮,买量大于卖量,系统上调价格,调价幅度为0.1元/克,系统出价为550.90元/克。根据"价优不减量"原则,第二轮卖量50手保留到第三轮,第二轮的买量由系统自动全撤。

第三轮市场申报,市场申报买量为850手,市场申报卖量为180手(其中50手为上轮总卖量);进入补充申报阶段,定价成员补充申报卖量为280手,则最终量差为390手,由于量差小于成交阈值,本场次定盘价产生,为550.90元/克,量差由定价成员平均分担(见表3-26)。

表3-26　"上海金"案例

轮次	系统出价（元/克）	调价幅度（元/克）	市场申报买量（手）	市场申报卖量（手）	补充申报买量（手）	补充申报卖量（手）	总量差（手）
1	550.70	—	1600	20	0	0	1580
2	550.80	+0.1	570	20	0	30	520
3	550.90	+0.1	850	180	0	280	390

(二)"上海银"案例分析

假设初始价是7809元/千克,首轮市场申报阶段买量为1200手,卖量为0手;进入补充申报阶段,定价成员补充申报卖量为0手,总量差为1200手,量差未满足基准价产生条件,进入第二轮,买量大于卖量,系统上调价格,调价幅度为2元/千克,系统出价为7811元/千克。根据"价优不减量"原则,第一轮的买量由系统自动全撤。

第二轮市场申报,市场申报买量为0手,卖量1100手,进入补充申报阶段,定价成员补充申报买量为0手,总量差为-1100手,量差未满足基准价产生条件,进入第三轮,由于第二轮量差方向与第一轮相反,第三轮系统出价回撤"+2"的50%,为7810元/千克。根据"价优不减量"原则,第二轮的卖量由系统自动全撤。

第三轮市场申报,市场申报买量为600手,市场申报卖量为800手;进入补充申报阶段,定价成员补充申报买量为140手,则最终量差为-60手,由于量差小于成交阈值500手,本场次定盘价产生,为7810元/千克,量差由定价成员平均分担(见表3-27)。

表 3-27　　　　　　　　　　"上海银"案例

轮次	系统出价（元/千克）	调价幅度（元/千克）	市场申报买量（手）	市场申报卖量（手）	补充申报买量（手）	补充申报卖量（手）	总量差（手）
1	7809	—	1200	0	0	0	1200
2	7811	+2	0	1100	0	0	-1100
3	7810	-1	600	800	140	0	-60

第五节　交割及租借业务

学习内容	知识点
交割概念	实物交割与现金交割
实物账户	实物账户的内容和分类
实物交割	实物交割的质量标准、交割品种、交割量、交割时间、交割顺序、交割违约
实物出入库	指定仓库与交割品种调运、入库与出库、质量纠纷处理
黄金质押业务	黄金质押的概念、出质的内容、质押注销与质物处理
库存	交易库库存互换、保管库库存互换、保管库场外实物清算过户、移库的内容
溢短	出入库溢短差重量及金额计算公式
费用	仓储费、运保费、出入库费、交割费、实物搬运费
黄金租借业务	黄金租借的概念和意义、借出、归还及发票管理
黄金 ETF 概述	黄金 ETF 的概念、分类和主要特点
黄金 ETF 的发展现状	全球黄金 ETF 的发展现状、中国黄金 ETF 的发展现状
国内黄金 ETF 的交易流程	认购、申购和赎回、现金差额

一、交割的概念

上海黄金交易所提供实物登记托管、交割、质量认证、物流配送、质押过户、租借过户等业务服务。交割分为实物交割与现金交割两种方式。实物交

第三章　黄金交易业务规则

是指为履行交易合约，按照交易所的规则和程序进行的相应实物所有权转移的行为。现金交割（又称现金结算）是指按照交易所的规则和程序，以规定的结算价格进行现金差额结算，了结交易合约的行为。

二、实物账户

上海黄金交易所实物交割实行一户一码制，会员及客户开户成功即获得各自的实物账户代码，实物交割处理到每个会员及客户的实物账户。

会员及客户登记、托管在上海黄金交易所的实物分为交割品种和保管品种。交割品种为可参与上海黄金交易所交易交割业务的实物，保管品种为不可参与交易所交易交割业务的实物。

实物账户分席位登记交割，同一会员或客户在不同席位下的库存独立使用。

实物账户分为未分配账户和分配账户。未分配账户的实物不按会员及客户单独摆放，按重量交割，不指定到条块。分配账户的实物指定条块交割。黄金和铂金交割品种为未分配账户，白银交割品种为分配账户。保管库实物为分配账户，条块按照不同客户单独摆放。

未分配账户包括剩余库存账户及买入货权账户。剩余库存是会员及客户存入指定仓库的实物，记入其剩余库存账户；买入货权是会员及客户买入的实物，记入其买入货权账户。分配账户的实物统一记入剩余库存账户。

三、实物交割

（一）实物质量标准

上海黄金交易所交割、保管的金锭、金条为经上海黄金交易所认定的可提供标准金锭、金条企业生产的符合交易所执行的《金锭》《金条》标准的实物，以及上海黄金交易所认可的国际相关市场认定的合格供货商生产的标准实物。上海黄金交易所交割的铂锭为上海黄金交易所认可的国际相关市场认定的或经上海黄金交易所认定的合格铂锭供货商生产的标准实物。上海黄金交易所交割的银锭为经交易所认定的可提供标准银锭企业生产的符合交易所执行的《银锭》标准的实物，以及上海黄金交易所认可的国际相关市场认定的合格供货商生产的标准实物。

第五节 交割及租借业务

(二) 交割品种

上海黄金交易所实物交割品种分为主板交割品种和国际板交割品种（见表3-28）。主板交割品种用于主板合约的交割，国际板交割品种用于国际板合约的交割。

表3-28　　　　　　　　上海黄金交易所交割品种

交割品种名称	交割品种	交割品种属性
Au99.95	标准重量3千克，成色不低于99.95%的金锭	主板交割品种
Au99.99	标准重量1千克，成色不低于99.99%的金锭	主板交割品种
Au99.5	标准重量12.5千克，成色不低于99.5%的金锭	主板交割品种
Au100g	标准重量0.1千克，成色不低于99.99%的金条	主板交割品种
PGC30g	标准重量30克、成色为99.9%、由中国人民银行发行属于国家法定货币的熊猫金币	主板交割品种
Pt99.95	标准重量分别为0.5千克、1千克、2千克、3千克、4千克、5千克、6千克，成色不低于99.95%的铂锭	主板交割品种
Ag99.99	标准重量15千克，成色不低于99.99%的银锭	主板交割品种
Ag（T+D）	标准重量15千克，成色不低于99.99%的银锭	主板交割品种
iAu99.99	标准重量1千克，成色不低于99.99%的金锭	国际板交割品种
iAu99.5	标准重量12.5千克，成色不低于99.5%的金锭	国际板交割品种
iAu100g	标准重量0.1千克，成色不低于99.99%的金条	国际板交割品种

(三) 交割量、交割时间及交割顺序

现货实盘合约、现货即期合约、黄金现货延期交收合约、定价交易合约最小交割量为1手，并按1手的整数倍交割。白银现货延期交收合约最小交割量为15手，并按15手的整数倍交割。

对于现货实盘合约，实物交割时间为成交时间，实物交割量为买入、卖出成交量；对于现货即期合约，上海黄金交易所以成交当日为T+0日，实物交割时间为第T+2日交易所日终结算时，实物交割量为成交日净买卖量；对于现货延期交收合约，实物交割时间为交收申报日上海黄金交易所日终结算时，实物交割量为交收申报成交量及中立仓申报成交量；对于定价交易合约，上海黄金交易所以成交当日为T+0日，实物交割时间为第T+2日交易所日终结算时，

第三章 黄金交易业务规则

实物交割量为成交日净买卖量;对于询价交易合约,实物交割分为日终与实时两种。

上海黄金交易所日终实物交割顺序为现货即期合约、现货延期交收合约、定价交易合约、询价交易合约。其中,现货延期交收合约实物交割顺序为Au(T+D)、Au(T+N1)、Au(T+N2)、mAu(T+D)、Ag(T+D)。会员及客户参与竞价交易、定价交易、询价交易等合约交割的实物实行同一账户管理。交割顺序在前的合约所得实物可用于顺序在后合约的实物交割。上海黄金交易所交易合约与交割品种对应关系见表3-29。

表3-29　　上海黄金交易所交易合约与交割品种对应关系

合约代码	交割品种名称
Au99.95	Au99.95
Au99.99	Au99.99
Au99.5	Au99.5
Au100g	Au100g
PGC30g	PGC30g
Pt99.95	Pt99.95
Ag99.99	Ag99.99
Ag(T+D)	Ag(T+D)
Au(T+D)	基准交割品种为Au99.95,Au99.99可替代交割
Au(T+N1)	Au99.99
Au(T+N2)	Au99.99
mAu(T+D)	Au99.99
iAu99.99	iAu99.99
iAu99.5	iAu99.5
iAu100g	iAu100g
SHAU	Au99.99
SHAG	Ag(T+D)
PAu99.95	Au99.95
PAu99.99	Au99.99
PAg99.99	Ag99.99
iPAu99.99	iAu99.99
iPAu99.5	iAu99.5

第五节　交割及租借业务

续表

合约代码	交割品种名称
iPAu100g	iAu100g
LAu99.95	Au99.95
LAu99.99	Au99.99
iLAu99.99	iAu99.99
iLAu99.5	iAu99.5
iLAu100g	iAu100g

国际会员及客户不可参与铂金及白银实物交割，非增值税一般纳税人法人客户不可参与白银实物交割，实物交割的询价交易按照交易双方约定自行开票的除外。

（四）交割违约

会员或客户应当确保其资金账户或实物账户在结算前备足结算所需的资金或实物。结算一旦完成不可撤销。会员或客户未能在其资金账户或实物账户上备足资金或实物，导致实物交割失败的，交易所有权认定其违约。

发生实物交割违约，交易所向守约方支付补偿金，并向违约方收取违约金，同时交收终止。

对双边信用型询价交易，违约交易由交易双方根据交易所有关规定自行协商处理。

四、实物出入库

（一）指定仓库

上海黄金交易所设立指定仓库为交易所实物交割及会员、客户实物仓储业务等提供相关服务。指定仓库分为主板指定仓库和国际板指定仓库。主板指定仓库为国内会员及客户提供实物仓储及出入库交接服务。国际板指定仓库为国际会员、国际客户、具备黄金进出口资格的国内会员及国内客户提供实物仓储、出入库交接、代理入境申报、代理出境申报服务。国际板指定仓库受中华人民共和国海关监管。国际板指定仓库向国际会员及客户提供保管库服务。

第三章 黄金交易业务规则

（二）交割品种的实物调运

1千克金锭、3千克金锭、金条由上海黄金交易所负责统一调运，入库时实行"择库存货"原则，出库时买入货权账户实物实行"择库取货"原则，剩余库存账户实物只能从原存入指定仓库取货。12.5千克金锭实行"定库存货、定库取货"原则，存取地区为深圳、上海。铂锭实行"定库存货、定库取货"原则，存取地区为北京、上海和深圳。Ag（T+D）现货延期交收合约交割实物存取地区为上海；Ag99.99现货即期合约交割实物存取地区为上海、广州、济源和深圳，由交易所负责统一调运，会员及客户实物交割前，可以填写交割地意向申报，明确提货地点，不填写的，按提货地为上海地区进行交割。白银询价由买卖双方逐笔一对一交割，上海黄金交易所不负责调运。

（三）入库

入库是指会员及客户将实物存入上海黄金交易所指定仓库（见图3-7）。客户的实物入库手续由会员代理完成。

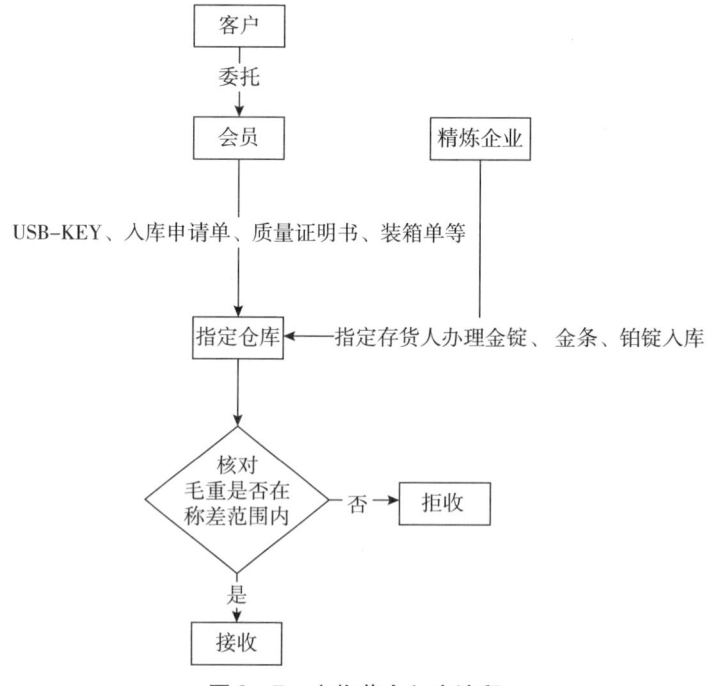

图3-7 实物黄金入库流程

第五节 交割及租借业务

国内会员及客户可以在主板指定仓库存入主板交割品种，不可以在主板指定仓库存入国际板交割品种，不可以在国际板指定仓库存入实物。国际会员及国际客户入库资格须经上海黄金交易所批准。经上海黄金交易所批准的国际会员及客户可以在国际板指定仓库存入国际板交割品种。国际会员及客户不可以在主板指定仓库存入实物。经批准的国际会员及客户可以在保管库存入国际板保管品种。

金锭、金条、铂锭入库手续必须由在上海黄金交易所已备案的指定存货人员参加办理。上海黄金交易所认定的可提供标准金锭、金条企业，开展进口金锭、金条、铂锭业务的国内会员及客户，具备国际板指定仓库入库资格的国际会员及客户可向交易所申请备案指定存货人员。

会员及客户办理入库手续时，须提交下列证件及凭证：《上海黄金交易所入库申请单》原件或《上海黄金交易所保管库入库申请单》原件、USB-KEY（仅国内会员需提供）、已备案指定存货人员有效身份证件、送交实物的质量证明书及装箱单。进口实物没有"质量证明书"的，需提供实物清单、装箱单。

指定仓库负责对入库会员及客户的实物进行毛重核对，指定仓库所称实物毛重与质量证明书所标明该块实物毛重秤差在交易所规定范围内的，指定仓库应接收，上海黄金交易所按质量证明书所标明的该块实物的重量结算；超出规定范围，指定仓库应当拒收。上海黄金交易所入库秤差规定范围：金条±0.05克（含）内，金锭为±0.1克（含）内，铂锭为±0.2克（含）内，银锭为±1克（含）内。

（四）出库

出库是指会员到指定仓库提取实物，客户的实物出库手续由会员代理完成（见图3-8）。

国内会员及客户可以在主板指定仓库提取主板交割品种。具备黄金进出口资格的会员及客户可以在国际板指定仓库提取国际板交割品种。国际会员及客户可以在国际板指定仓库提取国际板交割品种，不可以在主板指定仓库提取实物。经批准的国际会员及客户可以在保管库提取国际板保管品种。

会员及客户参与现货实盘合约、实时交割的询价合约，成交后即可申请提货；参与现货即期合约、现货延期交收合约、定价交易合约、日终交割的询价交易合约，交割日日终结算后可以申请提货。上海黄金交易所日终结算过程中不能申请提货。

第三章 黄金交易业务规则

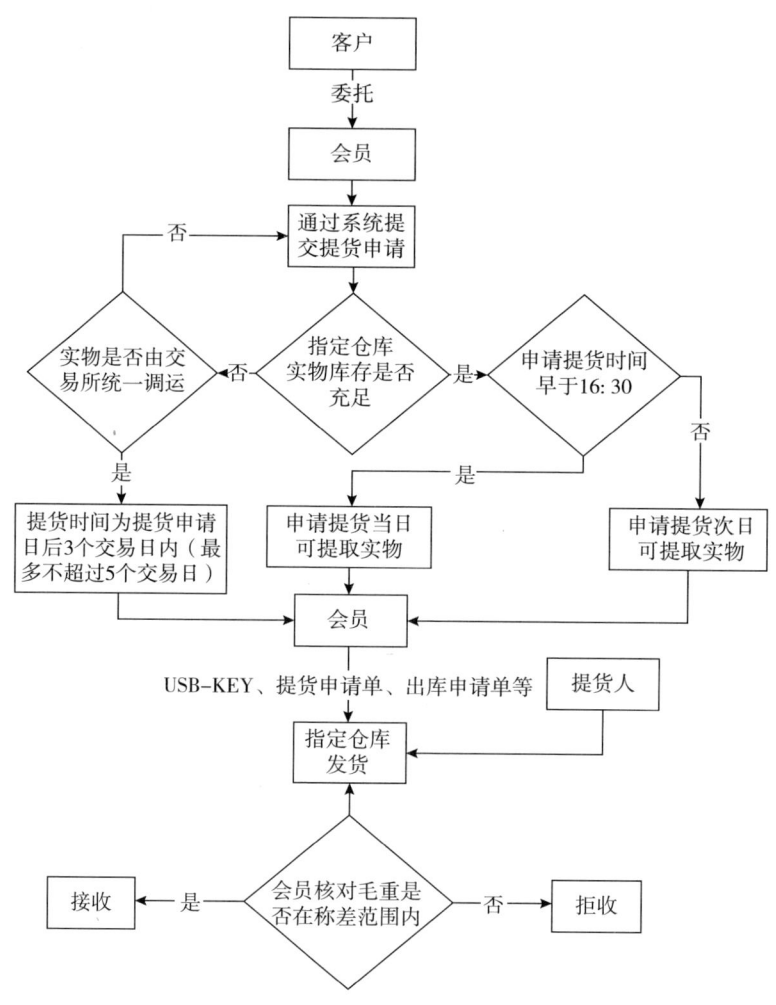

图 3-8 实物黄金出库流程

上海黄金交易所提取实物均为整条块，不切割，不互换。1千克金锭最小提货重量为1千克；3千克金锭最小提货重量为3千克；12.5千克金锭最小提货重量为12.5千克；0.1千克金条最小提货重量为0.1千克；30克熊猫金币最小提货重量为30克；15千克银锭最小提货重量为15千克，以上交割品种的申请提货标准重量均须为最小提货重量的整数倍。铂锭最小提货重量为3千克，提货标准重量须为1千克的整数倍；若会员申请铂锭提货标准重量与指定仓库块重不匹配，通过修改提货单或留存凑足库存条块标重解决。

第五节 交割及租借业务

会员填写金锭、金条、铂锭等交割品种的提货申请单时,应根据需要选择自提、交提、部分交提项,其中自提指会员及客户提取其剩余库存账户的实物,交提指会员及客户提取其买入货权账户的实物,部分交提是指会员及客户提取其部分剩余库存账户、部分买入货权账户上的实物。

申请提货当日指定仓库有实物库存且申请提货时间早于 16:30 的,申请提货当日可提取实物;晚于 16:30 的,申请提货次日可提取实物。申请提货当日指定仓库实物库存不足,上海黄金交易所负责统一调运的,提货时间为提货申请日后 3 个交易日内,最多不超过 5 个交易日;上海黄金交易所不承担统一调运的,会员选择新的提货地重新填写提货申请单。提货申请单有效提货日期为申请日后 5 个交易日内。提货申请单可撤销,若会员申请提取实物后未在交易所规定的有效提取期限内提取,系统将在有效期后一交易日的日终结算时自动撤销该笔提货申请。会员及客户提取的主板黄金实物不能再入库交易。

会员办理出库手续时,须提交下列证件及凭证:《上海黄金交易所出库申请单》原件或《上海黄金交易所保管库出库申请单》、《上海黄金交易所提货申请单》或《上海黄金交易所保管库提货申请单》、USB－KEY(仅国内会员需提供)、提货人有效身份证件。其中,提货申请单由会员通过交易所会员服务平台填写,明确提货人、提货人证件类型、提货人证件号码、提货仓库、提货标准重量等信息,同时输入提货密码。

会员对出库实物进行毛重核对,核对时所称实物毛重与质量证明书所标明该块实物的毛重秤差在交易所规定范围内,提货会员应接收,上海黄金交易所按质量证明书所标该块实物的重量结算;超出规定范围的,会员应拒收。出库秤差范围与入库秤差范围相同。

(五)质量纠纷处理

会员及客户提取实物后,如果对实物质量持有异议,提取金锭、铂锭方必须在提货日后 5 个交易日内向上海黄金交易所书面提出,提取银锭方必须在提货日后 10 个交易日内向上海黄金交易所书面提出,并提供质量鉴定结论或有效证明,超过此期限视为无异议。提取金条方提出质量异议,须提供交易结算凭证、金条质量证明书。客户由会员代理书面提出。

会员及客户对其存入指定仓库的实物质量承担全部责任。实物提取过程中因质量产生异议和纠纷,上海黄金交易所选择指定的国内质检机构或国际贵金属市场认可的国际权威质检机构进行仲裁检验。

第三章　黄金交易业务规则

金锭及金条质检机构：国家金银及制品质量监督检验中心（长春）、国家金银及制品质量监督检验中心（沈阳）。

铂锭质检机构：国家金银及制品质量监督检验中心（长春）、国家金银制品质量监督检验中心（南京）。

银锭质检机构：国家金银及制品质量监督检验中心（长春）、国家金银及制品质量监督检验中心（沈阳）、国家金银制品质量监督检验中心（南京）、国家金银制品质量监督检验中心（上海）。

经过上海黄金交易所指定质检机构检验，质量纠纷中的责任方应承担以下责任：支付质检及相关费用；承担由此发生的经济损失。

五、质押

黄金质押是指黄金市场中的一方（出质方）期初将托管于上海黄金交易所的黄金实物作为质物，向另一方（质权方）获得贷款，到期后，以合同约定方式支付利息并收回等量黄金实物的业务。

会员及客户托管于上海黄金交易所的黄金、铂金、白银等实物可用于质押。质权人为具有上海黄金交易所会员资格的银行，出质人为上海黄金交易所会员及客户。出质人应当对出质实物的真实性与合法性负责。

质押双方须签订质押合同，上海黄金交易所的职责是依据双方申请，协助办理质物转移手续。客户向上海黄金交易所提出的质押申请由会员代理。实物在质押期内不得重复设置质押。

国内会员及国内客户间可开展主板交割品种质押业务。国际会员及国际客户间可开展国际板交割品种质押业务。

（一）出质

质押双方根据签订的质押合同通过交易所会员服务平台分别向交易所提出质押申请。

质押申请经交易所审核通过后，质物由出质人实物账户转移到质权人质押库存账户。质押期间质物不允许卖出和提取出库。

（二）质押注销与质物处置

上海黄金交易所只接受质权人提出的质押注销申请。质押期限届满或未届

第五节　交割及租借业务

满是否注销质押由质权人决定。

质押注销可以申请部分注销。

质权人若需处置质物，须通过交易所会员服务平台填写质物处置申请，将质押库存转为可用库存后进行处置。

六、库存互换

库存互换分为交易库库存互换和保管库库存互换。交易库库存互换是指会员及客户间以各自持有的存放在交易库的实物进行对换。保管库库存互换是指会员及客户间以各自持有的存放在保管库的实物进行对换。

参与库存互换双方应签订库存互换协议，上海黄金交易所的职责是依据双方申请，协助办理实物过户转移手续。

互换的实物只能属于同一实物大类，如黄金、铂金、白银，不同实物大类间不能互换。属于交易库库存互换的，双方互换的实物可以属于不同交割品种。属于保管库库存互换的，双方互换的实物可以属于不同保管品种。交割品种和保管品种间不能互换。换入实物标准重量须与换出实物标准重量一致。

双方可委托上海黄金交易所代为清算库存互换品种间的升贴水差价，由双方在提交申请时明确库存互换费的支付方向及费率。

七、保管库场外实物清算过户

具备保管库业务资格的国际会员及客户在场外达成交易后，可委托上海黄金交易所进行实物清算过户，交易双方根据签订的交易合同通过上海黄金交易所会员服务平台向交易所提出保管库场外实物清算过户申请，经国际板指定仓库审核后，完成交易双方的实物过户。国际客户向上海黄金交易所提出的保管库场外清算过户申请由国际会员代理。

八、移库

移库是指国际会员及国际客户将其存放在同一指定仓库内的保管库实物转存为交易库实物或将交易库实物转存为保管库实物的业务。保管库实物转存至交易库的，计入国际会员及国际客户剩余库存账户。交易库实物转存至保管库

第三章 黄金交易业务规则

分为自提移库、交提移库、部分交提移库。自提移库是指国际会员及国际客户将其交易库剩余库存账户的实物转存至保管库；交提移库是指国际会员及国际客户将其交易库买入货权账户的实物转存至保管库；部分交提移库是指国际会员及国际客户将其交易库部分剩余库存账户、部分买入货权账户的实物转存至保管库。

九、溢短

金锭的实际重量是指每类实物标准条块的纯重，金条、铂锭、银锭的实际重量指每类实物标准条块的称量重量。标准重量是指每类实物标准条块的基本重量。

对于黄金、铂金等未分配账户的实物，按标准重量交割，上海黄金交易所对实物溢短差重量用资金进行结算。实物溢短差重量是指实际重量与标准重量的差额。

实物溢短差重量分为入库溢短差重量和出库溢短差重量。

入库溢短结算时，根据会员及客户卖出的剩余库存重量占该会员及客户该交割品种卖出前剩余库存总量比例分摊。

$$入库溢短 = 入库实际重量 - 入库标准重量$$

入库溢短差重量计算公式如下：

$$入库溢短差重量 = \frac{卖出的剩余库存重量}{卖出前剩余库存总量} \times 卖出前未结算入库溢短$$

每个交割品种的未结算入库溢短在该交割品种库存清零时结清。

出库溢短差重量根据出库时实际溢短差重量计算，包括会员及客户交提、自提。

出库溢短差重量计算公式如下：

$$出库溢短差重量 = 出库标准重量 - 出库实际重量$$

溢短差重量金额由交易所根据会员及客户参与不同交易合约，采取不同的结算价格分别计算，具体计算公式如下：

$$现货实盘合约入库溢短差重量金额 = 入库溢短差重量 \times 卖出日该现货实盘合约加权平均价$$

$$现货延期交收合约入库溢短差重量金额 = 入库溢短差重量 \times 实物交割日该现货延期交收合约结算价$$

$$\text{定价交易合约入库溢短差重量金额} = \text{入库溢短差重量} \times \text{合约成交日该定价交易合约结算价}$$

$$\text{询价交易合约入库溢短差重量金额} = \text{入库溢短差重量} \times \text{合约交割日该交割品种对应的现货实盘合约加权平均价}$$

$$\text{出库溢短差重量金额} = \text{出库溢短差重量} \times \text{出库日该现货实盘合约加权平均价}$$

若遇当日无成交，各品种及合约加权平均价及结算价以上一交易日上海黄金交易所公布的当日相应加权平均价及结算价计算。

举例：

D0 日客户库存为 0，未清算入库溢短为 0。

D1 日入库 10 块 Au99.95 金锭，标准重量 30 千克，实际重量 29.9 千克。则客户实物账户有剩余库存 30 千克，未清算入库溢短 29.9 – 30 = – 0.1 千克。

D2 日入库 30 块 Au99.95 金锭，标准重量 90 千克，实际重量 90.7 千克。则客户实物库存账户有剩余库存 30 + 90 = 120 千克，未清算入库溢短 – 0.1 + (90.7 – 90) = 0.6 千克；客户买入 6 千克 Au99.95 金锭，则客户实物账户库存 126 千克，其中，6 千克买入货权、120 千克剩余库存，未清算入库溢短不变。

客户卖出 20 千克 Au99.95 金锭，根据先剩余库存后买入货权的库存扣减顺序，扣减客户 20 千克剩余库存，则客户实物账户库存 106 千克，其中，6 千克买入货权、100 千克剩余库存，需清算的入库溢短为 0.6 × 20/120 = 0.1 千克，未清算入库溢短 0.6 – 0.1 = 0.5 千克。当天 Au99.95 合约加权平均价 500 元/克，交易所需向客户支付 0.1 × 1000 × 500 = 50000 元。

D3 日客户出库 2 块 Au99.95 金锭，标准重量 6 千克，实际重量 6.08 千克，其中，3 千克为自提、3 千克为交提。则客户实物库存账户库存 100 千克，其中 3 千克买入货权、97 千克剩余库存，需清算的出库溢短为 6 – 6.08 = – 0.08 千克。当天 Au99.95 合约加权平均价 500 元/克，客户需向交易所支付 0.08 × 1000 × 500 = 40000 元。

十、费用

（一）仓储费

1. 定义

仓储费是指定仓库保管实物产生的保管费用。仓储费计算重量为实物标准

第三章 黄金交易业务规则

重量。仓储费由交易所代收代付,仓储费结算日为每月的 25 日(遇法定节假日提前到上一交易日)。上海黄金交易所在仓储费结算日向每个会员及客户收取仓储费,并在规定时间统一向指定仓库支付。

2. 仓储费的计算方法

$$剩余库存仓储费 = 剩余库存积数 \times 仓储费率$$
$$买入货权仓储费 = 买入货权积数 \times 仓储费率$$
$$实物出库日仓储费 = 出库量 \times 仓储费率$$

3. 积数的计算方法

(1)买入

$$买入货权积数 = 原买入货权积数 + 买入量 \times (仓储费天数 - 1)$$

(2)卖出

①买入货权卖出:

$$买入货权积数 = 原买入货权积数 - 卖出量 \times (仓储费天数 - 1)$$

②剩余库存卖出:

$$剩余库存积数 = 原剩余库存积数 - 卖出量 \times (仓储费天数 - 1)$$

(3)入库

$$剩余库存积数 = 原剩余库存积数 + 入库重量 \times 仓储费天数$$

(4)出库

①交提出库:

$$买入货权积数 = 原买入货权积数 - 出库重量 \times (仓储费天数 - 1)$$

②自提出库:

$$剩余库存积数 = 原剩余库存积数 - 出库重量 \times (仓储费天数 - 1)$$

质押、租借、拆借、库存互换、黄金 ETF 等过户业务参照买卖计算积数,积数按每月 30 日计算,小于或大于 30 日均等同 30 日,一年按 360 日计算。

4. 仓储费天数计算公式

- 当月 1 日到结算日,仓储费天数 = 结算日日期 - 当天日期 + 1;
- 上月结算日后第二天到月末(不包括当月 31 日),仓储费天数 = 每月计算积数的天数 - (当天日期 - 结算日日期) + 1;
- 当月 31 日,仓储费天数 = 26。

举例:假设初始客户库存为 0,仓储费积数为 0,5 月 25 日及 6 月 25 日均为交易日,买入货权仓储费率和剩余库存仓储费率均为每日 1.2 元/千克,实物出库日仓储费率为 1.2 元/千克。

第五节 交割及租借业务

5月26日客户入库30千克Au99.99，剩余库存仓储费积数 = 0 + 30 × [30 − (26 − 25) + 1] = 900；

6月2日客户买入10千克Au99.99，买入货权仓储费积数 = 0 + 10 × [(25 − 2 + 1) − 1] = 230；

6月3日客户借出5千克Au99.99买入货权，买入货权仓储费积数 = 230 − 5 × [(25 − 3 + 1) − 1] = 120；卖出5千克Au99.99剩余库存，剩余库存仓储费积数 = 900 − 5 × [(25 − 3 + 1) − 1] = 790；

6月20日客户自提出库2千克Au99.99，剩余库存仓储费积数 = 790 − 2 × [(25 − 20 + 1) − 1] = 780；

6月25日客户需向交易所支付买入货权仓储费120 × 1.2 = 144元、剩余库存仓储费780 × 1.2 = 936元、实物出库日仓储费2 × 1.2 = 2.4元。

（二）运保费

运保费是指上海黄金交易所统一调拨各指定仓库实物产生的费用，运保费由买卖双方共同承担。

1千克金锭、3千克金锭、金条运保费的计算节点：会员及客户实物账户中剩余库存卖出交割；会员及客户实物账户中买入货权交提出库；会员及客户申请交提，申请日次日撤单；系统自动撤销交提申请单。银锭运保费计算节点为白银即期合约实物交割时。

金锭、金条运保费的计算公式为

$$运保费 = 运保费率 \times 标准重量$$

银锭运保费计算公式为

$$运保费 = 运保费率 \times 交割标准重量$$

黄金品种申请交提当日撤单的不收运保费，次日起撤单及系统到期自动撤单的，对交提部分收取运保费。会员及客户申请自提出库的实物不收取运保费。

举例：D0日A客户申请提货10千克Au99.99，其中，交提2千克、自提8千克；B客户申请提货5千克Au100g，全部交提；C客户申请提货12千克Au99.95，其中，交提5千克、自提7千克；D客户申请提货1千克Au99.99，全部自提；E客户卖出6千克Au99.95剩余库存、2千克买入货权。

D1日A、B客户办理出库，C、D客户撤销提货申请。

假设运保费率为36元/千克，则D0日日终结算时，E客户需向交易所支付运保费6 × 36 = 216元。D1日日终结算时，A客户需向交易所支付运保费2 ×

第三章　黄金交易业务规则

$36=72$ 元，B 客户需向交易所支付运保费 $5×36=180$ 元，C 客户需向交易所支付运保费 $5×36=180$ 元，D 客户无须支付运保费。

（三）出入库费

会员及客户在指定仓库存入实物或提取实物时，需向指定仓库支付入库费和出库费，出入库费由上海黄金交易所代收代付，不足 1 千克的按 1 千克计收。

举例：A 客户入库 20 千克 Au99.99，B 客户出库 1.5 千克 Au100g。假设出入库费率为 2 元/千克，则 A 客户需支付入库费 $20×2=40$ 元，B 客户需支付出库费 $2×2=4$ 元。

（四）交割费

交割费是指参与实物交割的会员及客户向交易所缴纳的交割手续费。交割费计算公式为

$$交割费 = 交割费率 × 交割标准重量$$

（五）实物搬运费

国际会员及国际客户办理移库业务、保管库库存互换业务、保管库场外实物清算过户业务须向国际板指定仓库支付实物搬运费。实物搬运费由上海黄金交易所代收代付。其中，保管库库存互换按双方各自换出标准重量收取，保管库场外实物清算过户按过户标准重量由双方各自承担 50%。

举例：A 客户办理移库业务，将 2000 千克实物从交易库移至保管库。B 客户同 C 客户办理库存互换业务，B 客户用 100 千克 iAu99.99 同 C 客户 100 千克 iAu100g 互换。D 客户同 E 客户办理保管库场外实物清算过户业务，D 客户将 3000 千克保管库实物过户至 E 客户。假设实物搬运费率为 1 元/千克，每一批次最低收费 1000 元。则 A 客户需向指定仓库支付实物搬运费 $\max(1000, 2000×1)=2000$ 元，B 客户需向指定仓库支付实物搬运费 $\max(1000, 100×1)=1000$ 元，C 客户需向指定仓库支付实物搬运费 $\max(1000, 100×1)=1000$ 元，D 客户需向指定仓库支付实物搬运费 $\frac{1}{2}×\max(1000, 3000×1)=1500$ 元，E 客户需向指定仓库支付实物搬运费 $\frac{1}{2}×\max(1000, 3000×1)=1500$ 元。

第五节　交割及租借业务

十一、租借业务

黄金租借是指一方通过黄金账户将黄金借给另一方,并按双方合同约定的期限、利率或者费率,收回等量黄金或者等值货币资金及孳息的行为。根据租借双方性质不同,租借分为银行企业之间租借、金融机构之间租借。银行企业之间租借为银行业存款类金融机构和涉金企业间的租借,金融机构之间租借为银行业存款类金融机构、持有金融牌照的资产管理产品管理人、获得监管许可的证券公司等机构之间的租借。

黄金租借可以为租借双方带来双赢,对借入方来讲,通过借入实物黄金既可满足日常经营用金需求,又能有效规避黄金价格波动风险,此外还可以优化融资结构、提高资金使用效率,降低企业经营成本;对借出方来讲,通过借出实物黄金提高了实物黄金运营效率,降低实物黄金管理成本,增加黄金投资收益。

国际黄金租借业务始于20世纪80年代。上海黄金交易所成立后,我国黄金市场进入市场化发展的快速进程,为了满足国内黄金市场参与者实物黄金投融资管理、套期保值等现实需要,上海黄金交易所推出黄金租借业务,并于2005年3月11日达成第一笔银行企业之间的租借。

借出黄金实物的会员和客户为租借业务的借出方。以信用或抵押、质押、保证等担保方式借入实物的会员和客户为租借业务的借入方。

租借双方应签订租借业务合同,并根据合同据实提交租借业务申报。上海黄金交易所的职责是依据双方申请,协助办理实物过户转移手续。客户向上海黄金交易所提出的租借及归还申请由会员代理。上海黄金交易所可根据需要调阅租借业务合同。

国内会员、客户之间以及国际会员、客户之间可开展主板或国际板交割品种租借业务。除黄金进口业务及监管认可的其他跨境业务外,国内会员、客户不得与国际会员、客户开展租借业务。

(一) 借出

借出方需在租借借出业务开展前通过上海黄金交易所会员服务平台提交租借预申报。

预申报通过后,借出方与借入方根据双方签订的租借合同通过上海黄金交易所会员服务平台分别提交租借申请,系统自动校验双方提交的租借申请,校

第三章 黄金交易业务规则

验通过后完成实物过户。

(二) 归还

实物归还由租借双方向交易所提出归还申请,交易所配合完成实物过户。归还实物可以为同一品种的不同交割品种,但主板交割品种与国际板交割品种不能交叉归还,借入主板交割品种必须归还主板交割品种,借入国际板交割品种必须归还国际板交割品种。

租借可以申请部分归还。

租借双方可委托交易所代为结算租借利息。

租借到期借入方未能正常归还实物的,借出方应按租借合同及时处置,处置结束必须通过上海黄金交易所会员服务平台进行租借状态变更。

(三) 续租

租借到期时,租借双方经协商决定续租的,借出方需在租借续租业务开展前通过上海黄金交易所会员服务平台提交续租预申报。

预申报通过后,续租双方通过上海黄金交易所会员服务平台分别提交续租申请,系统自动校验双方提交的续租申请,校验通过后完成续租登记。每笔租借续租次数不超过三次,每次续租期限不超过原租借期限,续租重量不超过原租借余额。金融机构之间办理租借业务应当合理审慎确定租借期限,业务到期后不得续租。

(四) 发票

对于主板黄金、铂金品种出库,借入方借入的实物选择"租借提货"办理出库且归还的实物为通过交易所买入的,上海黄金交易所根据其出库及买入成交记录为其开具增值税专用发票。借入方将实物存入上海黄金交易所指定仓库用于归还的,上海黄金交易所不向其开具增值税专用发票。

十二、黄金 ETF 业务

(一) 黄金 ETF 概述及特点

ETF(Exchange Traded Funds)即交易型开放式指数基金,又被称为交易所交易基金，是一种在交易所上市交易的、基金份额可变的开放式基金。黄金ETF是指绝大部分基金财产以黄金为基础资产进行投资，紧密跟踪黄金价格，使用黄金品种组合或基金合同约定的方式进行申购赎回，并在证券交易所上市交易的开放式基金。作为一种可在交易所交易的开放式基金，黄金 ETF 运作机制与股票 ETF 大体类似，两者的区别主要在于成分股由一篮子股票组合变为单一实物商品，标的指数从股票价格指数变为单一商品价格。黄金 ETF 的基础资产是黄金现货，基金持有的黄金可随时以一篮子数量实现黄金和基金份额之间的交换，但作为被动型投资基金，不能持有或交易高风险的衍生产品，如期货和期权等。

黄金 ETF 的投资策略一般分为两类：一是全部投资于实物黄金，二是大部分投资实物黄金和少量投资流动性资产。黄金 ETF 的发起人一般依据自身条件选择不同的投资策略。

1. 全部投资于实物黄金

欧洲和美国的黄金 ETF 一般将全部资产配置为实物黄金，基金本身既不能借款支付日常开支，也不能投资流动性资产。因此，黄金 ETF 本身的投资策略为被动式的管理方式，不会关注黄金价的短期获利机会，从而严格限定了基金的经营活动。

2. 大部分投资实物黄金和少量投资流动性资产

印度的黄金 ETF 通常采取大部分投资实物黄金、少量投资流动性资产的投资策略，因此需要选择流动性资产和决定黄金投资比例。在"少量流动性资产"的投资范围上，各个黄金 ETF 规定不同，但一般选择货币市场票据或者债券。

对于将所有资金投向实物黄金的黄金 ETF 来说，尽管该种黄金 ETF 的收益必定等同于实物黄金收益，但由于资产组合全部为黄金，一般需要卖出黄金以满足日常的流动性需求。因此，部分黄金 ETF 也允许现金申购赎回。

黄金 ETF 兼具黄金和证券资产的优势和特点，具体而言主要表现在以下几个方面。

1. 抵御通胀，分散组合风险

黄金 ETF 具有黄金资产抗通胀的特性，其收益与股票、债券、地产等资产的相关性较低，为广大投资者提供良好的风险规避手段，是分散风险、优化资产组合的良好选择。

2. 便于交易和保管，安全性好

投资者可以像买卖股票一样进行份额交易，申购或赎回的黄金资产需满足

第三章　黄金交易业务规则

一定的质量标准，主要的黄金 ETF 都以认可的可交割金锭作为交割标准，免去了购买过程中需辨识黄金质地、选择保管方式的步骤。投资者购买了基金份额就相当于持有了黄金现货。

3. 投资门槛低，流动性强，价格透明

黄金价格昂贵，而我国国内黄金 ETF 一般以 1 克作为 1 个基金单位，相较于其他黄金投资渠道门槛较低。全球黄金市场已实现 24 小时连续交易，黄金 ETF 既可以在一级市场上进行申购和赎回，又可以在二级市场进行交易，市场代理和做市商交易活跃，市场流动性得到极大保障。此外，黄金 ETF 紧密追踪黄金价格走势，价格较为透明。

（二）全球黄金 ETF 的发展现状

黄金 ETF 是黄金市场发展到成熟阶段的产物。2003 年 3 月，世界上第一只黄金 ETF——Gold Bullion Securities（GOLD）在澳大利亚证券交易所上市，该黄金 ETF 由世界黄金委员会首先发起，汇丰银行美国分行担当黄金保管人。由于澳大利亚并不处于世界经济和金融中心，加上投资者对新上市的黄金 ETF 品种也不熟悉，所以该产品并未引起市场过多关注。

英国的 Lyxor Gold Bullion Securities（GBS）于 2004 年 3 月在伦敦证券交易所上市，黄金保管人是汇丰银行伦敦分行，GBS 为世界第二大黄金 ETF，仅次于纽约的 GLD。

2004 年 11 月 18 日，美国 Street Tracks Gold Trust（GLD）在纽约证券交易所上市，由世界黄金信托服务机构发起，汇丰银行美国分行担任黄金保管人，纽约银行担当托管人，它是 SPDR Gold Trust 的前身。当今规模最大、流动性最强的实物黄金 ETF——SPDR Gold Trust（GLD）被认为是产业内最具影响力的黄金 ETF，每份代表 1/10 盎司黄金，年费率为 0.4%，其投资目标为扣除费用后的回报率能够反映黄金价格，其业绩比较基准为"伦敦金"定盘价。

此后，黄金 ETF 逐渐被广大投资者熟知并引起广泛关注。全球主要黄金市场纷纷推出黄金 ETF 产品，如纽约、伦敦、法兰克福、东京、香港，都已推出了黄金 ETF 产品，且部分产品在多个市场上市交易。一些黄金生产国（如澳大利亚、南非）和银行业较为发达的瑞士等也先后推出了黄金 ETF。世界各地黄金 ETF 产品迅速增加，全球黄金 ETF 持有黄金的规模也屡创新高。特别是美国次贷危机爆发以来，黄金的避险功能更加增大了全球黄金 ETF 的需求，黄金 ETF 市场进入快速发展期。

（三）中国黄金 ETF 的发展概况

在我国，黄金 ETF 是指将绝大部分基金财产投资于上海黄金交易所挂盘交易的黄金品种，紧密跟踪黄金价格，使用黄金品种组合或基金合同约定的方式进行申购赎回，并在证券交易所上市交易的开放式基金。我国的黄金 ETF 是由上海黄金交易所牵头，联合上海证券交易所、深圳证券交易所共同研发，可投资于上海黄金交易所挂盘交易的黄金现货合约，以及中国证监会允许基金投资的其他品种，其中，持有的黄金现货合约的价值不得低于基金资产的 90%。

2010 年 12 月，第一只黄金主题基金——诺安全球黄金证券投资基金（QDII–FOF）正式上市发行，主要通过投资于境外有实物黄金支持的黄金 ETF，紧密跟踪金价走势，为投资者提供了有效分散组合风险的黄金类金融工具。该基金为国内投资者投资黄金开辟了新渠道，拉开了中国黄金 ETF 的序幕。随着我国黄金市场向深度和广度发展之际，2013 年 6 月，国内首批黄金 ETF 产品——国泰黄金 ETF 和华安黄金 ETF 分别获得证监会批准，并于同年 7 月在上海证券交易所上市。作为"跨监管、跨市场、跨系统"的金融创新产品，黄金 ETF 的上市打通了国内黄金现货市场和证券市场，填补了基金产品在实物黄金投资领域的空白。

截至目前，我国主要有两类黄金 ETF 产品，一类跟踪上海黄金交易所 Au99.99 现货实盘合约价格，另一类跟踪上海黄金交易所上海金集中定价合约（合约代码：SHAU）价格。黄金 ETF 充分发挥了上海黄金交易所现货黄金市场优势，满足了证券投资者对黄金资产配置的需求，是黄金市场跨市场合作和黄金现货产品多样化的重要创新。

（四）黄金 ETF 业务参与方式

上海黄金交易所负责办理投资者与黄金 ETF 间的黄金现货实盘合约过户及登记、托管黄金现货合约。黄金 ETF 上市的证券交易所负责盘中实时增减投资者黄金 ETF 可用份额。中国证券登记结算有限责任公司负责登记、托管投资者黄金 ETF 份额。

1. 黄金 ETF 现货实盘合约认购、申购、赎回代办资格

上海黄金交易所会员可自营黄金 ETF 现货实盘合约认购、申购、赎回业务。上海黄金交易所会员若需代理投资者办理黄金 ETF 现货实盘合约认购、申购、赎回，须向上海黄金交易所申请黄金 ETF 认购申购赎回代办资格。

第三章　黄金交易业务规则

会员获得黄金 ETF 认购申购赎回代办资格后，与基金管理人签订代办协议，由基金管理人向上海黄金交易所备案后方可代理投资者办理该只黄金 ETF 相关业务。

2. 账户备案

投资者参与黄金 ETF 现货实盘合约认购、申购、赎回前，须先将其在上海黄金交易所的黄金账户、证券账户和投资者意向参与的黄金 ETF 进行绑定。黄金账户和证券账户都有效且在两所开户登记信息一致的投资者才可参与黄金 ETF 现货实盘合约认购、申购和赎回：如果投资者为自然人，投资者名称及开户时的证件类型及证件号码必须一致；如果投资者为法人，投资者名称及开户时的营业执照号、组织机构代码或统一社会信用代码必须一致。基金管理人负责校验、匹配投资者账户备案信息。

3. 黄金 ETF 现货实盘合约认购

基金募集期内，每个交易日 9:30~11:30、13:00~15:00 投资者通过上海黄金交易所会员提交认购申请，并备足相应的黄金现货实盘合约。认购申请提交后不得撤销。投资者可以认购多种合约品种，每种合约的重量必须是该合约最小交易单位的整数倍。投资者可以选择的合约品种由基金管理人提前公告。

上海黄金交易所收到会员提交的申请后实时将黄金现货实盘合约从投资者账户过户至黄金 ETF 账户。

募集期结束后，中国证券登记结算有限公司对基金管理人提交的所有黄金 ETF 份额登记材料进行审核并完成 ETF 份额登记，并将份额登记结果发送基金管理人，再由基金管理人向上海黄金交易所发送份额登记结果。对于份额登记失败的认购，由上海黄金交易所将合约从黄金 ETF 账户退回投资者账户。退还的合约品种同投资者认购时使用的合约品种一样。

4. 黄金 ETF 现货实盘合约申购

黄金 ETF 开放申购赎回后，每个交易日 9:30~11:30、13:00~15:00 投资者通过上海黄金交易所会员提交申购申请，并备足相应的黄金现货实盘合约。投资者可以申购多种合约品种，每种合约的重量必须是该合约最小交易单位的整数倍，全部合约的总重量必须是最小申购赎回重量的整数倍。

上海黄金交易所收到会员提交的申请后，实时冻结投资者黄金现货实盘合约。若冻结成功，则实时通知证券交易所记增投资者可用份额。

证券交易所处理完成后实时将可用份额变动结果通知上海黄金交易所。若可用份额记增成功，则上海黄金交易所实时将合约从投资者账户过户至黄金

ETF 账户。若可用份额记增失败,上海黄金交易所将实时解冻投资者合约。

5. 黄金 ETF 现货实盘合约赎回

黄金 ETF 开放申购赎回后,每个交易日 9:30~11:30、13:00~15:00 投资者通过上海黄金交易所会员提交赎回申请。投资者赎回的总重量必须是最小申购赎回重量的整数倍。

上海黄金交易所收到会员提交的申请后,实时通知证券交易所记减投资者可用份额。证券交易所处理完成后实时将可用份额变动结果通知上海黄金交易所。若可用份额记减成功,上海黄金交易所根据基金管理人事先约定的合约品种过户顺序实时将合约从黄金 ETF 账户过户至投资者账户。若可用份额记减失败,该笔赎回失败。

6. 现金差额

现金差额是指最小申购赎回单位的资产净值与最小申购赎回单位中的黄金现货合约市值之差。投资者申购、赎回时应支付或应获得的现金差额根据最小申购赎回单位对应的现金差额、申购或赎回的基金份额数计算。预估现金差额是指由基金管理人计算并在 T+0 日申购赎回清单(申赎清单)中公布的当日现金差额的估计值。

现金差额的数值可能为正、为负或为零。申购时,如现金差额为正数,投资者应向黄金 ETF 支付现金差额,如现金差额为负数,黄金 ETF 应向投资者支付现金差额;赎回时,如现金差额为正数,黄金 ETF 应向投资者支付现金差额,如现金差额为负数,投资者应向黄金 ETF 支付现金差额。

基金管理人负责计算各合约品种的实际现金差额及预估现金差额,上海黄金交易所负责代收代付实际现金差额。

T-1 日申购、赎回确认成功的投资者在 T+0 日结算时完成与黄金 ETF 间的实际现金差额结算。投资者应支付或获得的现金差额根据各合约品种的申购赎回重量及 T+0 日公告的 T-1 日对应合约的实际现金差额计算。

举例 1:某黄金 ETF 最小申购赎回重量为 3 千克,D0 日客户以 3 千克 Au99.99、6 千克 Au99.95 申购某黄金 ETF。D1 日黄金 ETF 申赎清单公布的 D0 日 Au99.99 的实际现金差额为 +21.25 元/千克、Au99.95 的实际现金差额为 -31.18元/千克,则客户 D1 日日终结算时现金差额为 -123.33(3×21.25 - 6×31.18)元,黄金 ETF 向投资者支付现金差额。

举例 2:某黄金 ETF 最小申购赎回重量为 3 千克,D0 日客户赎回 15 千克,获得 9 千克 Au99.99、6 千克 Au99.95。D1 日黄金 ETF 申赎清单公布的 D0 日

第三章 黄金交易业务规则

Au99.99 的实际现金差额为 -11.23 元/千克、Au99.95 的实际现金差额为 -102.56 元/千克，则客户 D1 日日终结算时现金差额为 -716.43（$-9 \times 11.23 - 6 \times 102.56$）元，投资者向黄金 ETF 支付现金差额。

第六节 清算与结算业务

学习内容	知识点
概念	定义、类型、上海黄金交易所的清算原则
结算机构	结算机构的形式、上海黄金交易所的结算机构、会员的结算部门
存管银行	存管银行资格条件、存管银行名单
账户管理	交易所结算专用账户、会员结算专用账户、分账管理、过渡户业务
风险管理	保证金制度、风险基金制度
清算与结算安排	清算与结算安排相关内容、相关公式
出入金管理	出入金定义、出金标准
违约处理	违约责任、违约处置
充抵业务	充抵业务的相关概念、宽限期及违约处理、充抵业务的相关公式
中央对手清算业务	中央对手清算业务及其服务市场的总体描述、治理架构、法律和监管框架、系统设计和运行
清算与结算业务计算示例	逐日盯市清算计算示例、交割清算计算示例、手续费计算示例、违约金计算示例

一、概念

清算与结算环节位于交易执行环节以后，清算环节是交易各方之间支付结算义务的计算过程，结算环节是这些义务生效的过程。

（一）定义

支付与市场基础设施委员会（CPMI）是由多个经济体的中央银行和金融管理局发起成立的国际性专业组织，旨在全球范围内强化支付、清算和结算安排的监管、政策和实践。CPMI 的前身是支付结算体系委员会（CPSS），关于清算

第六节 清算与结算业务

有如下定义：在结算之前，对支付指令或交易指令进行传送、匹配、在某些情况下确认的过程，也可能包含指令轧差以及最终结算头寸的确定。

上海黄金交易所关于结算的定义如下：根据交易结果和上海黄金交易所有关规定对交易各方资金和实物应收或应付数额进行清算后，按照确定的清算结果完成资金划转和实物交割的业务活动。

（二）类型

从广义上说，清算可以是全额的，也可以是净额的；可以是双边的，也可以是多边的。

1. 全额清算

交易双方对所有达成的交易不进行轧差处理，而是逐笔全额确定应收应付义务的过程。

2. 净额清算

交易双方根据交易成交结果进行轧差处理后确定相互间应收应付义务的过程。

3. 双边清算

交易双方根据交易成交结果确定相互间应收应付义务的过程。在双边清算中，交易双方对清算环节负责。

4. 多边清算

众多交易主体根据交易成交结果确定相互间应收应付义务的过程。

5. 中央对手（CCP）清算

在双边或多边清算中，若各交易主体的责任由中央对手来承担，则形成中央对手清算。具体而言，中央对手清算是指中央对手通过合约替代、公开报价系统或具有法律约束力的机制安排介入交易双方，充当所有"买方的卖方"和所有"卖方的买方"，根据交易成交结果与交易对手方确定相互间应收应付义务的过程。

（三）上海黄金交易所的清算原则

上海黄金交易所按照"集中、净额、分级"的原则进行清算。

"集中"是指上海黄金交易所作为中央对手为会员提供集中清算。上海黄金交易所另有规定的除外。

"净额"是指上海黄金交易所对会员在交易所的成交额进行轧差处理。

第三章 黄金交易业务规则

"分级"是指上海黄金交易所负责对会员实行清算,会员负责对其代理客户实行清算。

二、结算机构

(一)结算机构的形式

1. 垂直模式

结算机构是交易所的内部机构或者是交易所完全控股的子公司,其优点是能够提高交易、清算与结算的效率,统筹合约设计阶段和清算、结算环节的风险因素,满足合约异质化特点,降低管理成本,提高交易所的整体竞争力。

2. 水平模式

结算机构采取独立运营模式,不隶属于任何一家交易所,其优点是可以促进交易所之间的竞争,不同交易所若选择同一结算机构,可以提高投资者的资金利用效率。其缺点是若清算对象为非同质化合约,可能导致效率降低、创新受阻。

(二)上海黄金交易所的结算机构

上海黄金交易所结算机构的形式为垂直模式,上海黄金交易所内设结算部门负责交易所交易的统一结算、保证金的管理及结算风险的防范,其主要职责包括:

- 组织结算业务;
- 控制结算风险;
- 编制会员的结算表及其他会计报表;
- 负责管理会员保证金;
- 解决会员保证金账款纠纷;
- 法律、法规、规章和上海黄金交易所规定的其他职责。

(三)会员的结算部门

会员设立结算部门(或专职结算人员)负责会员与上海黄金交易所、会员与其代理客户之间的结算工作。

第六节 清算与结算业务

三、存管银行

保证金存管银行（以下简称存管银行）是指上海黄金交易所指定的、协助上海黄金交易所办理保证金存管业务的商业银行。

上海黄金交易所目前指定的存管银行包括中国工商银行、中国农业银行、中国银行、中国建设银行、平安银行、上海银行、华夏银行、兴业银行、招商银行、上海浦东发展银行、交通银行、中国光大银行、广东发展银行、中信银行、中国邮政储蓄银行、北京银行、中国民生银行、上海农商银行，共计18家。

四、账户管理

（一）基本情况

上海黄金交易所在中国人民银行开设集中账户，用于存放会员交易保证金；同时，在各存管银行开设结算专用账户，用于存放会员结算准备金及相关款项。会员须按席位在存管银行分别开立结算专用账户，用于存放自营或客户保证金及相关款项，自营业务和代理业务保证金不得混用。上海黄金交易所与会员之间的资金往来和资金结算通过上海黄金交易所结算专用账户和会员结算专用账户办理。会员向客户收取的保证金应当存入会员代理席位结算专用账户，严禁挪作他用。会员开设、更名、更换或者注销结算专用账户，须向上海黄金交易所提交书面申请材料，并填妥相关资料，经上海黄金交易所批准后方可生效。

上海黄金交易所对会员存入上海黄金交易所结算专用账户的资金实行分账管理，为每一会员的每一席位设立明细账户，按日序时登记核算每一席位资金转入和转出、盈亏、交易保证金、手续费等。

会员应当对其代理客户存入会员代理席位结算专用账户的资金实行分账管理，为每一客户设立明细账户，按日序时登记核算每一客户资金转入和转出、盈亏、交易保证金、手续费等。

（二）过渡户业务

上海黄金交易所依托过渡户运行系统，运用技术手段保障客户资金安全。

第三章 黄金交易业务规则

过渡户运行系统是指上海黄金交易所清算系统中使客户银行账户、会员过渡户和上海黄金交易所结算专用账户之间资金定向划转的系统。过渡户运行系统参与主体为存管银行、二级系统开发商、非金融机构类会员及其他除国际会员外具有代理法人业务资格的会员。

会员在存管银行开立并绑定代理法人席位的结算专用账户为会员过渡户,专用于客户出入金,不留存客户保证金。客户从客户银行账户向会员过渡户发起入金后,存管银行全额将客户入金金额自会员过渡户划转至上海黄金交易所结算专用账户。客户向会员发起出金申请,会员将其客户出金申请转发给上海黄金交易所,上海黄金交易所根据会员的申请通知存管银行将客户出金金额从上海黄金交易所结算专用账户经会员过渡户,全额划转至客户银行账户。

会员开立过渡户时,应当同时开立专用自有资金账户,用于收取佣金、利息等,支付手续费等费用。专用自有资金账户应当纳入过渡户运行系统内进行管理。专用自有资金账户的指定或者变更,应当在存管银行处登记。

会员为保证客户的交易结算,以自有资金临时补充席位保证金的,只能从会员专用自有资金账户划入会员过渡户,并通过会员过渡户全额划转至上海黄金交易所结算专用账户。会员完成临时周转后需要将划入的资金划回的,只能申请从上海黄金交易所结算专用账户经会员过渡户划回会员专用自有资金账户,且累计划回金额不得大于前期累计划入金额。

五、风险管理

上海黄金交易所采取保证金、涨跌停、限仓、交易限额、风险基金等制度,严格管理结算风险。

(一)保证金制度

保证金是指会员用于结算和保证履约的资金,分为结算准备金和交易保证金。经上海黄金交易所批准,会员及其代理客户可以根据有关规定提交有价物以按不同比例充抵保证金。

结算准备金是指会员为了交易结算,在上海黄金交易所结算专用账户中预先准备的资金,是未被合约占用的保证金。上海黄金交易所对会员按席位设定结算准备金最低余额标准。上海黄金交易所有权根据会员业务规模、会员申请的业务类型以及市场情况进行调整。会员应当以自有资金缴纳最低结算准备金,并且每日足额维持。

交易保证金是指会员在上海黄金交易所结算专用账户中保证合约履行的资金，是已被合约占用的保证金。上海黄金交易所按持仓合约价值的一定比例对买入和卖出持仓分别收取交易保证金或者按交易所规定的其他方式收取交易保证金。在下列情形下，上海黄金交易所可以按照交易保证金单边较大者进行收取：同一客户在同一会员席位处的延期交收合约同品种双向持仓；上海黄金交易所认为必要的其他情形。

（二）风险基金制度

风险基金是指由上海黄金交易所设立，用于维护市场正常运转、提供财务担保和弥补因上海黄金交易所不可预见风险带来的损失的资金。风险基金应当单独核算，专户存储。风险基金的动用应按规定的用途和程序进行，并报中国人民银行备案。

风险基金的来源包括：
- 按向会员收取的手续费的一定比例提取；
- 政府指定用于风险基金的专项拨款；
- 对违规会员的罚款、罚息收入；
- 其他来源。

六、清算与结算安排

（一）上海黄金交易所的相关安排

1. 清算安排

上海黄金交易所负责对会员实行清算，根据交易结果对会员的货款、保证金、盈亏、手续费等应收或应付资金及会员或客户的应收或应付实物进行清算：
- 对当日进行实物交割的合约计算应收或应付货款和实物；
- 对当日成交的现货即期合约以成交价与结算价的差额计算当日盈亏，并按合约净买卖量以当日结算价计算保证金；
- 对延期交收合约按逐日盯市制度以当日结算价计算交易保证金、当日盈亏、延期补偿费等有关款项；
- 对当日成交的定价交易合约以当日午盘的集中定价价格作为合约的当日

第三章　黄金交易业务规则

结算价计算当日盈亏，并按合约净买卖量以当日结算价计算保证金；
- 按规定的标准计算应收或应付出入库溢短差重量金额；
- 按规定的标准计算手续费、仓储费、运保费等费用；
- 对其他合约的清算按上海黄金交易所相关规定执行。

具体而言，上海黄金交易所按现货实盘清算、逐日盯市清算、交割清算、费用清算的顺序分环节进行清算。其中：
- 现货实盘清算环节，对黄金、铂金现货实盘合约以当日成交顺序进行实物、货款清算。
- 逐日盯市清算环节，对现货即期、现货延期交收、集中定价、履约担保型询价等保证金类型持仓合约，按上述分类顺序依次进行交易保证金、盈亏清算。
- 交割清算环节，对现货即期、现货延期交收、集中定价、履约担保型询价、双边信用型询价等申报交收或到期合约，按上述分类顺序依次进行交割清算。其中，在同类型合约中（除双边信用型询价外），按黄金、白银品种顺序进行交割清算；在同品种合约中，按照合约代码字母顺序进行交割清算。前序合约交割获得的货款与实物可用于后序合约交割。
- 费用清算环节，对会员交易手续费、仓储费、延期补偿费、违约金等进行清算。

2. 结算安排

上海黄金交易所于清算完成后根据清算结果组织结算，从相关会员或客户账户扣划其应付资金或实物，向相关会员或客户账户划付其应收资金或实物，并按照净额计算结果通过中国人民银行大额支付系统组织完成资金收付。上述结算一旦完成，不可撤销。
- 会员每天应及时获取和核对上海黄金交易所提供的数据并妥善保存，保存时间五年以上，但对有关交易有争议的，应当保存至该争议消除时为止，涉及监管部门或上海黄金交易所调查的，应当保存至调查工作结束。
- 会员如对结算数据和结算单据有异议，应在下一交易日开市前30分钟以书面形式通知上海黄金交易所。
- 日终结算完成后，会员的结算准备金低于规定最低余额时，该结算结果即被视为上海黄金交易所向会员发出的追加保证金通知，两者的差额即追加保证金金额。上海黄金交易所发出追加保证金通知后，会员应当在下一交易日开市前补足至结算准备金最低余额。未能补足的，上海黄金交易所将采取相关风

第六节 清算与结算业务

险控制措施。

(二) 会员的相关安排

每一个交易日交易结束后,会员负责对其代理客户实行清算,根据上海黄金交易所清算结果对其代理客户进行清算。会员向其代理客户收取的交易保证金不得低于上海黄金交易所向会员收取的交易保证金。

客户对交易结果有异议的,应当在委托代理协议约定的时间内向会员提出,由会员予以核实确认。

每日结算后客户保证金低于会员规定的交易保证金时,会员按照委托代理协议约定的方式通知客户追加保证金。

(三) 相关计算公式

盈亏计算公式:

当日盈亏 = {∑[(卖出成交价 − 当日结算价) × 卖出量] +

∑[(当日结算价 − 买入成交价) × 买入量] +

(上一日交易结算价 − 当日结算价) × (上一交易日卖出持仓量 −

上一交易日买入持仓量)} × 交易单位

资金余额计算公式:

当日结算准备金余额 = 上一交易日结算准备金余额 + 上一交易日交易保证金 −

当日交易保证金 + 上一交易日冻结金额 −

当日冻结金额 + 当日收到的货款额 − 当日支付的货款额 +

当日盈亏 + 入金 − 出金 + 利息收入 + 当日收到的延期补偿费 −

当日支付的延期补偿费 − 手续费等相关费用

当日货币可报价余额 = 上一交易日货币可报价余额 + 上一交易日交易保证金 −

当日交易保证金 + 上一交易日最低结算准备金余额 −

当日最低结算准备金余额 + 上一交易日冻结金额 − 当日冻结金额 +

当日收到的货款额 − 当日支付的货款额 + 当日盈亏 + 入金 −

出金 + 利息收入 + 当日收到的延期补偿费 −

当日支付的延期补偿费 − 手续费等相关费用

第三章 黄金交易业务规则

七、出入金管理

入金是指从会员结算专用账户向交易所结算专用账户划入资金的行为。上海黄金交易所在交易日指定时段办理会员入金业务，会员划入的资金经存管银行向上海黄金交易所确认到账后，上海黄金交易所增加会员结算准备金。

出金是指从上海黄金交易所结算专用账户向会员结算专用账户划出资金的行为。上海黄金交易所在交易日指定时段办理会员出金业务，根据会员的申请将资金划入会员结算专用账户。

会员出金应当符合上海黄金交易所规定。会员的出金标准为

当日可提资金余额 = 当日结算准备金余额 − 当日最低结算准备金余额 −
　　　　　　　　　当日收到的货款额 − 上日已用充抵额度/最大配比倍数

会员当日收到的货款和日终结算时收到的当日盈利等款项可以于下一个交易日出金时间申请出金。

八、违约处理

（一）违约责任

上海黄金交易所进行清算和结算时，会员或客户应当确保其资金账户或实物账户在清算前备足结算所需的资金或实物。会员出现包括但不限于下述情形时，上海黄金交易所有权认定该会员违约：

- 会员或客户未能在其资金账户或实物账户上备足资金或实物，导致实物交割失败的；
- 会员结算准备金不足，且未在规定时间内补足的。

会员应当承担其自营交易违约的违约责任，并先行承担其代理交易违约的全部责任。客户对自己委托的交易负全部责任，并有向上海黄金交易所反映会员代理业务中存在问题的权利。发生实物交割违约，上海黄金交易所向守约方支付补偿金，并向违约方收取违约金，同时交收终止。

违约金 = 违约量 × 结算价 × 违约金比例
补偿金 = 被违约量 × 结算价 × 违约金比例

上述公式中，现货即期合约和定价交易合约的结算价为成交日的结算价，

第六节 清算与结算业务

延期交收合约的结算价为交割日的结算价。

(二) 违约处置

会员结算准备金不足，且未在上海黄金交易所规定的时间内补足的，上海黄金交易所有权采取下列措施：
- 暂停开仓；
- 按规定强行平仓，并用平仓后释放的保证金履约赔偿；
- 将交存作为保证金的充抵物处置变现，用变现所得履约赔偿；
- 依法处置质押物；
- 依法处置该会员的实物库存；
- 用该会员的会员资格费或其他资金履约赔偿；
- 按规定动用上海黄金交易所风险基金；
- 按规定动用上海黄金交易所自有资金；
- 上海黄金交易所可以采取的其他措施。

上海黄金交易所动用风险基金或自有资金代会员承担责任后，取得对该会员的相应追偿权或索赔权。

九、有价物充抵保证金业务

(一) 相关概念

有价物充抵保证金业务（以下简称充抵业务）是指会员或客户将经上海黄金交易所批准的在交易所指定仓库托管的黄金和白银等库存类有价物，以及外币、有价证券类和其他有价物，作为保证金使用的业务。其中，会员将有价物质押给上海黄金交易所作为保证金，授权上海黄金交易所在中国人民银行征信中心动产融资统一登记公示系统办理质押登记相关手续，包括但不限于质押登记公示、质押注销登记等；客户将有价物质押给会员后转质押给上海黄金交易所充抵保证金，授权上海黄金交易所在中国人民银行征信中心动产融资统一登记公示系统办理质押登记相关手续，包括但不限于质押登记公示、质押注销登记等，同时会员授权上海黄金交易所在中国人民银行征信中心动产融资统一登记公示系统办理转质押登记相关手续，包括但不限于质押登记公示、质押注销登记等。充抵业务的期限最长不超过180个自然日，最短不低于1个自然日，用

第三章　黄金交易业务规则

于充抵的有价物市值不小于 10 万元。充抵业务涉及相关概念如下。

1. 充抵额度

充抵额度是会员或客户通过充抵业务获得的可作为保证金使用的资金额度，表现为有价物最大配比金额和有价物折后价值的较低值。每日结算时，上海黄金交易所根据当日有价物基准价和会员实有货币资金情况重新确定会员充抵额度。会员充抵额度体现在会员自营席位保证金账户上；客户充抵额度体现在会员代理席位保证金账户上，客户充抵额度的使用由会员管理。充抵额度只作为交易保证金使用，不能用于支付货款、亏损、费用、税金等款项，不能提取现金。

2. 有价物最大配比金额

有价物最大配比金额是会员席位保证金账户内实有货币资金与最大配比倍数的乘积。上海黄金交易所可以根据有价物的流动性和风险性确定其最大配比倍数，并可根据市场风险和有价物所有人的资信调整最大配比倍数。

3. 有价物基准价

有价物基准价是上海黄金交易所对有价物估值时使用的公允价格，其中库存类有价物基准价为对应合约结算价，非库存类有价物基准价由交易所根据相应市场成交情况发布。

4. 有价物折算率

有价物折算率是指上海黄金交易所计算充抵额度时对有价物估值进行折算的比率。

（二）宽限期及违约处置

上海黄金交易所在当日结算时，对申请撤销的充抵业务和到期的充抵业务进行统一处理。会员货币可报价余额充足的，上海黄金交易所收回充抵额度，并按原路径归还有价物；会员货币可报价余额不足的，上海黄金交易所将采取相关风险控制措施，同时给予该笔充抵业务 2 个交易日的宽限期，会员应在宽限期内补足资金。

宽限期满后，会员货币可报价余额仍不足的，上海黄金交易所有权对有价物进行处置。由此产生的损失或费用由相关会员或客户承担。

上海黄金交易所处置有价物所得资金，用于补足该会员的货币可报价余额或清偿相关债务。尚有余额的，将余额部分退还该会员；余额仍然不足的，上海黄金交易所有权向该会员进一步追索。

第六节　清算与结算业务

（三）充抵业务相关公式

有价物市值 = 有价物基准价 × 数量 × 交易单位

有价物折后价值 = 有价物市值 × 折算率

有价物最大配比金额 = 实有货币资金 × 最大配比倍数

充抵额度 = min（有价物最大配比金额，有价物折后价值）

当日货币资金余额 = 上一交易日货币资金余额 + 当日收到的货款额 − 当日支付的货款额 + 当日盈亏 + 入金 − 出金 + 利息收入 + 当日收到的延期补偿费 − 当日支付的延期补偿费 − 手续费等相关费用

当日货币可报价余额 = 上一交易日货币可报价余额 + 上一交易日交易保证金 − 当日交易保证金 + 上一交易日最低结算准备金余额 − 当日最低结算准备金余额 + 上一交易日冻结金额 − 当日冻结金额 + 当日收到的货款额 − 当日支付的货款额 + 当日盈亏 + 入金 − 出金 + 利息收入 + 当日收到的延期补偿费 − 当日支付的延期补偿费 − 手续费等相关费用

当日待用充抵额度 = 当日充抵额度 − 当日已用充抵额度

当日可报价余额 = 当日货币可报价余额 + 当日待用充抵额度

十、中央对手清算业务总体情况

（一）中央对手清算业务及其服务市场的总体描述

2020年1月20日，上海黄金交易所经中国人民银行认证为合格中央对手。上海黄金交易所中央对手清算业务涉及竞价、定价和履约担保型询价交易。

1. 交易业务

（1）竞价交易

竞价交易按照"价格优先、时间优先"的原则，以自由报价、撮合成交的方式进行。按照交易方式不同，竞价交易合约分为现货实盘合约、现货即期合约、现货延期交收合约及其他经中国人民银行批准的合约。

第三章　黄金交易业务规则

现货实盘合约。对于现货实盘合约交易，买方报价时必须有全额资金，卖方报价时交易账户中必须有相应的实物，上海黄金交易所实时冻结报价对应的资金或实物。报价成交后，卖出实物所得货款可用于本交易日内的交易；买入的黄金实物可用于当日或以后交易日的卖出，也可申请提货。上海黄金交易所现货实盘合约所涉品种包括黄金、铂金、金币，具体活跃合约包括 Au100g、Au99.99、Au99.95、Au99.5、iAu100g、iAu99.99、iAu99.5、Pt99.95、PGC30g。

现货即期合约。现货即期交易是指客户在 T+0 日以保证金达成交易，在 T+2 日以 T+0 日结算价进行实物交割的交易。持有净头寸的客户在 T+2 日不能履行实物交割的按实物交割违约处理，违约金比例为 20%。上海黄金交易所现货即期合约所涉品种为白银，具体活跃合约包括 Ag99.99。

现货延期交收合约。现货延期交收交易是指以支付保证金的形式在上海黄金交易所集中买卖某种现货延期交收合约的交易活动，现货延期交收交易可采用现金交割或者实物交割方式。采用现金交割方式的，客户在交割结算日根据交割结算价进行现金交割。采用实物交割方式的，客户可以选择合约成交当日交割，也可以延期交割，同时引入延期补偿费机制来调节实物供求矛盾。上海黄金交易所现货延期交收合约所涉品种为黄金、白银，具体合约包括 Au（T+D）、mAu（T+D）、Au（T+N1）、Au（T+N2）、NYAuTN06、NYAuTN12、Ag（T+D）。

（2）定价交易

定价交易是指市场参与者通过"以价询量、数量匹配"的定价过程，在市场量价平衡时，确定定价合约的人民币基准价，并按基准价成交的交易。上海黄金交易所先后于 2016 年 4 月 19 日和 2019 年 10 月 14 日挂牌以人民币计价的"上海金"集中定价合约和"上海银"集中定价合约。

（3）履约担保型询价交易

询价交易是指交易双方就相关交易要素进行询问、磋商，达成一致意见后确认成交的交易模式。上海黄金交易所询价业务分为以交易双方信用关系为基础的双边信用型询价业务和上海黄金交易所收取保证金并进行逐日盯市的履约担保型询价业务，又称保证金询价业务。上海黄金交易所为保证金询价交易提供集中履约担保。上海黄金交易所于 2022 年 9 月 22 日上线履约担保型询价合约，具体合约包括 CAu99.99。

2. 清算结算业务

上海黄金交易所作为中央对手，对所有在上海黄金交易所系统中达成（或

第六节 清算与结算业务

登记）的交易（包括竞价、定价和履约担保型询价交易）统一组织清算与结算。上海黄金交易所按照"集中、净额、分级"的原则，根据交易结果对会员的应收或应付资金及实物进行集中清算，并为会员提供履约担保服务。

3. 交割储运业务

上海黄金交易所提供实物托管、交割、质量认证、物流配送等业务服务。截至 2023 年底，上海黄金交易所在全国 37 个地区设立 69 个指定仓库，满足了贵金属产业链上下游企业的仓储及出入库需求。上海黄金交易所建立了严格的质量管理体系，确保了实物质量稳定可靠。

（二）治理架构

上海黄金交易所实行会员制，治理安排由会员大会、理事会、管理层等构成，形成各司其职的组织机构。其中，会员大会由普通会员组成，依法行使相应职权。理事会是会员大会的常设机构，向会员大会负责和汇报，执行会员大会决议，审议重大事项。高级管理人员由中国人民银行提名，理事会聘任或解聘并监督其履职，依法开展上海黄金交易所的日常经营业务。上海黄金交易所理事会下设多个专门委员会，专门委员会由上海黄金交易所市场参与者、上海黄金交易所工作人员和相关专业人士组成，作为理事会议事机构，协助理事会开展工作。

（三）法律和监管框架

上海黄金交易所目前仅在中国法律下开展业务，这些业务具有稳健、清晰、透明并且可执行的法律基础。中国人民银行依据《中华人民共和国中国人民银行法》监督管理我国黄金市场，并制定《上海黄金交易所业务监督管理规则》（银发〔2011〕93 号）等规范性文件对上海黄金交易所业务进行监督和指导。

上海黄金交易所按照《上海黄金交易所业务监督管理规则》和《上海黄金交易所章程》制定相关市场规则，进行自律管理，具体规则包括《上海黄金交易所交易规则》《上海黄金交易所风险控制管理办法》《上海黄金交易所会员管理办法》《上海黄金交易所结算细则》《上海黄金交易所交割细则》及其他相关细则。

（四）系统设计和运行

上海黄金交易所核心系统由上海黄金交易所自主设计和研发，实现交易品

第三章 黄金交易业务规则

种从外部单位接入、交易、登记到清算、结算、交割、风控等环节的高效处理。其中：接入环节支持与会员、存管银行等外部单位按照统一技术标准规范进行安全稳定交互；交易环节支持竞价、定价和履约担保型询价等多种交易模式；登记环节支持开销户、出入金、出入库等业务的自动化处理；清算环节按照"集中、净额、分级"方式对会员按席位进行高效清算；结算环节支持通过对接大额支付系统实现资金结算指令及时完成；风控环节实现了逐日盯市、盈亏、集中度监控等风险监控功能和涨跌停、限仓、交易限额、异常交易行为等风险预警功能，具备多场景压力测试功能，可以有效防范相关风险。

十一、清算与结算业务计算示例

（一）逐日盯市清算计算示例

A会员某自营席位在上日持有Au（T+D）多头10千克，结算价550元/克，持有Au（T+N1）空头10千克，结算价553元/克。今日A会员在Au（T+D）上以553元/克买入开仓5千克，当日结算价552元/克，Au（T+N1）当日结算价555元/克。同时，今日A会员需要在"上海金"集中定价合约上收货1千克，成交日"上海金"结算价为550元/克，成交日冻结交割保证金33000元[Au（T+D）、Au（T+N1）交易保证金率为10%]。

1. 竞价交易合约与集中定价合约头寸计算示例

若今日清算前A会员自营席位仅备足"上海金"收货所需货款55万元，即货币可报价余额55万元。则当日该A会员自营席位逐日盯市清算环节资金变动情况如下：

上一交易日延期交收合约单向大边交易保证金 = MAX（10000 × 553 × 10%，10000 × 550 × 10%）= 553000（元）

当日延期交收合约单向大边交易保证金 = MAX（15000 × 552 × 10%，10000 × 555 × 10%）= 828000（元）

当日盈亏 = 10000 × （552 − 550）+ 5000 × （552 − 553）+ 10000 × （553 − 555）= 20000 − 5000 − 20000 = − 5000（元）

应付资金 = 828000 − 553000 + 5000 − 33000 = 247000（元）

综上所述，逐日盯市清算环节该会员自营席位货币可报价余额扣除247000

元后将变为 303000 元,将导致交割清算环节"上海金"收货资金不足,造成实物交割违约。

2. 充抵业务头寸计算示例

若上一日收市前该会员提交 2 千克 Au99.99 充抵业务申请并在清算中获批,获得充抵额度 58 万元,且上一日交易保证金全部使用充抵额度。同时,今日清算前 A 会员自营席位仅备足"上海金"收货所需货款 55 万元(今日 Au99.99 结算价为 550 元/克,实有货币资金配比为 4,折算率为 80%),则当日该会员自营席位逐日盯市清算环节资金变动情况如下:

充抵额度重新计算可知,当日充抵额度 = MIN {2000 × 550 × 80%, 4 × (550000 + 33000 − 5000)} = 880000(元)

充抵额度只作为交易保证金使用,即可覆盖当日延期交收合约单向大边交易保证金 828000 元,但不能用于支付货款、亏损、费用、税金等款项,不能提取现金。

应付资金 = 5000 − 33000 = −28000(元)

综上所述,逐日盯市清算环节该会员自营席位货币可报价余额尚有 578000 元,交割清算环节"上海金"可正常履约。

(二)交割清算计算示例

B 会员自营席位有 Au99.99 可用库存 50 千克,货币可报价余额 600 万元。当日 B 会员自营席位在 Au(T + D)合约交货申报 20 千克(交割品种为 Au99.99),在 Au(T + N1)合约收货申报 30 千克。Au(T + D)当日结算价 550 元/克,Au(T + N1)当日结算价 560 元/克。

交割清算环节按照顺序依次进行 Au(T + D)合约、Au(T + N1)合约的交割清算。Au(T + D)合约交割清算:B 会员交货 20 千克,可用库存应变为 50 − 20 = 30 千克,货币可报价余额增加 20 × 550 × 1000 = 11000000 元 = 1100 万元,货币可报价余额变为 600 + 1100 = 1700 万元。Au(T + N1)合约交割清算:B 会员收货 30 千克,可用库存变为 30 + 30 = 60 千克,货币可报价余额减少 30 × 560 × 1000 = 16800000 元 = 1680 万元,货币可报价余额变为 1700 − 1680 = 20 万元。

综上所述,B 会员自营席位在 Au(T + D)合约交货收到的货款,用于之后 Au(T + N1)合约的收货,其 Au(T + D)合约、Au(T + N1)合约均可正常履约。

第三章 黄金交易业务规则

（三）手续费计算示例

C 会员在上日持有某延期交收合约多头 8 千克，结算价 550 元/克。在某现货实盘合约上以 553 元/克买入 6 千克，以 557 元/克卖出 3 千克，在某延期交收合约上以 556 元/克卖出平仓 6 千克，当日收货申报 2 千克，当日结算价 555 元/克。若交易手续费均为 0.01%，某延期交收合约的最低交易保证金率为 10%，计算当日该会员的交易手续费。

交易手续费 =（553×6000 + 557×3000 + 556×6000）×0.01% =（3318000 + 1671000 + 3336000）×0.01% = 832.5（元）

（四）违约金计算示例

D 会员在某日"上海金"早盘集中定价过程中，有效申报卖出 3 手（1 千克/手）。T+2 日日终结算时上海黄金交易所通过交收匹配撮合 D 会员与 E 会员进行实物交割，D 会员因实物库存为 0 构成交收单方违约。若成交日 T+0 日"上海金"早盘基准价 557 元/克、午盘基准价 559 元/克，T+2 日"上海金"早盘基准价 561 元/克、午盘基准价 560 元/克，违约金比例为 6%，计算 D 会员应交纳的违约金和上海黄金交易所应向 E 会员支付的补偿金。

违约金 = 违约量×结算价×违约金比例 = 3000×559×6% = 100620（元）

补偿金 = 被违约量×结算价×违约金比例 = 3000×559×6% = 100620（元）

第七节 国际板业务

学习内容	知识点
国际板的成立及意义	国际板的成立过程、成立的意义
国际板的组织架构	国际会员的分类及权限、加入国际会员的基本条件与程序、国际会员资格的变更承继和终止、国际客户的概念、国际会员代理国际客户的相关要求、国际会员和国际客户可参与的交易
国际板业务的特殊性	国际板的两大职责，国际板在合约、接入模式、结算账户体系、资金运行等方面特殊性的主要表现，国际板会员和客户在进行交易、清算、交割时的特殊规定
国际板业务的创新性	创新性的主要表现、黄金之路

第七节 国际板业务

一、国际板的成立及意义

（一）国际板的成立

黄金市场是我国金融市场的重要组成部分，并逐步实现由国内市场向国际市场的转变。目前我国已经成为世界第一大产金国，同时也是黄金进口大国和黄金消费大国。然而，长期以来伦敦黄金市场和纽约黄金市场占据着全球黄金市场的主导地位，控制着黄金定价话语权。近年来，全球黄金市场发生了一些显著变化，其中以"西金东移"和"中国因素"最为突出。在此情况下，上海黄金交易所作为国内黄金市场的核心和枢纽，同时也是全球最大的黄金现货场内交易所，承担着把我国黄金市场打造成为在全球具有重要影响力市场的重要使命，并助力提升我国的国际经济地位和扩大黄金产业规模，获得更多的国际定价权和话语权。因此，推动黄金市场的国际化发展成为中国黄金市场的必然选择。

2013年以来，随着上海自贸区的发展建设及相关资本、外汇管理等先行先试开放政策的陆续出台，国内黄金市场迎来了国际化的"黄金窗口期"，上海黄金交易所抓住这一契机，适时提出了设立国际业务板块的方案。上海黄金交易所国际业务板块（以下简称国际板），即通过在上海自贸区成立全资子公司——上海国际黄金交易中心有限公司（以下简称上金国际），集中管理上海黄金交易所对外开放业务。吸引境外的商业银行、产用金企业、专业投资机构等各种类型的投资者，参与上海黄金交易所以人民币报价的贵金属及相关衍生品交易，由上海黄金交易所提供相应的交易、清算、交割和转口服务，实现上海黄金交易所向国际化转型，推动国内黄金市场对外开放。

（二）国际板成立的意义

上海黄金交易所于2014年9月18日正式推出国际板，以人民币计价和结算，境外投资者可以以离岸人民币参与境内黄金市场交易。国际板的成立是中国黄金市场对外开放的重要标志和内在要求，标志着我国黄金市场对外开放迈出了里程碑式的一步，对于黄金市场长远健康发展具有十分重要的意义。

一是有助于提高中国黄金市场的国际影响力，提升人民币黄金定价权，扩大离岸人民币资金的运用渠道，推动人民币国际化。

二是国际板是中国金融市场对外开放的窗口和试验田，有利于进一步完善我国金融市场体系，提升金融市场效率。

三是国际板的建立是上海自贸区改革发展的重要成果之一，也是上海国际金融中心建设的重要内容。通过国际板的建设，将上海打造成为国际黄金的人民币定价中心、交易中心和实物黄金的转口中心，有利于扩大上海作为国际金融中心的优势和辐射力。

二、国际板组织架构

（一）国际会员

1. 国际会员的基本概念和分类

国际会员是指在中华人民共和国境外（包括香港、澳门、台湾地区）及境内自由贸易试验区，依照中华人民共和国有关法律、法规及上海黄金交易所章程的有关规定，经上海黄金交易所审核批准，在上海黄金交易所从事贵金属业务的法人机构或其他经济组织。按照入会申请获批结果，国际会员分为 A 类会员、B 类会员和 C 类会员三类。A 类会员开展自营业务和代理业务，B 类会员开展自营业务，C 类会员开展上海黄金交易所批准的相关业务。

经上海黄金交易所授权，上金国际对国际会员进行集中管理和服务，为国际会员提供会员资格审核、交易接入、结算和风险管理等服务。

国际会员从事上海黄金交易所业务活动，应当遵守中华人民共和国有关法律、法规、规章以及上海黄金交易所和上金国际的章程、规则、办法等各项规定，接受上金国际的管理。

2. 成为国际会员的基本条件

依据《上海黄金交易所国际会员管理实施细则》，申请成为上海黄金交易所国际会员的机构应当具备下列条件：

- 依法在中华人民共和国境外（包括香港、澳门、台湾地区）及境内自由贸易试验区注册登记的法人机构或其他经济组织；
- 承诺并遵守包括但不限于中华人民共和国有关法律、法规、规章及上海黄金交易所和上金国际章程、规则、办法等各项规定，接受上海黄金交易所和上金国际的业务管理；
- 自身或其母公司、总部具有较强的行业背景或地位；
- 会员注册资本或净资产不低于 1000 万美元（或等值的其他货币）；

第七节 国际板业务

- 依法合规经营，最近三年无重大违法违规行为；
- 遵守反洗钱、反恐怖融资、反逃税的相关制度及规定；
- 上金国际要求的其他条件。

3. 国际会员入会程序

申请成为国际会员的机构，应向国际中心提交下列书面材料，并经由申请机构的法定代表人或授权签字人签字或盖章，以确保材料的真实和有效：

- 入会申请表；
- 入会申请书（内容包括申请国际会员的目的和业务开展计划，公司背景和业务经营情况；主要负责人员基本信息，承诺遵守上海黄金交易所和上金国际章程、反洗钱等制度和各项规定，上海黄金交易所和国际中心要求申请机构说明的其他情况）；
- 合法的公司注册证明文件；
- 上一个会计年度、经会计师事务所或审计师事务所审计的会计报告；
- 最近三年是否受到监管机构重大处罚的说明；
- 授权签字人的授权书；
- 法定代表人或授权签字人身份证明文件；
- 公司章程、相关业务制度及反洗钱、反恐怖融资、反逃税内控制度等；
- 上海黄金交易所反洗钱和反恐怖融资尽职调查信息表；
- 上金国际要求的其他文件。

上金国际收到符合要求的入会申请材料后，于60个工作日内提出是否同意入会申请的办理意见。经批准并报备中国人民银行后，由上金国际向申请机构发送入会通知书。

申请机构自收到入会通知书之日起90个工作日内，应办理完成以下事项：

- 缴纳会员资格费和年会费，其中，会员资格费按会员类型分类收取、年会费按自然年度收取，不足一年的，按当年剩余季度（含当季）按比例收取；
- 上海黄金交易所收取并管理以上相关费用；
- 在上金国际认可的保证金存管银行开立结算专用资金账户；
- 办理有关人员和印鉴的授权手续；
- 其他应当办理的事项。

若未能及时完成以上手续的，如无正当理由，视为自动放弃会员资格。

4. 经批准，国际会员的会员资格可以变更、承继和终止

（1）国际会员资格的变更

国际会员可申请会员资格主体变更和会员资格类型变更。其中，申请资格

第三章 黄金交易业务规则

主体变更时，申请主体应为原国际会员主体的关联公司。

申请会员资格主体变更的国际会员，应向上金国际提交相应材料。国际中心在收到文件材料后，按规定程序审核、批准，并办理会员资格的变更。申请会员资格类型变更的国际会员，应向上金国际提交相应材料。资格类型变更获批的国际会员应按照新资格对应的要求，完成包括但不限于会员资格费的调整、结算专用账户的开立和最低结算准备金的存入。

（2）国际会员资格的承继

国际会员被兼并或参与新设合并，合并后的法人机构，如需承继国际会员资格，应向上金国际提出书面申请。上金国际在收到文件材料后，按规定程序审核、批准，并办理会员资格的承继。

（3）国际会员资格的终止

当国际会员不再具备上海黄金交易所章程规定的国际会员条件时，应当按照上海黄金交易所要求申请终止国际会员资格。国际会员机构解散或者依法宣告破产时，应当于清算或破产程序结束前向上金国际申请终止国际会员资格。

国际会员申请资格终止文件完整齐备的，上金国际予以受理，并自受理之日起20个工作日内回复是否同意终止的决定。

（4）国际会员资格的取消

国际会员存在以下情形之一的，经批准，上金国际可取消其会员资格：

- 违反中华人民共和国法律、法规、规章，严重违反上海黄金交易所章程、交易规则及有关规定的；
- 被监管机构宣布为市场禁止进入者的；
- 违反监管机构及上海黄金交易所制定的反洗钱等相关管理规定，且情节严重的；
- 将会员资格或交易席位发包给他人管理经营的；
- 资金、人员和设施严重不足，管理混乱，经整改无效的；
- 拒不执行会员大会或理事会决议的；
- 无正当理由连续三个月未开展交易的；
- 参与非法交易活动的；
- 伪造、涂改买卖各种凭证或审批文件的；
- 恶意破坏交易系统的；
- 上金国际认定的其他情况。

国际会员对于取消会员资格有异议的，可自收到通知之日起15个工作日内

第七节 国际板业务

向上金国际申请复议。

国际会员资格终止获批、放弃会员资格获批，或被取消会员资格的，应办理退会手续。

（二）国际客户

1. 国际客户的概念

国际客户是指通过具备代理业务资格的国际会员（A类国际会员和上海黄金交易所批准的其他机构）代理进入交易所开展业务，并登记注册于中华人民共和国境外（包括香港、澳门、台湾地区）及境内自由贸易试验区的法人机构、其他经济组织。

2. 国际会员代理国际客户的相关要求

国际会员开展代理业务应当设置专门的客户服务、结算交割、风险管理、内控管理、技术管理、合规等岗位，为国际客户提供以下服务（但不限于以下服务）：办理交易账户开户、协助办理资金专用账户开户、代理交易、发布市场信息、处理客户纠纷和投诉、介绍交易产品、协助办理实物出入库、咨询服务等。申请代理业务的国际会员，开展业务应当符合国际会员注册地监管机构的相关规定。

国际会员在受理国际客户代理业务申请时，应当对国际客户进行充分的风险揭示。国际会员有义务将与上海黄金交易所业务有关的各项法律法规、反洗钱、税收政策及上海黄金交易所公告的规定告知客户，并应当加强对国际客户履行反洗钱相关责任及义务的管理与指导，以确保相关责任和义务落到实处。国际会员应当对国际客户进行详尽彻底的身份识别和尽职调查，应当遵循"了解你的客户""了解你的业务""尽职审查"三项原则，对国际客户的背景情况、资金和实物来源等进行调查，审核国际客户资料的合法性和真实性，登记身份基本信息，留存有效身份证件或其他身份证明文件的复印件或者影印件，了解其经营活动基本情况。国际会员应切实履行反洗钱的责任和义务。国际会员对国际客户身份、资金等材料审核后产生疑问的，可以拒绝办理开户。国际会员须对核查结果承担全部责任。

在开展代理业务前，国际会员应与国际客户签署委托代理协议，明确双方的权利和义务，主要包括表明国际会员的身份；国际会员与国际客户的代理法律关系，明确国际会员代理国际客户参与的是上海黄金交易所的交易；明确上海黄金交易所、上金国际、国际会员与国际客户的关系；明确国际客户参与交易必须遵守中华人民共和国有关法律、法规、规章和上海黄金交易所章程、规

第三章　黄金交易业务规则

则、办法等各项业务规定，严格执行反洗钱相关责任和义务；明确国际客户可参与的上海黄金交易所各类合约，以及合约的交易时间、交易标的和交易方式；明确国际会员向国际客户收取交易手续费的标准、收取时间和方式，以及收取各合约保证金的比例；明确风险度、追加保证金、强行平仓等风险管理措施，包括风险度的计算方法，追加保证金的触发条件，确定追加金额的方法，追加保证金的时限和通知方式，强行平仓触发条件、通知方式，追加资金或自行平仓的时限、金额、数量要求，国际会员执行强行平仓的方式、时间、顺序以及执行强行平仓的后果；明确国际客户对交易、结算、资金、实物等有异议时，国际会员处理异议的方式和程序；对国际客户进行充分的风险提示；明确国际客户可以就国际会员代理业务中的不当行为向上海黄金交易所或上金国际进行投诉；为国际客户配备及时的、有效的客户服务；上海黄金交易所和上金国际要求的其他内容；等等。

在进行代理业务时，国际会员应遵循以下规定：一是国际会员应当遵循诚实信用、勤勉尽责的原则执行国际客户的委托，不得私下对冲国际客户的委托报单，不得延迟、篡改或擅自取消国际客户的委托报单。二是不得以夸大宣传、编造或故意传播虚假信息等方式误导、欺诈客户；不得以任何形式向国际客户作获利保证，也不得以任何形式与国际客户约定分担风险或分享盈利。三是国际会员可依照与国际客户签订的代理协议收取结算准备金和代理手续费。国际会员代理国际客户参与保证金合约交易的，向国际客户收取的交易保证金必须不低于上海黄金交易所向国际会员收取的交易保证金。四是国际会员为控制交易风险，需要对其国际客户采取强行平仓的，应当遵守双方代理协议规定的标准和条件，以约定的方式通知国际客户。五是国际会员应当对国际客户的交易、资金、实物等情况进行监控，发现异常行为的应进一步调查。对洗钱、走私、恐怖融资、逃税、使用冲突金、对敲、操纵市场等违规行为，国际会员应采取相应处理措施。必要时，国际会员可终止违规国际客户的委托代理业务。国际会员应及时将发现的异常情况和处理结果报告上金国际。六是国际会员应当对国际客户的开户、交易、资金、实物等信息保守秘密，上海黄金交易所或上金国际依法依规要求其披露的除外。七是国际会员应当采取有效措施，妥善保存客户开户资料、委托记录、交易记录等文件资料，防止出现遗失、毁损、伪造、篡改等情况，保存期限不得少于 20 年，如对交易交割结算有争议的，应当保存至该争议消除时为止；涉及反洗钱调查，且反洗钱调查工作在规定的最低保存期限届满时仍未结束的，应将其保存至反洗钱调查工作结束。

第七节 国际板业务

3. 国际会员和国际客户可参与的交易

目前，国际会员和国际客户可以参与上海黄金交易所主板竞价市场 Au99.95、Au99.99、Au99.5、Au100g、Au（T+D）、Au（T+N1）、Au（T+N2）、mAu（T+D）、NYAuTN06、NYAuTN12 合约产品的交易和交割，以及 Ag（T+D）的交易；上海黄金交易所国际板竞价市场 iAu99.99、iAu99.5 和 iAu100g 合约产品的交易、交割和出入库；询价产品 iPAu99.99、iPAu99.5、iPAu100g、PAu99.99、PAu99.95 的交易；"上海金"定价产品的交易（详见表 3–30、表 3–31）。

表 3–30　国际会员和国际客户目前可参与交易的现货实盘合约产品

交易品种	交易合约	交易手续	结算方式	交割仓库	交割品种
黄金	Au99.95	成交金额的 0.035%	钱货两讫	主板仓库	标准重量 3 千克，成色不低于 99.95% 的金锭
	Au99.99				标准重量 1 千克，成色不低于 99.99% 的金锭
	Au99.5				标准重量 12.5 千克，成色不低于 99.5% 的金锭
	Au100g				标准重量 100 克，成色不低于 99.99% 的金条
	iAu99.5		钱货两讫	国际板仓库	标准重量 12.5 千克，成色不低于 99.5% 的金锭
	iAu99.99				标准重量 1 千克，成色不低于 99.99% 的金锭
	iAu100g				标准重量 100 克，成色不低于 99.99% 的金条

注：合约参数以交易所最新公告或业务规则为准。

表 3–31　国际会员和国际客户可参与交易的现货延期交收合约产品

交易品种	交易合约	交易单位	最小变动价位	每日涨跌幅	交易手续费	最低交易保证金	结算方式	延期补偿费收付日	延期补偿费率	交割仓库	交割品种
黄金	Au（T+D）	1 千克/手	0.01 元/克	上一交易日结算价 ±5%	成交金额的 0.02%	6%	当日无负债清算制度	按自然日逐日收付	合约价值的 0.0125%/天	主板仓库	基准交割品种为标准重量 3 千克，成色不低于 99.95% 的金锭。标准重量 1 千克，成色不低于 99.99% 的金锭可替代交割
	mAu（T+D）	100 克/手	0.05 元/克					每年 6 月 15 日	合约价值的 3%/天		标准重量 1 千克，成色不低于 99.99% 的金锭
	Au（T+N1）							每年 12 月 15 日			
	Au（T+N2）										
	NYAuTN06							—	—		现金交割
	NYAuTN12							—	—		现金交割
白银	Ag（T+D）	1 千克/手	1 元/克	上一交易日结算价 ±6%		7%		按自然日逐日收付	合约价值的 0.0125%/天	主板仓库	标准重量 15 千克，成色不低于 99.99% 的银锭

三、国际板业务的特殊性

国际板是上海黄金交易所为了推动我国金融市场对外开放和建设上海国际金融中心而面向国际投资者与国际市场开设的交易板块。它包括在国际板指定仓库交割实物的国际板合约和上海黄金交易所开放给国际会员和客户的国内主板合约。上金国际在上海黄金交易所授权下，对国际会员进行集中管理，并为国际会员和国际客户提供服务。上金国际的两大职责包括市场拓展与推介、管理国际会员事。

（一）市场拓展与推介

上海国际黄金交易中心面向全球开拓国际市场，积极进行国际交流与宣传，提升中国黄金市场的国际形象。在积极招募国际会员，为国际会员提供良好的会员服务的同时，加强与国际上其他交易所间的交流与合作。

（二）国际板合约

目前，国际板设立三个现货合约，相应代码分别为 iAu99.5、iAu99.99、iAu100g。国际板合约的投资者范围不仅限于国际会员和客户，国内会员和客户同样可以交易国际板合约。

国际板合约与主板合约对应的黄金实物的主要区别在于实物存放的仓库性质不同。以 iAu99.99 和 Au99.99 合约为例，本质上都是成色为 99.99% 的黄金实物，区别在于实物存放交割仓库不同：iAu99.99 存放在自贸区内的国际板指定仓库，而 Au99.99 则存放于自贸区外的主板指定仓库。

国际板合约为竞价合约，通过主板竞价系统完成撮合成交，交易单位为"手"，报价量必须为 1 手的整数倍。国际板合约的主要合约参数包括交易品种、合约代码、交易方式、交易单位、最小变动价位、最大单笔报价量、最小单笔报价量、最低交易保证金、最大单日涨跌幅限制、交易时间、交割品种、交割方式、手续费、交割费等，具体参见上海黄金交易所官方发布的"上海黄金交易所国际板合约参数表"（见表 3-32）。

第七节　国际板业务

表 3－32　　　　　　　上海黄金交易所国际板竞价交易合约参数

表 3－32－a　　　　　　iAu99.5 合约参数

交易品种	黄金
合约代码	iAu99.5
交易方式	现货实盘交易
交易单位	12.5 千克/手
报价单位	元（人民币）/克
最小变动价位	0.01 元/克
每日价格最大波动限制	上一交易日收盘价±30%
最小单笔报价量	1 手
最大单笔报价量	200 手
交易时间	日间：9:00～15:30　夜间：20:00～次日 2:30
结算方式	钱货两讫
交割品种	标准重量 12.5 千克，成色不低于 99.5% 的金锭
交割方式	实物交割
交割时间	T+0
质量标准	经交易所认定的可提供标准金锭企业生产的符合交易所执行的《金锭》标准的实物，以及伦敦金银市场协会（LBMA）认定的合格供货商生产的标准实物
交割地点	交易所国际板指定仓库
交易手续费	成交金额的万分之三点五
交割费	0
上市日期	2014 年 9 月 29 日

表 3－32－b　　　　　　iAu99.99 合约参数

交易品种	黄金
合约代码	iAu99.99
交易方式	现货实盘交易
交易单位	10 克/手
报价单位	元（人民币）/克
最小变动价位	0.01 元/克
每日价格最大波动限制	上一交易日收盘价±30%

第三章　黄金交易业务规则

续表

最小单笔报价量	1 手
最大单笔报价量	50000 手
交易时间	日间：9:00~15:30　夜间：20:00~次日 2:30
结算方式	钱货两讫
交割品种	标准重量 1 千克，成色不低于 99.99% 的金锭
交割方式	实物交割
交割时间	T+0
质量标准	经交易所认定的可提供标准金锭企业生产的符合交易所执行的《金锭》标准的实物，以及伦敦金银市场协会（LBMA）认定的合格供货商生产的标准实物
交割地点	交易所国际板指定仓库
交易手续费	成交金额的万分之三点五
交割费	0
上市日期	2014 年 9 月 29 日

表 3-32-c　　　　iAu100g 合约参数

交易品种	黄金
合约代码	iAu100g
交易方式	现货实盘交易
交易单位	100 克/手
报价单位	元（人民币）/克
最小变动价位	0.01 元/克
每日价格最大波动限制	上一交易日收盘价±30%
最小单笔报价量	1 手
最大单笔报价量	1000 手
交易时间	日间：9:00~15:30　夜间:20:00~次日 2:30
结算方式	钱货两讫
交割品种	标准重量 0.1 千克，成色不低于 99.99% 的金条
交割方式	实物交割
交割时间	T+0

第七节　国际板业务

续表

质量标准	经交易所认定的可提供标准金条企业生产的符合交易所执行的《金条》标准的实物，以及伦敦金银市场协会（LBMA）认定的合格供货商生产的标准实物
交割地点	交易所国际板指定仓库
交易手续费	成交金额的万分之三点五
交割费	0
上市日期	2014年9月29日

（三）管理国际会员事务

上海国际黄金交易中心为国际会员提供入会咨询、业务指导等全面的服务，还负责国际板的日常运营管理职责，包括接收国际会员和国际客户的交易指令实时传输接入上海黄金交易所，由上海黄金交易所系统统一撮合成交；负责建立国际业务的资金结算体系；负责国际会员和国际客户资金、实物的清算交割；负责根据交易等业务清算结果跨境调拨资金；负责实施风险管理措施，维护正常市场秩序，对国际会员与国际客户的交易等业务进行监控等。

（四）国际会员系统接入模式

在国际板业务中，国际会员、国际客户可登录国际黄金交易系统或者通过上金国际提供的API接口接入国际黄金交易系统参与上海黄金交易所主板和国际板合约交易。国际客户必须通过国际会员代理，国际会员及其客户只能使用上海自贸区账户或指定境外存管行账户中的离岸人民币参与交易。国内会员、国内客户也可参与交易所国际板交易。国际会员及客户与主板会员及客户的交易指令均由交易所系统统一集中撮合成交。

（五）国际板结算账户体系

按照上海自由贸易试验区自由贸易账户体系管理的有关要求，上海黄金交易所指定通过中国人民银行上海总部验收的国内商业银行作为国际板业务的保证金存管银行。上海国际黄金交易中心在保证金存管银行开立上金国际结算专用账户。国际板的国际会员及其客户可根据自身意愿选择指定银行中的任意一家开立结算专用账户，用于参与国际板交易。国际会员将境外人民币汇入其结算专用账户，再转入上金国际在指定保证金存管银行的上金国际结算专用账户，

第三章 黄金交易业务规则

上金国际将在国际黄金交易系统内增加对应的交易资金金额，国际会员即可开始自营交易。而国际客户的资金需通过为其代理的国际会员代理业务专用的结算专用账户过渡后再转入上金国际结算专用账户。国际客户的资金通过代理业务专用的结算专用账户即时全额转入、转出，不得留存。国际会员自营资金和其代理国际客户的资金严格执行"从哪里来回哪里去"原则，切实履行反洗钱职责。

2015年7月，经中国人民银行批准，国际板新增一家境外商业银行——中银香港作为国际板业务的保证金存管银行。上海国际黄金交易中心在中银香港开立境外人民币上金国际结算专用账户。国际会员可在中银香港开立境外结算专用账户，国际客户可以使用经认证的其他国家和地区的其他商业银行开立的银行账户向国际会员境外保证金中转账户汇入资金，再实时转入上金国际在境外保证金存管银行的上金国际结算专用账户。国际客户也可使用在指定境外保证金存管银行已有的账户或新开立账户作为结算专用账户汇划资金，经国际会员的境外保证金中转账户再转入上金国际的专用资金账户。

2023年10月，人民币境外机构境内银行结算账户（NRA账户）顺利纳入国际板结算体系，境外机构可选择使用NRA账户开展国际板黄金交易结算（见图3-9）。

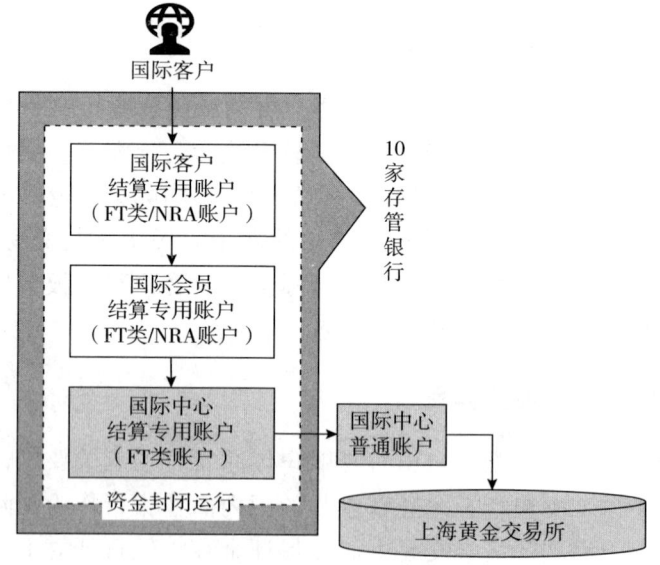

图3-9 国际业务资金账户

注：FT（Free Trade）类账户，即自由贸易账户，是指金融机构为客户在自贸区分账核算单元开立的规则统一的本外币账户。

第七节 国际板业务

（六）国际板资金运行流程

国际板内人民币跨境（区内、境外及境内区外之间）资金的流动仅存在于归属上金国际的境外专用账户、自由贸易账户（Free Trade Enterprise，FTE）和一般结算专户（在岸账户）这三类账户之间，由上金国际负责办理跨境资金调拨。国际会员与客户的区内、境外资金转入上金国际的专用资金账户后只能分别留存在区内、境外，不能向境内区外调拨。

上金国际按照《中国（上海）自由贸易试验区分账核算业务实施细则（试行）》的相关规定，严格执行有限渗透加严格管理原则跨境调拨资金，并将其纳入中国人民银行上海总部跨境资金监控系统，及时向中国人民银行上海总部报送相关信息。

国际板资金跨境流动管理有以下几个要点：

- 人民币跨境（区内与境内区外之间）资金的流动仅存在于上金国际的自由贸易账户和一般结算专户这两类账户之间，由上金国际负责办理跨境资金调拨。
- 国际会员与客户的区内资金不能向境内区外调拨。
- 上金国际一直按照《中国（上海）自由贸易试验区分账核算业务实施细则（试行）》的相关规定，严格执行有限渗透加严格管理原则跨境调拨资金，并将其纳入上海总部跨境资金监控系统，及时向上海总部报送相关信息。

"FT账户"体系在国际板实际资金跨境管理的模式见表3-10。

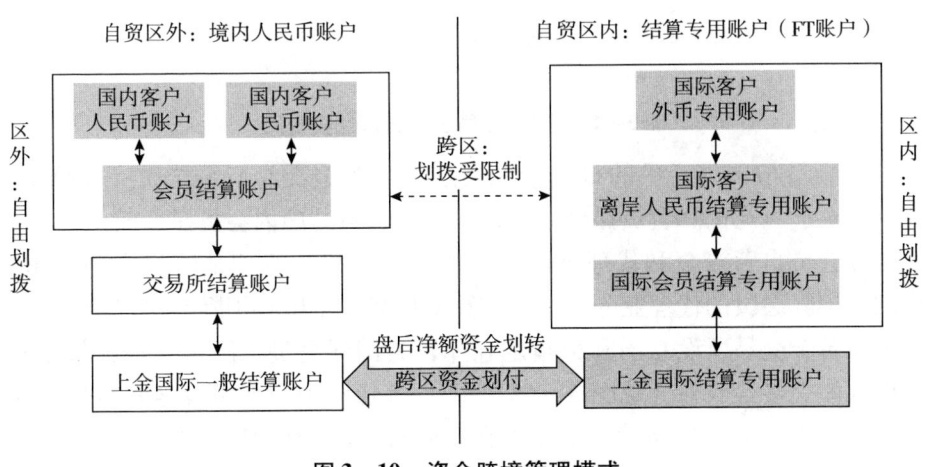

图3-10 资金跨境管理模式

第三章 黄金交易业务规则

（七）国际板会员和客户在进行交易、清算、交割时的特殊规定

上金国际不是新设交易所，所有国际板合约均为上海黄金交易所合约，所有的国际会员均为上海黄金交易所的特别会员，由上海黄金交易所授权上金国际提供服务和进行管理，所有的国际板交易均属于在上海黄金交易所成交的交易。

国际会员及国际客户可参与国际板合约以及大部分主板合约交易，国内主板会员和客户也可参与国际板合约的成交（见图3-11）。

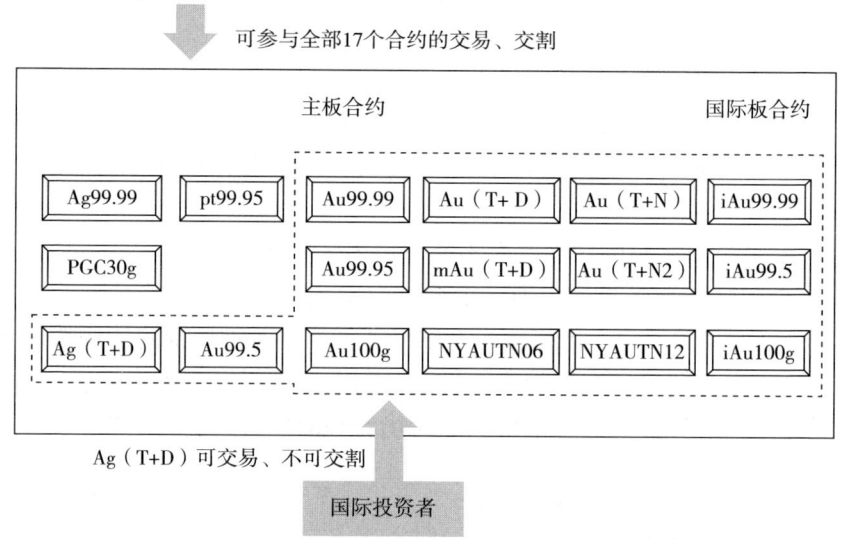

图3-11 国际会员参与竞价交易合约

国际会员与国内会员的报单指令通过上海黄金交易所系统统一撮合成交，并非国际会员只与国际会员撮合成交，国内会员只与国内会员撮合成交。

国际会员自营资金和代理国际客户的资金严格执行"从哪里来回哪里去"的原则，国际会员的代理业务专用的结算专用账户不留存国际客户资金。

上海黄金交易所设立国际板指定仓库，为国际会员、国际客户提供实物仓储、出入库交接等服务（见图3-12、图3-13）。国内会员及客户可以在主板指定仓库存入主板交割品种，不可以在国际板指定仓库存入实物。国际会员及客户可以在国际板指定仓库存入国际板交割品种，不可以在主板指定仓库存入

第七节 国际板业务

实物。国内会员及客户可以在主板指定仓库提取主板交割品种。具备黄金进出口资格的会员及客户可以在国际板指定仓库提取国际板黄金交割品种。国际会员及客户可以在国际板指定仓库提取国际板交割品种，不可以在主板指定仓库提取实物。

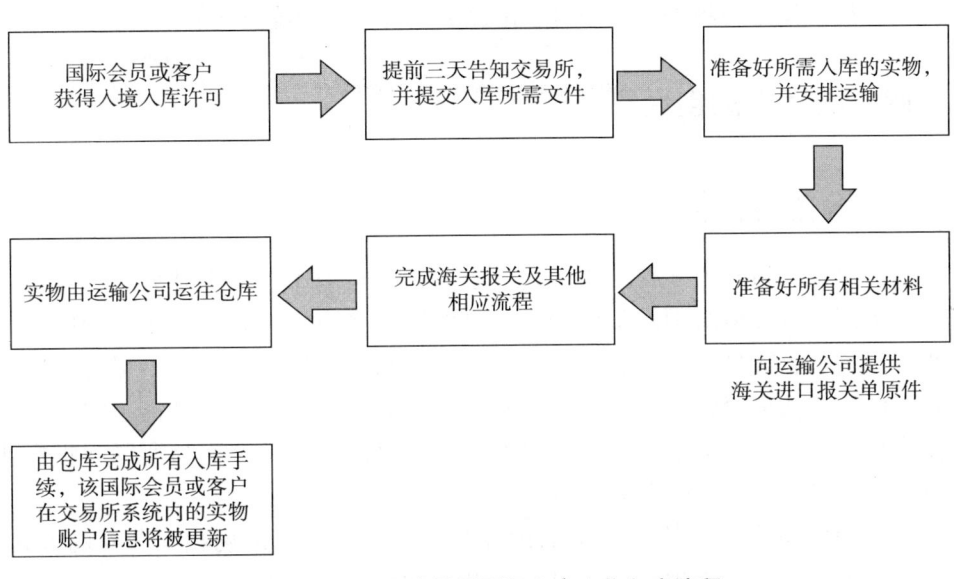

图 3–12　国际会员及国际客户实物入库流程

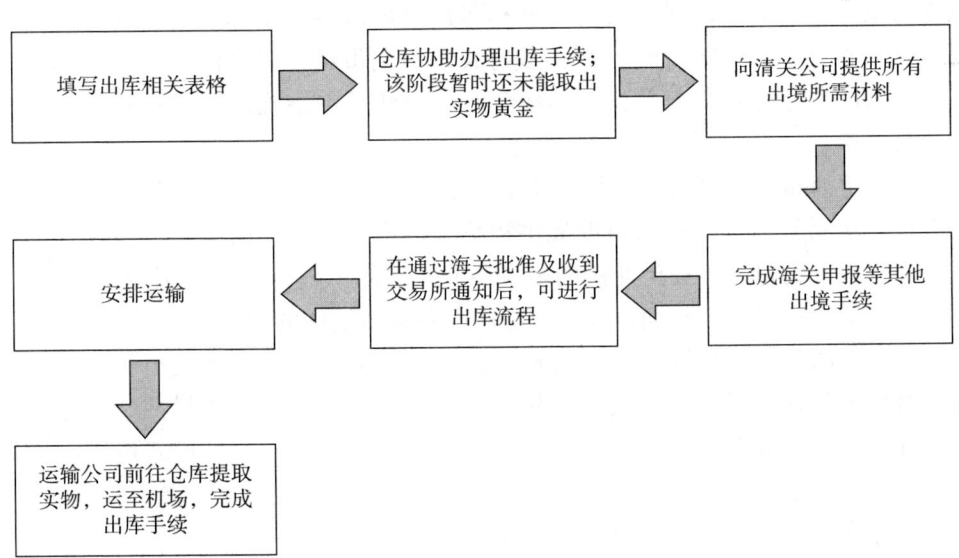

图 3–13　国际会员及国际客户实物出库流程

第三章 黄金交易业务规则

国际板指定仓库为国际会员办理黄金实物入出境、转口等业务提供支持服务。此外,国际板指定仓库向国际会员及国际客户提供保管库服务。保管库保管的金锭、金条为经上海黄金交易所认可的国际相关市场认定的标准实物。保管库实物不得参与上海黄金交易所交易交割。

国际板不仅是交易平台,同时还是提供租借、质押等服务的平台。

四、国际板的创新性

(一)创新性:主要表现

上海黄金交易所国际板的推出,标志着我国黄金市场对外开放迈出实质性一步。上海黄金交易所国际板的启动,是中国金融市场对外开放进程中的一件大事。启动黄金交易国际板,构建亚洲黄金转口中心,对于进一步提升中国黄金市场的容量和集聚性、更好地实现黄金市场人民币价格发现功能、完善中国金融市场体系、提升金融市场效率具有重要意义。上海黄金交易所国际板在业务模式、功能定位等方面有诸多创新之处。

一是上海黄金交易所国际板的设计没有采取与主板市场相互独立的方式,而是采取了更适合目前现状的交易双向开放的模式,即国际会员和国际客户可以参与主板合约交易,同时国内会员和客户也可以参与国际板的交易。这一交易方式有利于吸引国际投资者逐步参与我国黄金市场,同时国内投资者和国际投资者共同参与国际板交易,国际板合约价格能够更准确地反映市场参与主体的交易意愿。

二是上海黄金交易所国际板功能定位不仅仅是吸引国际投资者的交易平台,同时也是从服务黄金产业的角度提供租赁、拆借平台,协助国际会员办理黄金实物出入境、转口,即在产业链的多个环节为国际黄金企业、投资者提供服务,提高国际板的吸引力,从而提高上海在国际黄金市场中的地位。

三是在国际会员和国际客户的资金流转中采取了资金封闭运行模式,即国际会员代理的客户资金严格执行"从哪里来回哪里去"的封闭模式,国际会员不留存国际客户资金。在没有第三方保证金监控机制下,这一模式可以严格保障国际客户资金安全。

四是在黄金的交割中采取了分区交割的模式,即主板合约实物在主板仓库交割,国际板合约实物在国际板指定仓库交割。

第七节　国际板业务

（二）创新性："黄金之路"项目

为贯彻落实国家"一带一路"倡议，进一步推动中国黄金市场国际化进程，在中国人民银行、各级地方政府相关部门的大力支持下，上海黄金交易所于2019年8月首次推出了"黄金之路"项目。"黄金之路"旨在依托交易所国际板的平台优势，通过模式创新和流程再造等方式，打通业务各环节的难点和堵点，探索黄金市场国际合作新模式，实现共建"一带一路"国家黄金产业企业与中国先进黄金加工制造企业的对接，实现区域间的黄金资源、资金、产能、技术及服务共享，以黄金市场创新提升中国黄金实体企业跨境市场服务能力，进而提升中国黄金产业参与全球黄金市场的竞争力、影响力。

经过近五年的发展，"黄金之路"项目逐步成熟，业务模式推陈出新，业务涵盖新加坡、泰国、缅甸等多个东南亚国家。目前已形成包括"黄金租赁＋珠宝加工"、"标准金锭加工复出口"及黄金转口贸易业务等功能多样的业务模式，满足境内境外、产业链上下游间，以及银企之间的多元化需求。

1. 珠宝企业："黄金租赁＋珠宝加工"

在该模式中，"黄金之路"项目根据企业的实际业务需求，为其提供包括原料采购、融资服务、离岸仓储等一系列平台服务功能，为境外黄金生产商参与中国黄金市场建立了便捷的渠道，降低其开展加工贸易业务中原料金的资金占用，使其享受由中国完善的黄金产业链和制造能力带来的更低成本、更高品质的黄金饰品；同时，为境内黄金产业经济实体提供了更多样的跨境业务机遇，切实服务境内实体企业，促进黄金产业集群发展，助力上海、深圳等区域的实物黄金仓储中心、转运中心建设。另外，随着国内珠宝企业"走出去"的步伐不断加快，"黄金之路"项目还能够服务境内珠宝企业的境外黄金原料采购和加工需求，便利和降低企业各项成本，助力企业的国际化发展。

2019年8月，国际板开展了首笔"黄金租赁＋珠宝加工"业务。泰国的珠宝首饰企业通过国际板平台与一家商业银行开展租借套保业务，并将租借来的标准金锭委托境内珠宝首饰企业加工成黄金饰品，随后将成品出口至泰国当地销售，实现了超过600万元的销售收入。

2023年12月，国内珠宝企业与外资银行再次开展了"黄金之路"项目下的"黄金租赁＋珠宝加工"模式，外资银行通过国际板租赁平台为该企业提供境外黄金原料，该企业将黄金原料从国际板提出，并加工成黄金饰品后复出口至境外，最终实现了其品牌出海业务的成功落地（"黄金租赁＋珠宝加工"模式示意

第三章 黄金交易业务规则

图见图 3-14、图 3-15)。

图 3-14 "黄金租赁 + 珠宝加工"模式

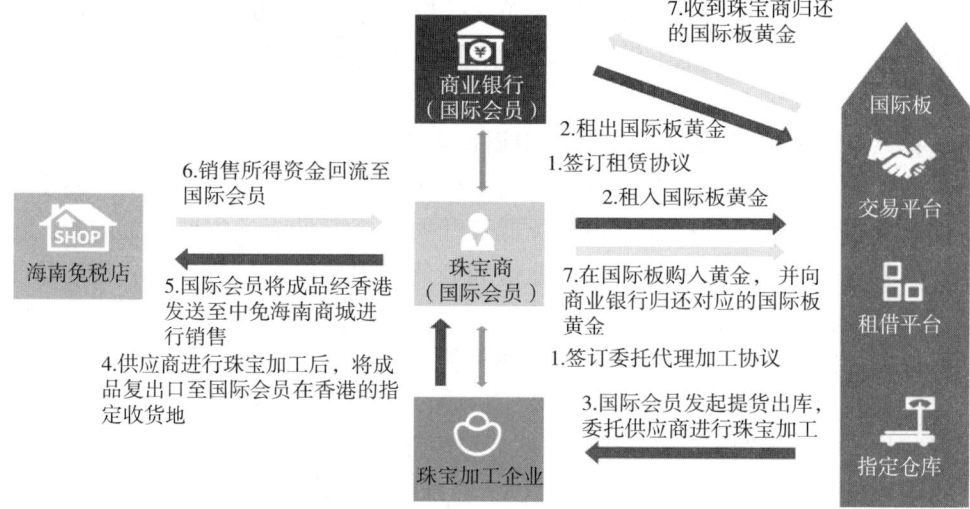

图 3-15 "黄金租赁 + 珠宝加工"模式明细

2. "标准金锭加工复出口"模式

2021 年 4 月,某黄金上游企业充分利用其在共建"一带一路"国家黄金原料矿山资源优势,通过其境内的合格交割精炼企业加工成 1 千克的标准金锭后存入上海黄金交易所国际板指定仓库,依托国际板交易平台与多家国际会员达成交易,从而完成首笔海外黄金原料加工复出口业务。

这一业务场景,有效拓宽了中资企业海外矿山的销售渠道,实现国内精炼企业的产能输出,更大地承担起服务境内外黄金供给、需求间的桥梁作用(见图 3-16)。

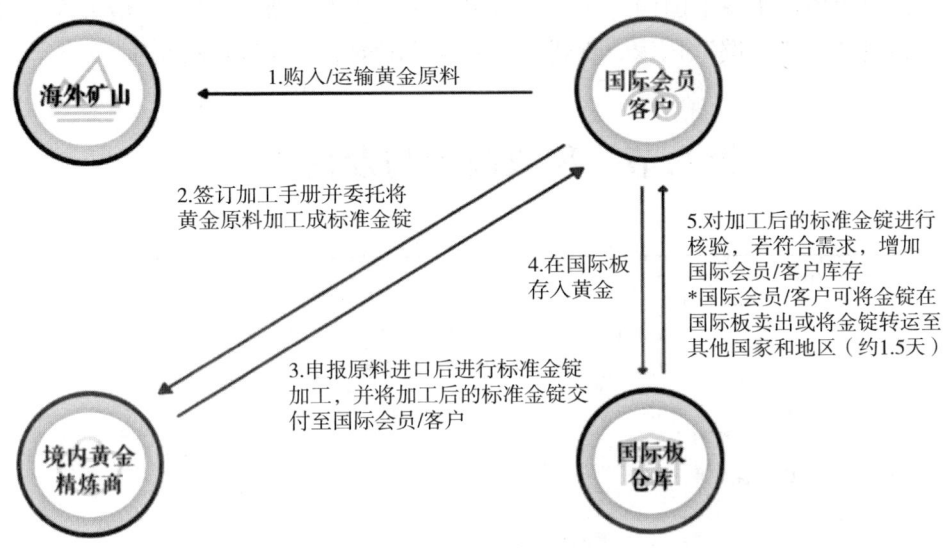

图 3-16 "标准金锭加工复出口"模式

3. 黄金转口贸易业务

2022 年 1 月 25 日,在上海黄金交易所积极组织和推动下,位于云南的国内精炼企业委托国际会员通过国际板交易平台从另一国际会员购入一批 12.5 千克

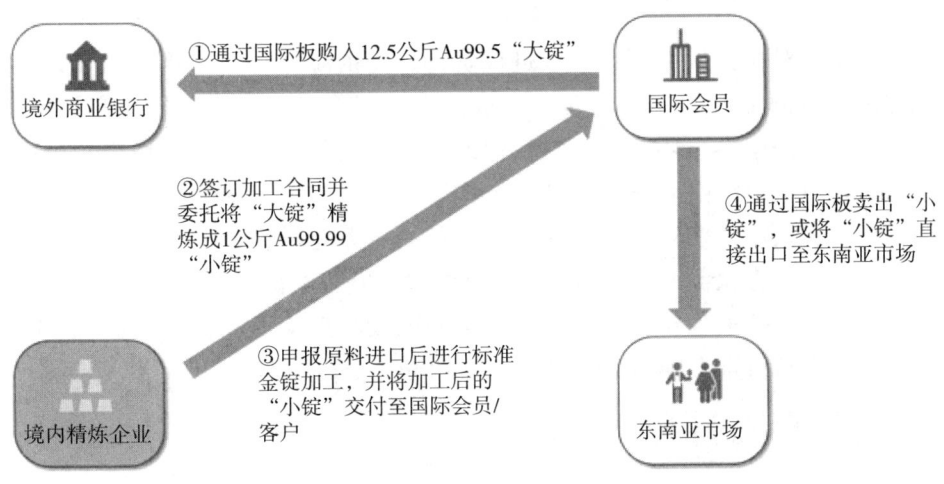

图 3-17 "黄金转口贸易业务"模式

第三章 黄金交易业务规则

金锭,成交金额近 8000 万元。原料金锭从国际板指定仓库中提出后,运至云南进行保税加工,提纯改铸成标准公斤条后出口至东南亚市场。

该应用场景实现了国内外黄金产业链的有效对接,把国内黄金精炼产能输出至共建"一带一路"国家,促进 RCEP 成员国黄金市场的互联互通。

第八节 税收政策与发票管理

学习内容	知识点
增值税的基本概念	增值税的概念、特点和类型,增值税纳税人的类型、税率与征收率,一般纳税人应纳税额的计算,增值税专用发票
结算发票	构成要素、发票开具、发票交付、发票遗失
黄金与铂金的增值税税收政策	黄金与铂金交易的税收政策、实物黄金在产业链各环节所涉及的增值税与发票流转、黄金与铂金实物租赁业务的专用发票开具
白银交易的增值税与发票处理	白银交易的税收政策、专用发票的开具流程与管理规定

一、增值税的基本概念

(一)增值税的含义

增值税是对在我国境内销售或进口货物、提供应税劳务的单位和个人,就其取得的增值额征收的一种流转税。从计税原理上说,增值税是对商品生产、流通、劳务服务中多个环节的新增价值或商品的附加值征收的一种税,实行价外税制度,税负最终由消费者负担,有增值才征税、没增值不征税。

从税收收入规模来看,增值税是我国目前最大的税种,是政府财政重要的税收来源之一。在会计实务、纳税申报中,增值税也是一个极其重要的税种,涉及的税收相关政策也比较多。黄金市场的税收政策为促进我国黄金产业的高质量发展,推动黄金市场的国际化进程和市场化改革提供了重要的制度保障。

(二)增值税的特点

1. 逐环节征税,逐环节扣税,最终消费者是全部税款的承担者

第八节　税收政策与发票管理

作为一种新型的流转税，增值税保留了传统间接税按流转额全值计税和道道征税的特点，并实行税款抵扣制度，在逐环节征税的同时，还实行逐环节扣税。这样，随着各环节交易活动的进行，经营者在出售货物的同时也出售了该货物所承担的增值税税款，直到货物卖给最终消费者，货物在以前环节已缴纳的税款连同本环节的税款也一同转给了最终消费者。可见，增值税税负具有逐环节向后推移的特点，作为纳税人的生产经营者并不是增值税的真正负担者，只有最终消费者才是全部税款的负担者。

2. 对增值额征税，避免重复征税

一种货物、劳务或服务，在其生产经营过程中不管经历多少生产和流通环节，增值税征收都是对其销售额中的增值额征税，即只对商品销售额或劳务收入额中属于本单位新创造的、尚未征过税的那部分增值额征税，从而使增值税有效地排除了重复征税的因素。

3. 增值税是典型的价外税

增值税实行价税分离，以不含增值税的价格为计税依据，税收负担明确，这一点是与以含税价格为计税依据的其他流转税税种完全不同的。

价外税是由购买方承担税款，销售方取得的货款包括销售款和税款两部分。由于税款等于销售款乘以税率，而这里的销售款等于货款（含税价格）减去税款，即不含税价格。

价外税的计算公式为

$$税款 = [含税价格 / (1 + 税率)] \times 税率 = 不含税价格 \times 税率$$

（三）增值税的类型

各国在增值税立法中，出于财政收入或者投资政策的考虑，在确定法定增值额时，除了对一般性外购生产资料（非固定资产项目）普遍实行扣除外，对于某一纳税人的外购生产资料中的固定资产的价值扣除，规定不完全相同。根据税基和购进固定资产的进项税额是否扣除及如何扣除的不同，各国增值税可以分为生产型、收入型和消费型三种类型。

1. 生产型增值税

该类型增值税在计算应纳税额时，只允许从当期销项税额中扣除原材料等劳动对象的已纳税款，而不允许扣除固定资产所含税款的增值税，也不考虑生产经营过程中固定资产磨损的那部分转移价值（折旧）。

$$税基 = 销售收入总额 - 原材料价值$$

第三章 黄金交易业务规则

2. 收入型增值税

该类型增值税在计算应纳税额时，除扣除原材料等中间产品的已纳税款，且允许抵扣当期计入产品成本的折旧部分。

税基 = 销售收入总额 – 原材料价值 – 折旧

3. 消费型增值税

该类型增值税在计算应纳税额时，除扣除中间产品已纳税款外，对纳税人购入固定资产的已纳税款，允许一次性从当期销项税额中全部扣除，从而使纳税人对用于生产应税产品的全部外购生产资料都不负担税款。

税基 = 销售收入总额 – 原材料价值 – 当期外购固定资产价值

（四）增值税纳税人的类型

增值税的纳税人是指负有向国家缴纳增值税税款义务的单位和个人。由于增值税实行凭增值税专用发票抵扣税款的制度，因此对纳税人的会计核算水平要求较高，要求能够准确核算销项税额、进项税额和应纳税额。但实际情况是众多的纳税人达不到这一要求，因此《中华人民共和国增值税暂行条例》将纳税人按其经营规模大小以及会计核算是否健全划分为小规模纳税人和一般纳税人。

1. 小规模纳税人

小规模纳税人是指从事货物生产或者提供应税劳务的纳税人，以及以从事货物生产或者提供应税劳务为主，兼营货物批发或者零售的纳税人，年销售额在规定标准以下，并且会计核算不健全，不能按规定报送有关税务资料的增值税纳税人。

在实务操作中，小规模纳税人实行简易征税办法，并且一般不使用增值税专用发票，但基于增值税征收管理中一般纳税人与小规模纳税人之间客观存在的经济往来的实情，小规模纳税人可以到税务机关申请代开增值税专用发票。

在小规模纳税人会计核算健全且能够提供准确税务资料的情况下，可以向主管税务机关申请一般纳税人资格认定，不作为小规模纳税人。

2. 一般纳税人

增值税一般纳税人是指应征增值税的销售额超过规定的小规模纳税人标准的企业和企业性单位，以及会计核算健全，能够按规定报送有关税务资料的增值税纳税人。自一般纳税人资格生效之日起，纳税人按照增值税一般计税方法计算应纳税额，并按照规定领用增值税专用发票。

第八节 税收政策与发票管理

(五) 税率与征收率

我国增值税采用比例税率,分为基本税率、低税率和零税率三档,适用于一般纳税人。小规模纳税人采用征收率(见表3-33)。

表3-33　　　　　　　　　税率及适用范围

按纳税人划分	税率或征收率	适用范围
一般纳税人	基本税率为13%	通常的销售货物,提供加工、修理修配劳务,动产租赁
	低税率为9%、6%等	销售或进口税法列举的七类货物,适用于交通运输业、现代服务业、邮政业、电信业、金融业等
	零税率	纳税人出口货物
小规模纳税人	征收率	2009年1月1日以前,商业小规模纳税人为4%,其他小规模纳税人为6%
		2009年1月1日以后,小规模纳税人征收率不再划分行业,降至3%

(六) 一般纳税人增值税应纳税额的计算

一般纳税人销售货物或者提供应税劳务,采取扣税法计算应纳增值税额,其计算公式见图3-18。

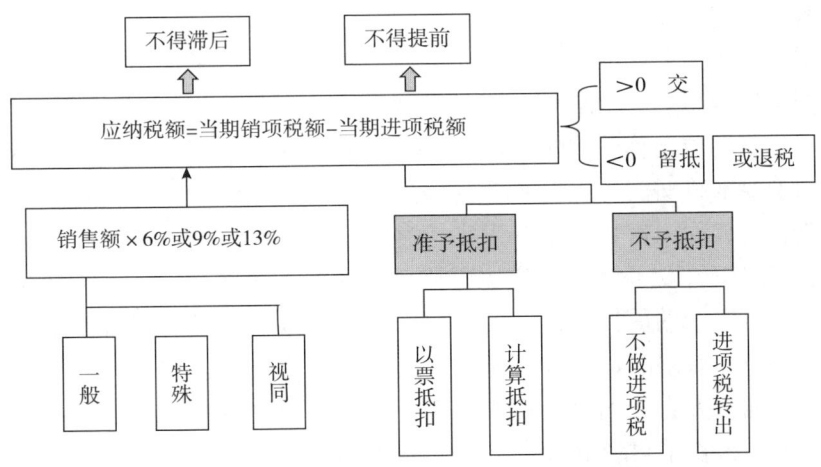

图3-18　一般纳税人应纳增值税额的计算

第三章　黄金交易业务规则

销项税额是指纳税人销售货物或者提供应税劳务，按照销售额和适用税率计算并向购买方收取的增值税税款。

含税销售额的换算：对于价税合并定价的含税销售额，应换算为不含税销售额，按下列公式计算

$$不含税销售额 = 含税销售额/(1 + 税率)$$

公式中的税率为销售的货物或者应税劳务按条例规定所适用的税率，一般纳税人税率为13%、9%、6%，小规模纳税人征收率为3%。

进项税额是指纳税人购进货物或者接受应税劳务，所支付或者负担的增值税税额。准予抵扣进项税额的只限增值税一般纳税人，增值税小规模纳税人在计算应纳增值税时不得抵扣进项税额。

当期销项税额小于当期进项税额不足抵扣时，其不足部分可以结转下期继续抵扣。

（七）增值税专用发票

增值税专用发票是纳税人经济活动中的重要商事凭证，是兼记销货方纳税义务和购货方进项税额的合法证明。我国实行的是发票扣税法，所以增值税专用发票对正确计算增值税额以及增值税的征收管理都起着决定性的重要作用。

专用发票一般分为三联，第一联为记账联，是销货方的记账凭证，作为销货原始凭证由销货方留存作备查之用；第二联为抵扣联，是购货方扣税凭证，由购货方交税务机关作为抵扣税款的凭证；第三联为发票联，交购货方记账用。上述三联的内容一致。

专用发票票面上有不可或缺的七要素，即"发票代码""发票号码""开票日期""销货方纳税人识别号""购货方纳税人识别号""金额""税额"，但票面上的"销货单位名称""购货单位名称""货物名称"等关键要素却不属于必须采集的七要素范畴。为进一步加强增值税专用发票管理，有效防范不法分子通过篡改企业名称、货物名称等汉字信息虚开增值税专用发票的犯罪活动，国家税务总局组织研发了增值税防伪税控系统汉字防伪项目。该系统是在不改变防伪系统密码体系的前提下，采用数字密码和二维码技术，利用存储更多信息量的二维码替代原来的84位和108位字符密文，在加密发票七要素信息的基础上实现了对购买方企业名称、销售方企业名称、货物名称、单位和数量等中文信息的加密、报税采集和解密认证功能。自2018年1月起，商品和服务税收分类编码也在全国范围内正式应用，纳税人开具的增值税发票，其商品和服务税

收分类编码对应的简称会自动显示并打印在发票票面"货物或应税劳务、服务名称"栏次中,并与国家税务总局核定的税收编码进行关联,监控并打击虚开发票行为,成为税务风险管控强有力的抓手。

在上海黄金交易所场内发生实物交割的,由上海黄金交易所主管税务机关代交易所按照实际成交价格向具有增值税一般纳税人资格的提货方会员单位或客户开具增值税专用发票,专票上的销货单位为上海黄金交易所;对提货方会员单位或客户为非增值税一般纳税人的,不得开具增值税专用发票。增值税专用发票的发票联、记账联由上海黄金交易所留存,抵扣联传递给提货方会员或客户单位。

二、结算发票

(一)构成要素

1. 结算发票中结算单位编码、单位名称与交易系统中会员或客户的编码、名称一一对应;
2. 交易方向根据交易结果标示为"买"或"卖";
3. 交易品种、重量、单价、实际结算金额根据实际成交结果列印。

(二)发票开具

结算发票由上海黄金交易所于交易完成后根据交易系统生成的交易数据,分别对买卖各方(个人除外)逐笔开具。纸质发票一式三联,第一联为存根联,第二联为发票联并套印国家税务总局监制章,第三联为结算联。存根联由上海黄金交易所留存,卖出方取得结算联,买入方取得发票联,结算发票加盖(或套印)交易所结算业务专用章。

(三)发票交付

结算发票由上海黄金交易所采用邮政快递等方式向会员交付,会员须指定专人签收,会员代理客户的结算发票由会员转交。

(四)发票遗失

结算发票于上海黄金交易所所在地至会员所在地之间的传递过程中发生遗

第三章 黄金交易业务规则

失,不得补开,上海黄金交易所可提供发票存根联复印件作为已开具发票证明。结算发票在传递至会员后发生遗失,不得补开,造成的经济损失由会员或其代理客户承担。

三、黄金、铂金、白银增值税税收政策

(一)主要税收政策

我国黄金税收政策在总体上是顺应黄金市场化改革需要的,也参照了国际上通行的税制,对保障国内黄金市场持续健康发展,维护国家金融秩序起到了正面、积极的引导和保障作用。

现有税收政策遵循了国际惯例,国内金价直接与国际金价接轨,大大平抑和减少了套取国内外价差的地下交易和走私活动,为国内黄金生产经营企业规范发展和公平竞争创造了条件。现有税收政策推动了国内黄金产业的发展和飞跃,促进了国有大中型企业做强做大,形成了一批有实力有影响的大型骨干企业,极大地提升了黄金企业的层次和国内黄金生产能力。促使行业企业聚集到交易所市场中来,通过市场集中交易,为国家规范黄金市场秩序,建立公开透明、功能完善的黄金市场发挥了积极作用。

财政部、国家税务总局先后出台的黄铂金增值税税收政策及征收管理办法一览如下:

1.《黄金交易增值税征收管理办法》(国税发明电〔2002〕47号)

主要内容包括:

(1)标准黄金与非标准黄金的界定,标准黄金包括四种成色,分别为Au9999、Au9995、Au999、Au995;五种规格分别为50克、100克、1千克、3千克、12.5千克。以上四种成色、五种规格以外的黄金产品为非标准黄金。

(2)通过交易所交易标准黄金,未发生实物交割的,卖出方向交易所开具普通发票并取得交易所开具的"黄金交易结算发票"(结算联),免征增值税;发生实物交割的,对具有一般纳税人资格的买入方开具增值税专用发票(仅抵扣联)。

(3)"标准黄金实物交割"的定义为会员单位或客户将在黄金交易所已成交的黄金从黄金交易所指定的金库提取实物的行为。

第八节 税收政策与发票管理

（4）按实际成交价格开具增值税专用发票，实际成交价格为所提取黄金买卖双方按规定报价方式所成交的价格，不包括交易费、仓储费等费用。

（5）已提取出库的黄金不得再入库交易。

（6）交易所作为名义上的销售方，享受即征即退政策。

（7）纳税人不通过黄金交易所销售标准黄金的，不享受增值税即征即退政策。

（8）会员单位和客户增值税进项税额的核算，按取得的增值税发票记载的税额单独记账。

2.《财政部　国家税务总局关于黄金税收政策问题的通知》（财税〔2002〕142号）

该政策是中国黄金市场化改革配套的重要税收政策，其主要内容包括：

（1）黄金生产和经营单位销售黄金免征增值税；进口黄金（含标准黄金）和黄金矿砂免征进口环节增值税。

（2）黄金交易所会员单位通过黄金交易所销售标准黄金，未发生实物交割的，免征增值税；发生实物交割的，由税务机关按照实际成交价格代开增值税专用发票，并实行增值税即征即退的政策，同时免征城市维护建设税、教育费附加。

（3）纳税人不通过黄金交易所销售的标准黄金不享受增值税即征即退和免征城市维护建设税、教育费附加政策。

（4）黄金出口不退税；出口黄金饰品，对黄金原料部分不予退税，只对加工增值部分退税。

3.《财政部　国家税务总局关于铂金及其制品税收政策的通知》（财税〔2003〕86号）

该政策是为了规范铂金交易，加强铂金交易的税收管理而制定的，其主要内容包括：

（1）进口铂金免征进口环节增值税。

（2）通过交易所销售进口铂金，销售方享受增值税即征即退政策。

（3）通过交易所购买铂金，由交易所主管税务机关按实际成交价格向具有一般纳税人资格的实物买入提货方代开增值税专用发票。

（4）铂金出口不退税。

（5）铂金首饰消费税的征收环节由在生产环节和进口环节征收改为在零售环节征收，消费税税率调整为5%。

第三章 黄金交易业务规则

4.《国家税务总局关于出口含金成分产品有关税收政策的通知》（国税发〔2005〕125号）

主要内容包括出口含金成分的产品免征增值税，相应的进项税额转为成本，不退税不抵扣，须转入成本处理。

5.《国家税务总局关于金融机构开展个人实物黄金交易业务增值税有关问题的通知》（国税发〔2005〕178号）

主要内容包括：

（1）金融机构向社会公开销售实物黄金，照章征收增值税。

（2）金融机构销售实物黄金，由各分支行按月预缴增值税，由省级分行或直属一级分行统一清缴。

（3）金融机构向购买方开具国家税务总局统一监制的普通发票。

6.《财政部 税务总局关于继续执行的城市维护建设税优惠政策的公告》《财政部 税务总局关于城市维护建设税计税依据确定办法等事项的公告》（财政部 税务总局公告2021年第27号、第28号）

公告明确，对上海黄金交易所会员单位通过上海黄金交易所销售且发生实物交割的标准黄金，免征城市维护建设税。教育费附加和地方教育附加计征依据与城建税计税依据一致。

（二）实物黄金在生产、流通、零售及进出口等环节中所涉及的增值税

世界上大多数国家将黄金按照不同用途分为黄金原料、投资产品、黄金饰（制）品三种性质，实行不同的增值税税收政策。一是对黄金原料实行优惠的增值税政策。主要因为黄金原料是初级产品，也是深加工的源头环节，这一环节税负过高，直接影响后续的生产、加工和销售等各个环节。因此，通过采取免征或即征即退或先征后退等方式降低税负。南非、美国、澳大利亚、加拿大等产金国的黄金生产都免征增值税。二是对黄金投资产品免征增值税。黄金是一种金融资产，其他金融产品如股票、债券、存款不征收增值税，对具有金融性质的黄金投资产品也不征收增值税。三是对黄金饰（制）品征收增值税。黄金饰（制）品的投资保值功能较弱，是一种消费品，与其他商品一样，在生产、加工、销售等各环节均缴纳增值税。

在我国，现有黄金税制在黄金生产加工、流通、零售等环节与国际大致相同，实行的是鼓励性政策，实物黄金在各环节中会涉及增值税、消费税和关税等各种流转税，其中又以增值税为主。

第八节 税收政策与发票管理

1. 黄金生产、流通环节

简要概括，黄金生产、经营单位销售黄金（不含标准黄金）和黄金矿砂（含伴生金）免征增值税；对金属矿采选产品按13%的低税率征收增值税；对黄金原矿产品减征30%的资源税；对黄金矿山企业征收矿产资源补偿费；为鼓励场内交易的发展，我国对于在黄金交易所和期货交易所内的黄金交易实行特殊的税收政策。

1994年税制改革后，对黄金矿砂（包括伴生金矿）和冶炼企业生产销售的黄金免征增值税；中国人民银行对配售黄金时征收的增值税，实行即征即退。从1994年4月1日起，开始对黄金矿山企业征收4%的矿产资源补偿费。从1994年5月1日起，金属矿采选产品、非金属矿采选产品和煤炭改按13%的低税率征收增值税。从1996年7月1日起，对黄金原矿产品减征30%的资源税。

2002年9月颁布的《财政部 国家税务总局关于黄金税收政策问题的通知》规定，对符合相关条件的黄金生产、进口、经营、销售、交易等环节实行税收优惠政策。同时，国家税务总局《国家税务总局关于金融机构开展个人实物黄金交易业务增值税有关问题的通知》规定，自2005年起，对于金融机构从事的实物黄金交易业务，实行金融机构各省级分行和直属一级分行所属地市级分行、支行按照规定的预征率预缴增值税，由省级分行和直属一级分行统一清算缴纳。《财政部 国家税务总局关于黄金期货交易有关税收政策的通知》（财税〔2008〕5号）规定，自2008年1月1日起，上海期货交易所黄金期货交易发生实物交割时，比照现行上海黄金交易所黄金交易的税收政策执行。此外，商业银行从上海黄金交易所和上海期货交易所购买黄金，委托加工企业进行加工，适用一般计税方法缴纳增值税，税率为17%（从2018年5月1日起，原适用17%税率的，增值税税率调整为16%；从2019年4月1日起，原适用16%税率的，增值税税率调整为13%）。

2. 黄金饰（制）品零售环节

在黄金首饰经营领域，黄金首饰的批发和零售企业均须缴纳增值部分17%的增值税（从2018年5月1日起，原适用17%税率的，增值税税率调整为16%；从2019年4月1日起，原适用16%税率的，增值税税率调整为13%）；从1995年1月1日起，金银首饰的消费税按5%的税率征收，从生产销售、进口环节征收改为零售环节征收。这在当时黄金制品控制管理的背景下，既保证了金银首饰消费税的征收管理，又对黄金制品控制起到了配合的作用。

第三章　黄金交易业务规则

3. 黄金进出口环节

从1996年1月1日起，经国家批准进口的金精矿砂暂免征收进口环节增值税。从2000年6月20日起，对出口黄金及出口金饰品的黄金原料部分不再予以出口退税，对此前已经报关出口的仍按原规定办理退税。《财政部　国家税务总局关于黄金税收政策的通知》及相关税收政策规定，自2003年1月1日起，对进口黄金（含标准黄金）和黄金矿砂（含伴生矿）免征进口环节增值税；对黄金原料、工业及实验含金产品的进口关税，实行0~11%的优惠税率；黄金首饰出口实行17%的增值税退税率，不退消费税。但从2000年6月20日起，使用进口黄金原料加工出口的黄金制品不再享受退税；黄金首饰的进口关税为40%，并由海关代征17%的增值税，不征收消费税。2003年，四大国有商业银行（中国银行、中国工商银行、中国建设银行、中国农业银行）成为首批获准开办黄金进口业务资格的银行。2010年，中国人民银行重新开始批准商业银行开办黄金进口业务，包括上海银行在内的四家银行，成为新一批获央行批准开办黄金进口业务的银行。2010年7月22日，六部委联合发布《关于促进黄金市场发展的若干意见》（以下简称《意见》）。在黄金供给渠道上，该《意见》提出："扩大有进出口黄金资格的商业银行数量，推动市场创新，提高市场流动性。在市场化原则基础上，进一步发展黄金租借市场。"

4. 黄金回购环节

黄金回购业务没有专门的税收政策规定，但由于个人无法开具增值税专用发票，企业回购时也不能获得可抵扣进项税额，需要按照收入全额缴纳17%的增值税（从2018年5月1日起，原适用17%税率的，增值税税率调整为16%；从2019年4月1日起，原适用16%税率的，增值税税率调整为13%）。

（三）实物黄金在产业链各环节的增值税及发票流转过程

黄金从被开采冶炼的初始阶段起，历经加工环节被精炼成标准金，再进入交易所场内市场完成交易环节后离场出库；被深加工成黄金饰品进入零售批发环节，最终由消费者购买，增值税及其抵扣凭证专用发票在整个税收链中扮演着重要的角色（见图3-19、图3-20）。

在我国，黄金生产冶炼企业生产销售黄金（不含标准黄金）和黄金矿砂（含伴生金）免征增值税。同时，为了鼓励场内交易的发展，我国对于在上海黄金交易所和上海期货交易所内的黄金交易实行优惠的税收政策，但场内交易的黄金必须为标准金，因此所有的非标准金必须冶炼成四种成色、五种规格之一

第八节 税收政策与发票管理

初级产品：非标金、原料金　免增值税

548.60元/克

交易所市场：标准金场内交易免增值税（卖方免税，买入提货方可以取得税票）

548.60元/克（485.49 +63.11）

卖方向交易所开具普通发票，交易所向买卖各方开具结算发票，向买入提货方开具增值税专用发票

首饰生产商（批发）：增值税一般纳税人，税负转移

600元/克（530.97 + 69.03）

（开具专用发票）

零售商：增值税一般纳税人，税负转移

660元/克（584.07+75.93）

（普通发票）

消费者：税负承担人（75.93元增值税税负）

图 3-19　实物黄金在产业链各环节的增值税流转

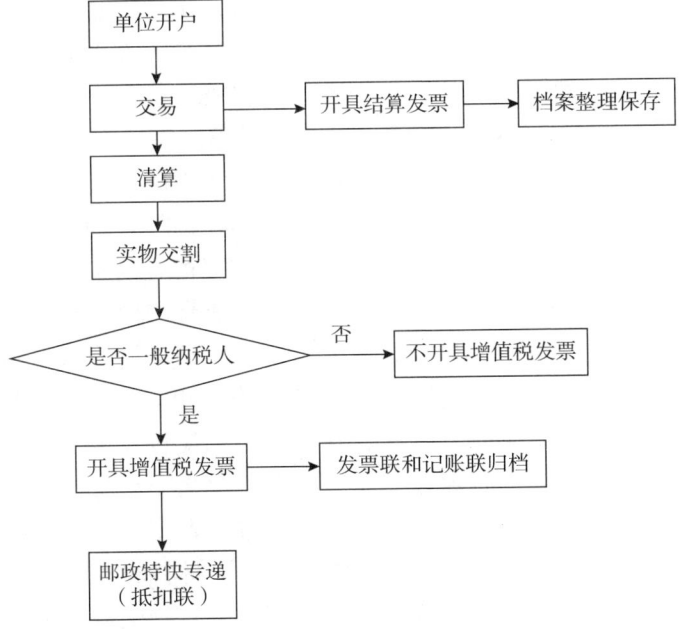

图 3-20　上海黄金交易所实物黄金发票业务流程

第三章 黄金交易业务规则

的标准黄金产品后方可进入场内。

1. 未发生实物交割的场内交易环节发票流转情况

以 1 千克标准黄金现货为例，买卖双方在上海黄金交易所的交易平台通过竞价方式成交一笔以 1 千克标准金为交易标的的现货黄金交易，价格采用 2024 年 6 月 18 日 Au99.99 合约收盘价 548.60 元/克，成交金额为 548600 元。根据国税发明电〔2002〕47 号规定，按照上海黄金交易所规定注册登记的会员以及按照交易所章程登记备案的客户，通过上海黄金交易所进行的标准黄金产品交易，未发生实物交割的，免征增值税；卖出方会员单位或客户应按实际成交价格向交易所开具普通发票，并据此换取交易所开具的《上海黄金交易所发票》（以下简称结算发票），该结算发票一式三联（存根联、发票联、结算联），由上海黄金交易所按每笔交易的实际成交价格向买入方和卖出方分别开具，卖出方凭结算发票的结算联向所在地税务机关办理免税手续，买入方依据结算发票的发票联作为会计记账凭证进行财务核算。这笔 1 千克标准金的场内交易，卖出方需先向交易所开具货物品名为标准黄金，重量为 1 千克，单价为 548.60 元/克，总金额为 548600 元的普通发票。上海黄金交易所在收到普通发票后，须给卖出方开具抬头为"上海黄金交易所发票"，且内容和金额与普通发票一致的结算发票，卖出方可持有该结算发票的结算联向税务机关办理此笔场内交易 548600÷1.13×0.13＝63113.27 元的销项税免税申请，同时买入方也会收到上海黄金交易所开具结算发票的发票联，以此作为财务核算凭证。

2. 发生实物交割的场内增值税专用发票开具情况

假设买入方对交易标的为 1 千克的标准黄金实物申请提货，在填写完整有效的"提货申请单""出库申请单"后，从指定金库提取实物。到了这一阶段，就代表上海黄金交易所场内交易环节已发生了标准黄金的实物交割行为，上海黄金交易所的主管税务机关应按实际成交价格代交易所向具有增值税一般纳税人资格的提货方会员单位或客户开具增值税专用发票。增值税专用发票一式三联（记账联、抵扣联和发票联），记账联和发票联都由上海黄金交易所留存，抵扣联传递给提货方，记账凭证由结算发票的发票联代替专用发票的第三联发票联。发票上的销货单位为上海黄金交易所，上海黄金交易所可享受增值税即征即退的优惠政策，同时免征城市建设维护税和教育费附加。提货方取得增值税专用发票抵扣联后，应按发票上注明的税额从黄金材料成本科目中转入"应缴税金—进项税额"科目进行进项税额的核算。如果实物交割的提货方不具备增值税一般纳税人资格的，则无权取得增值税专用发票。

第八节 税收政策与发票管理

通过此交易环节买入1千克标准黄金的实际提货方从指定仓库提取了实物黄金，假设其具备一般纳税人资格，提货方会取得一张销货单位为交易所的增值税专用发票抵扣联，票面上会在"货物或应税劳务名称"一栏标明实际交割的黄金品种。根据13%的税率，不含税金额＝含税金额／（1＋13%），故剔除税额后的不含税金额为485486.73元，根据公式，税额＝不含税金额×13%，此1千克标准金的税额部分为63113.27元，这也是提货方可用于抵扣的进项税额。

3. 场外流转环节增值税税负转移情况（无消费税场景）

实物黄金从指定仓库提取出库后，就进入了场外流通环节，在这个环节中，经过加工，标准黄金的形态发生了变化，原来的成色和规格改变了，以黄金饰（制）品作为标的物进入零售环节，其性质与一般商品相同。因此，在流通、销售环节都要缴纳增值税。

有实物需求的提货方多为首饰生产商（批发商），它们提取黄金实物后将其加工成样式丰富的黄金首饰饰品，并批发售卖给零售商。在此环节，首饰生产商通过加工获取利润，黄金饰品也比上一环节的黄金实物多了一块附加值，加工并出售饰品的生产商需承担增值部分13%的增值税。假设首饰的售价为600000元，生产商作为销售方需给作为购买方的零售商开具一张价税合计金额为600000元的增值税专用发票，票中含有销项税税额69026.55（600000÷1.13×13%）元。首饰生产商在交易所购料环节作为实物提货方已经获取了63113.27元的进项税额，因此实际的增值税税负仅有5913.28（69026.55－63113.27）元。

零售商购入黄金饰品后在最后的零售环节将首饰出售给最终的个人消费者，至此黄金实物的流转进入最后一个环节（暂不考虑回购环节），消费者所支付的货款就包含了全部的增值税税款。假设这款由1千克标准金加工的首饰在零售终端的售价为660000元，并已售卖给个人消费者，零售商无须开具增值税专用发票，但须在次月的增值税纳税申报表中申报75929.20（660000÷1.13×13%）元的销项税额，其实际的税负仅为6902.65（75929.20－69026.55）元。消费者作为首饰的最终持有者，其所支付的660000元货款中已经包含了13%的增值税税款75929.20元，而他又无法将该笔税负转嫁出去。因此，消费者就是最终负税人。

从上述各流转环节可以看出，增值税作为一种流转税，实行税款抵扣制度，在逐环节征税的同时，实行逐环节扣税。经营者在出售货物的同时也出售了该货物所承担的增值税税款，直到货物卖给最终消费者时，货物在以前环节已纳

第三章 黄金交易业务规则

的税款连同本环节的税款也一并转让给了最终消费者。作为纳税人的生产经营者并不是增值税的真正负担者，只有最终消费者才是全部税款的负担者。

（四）黄金和铂金实物租赁业务的专用发票开具

产用金企业通过黄铂金租赁业务，在满足生产周转所需黄铂金实物的同时，为企业节约大量资金占用成本，还可规避金价波动对企业所带来的冲击，降低财务风险；银行实施租赁业务，不但使银行的业务品种得到丰富，产品结构得到完善，还有利于银行向黄（铂）金产用金企业等实体经济提供更为全面优质的服务支持。

常见的实物租赁业务需完成两大流程、四个步骤，即黄金（铂金）的租入流程和归还流程，涵盖实物的借入、出库、买入和归还这四个步骤。对黄金、铂金等贵金属有实际实物需求的用金企业租入一笔实物黄金（铂金），双方会在合同中约定租赁期限和租赁费用，企业作为借入方（用金方）会将实物从仓库中提取出来加工出售，满足生产周转的需要，至此租赁的租入流程完成。在租赁日到期前，为了归还租赁的实物，企业会通过上海黄金交易所场内市场买入与租赁实物等量的货权，在约定的期限内归还给银行。因此，租赁的归还流程中并不涉及实物出库业务。

增值税专用发票是在满足上述两大流程、四个步骤后，为具有一般纳税人资格的借入方（实物用金方）开具的，其借入、出库、买入成交和归还记录都是开具专用发票的依据，缺一不可。通过租借（拆借）取得并出库的实物，最终通过交易所市场买入并归还的，交易所根据其出库及买入成交记录开具增值税专用发票。

（五）白银交易涉及的增值税和发票处理

白银，在历史上曾经与黄金一样，作为重要的货币物资，具有储备职能，也曾作为国际支付的重要手段，随着白银的用途越来越多地面向工业领域，其作为货币支付的职能逐渐淡化。从2000年1月1日起，中国人民银行不再办理白银收购配售业务，并取消白银统购统配的管理体制，放开白银市场，允许白银生产企业与用银单位直接见面，同时取消了对白银制品加工批发零售业务的许可证管理制度（银币除外），对白银生产经营活动按照一般商品的有关规定管理，这一规定实施标志着我国白银市场的全面开放。财政部和国家税务总局在白银的生产环节和进出口环节也发布了多个与增值税相关的通知和公告。

第八节 税收政策与发票管理

生产环节征税：《国家税务总局关于白银生产环节征收增值税的通知》（国税发〔2000〕51 号）规定，自 2000 年 1 月 1 日起，对企业生产销售的银精矿含银、其他有色金属精矿含银、冶炼中间产品含银及成品银恢复征收增值税。这实际上是将白银视同为普通商品征税。

进口环节征税：《财政部关于对白银恢复征收进口环节增值税的通知》（财税〔2003〕44 号）规定，自 2003 年 1 月 1 日起，对企业生产销售的银精矿含银、其他有色金属精矿含银、冶炼中间产品含银及成品银恢复征收进口环节增值税。

出口退税：自 2007 年 7 月 1 日起出口退税率由 13% 降为 5%，自 2008 年 8 月 1 日起取消出口退税。

2000 年至今，我国白银消费随着经济形势稳步上升，珠宝首饰行业的大量需求和工业上的用料促使白银产量逐步增加。上海黄金交易所也于 2006 年 10 月 30 日推出了白银现货即期和现货延期交收合约，并支持实物交割，顺应了市场的需求。

根据《上海黄金交易所交易发票管理办法》，会员或客户通过交易所参与白银交易，上海黄金交易所不开具结算发票，发生实物交割的，须开具增值税专用发票。白银视同普通商品，其专用发票开具流程及管理规定如下。

1. 开票方与受票方

根据实物交割清单，由卖方直接向买方开具专用发票并传递发票联和抵扣联。买卖双方应在完成实物交割后及时交换增值税开票信息。

2. 票面价格和数量

专用发票价格为成交日结算价或交收申报成交日结算价（含税价），重量为实际交割重量。

3. 开票期

专用发票的开票期为每月 1 日至 20 日，最后开票日为 20 日（遇节假日顺延），此后至月末交割的实物，视为下一开票期内的交割实物，发票延至下月开票期前 7 个交易日内开具。

4. 发票的传递

在开票期内完成白银实物交割的卖方会员或客户，须于完成实物交割后的 7 个交易日内将专用发票以邮政特快专递或专人送交至买入方。对延至下一开票期开票的，其发票应于下一开票期前 7 个交易日内开具并交付。逾期交付的，每日处以发票金额千分之一的滞纳金罚款，计入交易所风险基金。

5. 发票的复核与货款的解冻

上海黄金交易所在卖方完成交收后,参照国家税务机关公布的增值税税率冻结相应比例金额的货款,买方收到卖方开具的专用发票后,以传真书面确认函的形式通知交易所解冻资金。因买方未及时通知交易所解冻资金而造成卖方滞纳金或罚款损失的,损失由买方承担。

6. 违约处理

完成白银实物交割的卖方,在超过最后期限仍未向买方交付专用发票的,视为违约,上海黄金交易所扣除所冻结金额作为违约金并以书面形式告知卖方会员,违约金用于弥补买方进项税款损失。

7. 信用型白银询价交易

白银实物交割的信用型询价交易,按照交易双方约定自行开票,交易所不冻结货款。

(六)"营改增"背景下的场内黄金交易交割费用项目专用发票的开具

作为深化分税制改革的重要组成部分,营业税改征增值税("营改增")的脚步是从 2012 年 1 月 1 日上海市交通运输业和部分现代服务行业试点开始的。2016 年 5 月 1 日,财政部、国家税务总局在全国范围内开展营业税改征增值税的试点工作,范围扩大到金融业、房地产业、建筑业和生活服务业,上海黄金交易所也被纳入试点单位,由缴纳营业税改为缴纳增值税。

与金融同业有所不同,上海黄金交易所的主要收入来源于手续费、仓储费等交易交割费用,同时上海黄金交易所又是实行会员制的组织形式,为满足广大会员单位的进项税额抵扣需求,上海黄金交易所向具有增值税一般纳税人资格的会员统一开具交易手续费、仓储交割费等项目专用发票,金额为含税金额,并根据规定的税率转换成专用发票中的金额和税额:

$$票面金额 = 费用金额 / (1 + 税率)$$
$$票面税额 = 票面金额 \times 税率$$

第四章 黄金市场风险控制

当今时代,风险无处不在,尤其在金融市场领域,各类风险交织并彼此相互作用。作为金融市场重要组成部分的黄金市场,同样也存在诸多的投资风险。针对各类市场风险的特点,上海黄金交易所制定了完善的风险控制制度,目的在于防范和化解潜在的市场风险,保证黄金市场平稳运行。会员及广大投资者也应提高对市场风险的识别能力,加强交易过程中的风险控制管理,实现黄金交易风险控制管理的多层次联动。

第一节 黄金市场的风险控制管理

学习内容	知识点
黄金市场的风险分类	价格风险、信用风险、市场风险、汇率风险、流动性风险、操作风险、其他风险
黄金市场风险成因分析	黄金市场风险成因的四个方面
风险控制管理	上海黄金交易所的风险控制管理、会员单位的风险控制

一、黄金市场风险

从经济学的角度看,风险指未来收益的不确定性。风险本身是客观存在的,具有普遍性,任何一种投资都存在风险,通常情况下,收益与风险是相对的,投资收益的来源正是投资者或机构所承担的风险,收益是风险的成本和报酬,高收益往往伴随着高风险。投资风险包括财务风险、利率风险、市场风险、变现风险、政策风险、事件风险等。

对于普通投资者而言,黄金投资的风险是指实际投资收益低于预期投资收益的可能性。**黄金、白银延期交易由于是以保证金方式进行的杠杆式交易,可能获得较高的投资收益,但也可能产生较大的损失,损失的金额有可能超过全部的保**

第四章 黄金市场风险控制

证金。投资者进入黄金市场,可能需要承担的风险主要包括以下几个方面。

(一) 价格风险

黄金投资价格风险是由黄金价格波动而给投资者带来的风险。布雷顿森林体系解体后,黄金开始与美元脱钩,并开启了非货币化进程,黄金的价格不再是固定的官方价格,而是受供需关系、世界宏观政治经济形势、美元和欧元等主要货币币值、通货膨胀和实际利率等多种因素影响而波动的。时至今日,黄金衍生品市场的投资种类日益丰富,以保证金交易的杠杆比例越大,市场风险越高。影响黄金价格的因素越多,黄金市场产品越丰富,黄金价格的波动幅度和风险也随之增大。

(二) 信用风险

信用风险是交易对手方违约风险的一种形式,交易对手方违约风险是指合同或协议的一方,无法履行其在交易中的责任时给另一方带来的风险。它可能是违约方拒绝提供所承诺的实物或服务,也可能是无法按时偿还所欠的债务。黄金投资中也存在一定的信用风险,特别是在进行延期交易时。在现货实盘品种的交易中,由于是足额的实物与足额的资金进行的交易,一般不存在违约的可能。但在进行延期交易时,因采用保证金形式的交易,所以存在交割申报或中立仓申报时违约的可能。上海黄金交易所实行每日无负债结算制度,每个交易日收市后要进行结算,如果发生亏损,必须于次日开盘前补足保证金,否则会触发强行平仓。

(三) 市场风险

市场风险,一般而言主要是指由市场变化带来的价格波动导致损失发生的可能性。它通常表现为金融工具或其组合的价值随市场因素的变化而产生的变化。作为一种国际性投资产品,黄金价格波动有时很剧烈,它的价格受到国际外汇市场、期货市场、股票市场以及全球政治经济等因素的影响,风险来源多样化且不确定性较大。

(四) 汇率风险

汇率风险,又称货币风险,指的是金融机构、企业和个人持有以外币发行或需要以外币偿还的债券等资产时,由于汇率变动而蒙受损失的可能性。黄金价格与全球宏观经济数据联系紧密,与美国经济和美元走势更是相关度极大,对投资者而言，应随时密切关注国际经济数据对黄金价格走势的影响。

（五）流动性风险

流动性风险是指投资者的现金流不能满足支付需要而带来的风险。在黄金投资中，更多被关注的是资产无法在不遭受损失的情况下迅速变现的风险。在黄金投资中，尤其是在延期交易中，会员单位和客户的资金管理至关重要。良好的流动性管理不仅有助于风险控制、赢得企业的长久发展，同时有助于企业把握市场机会、提升自身竞争能力。

（六）操作风险

操作风险是指由金融机构的信息系统、交易系统或内部风险监控系统控制失灵而造成意外损失的风险，这种风险一般由人为错误、系统失灵、操作程序发生错误或控制失效等因素引起，包括人员风险（员工操作"乌龙指"、不熟练、不敬业或有欺诈行为）、过程风险（模型风险、交易风险、控制风险等）、技术风险（系统失灵、程序错误、通信故障等）。对于黄金市场参与方，尤其是会员单位而言，应该借鉴科学的管理办法，重视操作风险管理。这类风险目前主要体现在业务流程管理和员工的道德风险、职业操守要求上。

（七）其他风险

黄金等贵金属投资中面临的其他风险还包括非法黄金交易活动、交易过程中的网络安全风险、提取实物后的保管风险、实物回购风险等。近年来，我国黄金市场的交易量和客户规模出现显著增长，一些非法黄金交易活动乘势而起，这些非法公司通过代理客户操作交易或与做市商对赌的形式诱骗客户资金。部分金融机构和金店仅回购自己销售的黄金产品，且附加凭借票据、折价等回购条件，总体而言，现阶段实物黄金的回购渠道并不十分通畅。

在会员制的交易所组织架构下，风险是分级管理的。上海黄金交易所管理会员的风险，会员管理其客户的风险。风险控制管理办法的大多数条款是针对会员的，会员可比照风险管理办法的相关规定，制定针对客户的风险控制措施。

二、黄金市场风险的成因

黄金市场的风险来自多个方面，从交易起源和交易特征分析，其风险成因

第四章 黄金市场风险控制

主要有四个方面：价格波动、保证金交易的杠杆效应、交易者的非理性投机和市场机制不健全。

（一）价格波动

在市场经济条件下，商品价格受供求关系因素的影响而上下波动。在延期市场上，现货价格波动也会导致延期合约价格波动。延期合约的价格具有远期性和预期性，通常会受到更多不确定因素的影响，加上延期市场特有的运行机制，会加剧延期合约价格波动的频繁程度乃至出现异常波动，从而产生风险。

（二）杠杆效应

延期交易实行保证金制度，投资者只需支付延期合约价值一定比例的保证金即可进行交易。保证金比例通常为延期合约价值的 10% 左右，以此作为交易的履约担保。这种以小博大的高杠杆效应既吸引了众多投机者的加入，也放大了本来就存在的价格波动风险，导致价格的小幅波动就可能使投资者损失大量的保证金。当市场状况恶化时，他们可能因无力支付巨额亏损而违约。期货交易的杠杆效应是区别于其他投资工具的主要标志，也是延期市场高风险的主要原因。

（三）非理性投机

投机者是延期合约中不可缺少的组成部分，他们既是价格风险的承担者，也是价格发现的参与者，不仅可以促进合理价格的形成，而且能提高市场的流动性。但是，在风险管理制度不健全且实施不严格的情况下，投机者受利益驱使，极易利用自身的资金实力、市场地位等优势进行市场操纵等违法行为。这种行为既扰乱了正常的市场交易秩序，也扭曲了价格，影响了价格发现功能的发挥，还会造成不公平竞争，给其他投资者带来交易风险。

（四）市场机制不健全

延期市场在运行过程中，由于相关管理法规和市场机制不健全等原因，可能产生流动性风险、结算风险和交割风险等一系列风险。在延期市场发展的初期，这种不健全的市场机制产生的风险始终存在，有关部门应给予高度重视，并应及时出台、修订和完善各项法规，不断优化市场交易机制，使投资者避免因市场机制不健全而承担风险。

三、上海黄金交易所的风险控制管理

为加强交易风险管理、规范交易行为、维护投资者的合法权益、保证交易的正常进行，上海黄金交易所制定了《上海黄金交易所风险控制管理办法》《上海黄金交易所异常交易监控制度的暂行规定》《上海黄金交易所限仓额度申请审批管理细则》，主要包括：保证金制度；涨跌停板制度；延期补偿费制度；超期费制度；限仓制度；交易限额制度；大户报告制度；强行平仓制度；风险警示制度；异常交易监控制度。

上海黄金交易所根据各合约的不同特点确定不同的风险管理措施。实时风险监控系统是实现实时监控和预警市场风险、量化分析和测算风险状况的信息系统，为有效控制和化解风险提供重要决策依据，成为上海黄金交易所风险控制精细化管理的主要抓手。会员、客户采取可能影响正常交易秩序或上海黄金交易所系统安全的方式下达交易指令的，上海黄金交易所可以采取相关管理措施。

四、会员单位的风险控制

投资者在实践投资中，获取利润是最终目的，但是掌握风险控制方法是保证投资者获利的基础，在此针对会员单位的内部风险控制进行介绍。

（一）制订投资计划

对于黄金生产、冶炼、加工贸易公司以及金融机构和专业的投资公司而言，参与黄金市场的目的不尽相同。因此，会员单位应该分析自身类型和自身特点，以明确投资目的、资金特点（期限、资金成本、投资规模和流动性要求），这是进行风险控制和制订投资计划的首要步骤，以此制订投资计划，黄金投资计划的内容有投资品种、投资金额、投资周期、投资目标、投资机会分析、投资策略和投资风险控制等。

（二）做好资本充足率管理

投资主体的自有资本是稳健经营的基础，资本充足性的要求和自我控制是

第四章　黄金市场风险控制

自身风险防范的首要条件。会员单位应该合理确定资金来源比例，尤其是自有资金比例的掌握。制定相应的资本充足标准，以避免信用风险的发生。

（三）完善投资决策机制，做好财务风险控制

在投资决策中，应完善健全公司的投资决策机制，由公司董事会或者股东大会决议，形成公司的有效投资管理体系，包括投资额度、权限以及投资管理体系。

对于公司的自营业务，应该根据投资计划出入资金，取得完整的交易记录，分析公司的盈亏情况。对于公司的代理业务，应该建立完善的二级交易系统，同时取得完整交易记录。而针对融资或者占用客户资金的情况，尤其应该注意进行风险保证金的管理。

对于财务的监督，必须坚持财务结算的真实性，建立对于客户和自身交易过程的全程监督和动态监测机制。同时，加强内部员工管理，提高业务能力，健全岗位职责和岗位管理制度，以防范交易员和内部员工不规范操作可能导致的道德风险和操作风险。

（四）控制客户信用风险

1. 严格开户程序

会员单位要根据上海黄金交易所的要求和制定的标准，建立健全客户管理制度，履行客户开户环节的标准验证工作，做好对客户的适当性管理。对于一些资信较差、不符合投资要求的客户应拒之门外。

2. 严格委托程序

在接受客户委托时，严格依法操作，注意及时提醒客户风险，依法履行通知义务，为客户追加保证金留出合理时间，对客户执行强行平仓要适度，避免发生不必要的法律风险。

3. 根据客户资信情况进行风险管理

为控制交易风险，会员单位一般在上海黄金交易所规定的保证金基础上再加上一定的比例向客户收取保证金，否则极易产生交易风险。因此，不少会员单位对客户有最大持仓限额要求，以控制其交易规模。

4. 对客户进行必要的培训

加强其风险识别和管理意识，提高客户的交易技能，减少大幅度亏损的可能性。

（五）严格执行保证金制度

保证金是客户履约的保证，会员单位的保证金标准一般高于上海黄金交易所的保证金收取标准。客户必须在规定时限内追加保证金，做到每日无负债，客户无法追加时实行强行平仓。对于客户在途资金的处理，也是风险控制的重要环节，由于银行结算系统的限制，个别还会发生退票和空头支票的现象。因此，客户在途资金一般不能用于开新仓，只可作为追加保证金；在市场价格波动剧烈时，在途资金也不能作为不被强行平仓的依据。

（六）严格经营管理

会员单位必须及时公开市场信息、数据，理性地参与市场。严禁为牟取私利而采用违规手法，扰乱正常交易。对财务的监督，必须坚持财务、结算的真实性，坚持对客户和自身在交易全过程中的资金运行进行全面的监管。

（七）健全信息技术管理，做好技术保障

因会员单位自身过错导致的技术系统故障给客户交易造成损失的，会员单位应当承担相应的责任。会员单位还应加强对信息技术的投入和管理，避免因技术问题引发纠纷和风险事件。

（八）加强对从业人员的管理，提高业务运作能力

会员单位要加强从业人员培训，提高从业人员素质，健全场内、场外经纪人及其他工作人员的岗位责任制和岗位管理守则，加强经纪人的职业道德教育和业务培训，增强市场竞争能力。

第二节　风险控制管理制度

学习内容	知识点
黄金市场的风险控制管理制度	保证金制度、涨跌停板制度、延期补偿费制度、超期费制度、限仓制度、交易限额制度、大户报告制度、强行平仓制度、风险警示制度与异常交易监控制度
异常交易监控制度	异常交易行为分类、实际控制关系、异常交易具体认定指标、异常交易处罚

第四章 黄金市场风险控制

一、保证金制度

保证金制度是上海黄金交易所延期交收合约的基础风险控制制度。上海黄金交易所定期利用保证金模型测算最低保证金水平,并根据市场情况确定延期交收合约等相关合约的交易保证金水平。

当合约出现以下一种或多种情况时,上海黄金交易所可公告调整保证金水平:

- 持仓量达到一定水平;
- 出现涨跌停板;
- 相关合约临近交割期限;
- 连续数个交易日的累计涨跌幅达到规定水平;
- 连续数个交易日的持仓量累计增幅达到规定水平;
- 遇国家法定长假;
- 市场流动性预期发生变化;
- 市场风险明显变化;
- 上海黄金交易所认为必要的其他情况。

连续数个交易日的涨跌幅变化,指的是黄金延期交收合约连续三个交易日(D1、D2、D3 交易日)的累计涨跌幅(N)达到 10%;或连续四个交易日(D1、D2、D3、D4 交易日)的累计涨跌幅(N)达到 12%;或连续五个交易日(D1、D2、D3、D4、D5 交易日)的累计涨跌幅(N)达到 14%。白银延期交收合约连续三个交易日(D1、D2、D3 交易日)的累计涨跌幅(N)达到 12%;或连续四个交易日(D1、D2、D3、D4 交易日)的累计涨跌幅(N)达到 15%;或连续五个交易日(D1、D2、D3、D4、D5 交易日)的累计涨跌幅(N)达到 17%。

连续数个交易日的持仓量变化,指的是金、白银延期交收合约连续三个交易日(D1、D2、D3 交易日)的持仓量累计增幅(M)达到 30%;或连续四个交易日(D1、D2、D3、D4 交易日)的持仓量累计增幅(M)达到 35%;或连续五个交易日(D1、D2、D3、D4、D5 交易日)的持仓量累计增幅(M)达到 40%。

针对上述一种或多种市场情况,上海黄金交易所可以采取单边或双边、同比例或不同比例、部分会员席位或全部会员席位提高交易保证金和结算准备金,

第二节 风险控制管理制度

限制部分会员席位或全部会员席位出金，暂停部分会员席位或全部会员席位开新仓，调整涨跌停板幅度，限期平仓，强行平仓等措施中的一种或多种。

日常遇到较多的是非市场因素而需要临时调整保证金的情况，如遇国家法定长假，一般在节假日的前2个工作日清算时可能提高保证金；Au（T+N1）、Au（T+N2）在进入各自的延期费支付日所在月份前，会例行提高保证金；等等。

除上述情况外，上海黄金交易所还可以根据回溯测试或压力测试的结果，适时调整交易保证金的水平。对同时符合两种或两种以上交易保证金比例调整情况的，交易保证金按照上海黄金交易所公告执行。

上海黄金交易所合约保证金冻结方式可分为双向冻结方式和单向大边保证金冻结方式。

（一）双向保证金冻结方式

在双向保证金冻结方式下，客户对任一保证金合约进行报单、撤单操作或达成成交时，上海黄金交易所分别按多头和空头应冻结金额双向冻结保证金。双向保证金冻结方式为上海黄金交易所目前对保证金合约市场采取的默认方式。

（二）单向大边保证金冻结方式

为了在控制风险的基础上，合理提升会员和客户的资金使用效率，上海黄金交易所引入大边保证金模式。上海黄金交易所可按市场情况将单个或多个合约设置为大边保证金合约组合。当该组合有效，客户在同一席位下对同一组合内的任一合约进行报单、撤单操作或达成成交时，系统实时判断报单、撤单或成交后，该组合整体的多头应冻结资金和空头应冻结资金，只冻结该组合应冻结资金较大方向上的保证金。大边保证金组合的设置情况按照上海黄金交易所公告执行。

二、涨跌停板制度

涨跌停板制度是指由上海黄金交易所制定各上市合约的每日最大价格波动幅度。现货实盘合约和现货即期合约是按成交价或成交当日结算价进行结算的，之后市场价格的波动不会产生账面的浮动盈亏，同时，涨跌停板幅度也相对较大。当现货实盘合约和现货即期合约出现涨跌停板时，下一交易日仍维持合约

第四章　黄金市场风险控制

原有的涨跌停板比例。

延期交收合约采用逐日盯市的结算制度，出现下列情况时，上海黄金交易所可以根据市场风险调整延期交收合约的涨跌停板幅度：

- 延期交收合约价格出现涨（跌）停板单边无连续报价，或同方向连续涨跌停板；
- 遇国家法定长假；
- 合约保证金比例调整；
- 市场风险发生明显变化；
- 上海黄金交易所认为必要的其他情况。

某一延期交收合约在某一交易日收盘前5分钟内出现只有停板价位的买入（卖出）申报、没有停板价位的卖出（买入）申报，或者一有卖出（买入）申报就成交、但未打开停板价位的情况，称为单边市。连续的2个交易日出现同一方向的涨（跌）停板单边无连续报价情况，称为同方向单边市；在出现单边市之后的下一个交易日出现反方向的涨（跌）停板单边无连续报价情况，则称为反方向单边市。

以当前交易日为D1日，以后几个交易日分别称为D2、D3、D4、D5、D6交易日，当某延期交收合约在D1交易日出现单边市，则该合约D2交易日涨跌停板幅度调整为在D1交易日基础上增加3~6个百分点。D1交易日结算时，该合约交易保证金比例调整为在D2交易日涨跌停板幅度的基础上增加1个百分点。

若该合约D2交易日未出现单边市，则D2交易日清算时的保证金比例和D3交易日的涨跌停板恢复到正常水平。若D2交易日出现同方向单边市，则该合约D3交易日涨跌停板幅度调整为在D1交易日涨跌停板幅度的基础上增加不低于7个百分点。D2交易日结算时，该合约交易保证金比例调整为在D3交易日涨跌停板幅度上增加1个百分点。若D3交易日未出现单边市，则D4交易日涨跌停板、交易保证金比例恢复到正常水平。

若某合约D2或D3交易日出现反方向单边市，则视作新一轮单边市开始，该日即视为D1交易日，下一日的交易保证金比例和涨跌停板按照单边市的D1交易日的规定执行。如果D1交易日至D3交易日中，按上述规定调整后的交易保证金比例低于D0交易日结算时交易保证金比例，则维持D0交易日结算时该合约的交易保证金比例。

若D3交易日延期交收合约出现同方向单边市（即连续三天达到涨跌停板）时，上海黄金交易所可以根据市场情况执行下列措施：

第二节 风险控制管理制度

- 上海黄金交易所在 D3 交易日收盘后决定并公告该合约在 D4 交易日继续交易，并采取单边或双边、同比例或不同比例、部分会员或全部会员席位提高交易保证金和结算准备金，暂停或限制部分会员席位或全部会员席位开新仓，调整涨跌停板幅度，调整延期补偿费率，调整超期费率，限制出金，限期平仓，强行平仓等措施中的一种或多种化解市场风险。

若 D4 交易日该延期交收合约的涨跌幅度未达到当日涨跌停板，则 D5 交易日该延期交收合约的涨跌停板和交易保证金比例均恢复到正常水平。

若 D4 交易日该延期交收合约的涨跌幅度与 D3 交易日同方向再达到当日涨跌停板，则交易所可以宣布为异常情况，并按交易所有关规定采取风险控制措施。

若 D4 交易日该延期交收合约的涨跌幅度与 D3 交易日反方向达到当日涨跌停板，则视作新一轮单边市开始。

- 上海黄金交易所在 D3 交易日收盘后决定并公告该合约在 D4 交易日暂停交易一天。该合约的交易保证金仍按照 D2 交易日结算时的交易保证金比例收取，并且上海黄金交易所可以对部分或全部会员席位暂停出金；上海黄金交易所在 D4 交易日根据市场情况决定并公告对延期交收合约采用下列两种措施中的任意一种化解市场风险。

措施一：

D5 交易日采取单边或双边、同比例或不同比例、部分会员或全部会员席位提高交易保证金和结算准备金，暂停或限制部分会员席位或全部会员席位开新仓，调整涨跌停板幅度，调整延期费率，调整超期费率，限制出金，限期平仓，强行平仓，停市等措施中的一种或多种化解市场风险。

若 D5 交易日该延期交收合约的涨跌幅度未达到当日涨跌停板，则 D6 交易日该延期交收合约的涨跌停板和交易保证金比例均恢复到正常水平。

若 D5 交易日该延期交收合约的涨跌幅度与 D3 交易日同方向再达到当日涨跌停板，则上海黄金交易所宣布为异常情况，并按有关规定采取风险控制措施。

若 D5 交易日该延期交收合约的涨跌幅度与 D3 交易日反方向达到当日涨跌停板，则视作新一轮单边市开始。

措施二：

该合约进入异常情况，并按照有关规定措施采取风险控制措施。

交易所宣布某延期合约为异常情况并采取强制减仓措施时，应明确强制减仓基准日。强制减仓基准日为最近一次出现单边市并决定采取强制减仓紧急措

第四章 黄金市场风险控制

施的交易日。

在强制减仓日结算时,上海黄金交易所将强制减仓基准日该合约收盘时以涨跌停板价格申报无法成交的且客户黄金延期交收合约单位净持仓亏损大于或等于强制减仓基准日结算价8%、白银延期交收合约单位净持仓亏损大于或等于强制减仓基准日结算价10%的平仓单,按强制减仓基准日的结算价,与该合约净持仓盈利的客户按照持仓比例自动撮合成交。同一客户双向持仓的,其平仓报单先与自己的反向持仓对冲平仓,剩余的持仓再按上述方法平仓。具体操作方法如下。

(一)申报平仓数量的确定

在强制减仓基准日收市后,已在计算机系统中以涨跌停板价申报无法成交的、且客户的黄金延期交收合约单位净持仓亏损大于或等于强制减仓基准日结算价8%(白银延期交收合约为10%)的所有平仓申报量的总和为平仓数量(以下简称待平仓申报量)。若客户不愿按上述方法平仓可在强制减仓基准日收盘前撤单,则已撤报单不再作为申报的平仓报单。

(二)客户单位净持仓盈亏的计算方法

客户该合约单位净持仓盈亏 = 客户该合约净持仓盈亏的总和(元)/客户该合约的净持仓量(重量单位)

其中,"客户该合约净持仓盈亏的总和"是指在客户该合约的历史成交库中,从当日向前找出累计符合当日净持仓数的开仓合约的实际成交价与当日结算价之差的总和。

(三)持仓盈利客户平仓范围的确定

根据上述方法计算的客户单位净持仓盈利头寸(以下简称配对头寸)都列入平仓范围。

(四)平仓数量的分配原则及方法

1. 平仓数量的分配原则

在平仓范围内按盈利的大小将不同合约的配对头寸分成三级,逐级进行分配。黄金延期交收合约:第一级为单位净持仓盈利大于或等于强制减仓基准日结算价8%的配对头寸;第二级为单位净持仓盈利大于或等于强制减仓基准日结

第二节　风险控制管理制度

算价4%、小于8%的配对头寸；第三级为单位净持仓盈利小于强制减仓基准日结算价4%的配对头寸。以上各级配对头寸依次按待平仓申报（或剩余待平仓申报）与各级配对头寸数量对比确定的分配比例进行分配。

白银延期交收合约：第一级为单位净持仓盈利大于或等于强制减仓基准日结算价10%的配对头寸；第二级为单位净持仓盈利大于或等于强制减仓基准日结算价5%、小于10%的配对头寸；第三级为单位净持仓盈利小于强制减仓基准日结算价5%的配对头寸。以上各级配对头寸依次按待平仓申报（或剩余待平仓申报）与各级配对头寸数量对比确定的分配比例进行分配。

2. 平仓数量的分配及步骤

若第一级盈利头寸数量大于或等于待平仓申报量，则根据待平仓申报量与该级配对头寸确定的比例，将待平仓申报分配给该级的配对头寸。

若第一级盈利头寸数量小于待平仓申报量，则根据该级配对头寸与待平仓申报量确定的比例，将该级的配对头寸分配给待平仓申报。再把剩余的待平仓申报按上述分配方法向第二级盈利头寸分配；若还有剩余，则再向第三级盈利头寸分配；若还有剩余则不再分配。具体方式见表4-1。

表4-1　　　　　平仓数量的分配方法及步骤

步骤	分配条件	分配数	分配比例	分配对象	结果
1	第一级配对头寸数量≥待平仓申报数量	待平仓申报数量	待平仓申报数量/第一级配对头寸数量	第一级配对头寸	分配完毕
2	第一级配对头寸数量<待平仓申报数量	第一级配对头寸数量	第一级配对头寸数量/待平仓申报数量	待平仓申报数量	有剩余再按步骤3、步骤4分配
3	第二级配对头寸数量≥剩余待平仓申报数量1	剩余待平仓申报数量1	剩余待平仓申报数量1/第二级配对头寸数量	第二级配对头寸数量	分配完毕
4	第二级配对头寸数量<剩余待平仓申报数量1	第二级配对头寸数量	第二级配对头寸数量/剩余待平仓申报数量1	剩余待平仓申报数量1	有剩余再按步骤5、步骤6分配
5	第三级配对头寸数量≥剩余待平仓申报数量2	剩余申报平仓数量2	剩余待平仓申报数量2/第三级配对头寸数量	第三级配对头寸数量	分配完毕
6	第三级配对头寸数量<剩余待平仓申报数量2	第三级配对头寸数量	第三级配对头寸数量/剩余待平仓申报数量2	剩余待平仓申报数量2	有剩余不再分配

注：1. 剩余待平仓申报数量1 = 待平仓申报数量 - 第一级配对头寸数量；

2. 剩余待平仓申报数量2 = 剩余待平仓申报数量1 - 第二级配对头寸数量；

3. 配对头寸数量是指在平仓范围内盈利客户的持仓数量。

第四章 黄金市场风险控制

(五) 平仓及尾数的处理方法

先对每个客户编码所分配到的平仓数量的整数部分分配,再按照小数部分由大到小的顺序进行排序,然后按照该排序的顺序进行分配,每个客户编码1手;对于小数部分相同的客户,如果分配数量不足,则随机进行分配。

采取强制减仓措施后风险化解的,下一交易日该延期交收合约的涨跌停板和交易保证金比例均恢复到正常水平;风险仍未化解的,交易所进一步采取风险控制措施。

因采取强制减仓措施造成的经济损失由会员及其客户承担。

三、延期补偿费制度与超期费制度

上海黄金交易所的延期交收合约实行延期补偿费制度。当出现下列情况时,上海黄金交易所可调整延期补偿费率,确保延期交收业务的顺利进行:

- 价格波动剧烈或异常;
- 延期交收合约长期交收异常;
- 延期交收合约与现货之间价差偏离正常幅度;
- 市场出现价格操纵情况;
- 上海黄金交易所认定的其他需要调整的情况。

上海黄金交易所的延期交收合约实行超期费制度。当出现某延期交收合约的持仓量超过一定水平,或出现市场过热状况时,上海黄金交易所可以对连续持有时间超过一定期限的部分或全部持仓加收超期费。超期费制度涉及持仓超期的时间和超期费率两项参数的设定,上海黄金交易所可以设定多档超期期限并针对每档期限设定不同的超期费率,正常情况下超期费率为零。客户自主对超期持仓进行平仓后再开仓时,持仓时间将重新计算。

延期补偿费和超期费的启用、调整和停用按照交易所的相关公告执行。

四、限仓制度

上海黄金交易所实行限仓制度。限仓是指上海黄金交易所规定会员席位或客户对某一合约单边持仓的最大数量,上海黄金交易所对会员自营席位和代理席位分别进行限仓管理。

第二节 风险控制管理制度

上海黄金交易所采用限制会员席位持仓和限制客户持仓相结合的办法，控制市场风险；会员席位和客户的持仓数量不得超过上海黄金交易所允许的限仓额度。因中立仓申报而生成的持仓不受当日限仓额度的限制。

会员自营席位的初始限仓额度，黄金延期交收合约为 4 吨、白银延期交收合约为 80 吨；代理席位的初始限仓额度，黄金延期交收合约为 6 吨、白银延期交收合约为 200 吨。会员可根据实际需要向上海黄金交易所申请调整会员自营、代理席位的限仓额度，上海黄金交易所根据市场情况进行审批。上海黄金交易所可以根据会员席位申请的席位限仓额度，相应调整其自营席位或代理席位最低结算准备金余额标准。

上海黄金交易所对法人客户的各延期交收合约限仓的通配额度见表 4-2（上海黄金交易所针对客户号的限仓），各席位可在上海黄金交易所客户限仓额度内设定各自客户的限仓额度（会员针对客户交易编码的限仓），会员可代客户向交易所申请调整客户限仓额度。同一客户可在不同会员处开户，上海黄金交易所对其在不同席位上的持仓量进行合并计算，当其合计持仓量超出持仓限额时，上海黄金交易所可以指定有关会员对该客户超额持仓执行强行平仓。

表 4-2　　　　　　　　客户延期交收合约限仓额度　　　　　　　单位：吨

客户类别	黄金延期交收合约限仓额度	白银延期交收合约限仓额度
法人客户	2	80

当黄金延期合约持仓量大于 200 吨、白银延期合约持仓量大于 5000 吨时，单一会员席位或客户申请的总限仓额度不得超过对应合约申请时单边持仓量的一定比例。其中，会员自营最大不超过对应合约单边持仓量的 25%；法人代理席位最大不超过对应合约单边持仓量的 25%；一般法人客户限仓额度最大不超过对应合约单边持仓量的 10%。

上海黄金交易所可根据实际情况对上述标准进行调整。因上海黄金交易所对会员席位和客户的限仓额度作出调整等原因，导致其持仓量大于交易所的规定时，会员或客户应在交易所规定的时限内自行减仓，未按时完成减仓的，上海黄金交易所可以按有关规定执行强行平仓。

上海黄金交易所对套期保值额度单独进行管理。套期保值额度有效期原则上不超过一年。会员或客户已建仓的套期保值持仓到期后未作平仓或交割处理的，上海黄金交易所将按照普通持仓进行管理；超出其持仓限额的，上海黄金交易所可以按规定执行强行平仓。上海黄金交易所对客户在不同会员席位上的

第四章 黄金市场风险控制

套期保值限仓额度合并管理。在进行套期保值交易时，会员或客户有欺诈或违反上海黄金交易所规定行为的，其已建仓的套期保值持仓按普通持仓管理或予以强行平仓，并按《上海黄金交易所违规处理办法》的有关规定处理。

五、交易限额制度

交易限额是指上海黄金交易所规定的会员或者客户对某一合约在某一期限内开仓交易的最大数量。上海黄金交易所可以根据市场情况，对不同的上市品种、合约，对部分或者全部的会员席位、客户，设定交易限额。具体交易限额执行标准由上海黄金交易所提前公布。套期保值交易不受交易限额规定限制。

六、大户报告制度

当会员自营席位或代理席位、单一客户的持仓限额超出合约限仓通配额度，且持仓量达到其限仓额度的80%时，或者上海黄金交易所要求会员或客户报告时，会员或客户应当向上海黄金交易所报告其资金、头寸等情况，客户应当通过会员报告。

会员或客户持仓达到上海黄金交易所报告标准或者交易所要求报告的，应当于下一交易日收市前向上海黄金交易所报告。上海黄金交易所有权对会员或客户提供的材料进行核查。

会员应当监控客户的持仓状况，当客户达到上海黄金交易所的大户报告标准时，督促客户及时提交报告。客户在不同会员处开户的，上海黄金交易所对其在不同席位上的持仓量进行合并计算，当其合计持仓量达到报告标准，上海黄金交易所可指定并通知有关会员，负责报送该客户应当报告情况的相关材料。

七、强行平仓制度

强行平仓是指上海黄金交易所按照有关规定对会员席位或客户持仓实行平仓的一种强制措施。

当会员席位或客户出现下列情况之一的，上海黄金交易所有权对其持仓实行强行平仓：

- 会员自营席位保证金账户结算准备金不足，且未能在规定时限内补足；

第二节　风险控制管理制度

- 代理席位保证金账户结算准备金不足，且未能在规定时限内补足；
- 席位或客户持仓量超出上海黄金交易所的限仓规定；
- 会员或客户因违规受到交易所强行平仓处罚；
- 根据交易所的紧急措施应予强行平仓；
- 其他应当予以强行平仓的。

强行平仓分为会员执行和上海黄金交易所执行两种情况。需要强行平仓的头寸先由会员在开市后2小时内执行，上海黄金交易所另行规定的除外。会员未在规定时限内执行完毕的，上海黄金交易所有权强制执行。上海黄金交易所向有关会员下达的强行平仓要求，除交易所特别通知以外，以当日向有关会员发送的结算数据和结算单据形式告知，会员可以通过相关系统获得相关数据。

（一）会员执行

属于保证金账户结算准备金不足且未能在规定时限内补足的强行平仓，平仓头寸由会员自行确定，只要在规定时限内平仓释放的保证金补足结算准备金不足即可。会员对其客户的强行平仓应当符合双方协议规定的标准和条件，并以约定的方式通知客户。其他情况需要强行平仓的，强行平仓头寸由交易所确定。

（二）上海黄金交易所执行

属于保证金账户结算准备金不足且未能在规定时限内补足的情况，当席位持有多个合约或席位下多个客户持有多个合约时，上海黄金交易所根据上一交易日结算价计算收市后席位或客户持有的合约和持仓方向市值，按从大到小的顺序执行强行平仓，直至补足结算准备金。若多个会员席位需要强行平仓的，按需要追加的保证金由大到小的顺序，先对需要追加保证金大的会员席位执行强行平仓。其他情况需要强行平仓的，上海黄金交易所区分不同情况对会员和客户执行强行平仓。

强行平仓的价格通过市场交易形成。因受价格涨跌停板限制或其他市场原因制约而无法在规定时限内完成全部强行平仓的，其剩余持仓头寸可以顺延至下一交易日继续平仓，直至结果符合交易所要求。

由于价格涨跌停板限制或其他市场原因，有关持仓的强行平仓只能延时完成，而因此发生的亏损，仍由直接责任人承担；未能完成平仓的，该持仓持有者须继续对此承担持仓责任或实物交割义务。由会员执行的强行平仓产生的盈

第四章 黄金市场风险控制

利仍归直接责任人;由上海黄金交易所执行的强行平仓产生的盈利按有关规定执行;因强行平仓产生的亏损由直接责任人承担。直接责任人是客户的,强行平仓后产生的亏损,由该客户的代理会员先行承担后,自行向该客户追索。

强行平仓执行后会员的结算准备金仍然不足且未能在规定时限内补足的,上海黄金交易所有权暂停其相关业务,并根据《上海黄金交易所结算细则》进行违约处理。

八、风险警示制度

风险警示制度是指当上海黄金交易所认为必要时,可以分别或同时采取要求报告情况、谈话提醒、书面警示、公开谴责、发布风险警示公告等措施中的一种或多种,并结合其他风险控制措施,以警示和化解风险。

九、异常交易监控制度

上海黄金交易所根据《上海黄金交易所异常交易监控制度的暂行规定》,在监控中发现交易出现异常的,有权采取控制交易频率、限制开新仓、限期平仓、强行平仓等措施化解风险。

(一) 异常交易行为分类

会员或客户出现下列情形之一的,交易所视为异常交易行为。

1. 会员或客户的交易导致价格异常。
2. 会员或客户出现以下报单异常:

(1) 通过批量下单、快速下单,单日报单笔数可能影响交易所系统安全或者正常交易秩序的情况;

(2) 在某一合约上频繁申报并撤销申报,可能影响交易价格或误导其他客户进行交易的行为;

(3) 客户单日在某一合约上出现多次大额申报并撤单申报,可能影响交易价格或者误导其他客户进行交易的行为;

(4) 交收申报过程中大额申报并撤销申报,可能操纵延期补偿费方向的行为;

(5) 交易所认定的其他报单异常情况。

第二节　风险控制管理制度

3. 会员或客户出现以下交易异常：
（1）实际控制关系账户互为对手方的交易（交易所认可的情况除外）；
（2）同一账户自买自卖的交易；
（3）大量或者多次进行高买低卖的交易；
（4）交易所认定的其他交易异常情况。

实际控制是指行为人（包括个人、单位）对他人（包括个人、单位）账户具有管理、使用、收益或者处分等权限，从而对他人交易决策拥有决定权的行为或事实。

4. 会员或客户存在以下持仓异常：
（1）实际控制关系账户合并持仓超过交易所持仓限额规定；
（2）交易所认定的其他持仓异常情况。
5. 交易所认定的其他情况。

（二）实际控制关系

有下列情形之一的，应当认定为行为人对他人资金或实物账户的交易具有实际控制关系。

1. 行为人作为他人的控股股东。行为人的出资额占他人资本总额50%以上或者其持有的股份占他人股本总额50%以上的股东；出资额或者持有股份的比例虽然不足50%，但依其出资额或者持有的股份所享有的表决权已足以对股东会、股东大会的决议产生重大影响的股东。

2. 行为人作为他人的开户授权人、指定下单人、资金调拨人、结算单确认人或其他形式的委托代理人。

3. 行为人作为他人的法定代表人、主要合伙人、董事、监事、高级管理人员等，或者行为人与他人的法定代表人、主要合伙人、董事、监事、高级管理人员等一致的。

4. 行为人与他人之间存在配偶关系的。

5. 行为人与他人之间存在父母、子女、兄弟姐妹等关系，且对他人资金或实物账户的日常交易决策具有决定权或者重大影响的。

6. 行为人通过投资关系、协议、融资安排或者其他安排，能够对他人资金或实物账户的日常交易决策具有决定权或者重大影响的。

7. 行为人对两个或者多个他人资金或实物账户的日常交易决策具有决定权或者重大影响的。

第四章 黄金市场风险控制

8. 交易所认定的其他情形。

（三）异常交易具体认定指标

1. 在某一合约上频繁申报并撤单，单日撤单次数超过 800 次（含 800 次），可能影响交易价格或误导其他客户进行交易的行为。

2. 客户单日在某一合约上的大额撤单次数超过 50 次（含 50 次），构成日内出现多次大额申报并撤单，可能影响交易价格或者误导其他客户进行交易的行为。

黄金合约单笔撤单量达到 100 千克以上（含 100 千克）、白银合约单笔撤单量达到 5000 千克以上（含 5000 千克），视作大额撤单。

3. 实际控制关系账户或同一账户，单日互为对手或自买自卖次数超过 5 次（含 5 次）。

4. 实际控制关系账户之间单日黄金合约超过 100 千克（含 100 千克）、白银合约超过 5000 千克（含 5000 千克）的交易。

5. 交易所认定的其他交易异常情况。

以上认定指标不包括 FAK 指令和 FOK 指令，交易所认定的其他情况除外。

（四）异常交易处罚

客户参与交易，出现频繁报单、频繁撤单、大额报撤单、自成交等行为，多次达到交易所处理标准的，交易所在必要时按照以下程序进行处理。

客户第一次达到交易所处理标准的，交易所对客户所在会员的指定联系人进行电话提示，要求会员及时将交易所提示转达客户，责令其对客户进行教育、引导、劝阻及制止。

客户第二次达到交易所处理标准的，交易所将该客户列入重点监管名单，同时将客户异常交易行为向会员通报。

客户第三次达到交易所处理标准的，交易所对客户采取限制交易的监管措施，限制交易的时间原则上不低于 1 个月。

会员参与交易，出现频繁报单、频繁撤单、大额报撤单、自成交等行为，达到交易所处理标准的，交易所在必要时按照以下程序进行处理。

第一次达到交易所处理标准的，交易所对该会员的指定联系人进行电话提示要求报告情况。

第二次达到交易所处理标准的，交易所约见该会员的高级管理人员谈话。

第三次达到交易所处理标准的,交易所对该会员采取限制交易的监管措施,限制交易的时间原则上不低于 3 个月。

交易所限制会员或客户的交易,可以通过以下方式进行:
- 在指定合约或交易所全部品种上限制交易频率;
- 在指定合约或交易所全部品种上限制开新仓;
- 在指定合约或交易所全部品种上限期平仓;
- 在指定合约或交易所全部品种上强行平仓;
- 交易所认可的其他限制方式。

第三节　投资者适当性管理

学习内容	知识点
适当性管理的适用范围和主要内容	适当性管理的适用范围、主要内容、投资者的范畴
适当性管理的责任义务	适当性管理的相关举措

一、适当性管理的适用范围

上海黄金交易所会员向投资者提供交易所市场的产品或交易服务应落实投资者适当性管理。会员应根据国家法律、法规、规章及上海黄金交易所相关制度规则,勤勉尽责,审慎履职,全面了解投资者情况,深入调查分析产品或者服务信息,科学有效评估,充分揭示风险,基于投资者的不同风险承受能力以及产品或者服务的不同风险等级等因素,提出明确的适当性匹配意见,将适当的产品或者服务提供给适合的投资者,并对违法违规行为承担法律责任。投资者适当性管理的实施不能取代投资者本身的投资判断,也不会降低产品或服务的固有风险。相应的投资风险及亏损、履约责任以及费用由投资者自行承担。

二、适当性管理的主要内容

会员接受投资者委托从事交易时,应遵循"了解你的客户"原则,会员在

第四章 黄金市场风险控制

为客户提供服务时,应当审核:法人或者其他组织的名称、注册地址、办公地址、性质、资质及经营范围等基本信息。登记身份基本信息,留存有效身份证件或其他身份证明文件的复印件或者影印件。

会员在为投资者提供产品或服务前,应向投资者介绍产品或服务的内容、性质、特点、业务规则等,进行有针对性的投资者教育;应充分揭示产品或服务的风险,与投资者签署《风险揭示书》及代理合同或授权委托书;应向投资者提供与其风险承受能力相匹配的产品或服务,并进行持续跟踪和管理。

上海黄金交易所市场的投资者包括:

- 上海黄金交易所会员及其分支机构、通过会员代理交易的法人投资者。
- 经有关金融监管部门批准设立的金融机构,包括商业银行、证券公司、期货公司、基金管理公司、信托公司、财务公司、保险机构等专业机构及其子公司等。
- 上述机构面向投资者发行的理财产品,包括但不限于银行理财产品、证券公司资产管理产品、基金管理公司及其子公司产品、期货公司资产管理产品、保险产品、信托产品等。
- 证券投资基金、社会保障基金、企业年金等养老基金、投资者保护基金以及其他由第二项所列专业机构担任管理人的基金或者委托投资资产;合格境外机构投资者(QFII)、人民币合格境外机构投资者(RQFII)等。
- 具有 2 年以上证券、基金、期货、黄金、外汇等投资经历的贵金属产业链法人或者其他机构组织。
- 符合上海黄金交易所其他制度规则规定的条件,向会员申请并获得会员认可的机构。

会员单位在全面了解所推介上海黄金交易所的产品或者提供的服务基础上,根据风险特征和程度,对产品或者提供的服务划分风险等级,或将其纳入原有的风险评级体系。会员根据投资者和产品或者服务的信息变化情况,主动调整产品或者服务分级以及适当性匹配意见,并告知投资者相关情况。

三、适当性管理的责任义务

会员单位按照上海黄金交易所投资者适当性管理办法及相关监管规定,采取有效措施确保符合投资者适当性管理规定,并确定投资者具有投资的风险识别能力和承受能力,此外还要采取多种方式和途径开展投资者教育,帮助投资

第三节 投资者适当性管理

者熟悉产品及相关规则,提示参与产品交易可能面临的风险。会员制定适当性内部管理制度,明确产品以及服务分级、适当性匹配的具体依据、方法、流程等,严格按照内部管理制度进行分类、分级,定期汇总分类、分级结果,并对每名投资者提出匹配意见。

上海黄金交易所督促会员落实投资者适当性管理工作相关规定,引导会员强化投资者适当性管理工作。此外,上海黄金交易所通过网络、移动交易端等向投资者提供黄金、白银、铂等交易产品和市场知识的学习、测试、培训服务,以及为会员及投资者参与特定交易提供模拟交易等服务。

对违反投资者适当性管理规定的会员,上海黄金交易所依据《上海黄金交易所会员管理办法》《上海黄金交易所违规处理办法》等,对其采取相应的监管措施,包括但并不限于会员警告、通报批评、暂停交易;情节严重的,给予取消会员资格的处罚等,并视情节轻重向中国人民银行报送或提出处罚建议。

第五章　黄金期货与商业银行黄金业务

上海黄金交易所成立以来，黄金现货交易量迅速增长，与此同时，商业银行陆续推出品种多样的黄金业务，上海期货交易所上市黄金期货和白银期货合约。中国黄金市场逐步形成了上海黄金交易所黄金现货交易，上海期货交易所黄金期货交易和商业银行柜台交易共同发展的繁荣格局。

第一节　黄金期货业务

学习内容	知识点
全球黄金期货市场的发展概况	全球黄金期货市场的发展概况、中国黄金期货市场的发展概况、上海期货交易所黄金期货合约参数
黄金期货的功能和价格影响因素	黄金期货的主要功能、影响黄金价格波动的主要因素
期货合约与延期交收合约的异同	期货合约与延期交收合约的相同之处、差异之处
黄金市场套期保值的原理	套期保值的产生背景及含义、基差的概念及影响、套期保值的分类及原则、套期保值的操作

金融衍生品是指从原生标的资产（基础资产）派生出来的金融工具，通常是一种金融合约，其价值取决于原生的标的资产或标的指数。根据产品形态的不同，金融衍生品主要可以分为期货、远期、掉期（互换）和期权，还包括具有其中多种特征的混合金融工具。作为黄金市场衍生品重要品种之一的黄金期货，是指以黄金市场未来某时点的黄金价格为交易标的的标准化合约，我国黄金期货合约在上海期货交易所挂牌交易。

一、全球黄金期货市场的发展概况

全球黄金期货市场的产生与发展是从黄金去货币化改革之后开始的。20世

第一节 黄金期货业务

纪70年代，布雷顿森林体系崩溃后，黄金被当作一般商品来看待，此时出现了黄金的套期保值需求。

1974年美国政府放开了黄金管制，解除了禁止公民持有黄金的禁令，同年芝加哥期货交易所和纽约商品交易所推出了黄金期货，随后全球多个国家陆续上市黄金期货。1978年新加坡推出黄金期货交易，1982年日本东京黄金期货挂牌，在24小时的黄金市场中，东京市场成为伦敦、纽约交易时间外的亚洲时段的重要交易市场。全球首个黄金期货交易品种上市以来，黄金期货市场迅猛发展，纽约商品交易所已成为世界上交易量最大和最活跃的黄金期货市场。世界黄金期货市场在黄金市场体系中占据重要的地位，其成熟发展能够推动形成具有指导意义的世界黄金价格，满足多元化参与主体的差异性投资需求，提升黄金市场的风险管理水平，保证市场秩序运行稳健。

纽约商品交易所于1994年合并组建，是全球最早、最成功的黄金期货交易所，其黄金期货交易一直位居全球主导地位。纽约商品交易所黄金期货每宗交易量为100盎司，最小波动价格为0.1美元/盎司，交易标的为99.5%的成色金。迷你黄金期货，每宗交易量为50盎司，最小波动价格为0.25美元/盎司。微型黄金期货，每宗交易量为10盎司，最小波动价格为0.25美元/盎司。纽约商品交易所的黄金交易往往可以主导全球金价的走向，实际黄金实物的交收占很少比例。纽约商品交易所黄金交易的参与者以大型对冲基金及机构投资者为主，它们的参与对黄金市场产生了极大的推动力，而庞大的交易量又吸引了众多投机者加入，整个黄金期货交易市场具有较强的市场流动性。目前，纽约黄金市场已成为世界上交易量最大和最活跃的黄金期货市场。

日本政府为发展黄金市场，于1982年在日本通产省监管下成立了东京黄金期货市场，这也是日本政府正式批准的唯一黄金期货市场，其会员绝大多数是日本公司。东京商品交易所的1000g黄金期货于1982年3月推出，交易量增长迅速。

二、中国黄金期货市场的发展概况

上海黄金交易所的成立标志着中国黄金市场化的全面开放，为广大会员和投资者提供了公平的交易平台，推动了我国黄金市场的多样化和多层次发展。虽然我国已经成为黄金生产、加工和消费的大国，但随着国内金融市场的发展，以黄金为标的的投资活动逐渐活跃，国内产用金企业、金融机构和广大投资者

第五章 黄金期货与商业银行黄金业务

对于黄金衍生产品的需求日益增加,以更好地挖掘黄金市场的价格发现和规避市场风险功能。

2004年,在伦敦金银市场协会上海年会上,时任中国人民银行行长周小川提出中国黄金市场应当实现三个转变:一是实现从商品交易为主向金融交易为主的转变;二是实现由现货交易为主向期货交易为主的转变;三是实现由国内市场向国际市场的转变。在论述实现第二个转变的工作目标时周小川讲道:"随着中国黄金市场的成长,我们将逐步推出包括远期和期货在内的各种黄金衍生产品业务。"随后,上海黄金交易所分别推出Au(T+D)及Ag(T+D)等合约,并陆续拓展了更多契合市场需求的多元化产品,逐步满足了国内产用金企业及金融机构的需求。

2007年初,时任中国证监会主席尚福林在全国证券期货监管工作会议上要求,"适时推出锌、塑料、钢材等商品期货和商品期货期权。积极研究开发石油、黄金等商品期货以及债券类金融期货品种"。随后,上海期货交易所向证监会上报了《关于拓展贵金属品种推出黄金期货的请示》。同年9月,经国务院同意,证监会《关于同意上海期货交易所上市黄金期货合约的批复》(证监期货字〔2007〕158号)批准上海期货交易所上市黄金期货。

2008年1月,黄金期货合约正式在上海黄金期货交易所挂牌交易(见表5-1)。黄金期货合约的上市交易是对国内黄金现货市场的重要补充,进一步挖掘了黄金的金融属性,有利于发挥黄金期货价格发现功能,促进黄金定价机制的完善和发展。黄金期货合约上市以来,投资交易规模不断增加。

表5-1　　　　上海期货交易所黄金期货标准合约

交易品种	黄金
交易单位	1000克/手
报价单位	元(人民币)/克
最小变动价位	0.02元/克
每日价格最大波动限制	不超过上一交易日结算价±3%
合约交割月份	最近3个连续月份的合约以及最近13个月以内的双月合约
交易时间	9:00~11:30、13:30~15:00和交易所规定的其他交易时间
最后交易日	合约月份的15日(遇国家法定节假日顺延,春节月份等最后交易日交易所可另行调整并通知)
交割日期	最后交易日后第一个工作日

第一节 黄金期货业务

续表

交割品级	金含量不小于99.95%的国产金锭及经交易所认可的伦敦金银市场协会（LBMA）认定的合格供货商或精炼厂生产的标准金锭（具体质量规定见官网附件）
交割地点	交易所指定交割金库
最低交易保证金比例	合约价值的4%
交割方式	实物交割
交易代码	AU
上市交易所	上海期货交易所

2012年5月10日，白银期货在上海期货交易所挂牌上市（见表5-2），这也是我国上市的第二个贵金属期货品种。白银期货作为已上市黄金期货的补充，对于优化白银的价格形成机制、提高白银上下游企业风险管理水平发挥着重要作用。

表5-2　　上海期货交易所白银期货标准合约

交易品种	白银
交易单位	15千克/手
报价单位	元（人民币）/千克
最小变动价位	1元/千克
每日价格最大波动限制	不超过上一交易日结算价±3%
合约交割月份	1~12月
交易时间	9:00~11:30、13:30~15:00 和交易所规定的其他交易时间
最后交易日	合约交割月份的15日（遇法定节假日顺延）
交割日期	最后交易日后连续2个工作日
交割品级	标准品：符合国标 GB/T 4135—2016 IC-Ag99.99 规定，其中银含量不低于99.99%
交割地点	交易所指定交割仓库
最低交易保证金比例	合约价值的4%
交割方式	实物交割
交割单位	30千克
交易代码	AG
上市交易所	上海期货交易所

第五章　黄金期货与商业银行黄金业务

2023 年，按单边统计，上海期货交易所黄金期货成交量 5273.09 万手（约合 5.27 万吨），同比增长 35.15%；成交金额 23.85 万亿元，同比增长 55.37%。白银期货成交量 23927.78 万手（约合 358.92 万吨），同比增长 26.76%；成交金额 20.04 万亿元，同比增长 48.22%。

三、黄金期货的功能和价格影响因素

（一）黄金期货的功能

黄金期货市场已经成为我国黄金市场体系的重要组成部分和黄金产业发展的助推力量，不仅促进了商品期货市场的繁荣与发展，也为相关产用金企业提供了套期保值、规避风险的工具。此外，期货市场具有两个最重要的功能，即价格发现和风险管理。

1. 丰富了黄金市场投资渠道和产品结构

由于黄金具备金融属性的特点，黄金期货作为重要的金融工具，其投资功能是与生俱来的。上海期货交易所挂牌黄金期货合约，得到越来越多的市场投资者的关注和参与，包括期货公司、商业银行和黄金企业等，交易规模迅速提升，市场功能得以发挥。时至今日，黄金期货已成为我国多层次黄金市场的重要组成部分。

2. 有助于扩大黄金生产，增强企业风险管理水平和市场竞争力

黄金期货具备价格发现和风险规避功能，可以满足市场参与主体对黄金套期保值、资源配置等方面的需求。黄金期货市场产生的具有连续性、权威性、真实性和预期性的黄金价格对于黄金产业链的各环节具有指导作用，黄金生产、加工和流通企业可以通过黄金期货市场的套期保值锁定生产成本，实现预期利润。通过黄金期货市场的价格发现功能，科学合理安排现货生产，还可以将期货市场作为现货销售和采购的延伸渠道。

3. 有助于完善和发展中国黄金市场体系

国内黄金期货市场建立前，黄金市场投资和流通仅有黄金现货这个唯一渠道。黄金期货市场成立以后，不仅能够为市场提供完善的黄金价格形成机制，而且可以为产用金企业提供套期保值渠道。在现货市场和期货市场双轮驱动作用下，两者互益互补、协调进步，共同推动中国黄金市场的协调发展。

4. 有助于我国社会主义市场经济体制的完善和发展

2002 年上海黄金交易所的成立标志着我国黄金市场化改革的开始。黄金期货推出后，作为黄金市场的"风向标"和"晴雨表"，为市场的公平竞争提供可供参考的交易价格，通过作用于黄金市场间接推动我国市场经济体制的完善和发展。

5. 有助于与现货合约共同完善黄金价格发现功能

合约价格发现功能与市场有效性有着密切的关系，期货市场之所以具有价格发现功能，主要是因为市场上的信息可以充分、快速地反映到期货价格上，从而可以帮助预测未来的实物价格，起到价格引导的作用。上海期货交易所期货合约和上海黄金交易所现货合约共同组成了我国黄金场内交易合约市场，场内合约之所以具备引导未来黄金实物价格的能力主要在于其制度设计。

（1）合约标准化

合约标准化是指交易所对合约的价格外的其他一些条款均制定了统一标准，并且有法律效力。这些标准化条款包括数量、数量单位、商品的质量等级、商品交割的最小变动价位、交割时间地点、每日的交割最大波动幅度、最后交易日规定等。合约的标准化有利于解决交易双方的信息不对称，增强了其流动性，从而吸引了更多的投资者，加强了合约的价格发现功能。

（2）集中竞价

集中竞价是指在市场上多个交易主体同时通过某一个交易平台，按照价格优先、时间优先的规则进行交易的竞价方式。在此种情况下，既存在买者间的竞争，也存在卖者间的竞争，这种交易方式规避了"一对一"分散交易可能造成的欺诈、垄断，使交易双方能更公平地进行买卖，帮助大量交易者对供求情况作出判断，当其作出交易决策时，市场的供求信息就会反映到价格中，有利于价格发现功能的实现。

（3）卖空机制

卖空机制是指投资者没有实物，但是仍可以在交易所市场上进行此商品卖出。这种机制有利于吸引更多的投资者参与市场，使信息更快地融入价格中，而在实物市场中是不存在这种卖空机制的，投资者只能通过实物价格的上涨盈利，容易造成价格过度上涨。

（4）保证金制度

保证金制度是指交易者只需交纳合约价值一定比例的保证金就可以进行合约的买入或者卖出，这种交易方式具有相对较强的杠杆作用，用少量资金支撑

第五章　黄金期货与商业银行黄金业务

大量的交易，成本较低，因此能吸引众多投资者参与交易，汇集更多供求信息，有利于市场流动。

(5) 对冲机制

对冲机制是指投资者可在期货合约到期前，不需要进行实物交割，而是对之前交易的期货合约进行相反的交易操作，以避免履约责任。在期货交易过程中，大部分交易均为对冲平仓了结，仅有少部分进行了实物交割。此机制使期货交易投资者可以利用现有的信息对商品的未来走势作出判断，通过参与期货合约交易将信息反映到期货价格中，不用担心交割日的实物交割，此种机制可以使相关信息更快地反映到期货价格中，有利于期货价格发现功能的实现。

(6) 投资管理功能

黄金期货的产生起源于黄金衍生产品，但是其交易的特点决定了黄金期货不可能局限于商品交易层面，而是具有金融产品的投资功能。与套期保值者的行为目的不同，投机者进入黄金期货市场，主要目的在于获取高收益，同时承担黄金期货交易的高风险。黄金期货价格同一般的金融资产价格反向变动，所以在很多时候，黄金期货为投资组合优化提供比较好的选择。目前，由于投资黄金期货具有高杠杆性，其较黄金实物具有更大的投资能量。

(7) 市场流动性

流动性是指金融资产的变现能力。对于黄金期货，其交易对象为期货合约，所有交易均在交易所进行，且其具有标准化与安全性的特点。因此，黄金期货的合约交易与黄金实物交割相比，具有更高的变现能力，黄金期货市场的投资者可以更容易找到期货、期权的买卖方。期货市场的准入条件相对较低，投资者只需交纳一定的保证金即可进入市场交易。期货市场交易成本相对于实物市场比较低，主要体现在较低的交易佣金率，以及由于其较少涉及实物转移而省去的储运和安全成本。期货市场交易是以公开喊价或者计算机撮合的方式进行的，这样就避免了实物交易中的诸多成本。综上所述，黄金期货市场相较实物交易具有更高的运行效率以及信息透明度，提高了市场流动性。

(二) 黄金期货价格的影响因素

黄金期货是以黄金现货为标的的衍生品，根据利率平价理论，期货较现货升贴水的定价是由计价货币的拆借利率与黄金拆借利率的差决定的，因此研究黄金期货价格的影响因素也就是研究黄金现货价格的影响因素。国内对黄金期货的价格研究认为，长期内国际黄金期货价格决定要素为全球各国GDP、美元

第一节 黄金期货业务

指数、利率、美国经济状况。经济危机期间价格决定要素为美元指数、主权信用违约互换（CDS）、波动率指数、全球流动性、通货膨胀。综合来看，影响因素包括以下几点。

1. 黄金现货交易价格

黄金期货是黄金现货的衍生品，两者价格变动受经济因素的影响也大致相同，并存在价格联动效应。对于期货市场，根据投资者的偏好不同，以及获取信息的方式和信息量的不同，再通过对影响期货价格影响因素的理解不同等，将这一系列因素整合到一起形成价格机制，最终以交易的方式呈现在市场上；而对于黄金期货的价格形成机制而言，由于我国黄金期货市场是建立在黄金现货基础之上的，在分析黄金期货价格方面最不可忽略的是黄金现货价格的影响因素。

2. 美国黄金期货价格

虽然我国黄金期货市场近年来的发展速度较快，但在全球范围内，纽约黄金期货市场仍然具备最强大的影响力，左右着世界各国黄金期货市场的价格走势。

3. 美元指数

美元指数反映了美元在国际外汇市场上的汇率情况。通常情况下，美元强劲代表着世界经济状况呈向上态势，黄金的避险功能就会减弱；相反，当美元衰落时，黄金的避险功能提高，其国际储备地位就会得到加强，因而，美元指数与黄金期货价格基本成负相关关系。此外，由于自布雷顿森林体系解体之后，在世界储备资产中，美元获得了与黄金并驾齐驱的地位，所以长期以来，黄金现货价格多与美元指数成负相关关系，黄金期货价格也是如此。2008年国际金融危机爆发以来，世界各国大开印钞机，推出了一波又一波的量化宽松政策，流动性的泛滥也是新兴市场国家抛弃欧元、美元、日元等货币资产而转向黄金的主要原因之一。

4. 汇率

一般情况下，如果美元汇率上升，说明美元强势，美国经济态势良好，人们通过购买黄金规避风险的心态减弱，从而黄金的整体需求量下降，价格下跌。因此，美元汇率与黄金期货价格成负相关关系。

5. 利率

当黄金作为一种商品，是以货币衡量的，当一国发生严重的通货膨胀，黄金的价格会随之提高，而此时提高利率会抑制通货膨胀，黄金价格会相应下降。

第五章　黄金期货与商业银行黄金业务

或者说，当利率提高时，投资成本会增加，黄金的投资需求会变小，进而价格下跌。由此可见，利率与黄金期货价格应该成负相关关系。

6. 宏观经济景气指数

当一国宏观经济运行良好时，人们对黄金期货的投资热情也会降低，从而导致黄金期货价格下降。因此，黄金期货价格与宏观经济景气指数成负相关关系。

7. 黄金储备

黄金储备包括全球黄金储藏量、官方储备及民间存量。黄金储备一方面是国家黄金现货的供给来源，另一方面也是中央银行用于防范金融风险的重要手段之一。从供给角度看，黄金储备越多，黄金现货的价格越低，黄金期货的价格也会随之降低，因而，黄金储备应该与我国黄金期货价格成负相关关系。近年来，中央银行的黄金储备变动是影响黄金价格的一个非常重要的因素。中央银行逐步在黄金市场上转换角色，成为黄金市场上的净购买方，尤其是新兴市场国家，近年来为加快优化储备资产配置，纷纷提高黄金在储备资产中的比例。从最新公布的数据来看，美国、德国、意大利、法国等发达国家不仅黄金储备量多，而且黄金储备在其储备资产中所占比例也非常高。中国、俄罗斯、印度等新兴市场国家黄金储备在储备资产中的比例相对较低，未来仍有很大的提升空间。中央银行持有黄金储备主要是为了平衡其国际收支、影响其汇率水平，无论其国内经济发展水平还是与其进行贸易国家的经济发展水平，抑或是全球宏观经济整体发展水平，都会对其国际收支产生影响，进而影响黄金储备。

8. 股市（尤其是美国股市）

一般来说，如果人们对经济预期普遍看好，资金会大量流向股票市场，股票市场交易活跃，价格上升，黄金价格便会下降，黄金期货价格和股票价格成负相关关系。

9. 居民消费价格指数（CPI）

通货膨胀对黄金价格的影响程度，需根据通货膨胀的水平来判断。如果一国只是发生温和的通货膨胀，人们利用黄金保值的需求不是很强烈，那么黄金价格的波动不会很大；但是，当一国出现严重的通货膨胀时，人们出于避险的考虑就会大量购置黄金，进而黄金价格就会大幅上升。因此，黄金期货价格与通货膨胀水平成正相关关系。长期来看，黄金价格和物价水平存在着稳定的正相关关系，因此在长期黄金可以作为通货膨胀的套期保值工具，即使外部冲击导致黄金价格及通货膨胀率水平之间产生偏差，也会慢慢逆转恢复均衡；但从短期来看，通货膨胀水平及其波动率、信用风险对黄金价格产生的影响不明显。

10. 战争因素

战争规模与持续时间对金价波动产生主要作用，一般在战争或区域冲突爆发前，金价趋于上涨的概率较大。而在战争过程中，战局发展可预测性的强弱会对金价产生支持与抑制作用，当战争结束或进入尾声阶段，金价下跌的概率增加。

11. 基金持仓因素

基金持仓在短期内的变化会造成金价的大幅波动。黄金期货持仓报告中，基金如果对于黄金期货一直是净多头状态，与此相对应的黄金价格也一直处于上升的通道中。

12. 图表技术分析因素

利用技术分析来检验市场有效性的原理是，当市场有效时，运用任何技术分析方法都不可能获得超额收益，因为技术分析法试图利用历史数据预测未来价格走势，而在有效市场中，当前的价格已经反映了历史价格信息，未来价格是不可知的。利用技术分析来检验市场有效性的方法，是考虑以某些技术分析指标为规则进行操作，如果可以获得超额收益，那么市场就是无效的；反之，市场就是有效的。技术分析根据图表或技术指标，运用数学手段和逻辑归纳方法来分析市场的过去和现在的变动，从而推测未来价格的变动趋势。

四、期货合约与延期交收合约的异同

延期交收合约，即 T+D 合约，是指主要采用保证金交易方式，交易者可以选择合约交易日当天交割，也可延期进行交割，同时引入延期补偿费和中立仓机制平抑供求矛盾的一种现货交易模式。此种交易模式能够为产用金企业提供套期保值功能，还能够满足投资者的投资需求，并且投资成本低、市场流动性高。黄金期货是指以现货黄金市场未来某时点的金价为交易标的的期货合约，参与者买卖黄金期货的盈亏，由进场到出场两个时间的黄金价格价差来衡量，黄金期货目前可通过每日期转现、合约到期交割来实现实物交割。

（一）期货合约与延期交收合约的主要相同之处

- 交易的对象都是标准化合约。
- 都是以保证金方式进行的交易，目前黄金期货的最低交易保证金比例为

第五章 黄金期货与商业银行黄金业务

4%，黄金延期交收合约为6%，具体根据运行中的风险情况进行设置。
- 都有开仓、平仓的交易指令及持仓的概念，可双向交易，买涨买跌皆可，均为T+0日交易，可随时买进卖出。
- 交易单位均以1千克为1手，报价单位均为元（人民币）/克，均可实物交割。
- 基准交割品种均为成色不低于99.95%的金锭。
- 都有保证金制度、限仓制度、涨跌停板制度、大户报告制度、强行平仓制度等风险控制措施。
- 期货交易的当日无负债结算制度与延期交收合约交易的当日无负债结算制度也基本相同。

（二）期货合约与延期交收合约的主要差异之处

- 期货合约是上海期货交易所推出的交易品种，期货的价格在一般情况下与现货价格存在基差，但期现价格保持高度联动，价格相关性高达99%；延期交收合约是上海黄金交易所推出的业务品种，具有明显的现货属性，每日可进行交割，因此延期交收合约的价格能够直接反映市场的供求关系，不易背离现货价格。
- 延期交收合约交易具有延期补偿费制度、中立仓制度、超期费制度；期货交易无相关制度。
- 期货合约到期无论盈亏必须交割；延期交收合约交易，每天买卖双方都可以自由地选择是否进行交收申报，没有固定的交割期，持仓时间也不受限制，如需交收需通过交收申报制度实现。
- 延期交收合约比黄金期货交易时间长，期货合约全天9.5小时交易时间，交易时间是9:00~11:30、13:30~15:00、21:00~次日2:30；延期交收合约全天超过11小时交易时间，交易时间是9:00~15:30、19:50~次日2:30。
- 期货合约可通过期货公司开户交易；延期交收合约可通过上海黄金交易所会员单位开户交易。

（三）黄金场内合约交易的特点

黄金延期交收合约和期货合约标准化程度高，交易成本相对较小，交易相对集中，且场内市场具有较高的透明度和流动性，这些特性使黄金场内交易市场具备有效的价格发现功能。而黄金衍生产品的其他品种，如黄金期权、掉期等则为非标准化的零售性质的合约，多为投资者在场外交易，所以难以成为黄金现货价格的指导价格。研究表明，交易所场内价格先于实物市场的价格反映市场供需，黄金实物市场的价格决定机制相对滞后，且具有局部性和随机性等缺点，而交易所市场交易形式独特，且组织制度严密，从而汇集了大量交易者以及比较详尽的市场信息，因此能够保证竞争公平、公正、公开。交易所市场价格的决定更具有连续性、预测性、公开性、竞争性等优点，且黄金市场为国际化的市场，其价格传导因素可不受国界限制，场内交易市场对新的信息反应敏锐，更能全面真实地反映市场供需。

五、黄金市场的套期保值

保证金合约标的物（如黄金、白银等）生产、消费产业链内企业由于生产销售期限不一致等原因面临着标的价格在一段时间内波动所带来的成本与收益变动风险。举例来讲，黄金开采销售企业在进行生产活动时需要考虑标准条块黄金价格变动情况。如果黄金价格在一段时间后可能大幅下降，那么黄金开采加工企业的未来销售收入和利润就会面临较大的下降风险。因此，大型的黄金开采加工企业就需要通过投资金融产品锁定未来销售黄金价格，稳定营业收入。金融市场为黄金加工销售企业的风险控制需求提供了多种工具，如场外市场的远期合约和期权合约、场内标准化的黄金延期交收合约和黄金期货等黄金衍生产品。

但20世纪90年代以来，金融衍生品交易造成的事故及损失时有发生，如1995年英国巴林银行因某一交易员对日经股指期货的操作损失了13亿美元，导致所有股权资本耗尽而宣告破产；1994年，美国奥兰治县因投资利率衍生品失误损失16.9亿美元导致破产。类似的衍生品交易事故导致很多人对金融衍生品交易的高风险性进行指责，许多投资者也开始对衍生品市场望而却步。

实际上，这些衍生品交易事故的发生并非由金融衍生品本身引起，而是由于相关机构、人员缺少对金融衍生品交易风险的准确认识以及合理的内部控制，金融衍生品的出现是为了使投资者实现套期保值及规避风险。黄金延期交收合约和黄金期货的出现，可以使产用金企业及商业银行等有效规避风险，主体合理地利用黄金套期保值，将风险转移到投机者身上，以完全或部分抵消黄金现货价格变动带来的损失。

第五章　黄金期货与商业银行黄金业务

（一）套期保值的必要性

在当今市场经济条件下，由于经济环境的变化，黄金价格对经营者的资金以及利润会产生很大的影响，也会影响到黄金的生产商。因此，为把市场中的风险转移给其他投资者，降低经营风险，甚至消除这种因价格变动而带来的危害，黄金期货应运而生，作为同时具有金融属性和商品属性的黄金期货是一种重要的交易品种，而在黄金期货市场上进行套期保值交易是一种非常重要且有效的方式。企业和经营者只要掌握并理解期货市场的基本规则，并认真遵守，就能真正实现转移、规避和分散由价格波动带来的风险。

例如，对于黄金开采企业来说，主要面临黄金开采出来时市场价格已大幅降低的风险。企业可在市场价格符合预期时，建立空头方向的黄金衍生品持仓，一旦市场价格下跌，空头仓位获得的收益弥补了因对等数量的黄金产品销售价格下跌而遭受的损失，从总体上提前将销售价格锁定在厂商所期望的价格上。但是，厂商通过套期保值对冲价格下跌风险的同时，也放弃了价格上涨可能带来的超额收益。

（二）套期保值的含义

通常，企业在进行现货生产、销售或现货交易的同时，根据商品价格敞口方向不同，会选择建立多头或者空头头寸来对冲原料或产品价格波动对经营活动的影响，实现稳健经营，即套期保值。

套期保值的理论基础是，在正常的市场条件下，大宗商品现货价格和相同标的衍生品的价格走势是高度正相关的，通过在两个市场上进行方向相反、数量相当的买卖操作，现货价格变动导致的亏损由衍生品持仓的盈利弥补，总体盈亏风险可在很大程度上得到对冲。

从操作层面讲，以期货套期保值为例。套期保值是在现货市场和期货市场同时对同一品种的商品进行数量相等但方向相反的买卖活动，即在买进或卖出现货的同时，在期货市场上卖出或买进同等数量的期货。经过一段时间，当因价格变动现货买卖出现盈亏时，可由期货交易上的盈亏得到抵消或弥补，从而在现货与期货之间、即期和远期之间建立一种对冲机制，使市场风险降低到最低程度。期货市场也是源于对现货商品价格风险规避的要求，因而在期货合约的设计上，首要因素是参与市场的各方对价格风险规避的要求。

举例来说，在不计算交易成本的前提下，借入一年期的人民币成本为4%，

第一节　黄金期货业务

然后用这些人民币买黄金现货，价格为 500 元/克，再将买入的黄金现货以 2% 的利率拆出 1 年，则 1 年后到期期货的理论价格应为 500 × [1 + (4% - 2%)] 元/克，即 510 元/克。如果期货价格高于理论价格，那就借入一年期的人民币，买入黄金现货，再将黄金现货拆出，同时卖出黄金期货。这样整个组合的现金流到 1 年后即可完全抵消，并能获得无风险收益。如期货价格低于理论价格，则反向操作。

（三）基差的概念及影响

套期保值的理论基础是实物价格和期货价格往往会同方向、同大小地变动，即表现出"一致性"。而随着期货合约临近到期日，实物价格和期货价格也会逐渐变为相同，即"趋合性"。基差，即同一计量单位下现货市场价格和现货衍生品价格之间的差异。在具体的操作中，由于交易成本的存在，以及期货品种与实物之间往往存在一定的差别等原因，使用期货进行套期保值时经常会出现一定的偏差，甚至导致套期保值的完全失败。因此，基差风险往往存在于套期保值的过程中，在基差风险存在的情况下，传统套期保值方法已显得不再适用。现代套期保值交易理论是把期货市场和实物市场头寸看作投资组合，其组合比例即套期保值比率。

套期保值的有效性即寻找最佳套期保值比率。基差对套期保值有效性的重要影响，使经营者会将基差的变化作为经营环节中的一个重要方面进行考量，在套期保值过程中也会选择相对有利的时点进行交易。企业套期保值失败较为普遍的客观原因就是基差风险。基差风险在于，买入期货套期保值时若基差代数值变大，会有套期保值净亏损；卖出期货套期保值时若基差代数值变小，会有套期保值净亏损。基差波动为零只是期货套期保值的目标，在实际投资过程中，期初基差与期末基差毫无变动的情况较少出现。基差变化的不确定性，使套期保值本身具有了一定风险，基差变化的不确定性让套期保值的效果也具有不确定性。

期货的价格实际是市场对未来实物市场价格的预估值，与实物价格存在密切的联系。但在实际交易过程中，期货价格与实物的影响因素不完全相同，因此两者的变化幅度也不完全一致，此时基差就会出现波动。所以，基差的变化对套期保值规避风险、取得收益具有重要的意义。影响基差的因素主要有以下几点：一是交易成本，其中包括交易手续费，交割相关费用，以及仓储、运保费用等。这些费用的变化会导致基差的变化。二是标的物和计价货币的利差与

第五章 黄金期货与商业银行黄金业务

期货到期日,根据利率平价理论,期货和现货的基差会受标的物与计价货币利差影响。对同一个期货合约而言,利差越高,则基差越大。对相同的利差而言,期货合约到期日越远,则基差越大。三是标的物品质,现货交易时,其交易品质与期货合约中指定的交易品质不完全一致,基差中包含了这个差价。鉴于以上影响基差的几种因素,投资者在套期保值过程中应当格外关注基差及其变化情况,选择有利的期货合约进行交易。

(四) 套期保值的分类和原则

套期保值的目的是回避价格波动风险,对应回避价格上涨和价格下跌的两种保值目标,套期保值分为两种:一种是用来回避未来某种商品或资产价格下跌的风险,称为卖出套期保值;另一种是用来回避未来某种商品或资产价格上涨的风险,称为买入套期保值。

卖出套期保值又称空头套期保值,是指套期保值者通过在衍生品市场建立空头头寸,希望对冲其持有或未来将拥有的商品或资产的价格下跌风险的操作。

买入套期保值又称多头套期保值,是指套期保值者通过在衍生品市场建立多头头寸,希望对冲其空头资产,或者未来将买入商品或资产的价格上涨风险的操作。

套期保值的交易原则有以下几点:
- 交易对象为同一品种或者高度近似品种。
- 在买卖两个方向上的交易数量相当。
- 交易方向相反,即在套期保值工具市场所持头寸和现货市场头寸相反。
- 月份相同或相近原则。月份相同或者相近的合约价格差异更小,基差更小,风险敞口更小。
- 实施套期保值有一定成本,如套期保值资金占用、交易手续费及流通成本等。企业需要比较在现货市场交易时所面临的风险大小与套期保值费用的大小,只有在现货头寸面临较大风险时才进行套期保值。
- 关注现货与衍生品工具之间的基差,并以此作为进入和退出套期保值策略的重要参考。基差不是固定不变的,会随着市场情况在一定范围内波动,基差的变化往往成为套期保值失利的重要影响因素,企业也可以根据价格行情走势与基差的变动情况,规划退出套期保值的时机。

第一节 黄金期货业务

（五）套期保值工具的选择

由于套期保值市场的系统性风险和企业内部的水平有限，过于复杂的衍生工具未必能达到套期保值的最初目的，即规避市场中存在的价格风险。对于规避黄金市场价格风险，国内市场优于国外市场，而场内交易优于场外交易，基础性金融衍生产品优于复杂的金融衍生工具。场外衍生品市场是指在交易所以外金融衍生品的交易，这种金融衍生品的交易并不通过交易所进行交易，也不通过清算所进行合约清算，而是完全由做市商各自单独通过报价交易完成，是一种一对一的交易模式期货。场外合约存在诸多缺点，许多场外衍生品的流动性不高，且结构较为复杂，企业对冲平仓的难度比较大，其价值评估也较为困难，再加上信息不对称和监管漏洞的存在，信用风险和法律风险也相对较大。而黄金期货场内交易合约相对标准化，且流动性高，产品结构简单，估值较为公允，监管相对严格，违约的风险低。目前来看，场内交易优于场外交易。黄金现货递延合约和黄金期货属于场内交易，有规范简单的交易标准、较为低廉的交易成本、较低的信用违约风险、较强的流动性，可有效规避市场价格波动带来的经营风险。

与期货相比，期权则更为灵活，甚至可以实现一定的投资收益。对于期权的买方而言，占用的资金比较少，而且保证金方面更为灵活，不仅能够规避市场价格波动带来的风险，还有可能从中获得收益，但因期权费的存在使其交易成本略高于期货。2015年1月，上海黄金交易所出台了《上海黄金交易所询价期权业务管理办法（试行）》，标志着我国黄金市场上首款场内清算的期权产品——黄金实物询价期权的诞生。企业在黄金套期保值选择工具中，可以根据实际情况，充分考虑资金是否充裕、交易成本、套期保值目的等因素，选择期货或期权。

此外，上海黄金交易所延期交收合约也为企业提供了一种套期保值的工具。首先，从交易成本看，延期交收合约的保证金率较低，目前Au（T+D）合约的保证金率为9%，Ag（T+D）合约的保证金率为13%，资金成本较低。其次，交易时间能够覆盖全球主要市场活跃时段。最后，上海黄金交易所的延期交收合约每日均可进行交割申请，实现交货收货，即延期交收合约价格能够反映当天的实物供求关系，保证金衍生品和现货的期限是高度一致的，这就导致延期交收合约和现货二者价格之间的基差很小，相关性很高，大大降低了进行套期保值交易的基差风险。因此从交易成本、交易机会、期现一致性方面来看，延

第五章　黄金期货与商业银行黄金业务

期交收合约在满足套期保值交易需求方面具有一定的优势。

（六）企业进行套期保值的方法

作为国内的企业，在套期保值业务发展尚不成熟的今天，如何建立健全更加完善的套期保值风险管控体系更凸显其实际意义。企业应建立规范的套期保值运作模式，充分了解和调查，在套期保值交易中选择较为规范的交易对手和交易方式。在交易过程中应检查每笔交易的资金，套期保值的实际规模要与企业本身的财力和资金周转能力相适应。风险管理体系的一个重要环节就是做好资金管理。保证金对套期保值的风险控制具有一定意义，这使套期保值的仓位可以控制在较为合理的范围内。按照实际的订单和价格等进行套期保值操作，当市场价格波动较大时，控制套期保值头寸多一些。加强对风险的动态监督管理，定期进行套期保值比率风险评估。在套期保值过程中，企业不能片面追求投机利益，套期保值的效果是期货市场和现货市场综合考虑的结果，两个市场的损失和收益一一对应，不能从一个市场上判断效果，应正确评估整体风险。

在制度体系上，应将套期保值比率对套期保值效果的影响考虑在内，建立专业的套期保值管理体系，可以对市场行情判断、风险控制方案审核等方面进行保障，达到隔离风险的目的，避免企业承担损失。在风险管理方面，企业应当建立专门、独立的风险评估和计量机构，适当聘请期货专家，设立专门的风控人员，负责评价金融衍生工具投资的收益或损失风险，与企业既定目标的背离程度等。

在企业经营管理方面，要根据企业实际情况对风险进行正确的评估，建立监控体系，不能参与超出本企业抗风险能力的复杂衍生品业务或扩大业务规模。在人员管理方面，企业管理人员等应提高止损意识，避免亏损金额扩大，而不应将套期保值风险评估完全依赖投资银行、中介机构等，在风险识别、计量等方面着重培养、吸纳人才，并做好企业内部员工培训，要从企业内部真正建立起风险控制管理体系。对套期保值风险管理应该存在于事前、事中、事后的各个方面，在各个环节都实现对风险的评估、计量和检测。

（七）合理确定套期保值比率

套期保值是期货市场的主要功能之一，企业利用套期保值进行实物价格波动风险规避。但套期保值因其原理和特点，本身就具有一定的风险。其中，由于基差的存在，套期保值比率的选择对于企业套期保值效果具有重要的影响。不同的套期保值比率，获得风险规避、获得利润的效果不同。套期保值从理论上假设同一品种的实物价格和期货价格受相同因素的影响，其变化趋势相同，因此可以利用期货市场将实物市场价格波动的风险转移，故企业在一般套期保值过程中会对实物市场和期货市场进行品种相同、数量相同、方向相反的操作，此时套期保值比率为1。在实际交易过程中，黄金期货套期保值过程中黄金实物和黄金期货基本呈现出相同的波动趋势，但在一段时间范围内，还是具有一定差异性，因此需要确定合理的套期保值比率，才能应对基差变化，获得较高的套期保值收益。企业在套期保值过程中，应格外注重套期保值比率的确定，要综合考虑营业情况、资金状况等因素，确定合适的套期保值比率。在进行套期保值比率的选择上，要将套期保值理论与经营实际相联系。

合理选择套期保值比率计算模型和样本数据。在套期保值过程中，企业要想合理规避风险，获取利润，除确定合理的套期保值比率外，还需要具体问题具体分析。因使用的套期保值比率计算模型及选取的数据不同，会计算出不同的套期保值比率，获得不同的套期保值绩效。套期保值比率计算模型及样本数据的选择是减小基差风险、计算最优套期保值比率的最重要环节。不恰当的套期保值比率计算模型不能谋得较高的利益。基本的套期保值比率计算模型可以包括双变量自回归 B – VaR 模型、OLS 模型和 ECM – GARCH 模型等，样本数据可以选择日数据、周数据等。目前我国市场定价机制比较完善、流通性较好，我国企业应该将研究重点放在上述常见模型。上述常见的套期保值比率计算模型基本可以满足大多数套期保值的目标。由于套期保值市场的系统性风险以及企业内部的水平有限，过于复杂的套期保值比率计算模型未必能达到套期保值的最初目的，即规避市场中存在的价格风险。而且，过于复杂的计算模型，其本身就可能带有较大的风险。

（八）套期保值可能面临的风险

企业套期保值的目的是规避风险，由于黄金实物可能出现的价格波动，而导致未来可能发生的经营活动的潜在损失。但由于套期保值本身具备的复杂性，以及其使用的金融衍生工具的高杠杆性、灵活性等特点，企业套期保值本身具备一定的风险。企业要想实现套期保值的有效性，有效抵消现货市场上的价格波动风险，需要合理有效地规避套期保值风险，作出正确、合理的经营决策。在企业套期保值过程中，存在的风险是多种多样的。从套期保值本身来看，具

第五章 黄金期货与商业银行黄金业务

有外部风险和内部风险两类。外部风险包括市场具有的系统性风险——这是身处市场经济条件下无法避免的,是天然风险,还包括信用风险——这是套期保值的特点决定的,以及流动性风险等。内部风险包括企业自身内部控制等的缺失、操作失误的风险,经营决策错误的风险等。这些风险的成因主要来自相关制度建设不完善、可提供企业使用的操作准则不完善、操作性差、企业风险意识较弱、缺乏专业化的合规人才等。

除套期保值具有的传统风险外,企业在衡量套期保值有效性及其风险规避的同时还应关注由套期保值比率选择不同而造成的套期保值效果差异,从而引起的经营者决策风险。要考虑计算模型、选取数据等多方面的原因,从而确定最优套期保值比率,获得规避风险的最佳效果。结合中国黄金期货市场的特点,当选取数据为日数据时,OLS模型更适用于我国黄金期货市场,使用其计算出的套期保值比率可以获得较低的风险和较高的收益;当选取数据为周数据时,ECM—GAR模型更适用于我国黄金期货市场,其计算出的套期保值比率可获得较低的风险和较高的收益。综上所述,我国企业在进行黄金期货交易的时候,应选择合适的套期保值比率以规避风险、提高收益,在计算套期保值比率时选择合适的计算方法,并选取合适的数据,才能实现最佳的套期保值效果。

六、黄金期货与黄金现货的价格关系

黄金期货和现货是黄金的两种不同交易方式,期货价格和现货价格之间存在一定的引导关系。一方面,现货价格由当前供求关系决定,可能会影响投资者对交易品种在未来一段时期内供需的判断,并由此反馈影响黄金期货价格走势;另一方面,期货价格体现市场交易主体对黄金价格变动的预期,因此,期货市场决定的价格同样可能影响现货市场交易,引导现货价格走势。同时,黄金期货和现货递延合约交易也为投资者规避风险、套期保值和套利交易提供了重要平台。但是,黄金期货与现货价格的频繁波动,使投资者对黄金价格未来走势把握的不确定性加大,黄金期货和现货投资面临较大的风险。

黄金期货推出以来,国内外许多学者用不同的计量方法对期货价格和现货价格之间的关系进行了检验,认为黄金期货市场具有较好的价格发现功能,可以与现货市场价格协同完成黄金价格发现。而由于黄金期货市场、黄金现货市场并不是两个孤立的市场，它们都是围绕相同标的产品（黄金）进行交易，受相同经济因素的影响，所不同的只是其交易的方式，因而可以推断两个市场价格之间应该存在着某种相关关系。

总体而言，我国黄金现货市场对期货市场的冲击力度较大且持续期较长，而期货市场对现货市场的冲击力度较小。通过多种数量分析方法的实证结果也发现，在中国黄金市场上，价格发现能力较强的是现货价格，现货价格对期货价格表现出一种单向指引。

七、黄金期权

期权是指期权的买方有权在约定的期限内，按照事先确定的价格，买入或者卖出一定数量某种特定商品或金属指标的权利。作为一种独特的金融工具，期权在投资、规避风险以及资产管理等业务领域发挥着重要作用。从国际市场看，黄金期权自诞生已有30多年的历史，已经成为全球黄金行业和跨国金融机构风险管理的基本工具。目前，芝加哥商品交易所、美国洲际交易所和印度多种商品交易所已经推出了实物交割的黄金期权。

上海期货交易所于2019年12月20日上市黄金期权，作为对黄金期货的有效补充，黄金期权是一种投资方式更加灵活、投资功能更加多样的黄金期货衍生品种，为不同风险偏好的投资者提供了更加多样的投资选择。黄金期权的推出对于进一步丰富期货市场具有重要意义，既有助于完善黄金期货市场投资者结构，也有利于推动金融机构业务创新，协调发展场内和场外市场。

黄金期权独特的定价方式以及非线性的收益曲线决定了其不仅能够管理价格变动的风险，而且能够管理市场波动的风险。在市场价格波动剧烈、预期不明朗的环境下，单纯参与期货套保，可能使黄金企业每天面临盈亏变动，往往达不到预期的套保效果。而期权价格包含反映标的资产价格波动性风险的因素，即波动率，能够反映投资者对标的资产价格波动的预期。因此，期权可以代替期货用于管理资产价格的方向性风险，更适合管理价格的波动性风险。

黄金期权的标的物是黄金期货合约，交易最小变动价位为0.02元/克，涨跌停板幅度与黄金期货合约涨跌停板幅度相同，行权方式为美式，到期日买方可以在15:30之前提交行权申请或放弃行权申请。

第五章　黄金期货与商业银行黄金业务

表 5-3　　　　　　　　上海期货交易所黄金期货期权合约

合约标的物	黄金期货合约（1000 克）
合约类型	看涨期权，看跌期权
交易单位	1 手黄金期货合约
报价单位	元（人民币）/克
最小变动价位	0.02 元/克
涨跌停板幅度	与黄金期货合约涨跌停板幅度相同
合约月份	最近两个连续月份合约，其后月份在标的期货合约结算后持仓量达到一定数值之后的第二个交易日挂牌。具体数值交易所另行发布
交易时间	上午 9:00～11:30、下午 13:30～15:00 和交易所规定的其他时间
最后交易日	标的期货合约交割月前第一个月的倒数第五个交易日，交易所可以根据国家法定节假日等调整最后交易日
到期日	同最后交易日
行权价格	行权价格覆盖黄金期货合约上一交易日结算价上下浮动 1.5 倍当日涨跌停板幅度对应的价格范围。行权价格≤200 元/克，行权价格间距为 2 元/克；200 元/克＜行权价格≤400 元/克，行权价格间距为 4 元/克；行权价格＞400 元/克，行权价格间距为 8 元/克
行权方式	美式。买方可以在到期日前任一交易日的交易时间提交行权申请；买方可以在到期日 15:30 之前提出行权申请、放弃申请
交易代码	看涨期权：AU－合约月份－C－行权价格 看跌期权：AU－合约月份－P－行权价格
上市交易所	上海期货交易所

第二节　商业银行黄金业务

学习内容	知识点
商业银行黄金业务的产生与发展	各发展阶段的概况
商业银行黄金业务的重要性	重要性的具体体现
商业银行黄金业务的主要类型	产品类型及特点
商业银行黄金业务的发展现状及特点	发展现状和业务特点

第二节 商业银行黄金业务

一、商业银行黄金业务的发展阶段

随着改革开放的大潮，我国商业银行黄金业务经历了从沉寂到蓬勃的发展之路。新中国成立初期，国家对黄金实施严格管制，不允许私人进行黄金买卖，黄金饰品行业几乎被取消。1982 年，国内黄金饰品市场恢复。2001 年，中国的黄金体制改革取得了突破性进展，同年 8 月放开黄金首饰统一定价，11 月将经营黄金制品改为审核制。2002 年 5 月，中国人民银行批准中国工商银行、中国农业银行、中国银行、中国建设银行四家银行开办黄金现货买卖、黄金交易清算、黄金项目融资等 8 项自营黄金业务以及部分个人投资黄金业务。黄金自营交易的发展，丰富了商业银行的资产业务，也为商业银行实现资产多元化、提高经营效率及防范化解经营风险开辟了新渠道。

2002 年，上海黄金交易所正式开业，实现了中国黄金生产、消费、流通体制的市场化，黄金市场与货币市场、证券市场、外汇市场等市场共同构筑起我国完整的金融要素市场体系；2003 年 3 月，中国人民银行取消有关黄金经营的 26 项行政审批项目；2008 年 1 月 9 日，黄金期货在上海期货交易所正式挂牌上市交易。2014 年 9 月，上海黄金交易所启动国际板，成为中国黄金市场对外开放的重要窗口；2016 年 4 月发布全球首个以人民币计价的黄金基准价格——"上海金"，提升了我国黄金市场的定价影响力。目前，除黄金进出口、金币经营业务仍需中国人民银行审批外，其余黄金业务基本实现市场化运作。

我国商业银行自经营黄金业务起，经过 20 多年的发展，经历了从无到有、从小到大、从弱到强的三个阶段。

（一）筹备起步时期（2002—2007 年）

在全球经济一体化的作用下，虽然黄金的货币职能有所弱化，但还是具有货币、金融、投资等多重属性的特殊商品，也是国际公认的流动性和变现性极强的金融资产和国家战略储备资产，从保证国家金融安全和保持金融、外汇政策有效兼容、相互配套方面考虑，由中国人民银行负责监督管理黄金市场。

以四大国有银行为代表的各商业银行，在此阶段承担了黄金清算及做市职能，发挥了"蓄水池"的作用。同时，由于黄金业务产业链较长，涉及设计、采购、生产、加工、物流、检验、交割、回购、营销等众多环节，对于银行而言都是全新的业务领域。因此在起步阶段，各银行均积极开展黄金人才储备。

第五章　黄金期货与商业银行黄金业务

2004年6月,招商银行北京分行售出第一根"高赛尔"金条,标志着我国商业银行个人实物黄金业务时代的到来。随后,中国银行自有品牌"中银吉祥金"、中国农业银行自有品牌"传世之宝"、中国建设银行自有品牌"龙鼎金"、中国工商银行自有品牌"如意金"等相继上市,国内主要商业银行纷纷推出了个人实物黄金业务。

在业务开展初期,商业银行借助网点广泛、客户关系深入等优势开拓市场,由于缺乏经验,出现了部分实物黄金库存积压的情况,这也导致了尚未开展个人实物黄金业务的商业银行转向谨慎态度。在逐渐解决了实物金业务在销售周期、物流调拨、营销回购等环节的问题后,相关业务开始快速发展。

(二) 快速发展时期 (2007—2020年)

经过多年发展,各大银行均形成了相对成熟的个人黄金业务模式。2007年以来,在国内经济高速增长、北京奥运会举办、美国次贷危机等国内外经济背景加持下,商业银行黄金业务蓬勃发展,各类产品成交规模迅速扩大,成为国内黄金零售市场的重要渠道,标志着国内商业银行黄金业务进入了全新阶段。

2009年9月,中国工商银行贵金属业务部成立,黄金业务逐步成为各商业银行的核心业务。各家商业银行已经从简单地追求业务规模转向了追求利润、效率、质量,逐步形成了各具特点的专业管理模式、完备的产品体系、综合化的销售系统。在这一阶段,商业银行黄金业务主要呈现以下特点:一是市场份额连续多年快速增长;二是商业银行黄金业务成为上海黄金交易所的重要业务组成部分;三是黄金业务的创新速度不断加快和深化。

2019年,上海黄金交易所银行会员数量增至28家,商业银行交易量在上海黄金交易所的交易占比过半。当年,银行类会员黄金竞价自营及代理业务交易量合计达1.6万吨,占交易所黄金竞价总成交量的近60%。

在此阶段,商业银行黄金业务以实物黄金、纸黄金、保证金交易三项业务为主,实物黄金销售是最大利润来源。

(三) 守正创新时期 (2020年至今)

随着国内黄金市场的发展,商业银行已成为国内黄金交易的重要参与者。近年,在黄金市场健康发展的同时,商业银行也在持续着力做好风险防范工作。目前,商业银行已普遍按照监管机构风险管理指引,建立有效制衡的风险治理架构,制定全面风险管理体系,并针对识别、评估、监测、控制相关风险的措施建立了制度。

在注重风险防范的基础上,商业银行秉持守正创新理念,不断创新优化自身黄金业务。一方面,商业银行充分发挥遍布全国的网点机构、广泛的客户基础、网络化的营销渠道等优势,为各个层面的客户提供交易投资渠道;凭借资金优势,缓冲国际黄金市场风险,并不断拓展专业银行服务,有效扩大了黄金市场的需求,推动了黄金市场的健康发展。另一方面,黄金市场需求的不断扩大,也反过来推动商业银行深入开发需求,不断提高创新能力,丰富黄金实物、投资衍生产品、黄金消费领域的产品线,商业银行先后推出黄金品牌、黄金理财、贵金属积存、融资租赁、回购、远期保值等,黄金业务步入了创新发展、专营发展的新阶段。

产品的不断创新吸引了越来越多商业银行的参与,截至2023年底,在上海黄金交易所的银行类会员中,已经包括30家国内商业银行(中国工商银行、中国农业银行、中国银行、中国建设银行、交通银行、中国邮政储蓄银行、中信银行、中国光大银行、华夏银行、中国民生银行、上海浦东发展银行、广发银行、平安银行、招商银行、兴业银行、恒丰银行、上海银行、宁波银行、上海农村商业银行、北京农村商业银行、青岛农村商业银行、厦门银行、北京银行、天津银行、杭州银行、四川天府银行、富滇银行、浙商银行、江苏江南农村商业银行、江苏苏宁银行)和9家外资银行[星展银行、德意志银行、摩根大通银行、大华银行、澳新银行(澳大利亚和新西兰银行)、渣打银行、汇丰银行、南洋商业银行和法国巴黎银行]。

众多商业银行的参与有效丰富了市场交易品种,扩大了市场交易规模,极大地推动了我国黄金市场的发展。短短十几年,我国已成为世界第一大场内黄金现货市场和第二大黄金期货市场。

二、商业银行黄金业务的重要性

当前,黄金业务已经在金融行业占据了一定的地位,黄金业务在各大商业银行也都有了一定的发展。商业银行发展黄金业务对于黄金市场以及商业银行自身都有着重要意义。

(一)服务实体经济发展

缓解了实体企业资金周转风险。黄金生产和流通链条周期长、环节多、重资产,当企业出现阶段性黄金产品积压、缺乏周转资金时,商业银行可以发挥

第五章　黄金期货与商业银行黄金业务

自身资金优势,通过买入并积蓄黄金加速黄金生产企业的资金周转;当黄金需求企业缺少采购黄金的资金时,商业银行可以采用赊销或者租赁的方式将所持有的黄金出售给用金企业。

减少了市场流通成本。我国黄金生产企业地缘分布较为分散,商业银行发挥营业网点众多的优势,配合交易所建立并完善了黄金仓储和配送网络,实现交易双方就近交割,从而有效地降低交易成本,提高中小黄金企业参与黄金市场交易的积极性。

(二) 服务市场健康运行

完善了多层次的黄金市场架构。商业银行开展黄金业务,能为交易所场内市场创造"活水",同时与其他金融市场互为补充,对于金融市场整体的协同发展和平稳运行,起到了助推剂和润滑剂的作用。此外,商业银行开展黄金业务也有利于监管机构更好地监测及防范黄金市场风险。

提高了市场配置资源的效率。在某些情况下,市场中供求双方可能对市场行情作出相差较大的判断,导致交易难以达成,从而影响黄金市场的流动性和活跃性。市场供求的失衡,将显著降低市场配置资源的效率,而商业银行在此情况下可以提供市场流动性,支持市场平稳交易。

(三) 服务普惠金融落实

随着我国黄金市场"交易所+银行柜台"双层体系的确立,商业银行将主要承接场外市场需求。在场外市场,商业银行开展黄金业务能更贴近投资者,更有针对性地开展金融教育。场外市场的稳健发展,能与场内市场形成互补,进一步丰富市场参与主体,做好普惠金融这篇大文章。

(四) 服务自身升级转型

黄金和金融指数之间存在很强的不相关性,当其他金融市场表现不佳时,投资者可能趋向黄金市场避险。开展黄金业务,可以使商业银行实现经营范围的扩大和盈利模式的多元化,进而通过增加黄金产品优化自身资产结构,有利于商业银行自身长期发展。

三、商业银行黄金业务的主要类型

随着商业银行黄金业务的快速发展,同业竞争日益激烈,相应的业务种类

第二节 商业银行黄金业务

也随之不断丰富和完善。从业务性质划分来讲，商业银行主要进行以下黄金业务。

（一）黄金交易类业务

交易类业务是指商业银行在交易所或场外市场开展的交易业务，主要有上海黄金交易所交易、境内银行间黄金询价市场交易、上海期货交易所黄金交易、黄金进出口业务及境外黄金交易。按金融工具种类分，主要有黄金即期（现货）、远期、掉期、期权、现货延期交收、期货、定价（定盘交易）、租借（拆放）等。

具体来看，上海黄金交易所交易业务是指商业银行在上海黄金交易所开展的竞价交易、询价交易和定价交易。其中，竞价交易是指采取自由报价、撮合成交的交易方式，按照价格优先、时间优先的原则撮合成交的交易业务；询价交易是指在交易所询价交易平台达成的询价交易业务，或交易双方通过其他方式达成询价交易后，在交易所进行的询价登记，以及其在交易所开展的清算、结算、交割等业务；定价交易是指市场参与者在交易所平台上，通过"以价询量、数量匹配"的定价过程，在市场量价平衡时，确定定价合约的人民币基准价，并按基准价成交的交易。

境内银行间黄金询价市场交易是经上海黄金交易所核准的市场参与者，通过中国外汇交易中心外汇交易系统以双边询价方式进行的黄金交易，交易品种为上海黄金交易所指定在中国外汇交易中心外汇交易系统挂牌的黄金交易品种。

上海期货交易所黄金交易是指商业银行在上海期货交易所开展交易所上市黄金期货合约的买卖交易。

黄金进出口业务是指商业银行在境外、海关特殊监管区域、保税监管场所与境内区外之间进出口实物黄金的业务。黄金进口交易形式有买断、寄售和租借等。黄金入境交易形式有买断、寄售和租借等。

境外黄金交易业务是指商业银行在交易所场内或银行间市场等开展的以境外黄金为标的物的交易业务，包括即期（现货）、远期、掉期、期权、定价（定盘交易）、期货、租借（拆放）等。境外黄金指交割地在海关特殊监管区域、保税监管场所或境外地区的黄金。

（二）黄金保管仓储和资金清算业务

黄金保管仓储业务是商业银行受上海黄金交易所委托，专为其受理黄金实

第五章　黄金期货与商业银行黄金业务

物的仓储和保管，代理上海黄金交易所与会员之间进行黄金实物交割的专项服务业务。我国幅员辽阔，黄金生产、加工企业分布范围广泛，如果所有黄金都运往交易所进行交割，黄金交易成本势必大大增加。商业银行发挥机构网络的优势，协助上海黄金交易所建立完善的仓储和配送网络，可以使交易双方"就近提货"，从而有效地降低交易成本，同时增加商业银行的中间业务收入。

资金清算业务是交易所会员由于场内买卖交易而与上海黄金交易所发生的资金收付清算业务。由于上海黄金交易所和会员单位都在商业银行开设了资金账户，所以商业银行可以凭借自有资金结算网络系统，与交易所进行资金清算联动。

黄金市场是一个既有巨额资金的划拨与清算，又要对特殊实物进行交割与配送的市场，要同时实现资金流和物资流的安全、快捷运作，商业银行对此具有较为显著的业务优势。

（三）黄金租赁业务

租借业务是指一方通过上海黄金交易所为其开立的实物账户将黄金、白银、铂等实物借给另一方，并按双方合同约定的期限、利率或者费率，收回等量黄金、白银、铂等实物或等值货币资金及孳息的行为。根据租借双方性质的不同，租借分为金融机构之间租借和银行业存款类金融机构与涉金（银、铂）企业之间租借。

我国开展黄金租赁业务较晚，2005年上半年中国银行率先开展黄金租赁业务以来，黄金租赁业务颇受市场的青睐，各商业银行和部分在中国境内开办业务的外资银行，均积极推广黄金租赁业务。黄金租赁受到黄金生产加工企业以及商业银行的追捧，主要因其具有三大特点：一是租赁期限具有灵活性。在租赁期间客户可以根据自身经营管理需要随时归还黄金，终止黄金租赁业务。对于提前终止的租赁业务，商业银行可以根据提前终止合同的时间收取一定费用，以弥补损失，同时客户也可在租赁业务存续期间根据自身的需要申请展期。二是租赁价格具有灵活性。目前，我国商业银行体系正在推动黄金租赁市场建设，银行在开展租赁业务时，可以进行一对一客户服务，同一银行对待不同客户租赁定价可以根据业务开展的具体情况而有所不同；同一客户在不同银行会遇到不同的租赁定价，因此租赁价格双方可以进行平等的商榷，从而满足合作双方的需要。三是租赁操作具有灵活性。一方面，对于企业来说，对租赁的黄金在租赁期间拥有处置权，既可以用于生产经营活动，也可以在黄金市场变现后进行资金周转，以满足合规的资金需求；另一方面，对于商业银行来说，闲置的黄金增加自身的仓储成本，而将黄金租借出去，商业银行不仅可以获得业务收入，提高自身的经济效益，而且黄金租赁不占用贷款规模，筹资成本一般低于商业贷款，因而受到商业银行和企业的青睐。

我国目前已成为全球第一大黄金生产国，随着充分的市场竞争和国家产业政策的扶持，黄金矿业已呈现集团化、规模化、基地化、集约化建设经营模式，随之而来的是空前的融资需求规模。另外，国际金融市场波动较大，黄金生产和加工企业套期保值需求将进一步增加，因此，可以预期黄金租赁需求还将有较大的发展空间。

黄金生产、流通的链条很长，涉及生产、冶炼、交易、加工、批发、零售等多个环节，商业银行凭借雄厚的资本实力，既可以参与买卖、缓解生产者和使用者阶段性资金压力，又可以向黄金生产商和用金企业提供融资，加速资金的周转速度，有效解决资金的流动性问题。

（四）代理黄金交易业务

代理黄金交易是指商业银行凭借自身所具备的上海黄金交易所金融类会员资格，接受境内外机构委托，代理其在上海黄金交易所进行黄金合约的买卖交易、交割申报、中立仓申报和提货等各项业务。商业银行收取委托代理业务手续费，不承担代理交易的盈亏责任。商业银行通过开展代理业务，可与众多的黄金厂商、机构投资者建立广泛的业务联系，逐步形成商业银行自身的客户群，也为开拓黄金寄存等业务奠定了基础。在代理业务中，商业银行在市场中发挥了至关重要的作用，以代理客户的委托交易资金维持市场的交易量和流动性，避免了"有行无市"现象，有利于实现市场对黄金资源的配置功能。

（五）实物黄金销售及回购业务

实物黄金包括自有品牌贵金属和代理贵金属两种。自有品牌贵金属销售是指商业银行销售的具有自有品牌（如银行商标或标识）的实物黄金产品，商业银行根据市场价格对产品进行自主报价并获得买卖价差收益。代理贵金属销售是指商业银行与第三方合作商签署协议，向客户代理销售其黄金制品，商业银行获得买卖价差或手续费。回购则是指商业银行代理贵金属厂商从客户处按规则约定的价格回购一定规格的实物黄金制品，商业银行可回购的实物黄金一般

第五章　黄金期货与商业银行黄金业务

有银行自有品牌贵金属和其他符合银行要求的黄金制品。

随着全球网络技术的飞速发展，网上银行业务极大地拓展了商业银行的服务手段，具备黄金业务经营权的商业银行借助丰富的网点资源和优质的客户资源，大力发展实物黄金销售和回购业务，黄金买卖寄存、黄金定投等实物黄金业务得到了迅速发展。

（六）黄金衍生品业务

在金融市场中，流动性过剩的情况时有发生，大量富余的资本需要寻求有价值的投资渠道。在此情况下，黄金产品衍生化应运而生，如黄金即期、黄金远期、黄金掉期、黄金期权等。其中，黄金即期、远期业务是指机构客户与商业银行叙作黄金即期或远期交易，双方在交割日按合同约定方式进行黄金交割或现金结算。黄金即期交易是指交易双方按交易日当天黄金市场的即期价格成交，并在交易日后第二个工作日（T+2）或以内进行交割的黄金交易。远期黄金交易是指交易双方按约定的价格，在约定的期限（交易日后第二个工作日以上的某一日期）进行交割的黄金交易，交割方式包括黄金实物交割和现金结算交割两种。

黄金掉期业务是指机构客户与商业银行约定按某一即期或远期价格和起息日买入（或卖出）黄金，并按约定的另一远期价格和起息日卖出（或买入）黄金的交易。

黄金期权业务是指个人、企业客户与商业银行签约买入或卖出以黄金为标的的期权，到期执行期权时，商业银行与客户可按协议约定按行权价交割黄金或资金轧差交割。

商业银行作为黄金市场的重要主体，不但在黄金衍生产品的研发、设计、资金流管理、风险规避等方面充分发挥了自身的优势、推动了产品业务的创新，同时也是黄金衍生产品销售的重要渠道，为广大客户提供了多途径、多层次的黄金投资服务。特别是以人民币计价黄金期权业务的推出，极大地增强了国内黄金定价能力，有利于金融工具创新和业务转型革新。由于期权具有杠杆效应、锁定风险、策略运用等特点，黄金期权的推出对于黄金业务的发展具有重要意义。

第一，稳定黄金市场。黄金期权推出后，黄金长线投资者为避免金价下跌带来的损失，可以通过黄金期权合约进行套期保值（成本低于黄金远期），从而锁定投资损失，使黄金期权发挥"市场稳定器"的作用。

第二，丰富黄金投资工具，保护投资者利益。黄金期权损益的非线性结构不同于远期合约损益的线性结构，且黄金期权又有不同的履约价与到期日，可搭配出多种组合，形成不同的损益形态。黄金期权还可以根据不同类型投资者的需求，构造资产组合、设计收益分布、设定风险与收益关系，以满足特定的投资目标，从而更好地保护投资者利益。

（七）黄金质押业务

商业银行以客户实物黄金或其他符合条件的黄金资产为质押发放贷款，在贷款到期时客户按约定归还贷款、支付利息，银行解除客户的黄金质押。在黄金质押贷款办理的过程中，为规避由于黄金市场价格波动造成贷款风险，借贷双方需设立并共同遵守质押黄金的警戒线和平仓线。当质押黄金的市场价格跌至警戒线时，商业银行会及时通知客户增加押品或提前归还部分贷款，使质押黄金的有效担保数量大于等于贷款本金。而当质押黄金的市场价格跌至平仓线时，商业银行将及时出售质押黄金，归还贷款。

（八）黄金积存业务

客户在商业银行签订协议并开立黄金账户，基于银行标的，标的一般为上海黄金交易所现货合约的黄金产品，按照重量或金额进行购买，客户可采取主动投资或定投的方式购买。对于黄金账户内的黄金余额，客户可选择赎回（卖出）获得货币资金或按商业银行相应黄金产品的实有规格提取黄金实物。2009年，中国工商银行率先开办了"如意金"积存业务，拉开了黄金积存业务的序幕，随后多家商业银行纷纷推出各自的黄金积存产品。

黄金积存业务因其交易门槛低、交易规则简单、投资方式灵活、风险较为分散而受到了广大个人客户的欢迎。2023年，全国商业银行黄金积存业务的买入量为184.36吨、卖出量为227.03吨，黄金定投业务的买入量为1.3吨、卖出量为3.44吨。商业银行开展黄金积存业务既支持了我国的"藏金于民"战略，又满足了大众客户资产配置、黄金投资的需求。而黄金积存业务风险较低，适用的客户群广，产品交易方式简单，营销难度较低。目前来看，办理了黄金积存业务的客户在商业银行的总客户中占比较低，定投重量较少。黄金积存业务的发展具有较大的空间。从之前各家商业银行黄金积存业务对比分析来看，交易规则灵活、运作能力强大的产品竞争优势将更加明显。

（九）账户金业务

账户金业务又称"纸黄金"业务，是指商业银行从电子交易系统获得国际黄金市场价格，经过自动计算形成本行的买卖报价，投资者按照商业银行的报价买卖黄金的业务。账户金业务包括实盘交易和双向交易两种。

我国商业银行账户金交易始于 2003 年，由中国银行率先推出。2023 年，全国有 10 家商业银行开展了账户金业务。2020 年后，由于国际贵金属价格波动剧烈，挂钩国际黄金标的的账户黄金业务逐步收缩。银行机构纷纷暂停新客户签约并暂停新开仓。我国商业银行账户金的运行特点表现如下：第一，人民币账户金是最主要的账户金品种。第二，采用场外做市商的报价交易模式。商业银行在国际现货金价的基础上，增加一定的点差以及汇兑风险补偿，对客户提供持续双边报价。每个商业银行都相当于一个独立的做市商，买卖价差由各家自行决定。对于账户金交易过程中产生的未平仓头寸，商业银行一般采取境外平盘的方式，规避金价波动风险。

（十）黄金生利业务

黄金生利业务是指客户在商业银行签订协议并开立黄金生利账户，按固定重量或固定金额购买以黄金资产为依托的黄金资产权益，购买方式有主动投资和定投。对于黄金生利账户内的黄金余额，商业银行可按协议约定向客户提供持有期内的黄金持有期收益，客户可按约定赎回（卖出）获得货币资金或按银行相应黄金产品的实有规格提取黄金实物。

四、商业银行黄金业务的发展现状及特点

（一）商业银行黄金业务的发展现状

2002 年以来，商业银行黄金业务迅速发展，初步形成了实物类、交易类、融资类、理财类四大黄金产品体系，实现了跨越境内外市场，覆盖现货、期货及其他衍生品交易的系统化运作，在场内与场外影响力不断增强。商业银行在黄金市场的优势地位逐步增强，交易规模不断增加，2023 年商业银行黄金成交量在上海黄金交易所的黄金交易占比超过 83%。

目前，商业银行已基本形成以实物类产品树立品牌、以交易类产品增加收

益,以融资类产品支持黄金产业发展的产品体系,建立了跨越境内外市场,覆盖现货、期货、衍生品的市场体系,黄金市场结构进一步向以商业银行为主导进行转变,黄金市场的机构化趋势越来越明显。

1. 黄金自营和代理业务方面快速增长

截至2023年底,上海黄金交易所共有银行金融类会员30家,外资金融类会员9家。商业银行代理客户投资上海黄金交易所实物黄金业务保持了快速发展的势头,业务种类包括现货实物黄金产品和延期交收产品两大类。

2. 实物金销售及回购业务稳步增长

目前,我国已有多家商业银行开办了品牌实物黄金销售和回购业务(包括自营品牌金和代理品牌金),其中,开办自营品牌金销售和回购业务的商业银行包括中国银行、中国工商银行、中国建设银行、中国农业银行、交通银行、招商银行、中国民生银行和恒丰银行等,一些商业银行已经开办代理品牌金销售和回购业务。受多方面因素的影响,品牌金的回购业务量较少,不足品牌金销售量的30%。

3. 黄金租借质押业务快速增长

2011年2月,中国工商银行首次开展黄金质押业务,全年成交4.56吨,并按照70%~80%的黄金质押品价值发放了贷款。黄金租借质押业务得到快速发展,目前已有中国工商银行、中国农业银行、中国银行、中国建设银行、招商银行、中国民生银行、兴业银行、上海浦东发展银行、上海银行、平安银行、恒丰银行等多家国内商业银行,澳新银行和汇丰银行等外资银行开展黄金租借质押业务。借入黄金实物的主要是国内大型矿山企业及珠宝首饰加工企业和部分商业银行分支机构。黄金租借业务促进了黄金现货市场的深化发展,不仅有利于企业规避价格风险、降低资金成本,也开拓了商业银行的新业务,实现银企双赢。

4. 境内黄金衍生品业务有序发展

商业银行在境内开展的场外黄金衍生品业务以美元黄金远期为主,还包括美元黄金期权、美元黄金掉期以及人民币黄金远期,共四个品种。黄金远期业务是指交易双方在约定的日期,以约定的价格、数量、成色、规格、交割方式等条件进行实物黄金交易。黄金远期是一种合同交易行为,一般由商业银行与其客户在场外进行一对一交易,买入黄金的一方称为多头,卖出黄金的一方称为空头。黄金远期业务有美元黄金远期和人民币黄金远期两种。人民币黄金远期业务由民生银行2010年2月针对非银行客户推出,该业务的推出填补了国内

第五章　黄金期货与商业银行黄金业务

以人民币计价的黄金衍生产品的空白，同年 8 月，交通银行和澳新银行在上海黄金交易所场内达成首笔人民币远期业务。2006 年 11 月，中国银行率先在国内对其客户推出以美元计价的黄金期权交易。2011 年 5 月，中国工商银行推出了境内美元黄金掉期业务。

5. 境外黄金业务平稳增长

商业银行从事境外黄金业务主要为了冲抵在境内形成的黄金交易头寸，也可利用境内外金价价差进行套利交易。目前，商业银行开展的境外交易品种以黄金即期、黄金远期、黄金掉期为主，还包括少量的黄金期权。

（二）商业银行黄金业务的特点

1. 商业银行服务黄金产业的功能不断增强

随着商业银行黄金产品的不断拓展和丰富，商业银行对黄金产业的金融服务功能也在不断增强。商业银行黄金远期、黄金租赁、黄金拆借等方面均呈现较快增长，黄金质押也成为新的融资方式，为黄金产业的发展提供了良好的金融服务。各类产用金企业利用这些产品或服务降低融资成本，规避市场风险，丰富投资渠道，促进了整个产业的健康发展。

2. 商业银行参与黄金市场的广度和深度不断扩大

一是市场份额逐年增加。从 2009 年开始，商业银行在上海黄金交易所的交易量占比接近 50%，并逐年有所提高。近年来，商业银行在上海黄金交易所的总交易量占比始终保持在半数以上。此外，商业银行场外黄金业务发展迅速，呈现快速增长的态势。商业银行充分发挥自身的品牌和渠道优势，大力拓展对公和个人黄金业务。商业银行的品牌实物黄金销售、黄金远期、黄金租赁、黄金拆借、黄金进出口业务均出现较快增长，黄金业务已发展成为商业银行新的利润增长点。

二是市场参与主体日益增多。截至 2023 年底，上海黄金交易所的银行类会员数量已增至 39 家（30 家国内银行、9 家外资银行）。共有 23 家商业银行成为上海期货交易所会员，可以通过自营的方式参与黄金期货交易。

三是产品创新不断深化。商业银行实物类、交易类、融资类、理财类黄金产品体系共同发展。各家商业银行在黄金现货基础上，纷纷推出租赁质押和黄金掉期、黄金期权等衍生产品，进一步丰富了产品种类和市场功能，为市场提供了多样化的融资避险工具。黄金积存业务成为受投资者欢迎的黄金投资品种。黄金定投方式平摊了投资者的投资成本，有利于平抑市场价格短期波动带来的

第二节 商业银行黄金业务

风险,分散投资风险。

3. 商业银行黄金业务呈现出特色各异的经营模式

随着参与黄金市场的商业银行数量不断增多,商业银行黄金业务专业化程度不断提高,各商业银行逐步形成了各具特色的黄金业务经营模式,主要体现在以下四个方面。

一是大中型商业银行注重走专营化的经营方式,继续加强黄金自营业务,同时力求黄金业务向综合性全面发展。随着我国黄金市场的快速发展,黄金业务在商业银行中间业务中的占比不断上升,商业银行黄金业务专营化趋势日益明显。中国工商银行贵金属业务部于2009年9月在上海成立,成为国内首家贵金属业务专营机构,此外,中国银行、中国建设银行、中国民生银行、中国光大银行、交通银行先后对黄金业务进行内部整合,纷纷组建了各自的黄金业务专营团队,提高黄金业务条线的运营效率。在上海黄金交易所的银行类会员黄金自营业务中,国有商业银行交易规模快速增长。从场外市场来看,国有商业银行大力发展实物金条销售、黄金租赁和回购业务等,积极扩展贵金属业务的覆盖范围,综合性服务水平较高。

二是股份制商业银行、城市商业银行利用其自身在黄金市场的先决条件,积极开展专业性的特色化服务,为客户提供更专业的咨询服务。

三是外资商业银行会员以自营交易作为参与国内黄金业务的切入点,发挥其在境外黄金市场的操作经验,已逐渐成为国内黄金市场新的活跃主体。外资银行入市初期,受部分因素限制,总体交易量不大,2010年9月以后,呈现出快速增长的态势。2023年底,上海黄金交易所外资银行会员达到9家,业务范围由现货合约扩展到延期合约,加强了外资银行参与黄金市场的广度和深度。外资银行自营业务发展迅速,已经成为银行自营业务增长的重要动力。但是,目前外资银行的业务范围仅限于自营业务和黄金业务,代理业务和白银业务有待进一步拓展。

四是商业银行积极参与黄金期货业务。在上海期货交易所具备黄金期货自营资格的20家商业银行(含国内银行和外资银行)中,商业银行在黄金期货市场的影响力正在不断增强。

4. 商业银行内控管理及风险控制措施普遍加强

近年来,为促进黄金市场进一步规范化发展,持续提升市场风险防范能力,监管部门陆续出台了相关政策规章,商业银行积极响应相关政策,建立健全了一系列内控管理及风险控制措施,有效地防范了市场风险,较好地保护了投资

第五章　黄金期货与商业银行黄金业务

者利益，助力我国黄金市场健康、有序、稳步增长。此外，商业银行在监管部门的指导下，在黄金市场制度建设、规范黄金市场运行秩序、推动黄金市场产品创新、优化市场竞争环境方面取得了诸多成绩。

5. 商业银行在连通国内外黄金市场中的作用不断增强

近年来，在活跃国内黄金市场的同时，商业银行积极参与国际黄金市场，充分发挥连通国内外黄金市场的功能。目前，中国银行伦敦分行、工银标准银行分别是 LBMA 的黄金价格定盘行与做市行，此外，中国建设银行、交通银行、浦发银行、平安银行、中国民生银行、兴业银行等商业银行也积极活跃在 LBMA 市场中。一方面，具有黄金进出口资格的银行从国有商业银行扩大到包括股份制商业银行和城市商业银行在内的 18 家银行，这些商业银行的黄金进出口业务对于保障国内黄金市场供需平衡、平抑国内外金价差异起到了十分重要的作用。另一方面，商业银行也积极参与国际黄金市场，开展现货及衍生品交易。

第六章 黄金市场的监管制度

全面开放以来,中国黄金市场在产品创新、业务推广、客户服务、设施建设等方面得到迅速提升,目前我国已成为全球最大的黄金生产国和消费国。在黄金市场取得一系列斐然成绩的同时,黄金市场的监管制度也得到不断完善,各项监管规章和交易制度陆续推出,使黄金市场的监管水平得到逐步提升。

第一节 黄金市场的监管制度

学习内容	知识点
我国黄金市场的监管体系	监管体系的多个层次内容
场内与场外黄金市场的监管制度	场内黄金交易监管体系的制度规范、场外黄金交易监管的制度规范
黄金进出口与外汇监管制度	黄金进出口及相关的外汇管理制度

一、我国黄金市场的监管体系

当前,我国对黄金市场的监管总体上分为四个层面,分别是国家层面的法律监管、部门规章对黄金市场的监管、交易所依自身制度规则对场内市场的管理和黄金市场各自律组织的自律管理。

第一个层面是黄金市场国家层面的法律监管。根据《中华人民共和国中国人民银行法》的规定,中国人民银行对黄金市场的监管职责主要包括监督管理黄金市场,持有、管理、经营国家外汇储备、黄金储备,有权对金融机构以及其他单位和个人执行有关黄金管理规定的行为进行检查监督。国务院发布《中华人民共和国金银管理条例》以实施对黄金市场的管理,中国人民银行制定《上海黄金交易所业务监督管理规则》等规范性文件对上海黄金交易所业务进行

第六章　黄金市场的监管制度

监督和指导。中国人民银行与国家金融监督管理总局相互配合，共同行使对商业银行黄金业务的监管。国家金融监督管理总局根据《中华人民共和国银行业监督管理法》的规定，主要负责对开展黄金业务的商业银行进行主体资格审批和业务备案，从市场准入角度对商业银行开办黄金业务进行准入性监管。中国证券监督管理委员会根据《中华人民共和国期货和衍生品法》的规定，负责对黄金期货市场的监管。

第二个层面是黄金市场部门规章。国务院各个部门为规范和监管黄金市场具体业务制定了配套政策，包括但不限于中国人民银行发布的《黄金租借业务管理暂行办法》《黄金积存业务管理暂行办法》《金融机构互联网黄金业务管理暂行办法》，分别用来规范黄金租借业务，银行业存款类金融机构、代理销售黄金积存产品的金融机构和互联网机构开展黄金积存业务以及金融机构开展互联网黄金业务；财政部、国家税务总局发布的《财政部　国家税务总局关于黄金税收政策问题的通知》《黄金交易增值税征收管理办法》，加强对黄金交易的财政、税务方面的监管；国家外汇管理局发布的《国家外汇管理局关于印发〈经常项目外汇业务指引（2020年版）〉的通知》，规范银行办理自身黄金进出口收付汇业务。

第三个层面是交易所对其会员的场内监管，主要指上海黄金交易所和上海期货交易所对其会员的内部监管。上海黄金交易所依据其制定的会员管理、交易、清算、交割、风控和违规处理等相关文件，从主体、行为及风险控制等方面进行监管。

第四个层面是黄金市场自律组织行使的自律管理。例如，中国黄金协会依据《中国黄金协会章程》规定，职责包括建立和完善行业协调与自律机制，在国家宏观调控指导下，发挥政府的参谋助手作用，推动我国黄金行业持续、稳定、健康发展。

二、场内黄金交易监管制度体系

目前，黄金市场监管的根本性法规是《中华人民共和国金银管理条例》，该条例于1983年6月15日由国务院发布，并于2011年1月8日根据《国务院关于废止和修改部分行政法规的决定》进行了修订。该条例对金银的收购、配售、进出口和经营单位行为进行了制度规范。

《上海黄金交易所章程》（以下简称《章程》）是上海黄金交易所进行市场

第一节 黄金市场的监管制度

管理的根本性制度。《章程》规定上海黄金交易所实行会员制组织形式，从市场主体角度进行重点监管。上海黄金交易所按照《上海黄金交易所业务监督管理规则》和《章程》制定相关市场规则，进行自律管理，具体规则包括《上海黄金交易所交易规则》《上海黄金交易所风险控制管理办法》《上海黄金交易所会员管理办法》《上海黄金交易所结算细则》《上海黄金交易所交割细则》及其他相关细则。通过交易、清算、交割、风控和违规处理等详细业务规则，保证黄金交易正常有序进行。

黄金期货交易的监管法律体系则主要由《中华人民共和国期货和衍生品法》《期货交易所管理办法》等法律法规组成。上海期货交易所也制定了具体规则，黄金期货交易与其他交易品种全部受到期货交易规则的约束，以确保降低风险保证期货市场的安全平稳运行。

上海黄金交易所与上海期货交易所均借鉴国际发达黄金市场的管理经验，对黄金场内现货与期货交易风险进行集中监管。同时，为保护投资者利益不受侵犯，相关法规制度从风险管理、业务隔离、责任划分等方面予以详细规定。

三、场外黄金交易监管法律制度

我国合法的场外黄金市场主要包括三类：各类产用金企业为生产流通目的而进行的实物黄金交易、以商业银行积存金、理财产品等为代表的各种场外黄金交易和各类零售企业直接面向广大消费者的黄金制品交易。

为规范黄金资产管理业务，2018年12月14日，中国人民银行办公厅发布《关于黄金资产管理业务有关事项的通知》（银办发〔2018〕215号），明确黄金资产管理产品仅限金融机构发起设立，是金融机构的表外业务。按照有关金融监管规定发起设立的黄金资产管理产品，除了要符合金融监管部门的管理规定外，发起设立的金融机构还应当向中国人民银行备案。同时，上海黄金交易所和金融机构应当为每一只黄金资产管理产品投资的实物黄金或黄金产品，开立独立的黄金账户进行专户管理。

同年12月14日，中国人民银行针对互联网黄金业务发布《金融机构互联网黄金业务管理暂行办法》，规范互联网黄金业务，加强对黄金市场的监督管理，防范黄金市场风险。该办法中定义黄金产品是指除实物黄金外，以黄金账户记录黄金持有人持有黄金重量、价值和权益变化的产品，以及以黄金为基础资产的衍生品。金融机构互联网黄金业务是指金融机构通过自己的官方网站、

第六章　黄金市场的监管制度

移动终端销售或通过互联网机构代理销售其开发的黄金产品的活动。该办法中明确，黄金产品仅限金融机构、国务院和金融监管部门批准成立的黄金交易场所向市场提供，在金融机构互联网黄金业务中，由金融机构提供黄金账户服务，互联网机构不得提供任何形式的黄金账户服务，互联网机构代理销售金融机构的黄金产品应向中国人民银行备案。

四、黄金进出口及外汇监管制度

为平衡国内黄金市场供求，2001年黄金市场化改革时，实行了中国人民银行代理商业银行进出口黄金的政策，当时代理的四家商业银行分别为中国工商银行、中国农业银行、中国银行和中国建设银行。随后，具备黄金进出口资格的商业银行数量进一步扩大。2008年1月，中国人民银行　海关总署公告〔2008〕第3号根据《中华人民共和国金银管理条例》有关规定，公告了黄金及其制品进出口准许事宜，规范了"中国人民银行黄金及其制品进出口准许证"的办理。2015年3月，发布《黄金及黄金制品进出口管理办法》（中国人民银行　海关总署公告〔2015〕第1号），明确中国人民银行是黄金及黄金制品进出口主管部门，对黄金及黄金制品进出口实行准许证制度。2020年4月，中国人民银行、海关总署关于修改《黄金及黄金制品进出口管理办法》的决定（中国人民银行　海关总署令〔2020〕第3号），对《黄金及黄金制品进出口管理办法》作了部分调整，将第十条第一款第七项修改为"银行业金融机构还应当提供内部黄金业务风险控制制度有关材料"，将第十条第一款第八项修改为"黄金矿产的生产企业还应当提交省级环保部门出具的污染物排放许可证件和年度达标检测报告复印件、商务部门有关境外投资批复文件复印件、银行汇出汇款证明书复印件，境外国家或者地区开采黄金有关证明，企业近3年的纳税记录，申请出口黄金的还应当提交在国务院批准的黄金现货交易所的登记证明"。

国家外汇管理局于2003年和2004年分别印发《国家外汇管理局关于商业银行办理黄金进出口收付汇及核销业务有关问题的通知》（汇发〔2003〕93号）和《国家外汇管理局关于商业银行办理黄金进出口收付汇及核销业务有关问题的补充通知》（汇发〔2004〕79号），明确了中国人民银行代理商业银行进出口黄金的外汇管理政策。国家外汇管理局于2012年印发《国家外汇管理局综合司关于商业银行办理黄金进出口收付汇有关问题的通知》（汇综发〔2012〕85号），进一步规范商业银行办理黄金进出口业务，便利商业银行的黄金进出口收付汇。2020年,国家外汇管理局印发《国家外汇管理局关于印发〈经常项目外汇业务指引(2020年版)〉的通知》(汇发〔2020〕14号),规定银行办理自身黄金进出口收付汇业务,按照货物贸易外汇收支有关规定办理;如因价格变动造成实际付汇额与进口货物报关单成交总价存在差额的,应按交易确认凭证上的实际黄金成交总价,凭有效交易单证及差额情况说明办理付汇业务。

2007年,国家外汇管理局出台《国家外汇管理局关于银行黄金业务汇率敞口外汇管理有关问题的通知》(汇发〔2007〕42号),明确商业银行在境内黄金市场办理以人民币计价的即期黄金业务,因在境外黄金市场平盘黄金交易敞口而形成的本外币错配的汇率敞口,可以纳入商业银行的结售汇综合头寸进行平盘。2012年,国家外汇管理局出台《国家外汇管理局关于银行贵金属业务汇率敞口外汇管理有关问题的通知》(汇发〔2012〕8号),进一步规范贵金属业务外汇管理,便利银行为客户提供贵金属投资服务。2022年,国家外汇管理局出台《国家外汇管理局关于进一步促进外汇市场服务实体经济有关措施的通知》(汇发〔2022〕15号)明确,银行在境内办理以人民币计价的即期贵金属(包括但不限于黄金、白银、铂金)买卖业务,以及在上海黄金交易所从事的黄金和白银现货延期交收业务,在境外市场平盘贵金属交易敞口而形成的外汇敞口,可自行办理自身结售汇交易平盘;银行自身项下的黄金进口、利润、资本金(营运资金,不含政策性注资)、直接投资等形成的外汇敞口,可按照实需原则办理人民币对外汇衍生品业务进行套期保值,并应自行留存有关真实性或支持性材料;银行自身项下衍生品交易视同对客衍生品交易纳入银行结售汇统计。

第二节 黄金市场反洗钱制度

学习内容	知识点
反洗钱的基本知识	洗钱的基本含义、我国法律对洗钱的界定、洗钱的主要方式
反洗钱的概念和法规体系	反洗钱的概念和意义、我国反洗钱的法规体系、反洗钱的法律责任
黄金市场的反洗钱管理	黄金市场的潜在洗钱风险分析、国内外相关组织对贵金属领域的反洗钱监管要求、加强贵金属行业反洗钱管理的必要性、履行反洗钱义务

第六章 黄金市场的监管制度

一、反洗钱的基本知识

（一）洗钱的概念

1. 洗钱的基本含义

"洗钱"是一个外来名词，英语为"Money Laundering"，在西方国家语言中有"漂白"和"再循环"的意思。通常是指为了隐瞒或掩饰犯罪收益的真实来源和性质，通过各种手段使其在形式上合法化的行为。

1988年发布的《联合国禁止非法贩运麻醉药品和精神药物公约》是将洗钱定义为犯罪的第一个国际公约。当时，洗钱同毒品犯罪联系在一起，指"为隐瞒或掩饰因制造、贩卖、运输任何麻醉药物所得之非法财产来源、性质、所在地，而将该财产转换或转换相关权利或所有权的行为"。

2. 我国法律对洗钱的界定

根据《中华人民共和国刑法》第一百九十一条规定，无论是单位或个人，为掩饰、隐瞒毒品犯罪、黑社会性质的组织犯罪、恐怖活动犯罪、走私犯罪、贪污贿赂犯罪、破坏金融管理秩序犯罪、金融诈骗犯罪的所得及其产生的收益的来源和性质，提供资金账户，将财产转换为现金、金融票据、有价证券的，通过转账或者其他结算方式协助将资金转移的，将资金汇往境外，或以其他方式掩饰、隐瞒犯罪所得及其收益的性质和来源的，构成洗钱罪。

2021年，《中华人民共和国刑法修正案（十一）》对我国《刑法》第一百九十一条规定的洗钱罪进行了重大修订。通过删除"协助""明知"等排除上游犯罪行为人作为洗钱罪主体可能性的用语，将"自洗钱"行为纳入刑法规制的视野。"自洗钱"是指行为人在实施上游犯罪之后，对犯罪所得及其产生的收益进行"清洗"以使之合法化的行为。"他洗钱"是上游犯罪行为人将犯罪所得交给专门的洗钱行为人"清洗"以使之合法化的行为。与"他洗钱"相较而言，"自洗钱"行为人参与了上游犯罪与洗钱犯罪全过程。

3. 洗钱的主要方式

洗钱往往要经过许多复杂的过程才能达到掩饰犯罪收益来源的目的。一个完整的洗钱过程一般要经历三个阶段：放置阶段、离析阶段和融合阶段。

（1）放置阶段

在该阶段，洗钱者对非法收入进行初步的加工和处理，通过这种初步的加工和处理，使非法收入与其他合法收入混合，如将犯罪所得存入金融机构或购买可流通票据。放置阶段后，对不法分子的非法收益进行了初步的加工和处理，为以下步骤的顺利实施提供了条件，成为整个洗钱活动的基础。

（2）离析阶段

不法分子利用错综复杂的交易为非法收益披上合法的"外衣"，模糊非法收益与犯罪收入之间的关系，其主要目的就是掩饰、隐瞒非法收益的来源和性质，使其披上合法的"外衣"。例如，通过利用空壳公司的账户，用假名或受托人的名义开立银行账户，进行虚假交易的往来，买卖无记名证券等方法，以达到模糊其性质、来源、受益人和增加执法机关对其进行有效调查难度的目的。

（3）融合阶段

融合阶段是洗钱过程的最后环节。在这一阶段，洗钱者把经过放置后、一般人难以察觉其非法来源和性质的财产以合法财产的名义转移到与犯罪集团或犯罪分子无明显联系的合法机构或个人的名下，投放到正常的社会经济活动中。

经过放置、离析、融合三个阶段后，洗钱活动的所有过程已经完成。当然，由于洗钱活动的多样性和复杂性，这三个阶段的界限很难划清，有时三个阶段可能同时发生或者两个阶段重叠。

（二）反洗钱的概念和法规体系

1. 反洗钱的概念和意义

《中华人民共和国反洗钱法》规定："本法所称反洗钱，是指为了预防通过各种方式掩饰、隐瞒毒品犯罪、黑社会性质的组织犯罪、恐怖活动犯罪、走私犯罪、贪污贿赂犯罪、破坏金融管理秩序犯罪、金融诈骗犯罪和其他犯罪所得及其收益的来源、性质的洗钱活动，依照本法规定采取相关措施的行为。"

洗钱活动不仅帮助犯罪分子逃避法律制裁，而且还助长并滋生新的犯罪，扭曲正常的经济和金融秩序，损害金融机构的诚信，腐蚀公众道德。

预防、监测、遏制和打击洗钱活动，发现并阻截犯罪组织赖以生存的资金链条，冻结并收缴其犯罪收益，将有力地削弱、分化和瓦解犯罪活动，严防其扩大和蔓延，并最终实现打击犯罪的目的，保护广大人民群众根本利益，防止国有资产的流失，维护正常社会秩序。

2. 我国反洗钱法规体系

我国现行反洗钱法律制度比较齐全，包括反洗钱法律、行政法规、部门规章和规范性文件，以及司法解释等。

第六章 黄金市场的监管制度

(1) 反洗钱主要法律和主管部门

《中华人民共和国反洗钱法》（以下简称《反洗钱法》）。《反洗钱法》是中国反洗钱的基本法律，于 2006 年 10 月 31 日通过，自 2007 年 1 月 1 日施行，并于 2024 年 11 月 8 日第十四届全国人民代表大会常务委员会第十二次会议修订。其立法宗旨是预防洗钱活动，遏制洗钱以及相关犯罪，加强和规范反洗钱工作，维护金融秩序、社会公共利益和国家安全。

《中华人民共和国刑法》（以下简称《刑法》）。《刑法》对制裁和打击洗钱犯罪作出了规定，现行的《刑法》在打击洗钱行为上的相关规定包括第一百九十一条洗钱罪，第三百一十二条掩饰、隐瞒犯罪所得、犯罪所得收益罪等。《中华人民共和国刑法修正案（十一）》于 2020 年 12 月 26 日通过，并自 2021 年 3 月 1 日施行，明确将自洗钱行为纳入洗钱罪的打击范围。

《中华人民共和国中国人民银行法》。该法律规定了中国人民银行在反洗钱工作中的职责和权力。中国人民银行作为国务院反洗钱行政主管部门，负责对金融机构的反洗钱工作进行监督管理。此外，中国人民银行还设立了中国反洗钱监测分析中心，负责接收并分析大额交易和可疑交易报告。

(2) 金融业相关反洗钱管理规定

《金融机构反洗钱规定》。为了预防洗钱活动，规范反洗钱监督管理行为和金融机构的反洗钱工作，维护金融秩序，中国人民银行于 2006 年 11 月 14 日发布了《金融机构反洗钱规定》。

《金融机构反洗钱和反恐怖融资监督管理办法》。中国人民银行制定的规章，旨在规范金融机构的反洗钱和反恐怖融资工作，确保金融安全和稳定，自 2021 年 8 月 1 日起施行。

《金融机构大额交易和可疑交易报告管理办法》。为防止利用金融机构进行洗钱活动，规范金融机构大额交易和可疑交易报告行为，中国人民银行于 2016 年 12 月 28 日发布了《金融机构大额交易和可疑交易报告管理办法》。

《金融机构客户尽职调查和客户身份资料及交易记录保存管理办法》。为进一步完善反洗钱监管制度，提高反洗钱工作水平，中国人民银行、中国银行保险监督管理委员会、中国证券监督管理委员会联合印发《金融机构客户尽职调查和客户身份资料及交易记录保存管理办法》，自 2022 年 3 月 1 日起施行。

(3) 反洗钱重要文件

《国务院办公厅关于完善反洗钱、反恐怖融资、反逃税监管体制机制的意见》。为进一步健全国家治理体系和现代金融监管体系，有效防范洗钱、恐怖融资和逃税违法犯罪活动,"十三五"规划明确要求"完善反洗钱、反恐怖融资、反逃税监管措施,完善风险防范体制机制",中央全面深化改革领导小组将"完善反洗钱、反恐怖融资、反逃税监管体制机制"列为深化改革重点任务。为了推动反洗钱工作创新的改革规划,国务院办公厅于2017年8月29日发布了《国务院办公厅关于完善反洗钱、反恐怖融资、反逃税监管体制机制的意见》。

《打击治理洗钱违法犯罪三年行动计划(2022—2024年)》。为依法打击治理洗钱违法犯罪活动,进一步健全洗钱违法犯罪风险防控体系,中国人民银行、公安部、国家监察委员会、最高人民法院、最高人民检察院、国家安全部、海关总署、国家税务总局、银保监会、证监会、国家外汇管理局联合印发了《打击治理洗钱违法犯罪三年行动计划(2022—2024年)》,决定于2022年1月至2024年12月在全国范围内开展打击治理洗钱违法犯罪三年行动。三年行动的牵头单位为中国人民银行和公安部。要求各部门提高政治站位,加强组织领导,加强宣传培训,从修订反洗钱法和办理洗钱刑事案件相关司法解释、落实"一案双查"工作机制、加强情报线索研判和案件会商、强化洗钱类型分析和反洗钱调查协查、增强反洗钱义务机构洗钱风险防控能力等方面落实工作责任,结合各地实际和部门职能进一步细化各项工作措施,依法打击各类洗钱违法犯罪行为,尤其要加大力度惩治《刑法》第一百九十一条规定的洗钱犯罪,坚决遏制洗钱及相关犯罪的蔓延势头,推动源头治理、系统治理和综合治理,构建完善国家洗钱风险防控体系,切实维护国家安全、社会稳定、经济发展和人民群众利益。

(三)反洗钱的法律责任

《刑法》和《中华人民共和国刑法修正案(十一)》第一百九十一条规定,为掩饰、隐瞒毒品犯罪、黑社会性质的组织犯罪、恐怖活动犯罪、走私犯罪、贪污贿赂犯罪、破坏金融管理秩序犯罪、金融诈骗犯罪的所得及其产生的收益的来源和性质,有下列行为之一的,没收实施以上犯罪的所得及其产生的收益,处五年以下有期徒刑或者拘役,并处或者单处罚金;情节严重的,处五年以上十年以下有期徒刑,并处罚金:

1. 提供资金账户的;
2. 将财产转换为现金、金融票据、有价证券的;
3. 通过转账或者其他支付结算方式转移资金的;
4. 跨境转移资产的;

第六章　黄金市场的监管制度

5. 以其他方法掩饰、隐瞒犯罪所得及其收益的来源和性质的。

单位犯前款罪的,对单位判处罚金,并对其直接负责的主管人员和其他直接责任人员,依照前款的规定处罚。

根据《反洗钱法》等相关规定,反洗钱行政主管部门和其他依法负有反洗钱监督管理职责部门、机构从事反洗钱工作的人员违反规定泄露因反洗钱知悉的保密信息、商业秘密或个人隐私的,视情节轻重,对直接负责的主管人员和其他直接责任人员,依法给予行政处分。

二、黄金市场的反洗钱管理

近年来,随着对金融机构反洗钱和反恐怖融资(以下简称反洗钱)监管工作的逐步深入,洗钱和恐怖融资活动出现了向非金融领域转移的趋势,黄金珠宝、房地产等非金融行业的洗钱风险逐步显现。在贵金属市场中,上海黄金交易所场内业务管理严格且无现金交易,洗钱活动的空间有限,上海黄金交易所场外的贵金属交易商领域值得关注。

(一) 黄金市场的潜在洗钱风险分析

近年来,我国黄金交易市场整体发展迅速,市场销售规模位居世界前列,但行业中的洗钱风险也在日益增加并逐渐显现。黄金具有价格高、易携带、保值增值潜力大等特点,其交易方便快捷、手段隐蔽,黄金体积小、价值高等特点容易被洗钱分子利用,成为洗钱的重要载体。

1. 黄金的场外交易市场存在现金交易现象

目前,许多国家对黄金市场的监管特点促使有组织的犯罪集团经营"现金换黄金"业务,从而为放置和整合非法收益提供便利。从事"现金换黄金"业务的企业能够多渠道为犯罪组织或个人持续供应难以追查的黄金商品。除此之外,无论是合法或非法的黄金回收,都仅需少量启动资金,运作灵活,由此增加了对此类活动的监管难度。

2. 场外交易多为匿名且难以追查

大多数黄金交易具有匿名性,导致交易双方信息缺失,执法部门难以识别身份和追踪、侦查交易源头及去向。

3. 黄金作为全球货币在犯罪交易中充当媒介

鉴于其内在价值和在世界范围内的互换性,黄金通常被视为现金的可行替

第二节　黄金市场反洗钱制度

代品，用于偿还债务和分配利润。

4. 黄金投资能够提供可靠回报

在货币市场上，黄金作为一项资产通常用于降低风险并获得稳定的投资回报。对普通投资者而言，黄金交易更容易理解并且比复杂的金融工具更值得信赖。洗钱分子在进行交易特别是国际交易时，通常倾向于选择现金或黄金等贵金属作为交易工具。

5. 黄金实物易于走私和交易

从物理结构看，黄金极易融化，可被伪装成纪念品、螺钉、皮带扣等日用品，以躲避海关检查，隐藏真实价值。

犯罪团伙经常利用黄金实现价值转移，通常的做法是招募人员通过合法或非法的方式跨境运送黄金，将黄金运输至更有利于开展犯罪活动的地区，再进行精炼和提纯。这样做能够隐匿犯罪分子的真实身份，将犯罪过程与运送过程相分离，增加警方的侦破难度。此外，代表金条合法所有权的产品登记证书可由第三方购买或交易，从而使犯罪分子不接触实物资产也可以达到洗钱的目的。

总体来看，贵金属交易商行业，尤其是场外交易属于资金密集型行业，交易量大、交易匿名难追踪，黄金作为全球通用货币，易成为犯罪交易的支付媒介和走私标的，洗钱风险日益突出。

（二）加强贵金属行业反洗钱管理的必要性

1. 中国相关法律法规的监管需要

2024年修订后的《中华人民共和国反洗钱法》第十五条规定："国务院有关特定非金融机构主管部门制定或者国务院反洗钱行政主管部门会同其制定特定非金融机构反洗钱管理规定。有关特定非金融机构主管部门监督检查特定非金融机构履行反洗钱义务的情况，处理反洗钱行政主管部门提出的反洗钱监督管理建议，履行法律和国务院规定的有关反洗钱的其他职责。有关特定非金融机构主管部门根据需要，可以请求反洗钱行政主管部门协助其监督检查。"并在第六十四条明确特定非金融机构的范围，包括"从事规定金额以上贵金属、宝石现货交易的交易商"。

《中华人民共和国反恐怖主义法》第二十四条规定："国务院反洗钱行政主管部门、国务院有关部门、机构依法对金融机构和特定非金融机构履行反恐怖主义融资义务的情况进行监督管理。"

因此，加强贵金属交易商行业等特定非金融机构反洗钱管理是我国法律法

第六章　黄金市场的监管制度

规的要求,建立健全相关的监管制度是国家反洗钱主管部门履行反洗钱工作的需要。

2. 打击洗钱犯罪活动的迫切需要

当前,一些非金融行业已成为洗钱活动的多发领域,贵金属交易商行业属于资金密集型行业,交易量大、交易匿名难追踪,作为全球通用货币,易成为犯罪交易的支付媒介和走私标的,洗钱风险日益突出。涉嫌贵金属交易商等特定非金融行业机构的洗钱案件、黄金珠宝企业虚开骗税犯罪活动,都严重扰乱了黄金市场的稳定,也严重影响了我国经济秩序,因此亟须对贵金属行业开展反洗钱监管,维护黄金市场的良好发展局面。

3. 接轨全球反洗钱国际标准的需要

反洗钱金融行动特别工作组(Financial Action Task Forceon Money Launde‐ring,FATF)是当前世界上最具影响力的反洗钱和反恐怖融资政府间国际性组织,制定国际反洗钱标准,并推动各国积极执行。FATF发布的反洗钱和反恐怖融资互评估方法是国际社会公认的关于一国反洗钱和反恐怖融资是否符合国际通行标准、是否实质有效的评价体系。我国坚持对外开放政策,接轨全球主流市场,因此,完善贵金属等特定非金融领域的反洗钱监管机制具有重要意义。我国于2007年加入FATF组织,并在2018年接受了该国际组织的第四轮互评估工作。2025年,我国将面临FATF的第五轮国际互评估。

(三) 贵金属行业反洗钱管理规定

1.《中国人民银行关于加强贵金属交易场所反洗钱和反恐怖融资工作的通知》

2017年9月,中国人民银行发布了《中国人民银行关于加强贵金属交易场所反洗钱和反恐怖融资工作的通知》(银发〔2017〕218号,以下简称218号文),明确要求贵金属交易场所和交易商应高度重视贵金属交易领域的洗钱和恐怖融资风险,并积极履行反洗钱和反恐怖融资义务。同时,中国人民银行加强对贵金属交易场所和交易商的反洗钱和反恐怖融资工作的监督管理。

此外,在2024年《反洗钱法》修订后,针对特定非金融机构的范围、义务等均提出了新的要求,为更好地开展监督管理,中国人民银行正研究制定贵金属和宝石行业的反洗钱监管制度。

2.《上海黄金交易所会员反洗钱和反恐怖融资工作实施办法》

2018年4月,上海黄金交易所印发了《上海黄金交易所会员反洗钱和反恐怖融资工作实施办法（试行）》（上金交发〔2018〕59号），要求会员单位应建立健全内部反洗钱工作管理体系、评估机构面临的洗钱和恐怖融资风险、建立可疑交易监测和防控机制。该办法于2022年6月修订。

3.《上海黄金交易所会员反洗钱、反恐怖融资和反逃税自律指引》

为树立特定非金融行业的反洗钱国际形象，提高贵金属行业自律水平，同时对交易所会员的反洗钱工作提供具有实操性的指导建议，上海黄金交易所于2019年3月29日印发《上海黄金交易所会员反洗钱、反恐怖融资和反逃税自律指引》（中英文版），并向全社会发布。该指引贴合黄金业务实际，指导会员切实履行反洗钱、反恐怖融资、反逃税法定义务。该指引于2022年6月修订。

（四）FATF对贵金属和珠宝玉石交易商的反洗钱要求

FATF在2012年第四次修订《40条建议》，以指导各国开展反洗钱与反恐怖融资工作，对于特定非金融领域的要求侧重"风险为本"原则，涉及贵金属领域的主要有建议22、建议23和建议28。其中，要求贵金属和珠宝玉石交易商在参与达到或超过15000美元（欧元）现金的交易时，应当开展下列反洗钱工作：

- 开展客户身份识别工作，或者按规定委托第三方开展客户身份识别工作；
- 报告可疑交易；
- 保存客户身份资料和交易记录；
- 采取措施降低因新技术等而产生的洗钱和恐怖融资风险；
- 建立健全反洗钱内控制度；
- 对政治公众人物采取规定的客户身份识别措施，以及对来自高风险国家和地区客户采取强化客户身份识别措施；
- 遵守反洗钱保密规定。

三、积极履行反洗钱义务，自觉抵制洗钱活动

近年来，随着经济交流活动以及新兴信息技术的发展，各类洗钱犯罪非但没有停止，更呈现出多样化、隐蔽化的态势，黄金市场也出现了电诈资金异常流动、虚拟币交易等新形势、新手法，对反洗钱工作提出了更高的要求。

（一）上海黄金交易所反洗钱工作成效

上海黄金交易所实施自律管理，成立以来一直实行严格的准入措施并建立

第六章　黄金市场的监管制度

了完善的风控系统,交易所已采取的有关措施包括:一是对会员的资格进行审核,记录和保存相关信息。二是对客户所有交易数据进行备份和保存。三是建立了较完善的风控系统,监控会员在场内的异常交易,并协助公安、税务等部门开展核查,打击犯罪行为。四是严控进口黄金来源,确保无冲突金交易(冲突金是指黄金来源于战争冲突地区或侵犯人权的高风险国家和地区)。五是要求交易资金通过银行划转,不允许现金交易。六是对国际会员采取反洗钱方面的专门审查措施。

2016年以来,根据中国人民银行工作部署,上海黄金交易所精心组织,积极推动黄金行业反洗钱工作从零起步,建立健全自身的反洗钱工作制度和管理体系,将反洗钱嵌入日常管理,同时加强宣传教育,指导会员针对场内业务建立反洗钱内控措施,带动从业机构提升防范意识,圆满完成各项任务,国际互评估工作受到肯定,也维护了黄金市场健康发展局面。

(二)从业机构的反洗钱义务

黄金产业链条上的参与机构,尤其是作为上海黄金交易所的会员单位,更应该重视树立"反洗钱是行业和每个从业人员共同的责任"的理念,注重合规经营,严格履行反洗钱义务,主动适应和遵守相关法规,自觉维护我国黄金市场秩序,维护黄金产业和国民经济发展良好局面。

黄金市场从业机构应注重全员的反洗钱培训教育,反洗钱是从管理层到基层全体员工共同的责任,也是各部门共同的责任。应认真组织开展对高级管理层、基层重要岗位人员的培训,考虑建立反洗钱管理及可疑甄别岗位,加强对员工的反洗钱基础知识教育。通过培训教育,强化全员的反洗钱工作意识,提升全行业的反洗钱风险控制能力。

面对当前国内外洗钱犯罪所具有的高智力、高技术、涉及领域广泛和高度国际化的特点,贵金属行业的反洗钱工作压力巨大、任重道远。黄金市场从业机构应该按照国家法律法规相关要求,在中国人民银行的统一领导下,严格履行自身反洗钱义务,积极参与反洗钱工作,自觉抵制和打击行业的洗钱犯罪活动,为维护国家利益、群众利益、金融稳定,打击经济犯罪、遏制刑事犯罪作出应有的贡献。

第七章　黄金市场从业人员的职业道德

学习内容	知识点
道德与职业道德	道德的概念、特征、功能，道德与法律的关系，职业道德的概念、特征及作用
黄金市场从业人员职业道德	守法合规、忠诚尽责、客户优先、专业审慎、诚实守信、保守秘密

黄金市场作为金融市场的重要组成部分，要求市场从业人员不仅掌握扎实的业务知识，还需具备相应的职业道德水平。加强黄金市场从业人员的职业道德建设、提高市场从业人员的职业素养，既是行业持续、健康、有序发展的重要保证，也是防范金融风险和保持金融稳定的有力举措。

第一节　道德与职业道德

一、道德的概念

道德是一定社会、一定阶级向人们提出的处理个人与个人、个人与社会之间各种关系的，以善恶为标准的一种特殊行为规范。道德总是扬善抑恶的。道德一词由来已久，早在两千多年以前，我国古代的著作中就出现了"道德"这个词语。

马克思主义认为，道德不是人的自然本质固有的"善良意志"，而是建立在一定社会经济基础上的思想关系，是一种特殊存在的社会意识形态或上层建筑。道德作为思想关系，就其一般本质而言，是对社会物质关系的反映，是由社会物质条件特别是经济关系所决定并为其服务的社会意识形式。而作为一种特殊的社会意识形态，道德又具有区别于其他意识形式的特殊本质和规定性，从而使道德成为凭借善与恶、正义与非正义、公正与偏私、诚实与虚伪等观念来把

第七章　黄金市场从业人员的职业道德

握现实世界的"实践精神"。马克思主义的这一道德本质观，为我们当今社会错综复杂的道德现象提供了基本的理论依据和方法指导。

二、道德的特征

- 道德是以善恶为评价方式把握现实世界的。马克思说过，在把握世界的过程中，我们通常从科学上把握、从道德上把握以及从艺术上把握。在这三种方式中，从道德上把握就是识别善恶。
- 道德不依靠国家强制力来执行、实施，而是依靠人们的观念、社会的舆论和善良风俗来维持，强制力的不同，源于保证其实施的力量具有差异。
- 道德在调节个人与他人、个人与社会集体之间的利益关系时，不像其他社会规范那样强调人们的个人利益，而是强调他人的利益和社会集体的利益。

三、道德的功能

（一）道德的调节功能

道德的调节功能是指通过评价等方式指导和纠正人们的行为和活动，以协调人们之间关系的能力。

（二）道德的教育功能

道德的教育功能是指道德反映在自己的特殊对象——个人同他人、社会的利益关系，反映的结果表现为道德标准、道德理想等。它培养人们良好的道德意识、道德品质和道德行为，树立正确的义务、荣誉、正义和幸福等观念，使受教育者成为道德纯洁、理想高尚的人。

（三）道德的评价功能

道德评价是一种巨大的社会力量和人们内在的意志力量。道德是人以评价来把握现实的一种方式，它是通过把周围社会现象判断为"善"与"恶"而实现的。

（四）道德的平衡功能

道德不仅调节人与人之间的关系，而且平衡人与自然之间的关系。它要求人们端正对自然的态度，调节自身的行为。

四、道德与法律的关系

（一）法律的含义

法律是国家按照统治阶级的利益和意志制定或认可，并由国家强制力保证其实施的行为规范的总和。法律属于上层建筑范畴，决定于经济基础，并为经济基础服务。法律的目的在于维护有利于统治阶级的社会关系和社会秩序，是统治阶级实现阶级统治的一项重要工具。

（二）道德与法律的区别

道德与法律是社会规范最主要的两种存在形式，是既有区别又有联系的两个范畴，二者的区别至少应归结为以下五点。

1. 产生的条件不同

原始社会没有现代意义上的法律，只有道德规范和宗教禁忌，或者说氏族习惯。法律是在原始社会末期，随着氏族制度的解体以及私有制、阶级的出现，与国家同时产生的。而道德的产生则与人类社会的形成同步，道德是维系一个社会的最基本的规范体系，没有道德规范，整个社会就会分崩离析。

2. 表现形式不同

法律是国家制定或认可的一种行为规范，它具有明确的内容，通常要通过各种法律渊源的形式表现出来，如国家制定法、习惯法、判例法等。而道德规范的内容存在于人们的意识中，并通过人们的言行表现出来，它一般不诉诸文字。

3. 调整范围不同

从深度上看，道德不仅调整人们的外部行为，还调整人们的动机和内心活动，它要求人们根据高尚的意图而规范自己的行为，要求人们为了善而去追求善。法律尽管也考虑人们的主观过错，但如果没有违法行为存在，法律并不惩罚主观过错本身。从广度上看，由法律调整的，一般也由道德调整。当然，也有部分法律调整的领域基本不涉及道德判断，如专门的程序规则、票据流通规则、政府的组织规则等。

第七章　黄金市场从业人员的职业道德

4. 作用机制不同

法律是靠国家强制力保障实施的,而道德主要靠社会舆论和传统的力量以及人们的自律来维持。

5. 内容不同

法律是以权利义务为内容的,一般要求权利义务对等,没有无权利的义务,也没有无义务的权利。而道德一般只规定了义务,并不要求对等的权利。

(三) 道德与法律的联系

道德与法律又是相互联系的,它们都属于上层建筑,都是为一定的经济基础服务的。它们是两种重要的社会调控手段,只不过有所侧重。两者是相辅相成、相互促进、相互推动的。其关系具体表现在以下几个方面。

1. 法律是传播道德的有效手段

道德可分为两类:第一类是社会有序化要求的道德,即社会要维系下去所必不可少的"最低限度的道德",如不得暴力伤害他人、不得用欺诈手段谋取权益、不得危害公共安全等。第二类包括有助于提高生活质量、增进人与人之间紧密关系的原则,如博爱、无私等。其中,第一类道德通常上升为法律,通过制裁或奖励的方法得以推行。而第二类道德是较高要求的道德,一般不宜转化为法律,否则就会混淆法律与道德。法律的实施,本身就是一个惩恶扬善的过程,不但有助于人们法律意识的形成,还有助于人们道德的培养。因为法律作为一种国家评价,对于提倡什么、反对什么,有一个统一的标准;而法律所包含的评价标准与大多数公民最基本的道德信念是一致的或接近的,故法律的实施对社会道德的形成和普及起到了重大作用。

2. 道德是法律的评价标准和推动力量,是法律的有益补充

第一,法律应包含最低限度的道德。没有道德基础的法律,是无法获得人们的尊重和自觉遵守的。第二,道德对法律的实施有保障作用。"徒善不足以为政,徒法不足以自行",执法者的职业道德的提高,守法者的法律意识、道德观念的加强,都对法律的实施起着积极的作用。第三,道德对法律有补充作用。有些不宜由法律调整的,或本应由法律调整但因立法的滞后而尚"无法可依"的,道德调整就起到了补充作用。

3. 道德和法律在某些情况下会相互转化

一些道德随着社会的发展逐渐凸显出来,被认为对社会是非常重要的并存在被经常违反的危险,立法者就有可能将其纳入法律的范畴。反之,某些过去

曾被视为不道德的因而需要用法律加以禁止的行为，则有可能退出法律领域而转为道德调整。

总之，法律与道德是相互区别的，不能相互替代、混为一谈，也不可偏废。同时，法律与道德又是相互联系的，在功能上是互补的，都是社会调控的重要手段。

五、职业道德的概念

职业道德，就是同人们的职业活动紧密联系的符合职业特点所要求的道德准则、道德情操与道德品质的总和。

职业道德是指人们在职业生活中应遵循的基本道德，即一般社会道德在职业生活中的具体体现，是职业品德、职业纪律、专业胜任能力及职业责任等的总称，属于自律范围，它通过公约、守则等对职业生活中的某些方面加以规范。

六、职业道德的特征

职业道德既是本行业人员在职业活动中的行为规范，又是行业对社会所负的道德责任和义务。

（一）职业道德具有适用范围的有限性

每种职业都担负着一种特定的职业责任和职业义务。由于各种职业的责任和义务不同，从而形成各自特定的职业道德的具体规范。

（二）职业道德具有发展的历史继承性

由于职业具有不断发展和世代延续的特征，不仅其技术世代延续，其管理员工的方法、与服务对象打交道的方法，也有一定的历史继承性。

（三）职业道德表达形式多种多样

由于各种职业道德的要求都较为具体、细致，因此其表达形式多种多样。

（四）职业道德兼有强烈的纪律性

纪律也是一种行为规范，但它是介于法律和道德之间的一种特殊的规范。

第七章　黄金市场从业人员的职业道德

它既要求人们能自觉遵守，又带有一定的强制性。就前者而言，它具有道德色彩，就后者而言，又带有一定的法律色彩。也就是说，一方面，遵守纪律是一种美德，另一方面，遵守纪律又带有强制性，具有法令的要求。因此，职业道德有时又以制度、章程、条例的形式表达，让从业人员认识到职业道德具有纪律的规范性。

七、职业道德的作用

职业道德是社会道德体系的重要组成部分，它一方面具有社会道德的一般作用，另一方面又具有自身的特殊作用，具体表现在以下几个方面。

（一）调节职业交往中从业人员内部以及从业人员与服务对象之间的关系

职业道德的基本职能是调节职能。一方面，它可以调节从业人员内部的关系，即运用职业道德规范约束职业内部人员的行为，促进职业内部人员的团结与合作。例如，职业道德规范要求各行各业的从业人员，都要团结、互助、爱岗、敬业，齐心协力地为发展本行业、本职业服务。另一方面，职业道德又可以调节从业人员和服务对象之间的关系。

（二）有助于维护和提高本行业的信誉

行业信誉是指企业及其产品与服务在社会公众中的信任程度，提高企业的信誉主要靠产品质量和服务质量，而从业人员职业道德水平高是产品质量和服务质量的有效保证。从业人员若职业道德水平不高，就很难生产出优质的产品和提供优质的服务。

（三）促进本行业的发展

行业、企业的发展有赖于较高的经济效益，而较高的经济效益源于较高的员工素质。员工素质主要包含知识、能力、责任心三个方面，其中责任心是最重要的。而职业道德水平高的从业人员的责任心是极强的，因此，职业道德能够促进本行业的发展。

（四）有助于提高全社会的道德水平

职业道德是整个社会道德的重要内容。一方面，职业道德涉及每个从业者如何对待职业、如何对待工作，同时也是一个从业人员的生活态度、价值观念的表现；是一个人的道德意识、道德行为发展的成熟阶段，具有较强的稳定性和连续性。另一方面，职业道德也是一个职业集体，甚至一个行业全体人员的行为表现，如果每个行业、每个职业集体都具备优良的道德，对整个社会道德水平的提高肯定会发挥重要作用。

第二节　黄金市场从业人员职业道德

黄金市场从业人员的职业道德是一般社会道德、职业道德基本规范在黄金市场领域的具体化，是基于黄金行业以及黄金市场从业人员所承担的特定的职业义务和责任，在长期的黄金市场职业实践中所形成的职业行为规范。全体黄金市场从业人员应以合乎职业道德规范的方式对待客户、公众、所在机构、其他同业机构以及行业其他参与者。

一、守法合规

守法合规是对黄金市场从业人员职业道德的最为基础的要求，其所调整的是黄金市场从业人员与黄金交易行业及黄金交易监管之间的关系。守法合规，是指黄金市场从业人员不但要遵守国家法律、行政法规和部门规章，还应当遵守与黄金市场相关的自律规则及其所在机构的各种管理规范，并配合黄金市场监管机构的监管。其目的是避免黄金市场从业人员自己实施或者参与违法违规的行为，或者为他人违法违规的行为提供帮助。

（一）守法合规的含义

守法合规中的"法"和"规"，除了包括《中华人民共和国宪法》《中华人民共和国刑法》《中华人民共和国民法典》等所有公民都需要遵守的法律外，主要是指规范黄金市场的法律、行政法规、部门规章，还包括上海黄金交易所等金融市场基础设施颁布的相关业务制度、黄金市场自律性规则以及黄金市场从业人员所在机构的章程、内部规章制度、工作规程、纪律等行为规范。

第七章　黄金市场从业人员的职业道德

（二）守法合规的基本要求

守法合规要求黄金市场从业人员熟悉并自觉遵守法律法规等行为规范，积极配合监管，主动向监管机构提供违法违规的线索，举报违法违规的行为。黄金属性复杂，兼有货币、金融和商品三重属性，产业链条长，黄金市场参与主体特别是场外参与者涉及面广，这就要求从业人员必须增强法治意识。

1. 熟悉法律法规等行为规范

守法合规的前提是熟悉相关的法律法规等行为规范。我国有关黄金市场从业人员的法律法规等行为规范，散见于不同层次的规范性文件之中，而且不同的规范所适用的主体范围也有所不同。所以，黄金市场从业人员应当通过各种途径、各种方式及时全面地学习和掌握相关的法律法规等行为规范，领会其内容实质，防止因对法律法规等行为规范的曲解而作出违法违规的行为。

对于黄金行业而言，一方面，要注重培养从业人员的守法合规意识，强化工作流程管理，完善各项规章制度，在机构内部形成守法合规的企业文化；另一方面，要建立健全重视法律法规等行为规范、学习和运用法律法规等行为规范的各项机制，为从业人员熟悉法律法规等行为规范创造条件。

2. 遵守法律法规等行为规范

黄金市场从业人员在熟悉法律法规等行为规范的基础上，要自觉遵守这些规范。具体而言，包括以下要求：黄金市场从业人员应当严格遵守法律法规等行为规范，当不同效力级别的规范对同一行为均有规定时，应选择遵守更为严格的规范。黄金市场从业人员应当自觉遵守各类行为规范，积极配合黄金市场监管机构的监管。负有监督职责的黄金市场从业人员，要忠实履行自己的监督职责，及时发现并制止违法违规行为，防止违法违规行为造成更加严重的后果。普通黄金市场从业人员，尽管不负有监督职责，但是也应当监督他人的行为是否符合法律法规的要求，一旦发现违法违规的行为，应当及时制止并向上级部门或者监管机构报告。

二、忠诚尽责

忠诚尽责，是调整黄金市场从业人员与其所在机构之间关系的职业道德规范。黄金市场从业人员与其所在机构之间是委托代理关系或雇佣关系。几乎所有的国家和地区、几乎所有的职业，都把忠诚尽责作为受托人对委托人或者雇

第二节 黄金市场从业人员职业道德

员对雇主的职业义务和责任，都要求从业者恪守这一职业道德规范。

（一）忠诚尽责的含义

忠诚是指黄金市场从业人员应当忠实于所在机构，避免与所在机构利益发生冲突，不得损害所在机构的利益。尽责是指黄金市场从业人员应当以对待自己事情一样谨慎对待所在机构的工作，尽职尽责。

（二）忠诚尽责的基本要求

忠诚尽责要求黄金市场从业人员在工作中做到两个方面：一是廉洁公正，二是忠诚敬业。

1. 廉洁公正

廉洁公正是黄金市场从业人员履行"忠实"这一道德规范的体现。忠实，一方面要求黄金市场从业人员忠实于所在机构，另一方面还要求忠实于职业和行业。忠实于所在机构，在于维护所在机构的利益；忠诚履行岗位职责，在于维护黄金行业的形象。这两个方面都要求黄金市场从业人员在执业活动中，做到公私分明和廉洁自律，不损害所在机构的利益；保持独立的地位，不受各种因素的干扰，客观公正地履行职责，不损害黄金行业的形象。需要注意的是，坚持客观公正地履行职责，并不排斥黄金市场从业人员接受所在机构的业务管理以及黄金市场监管机构的监管。

具体而言，黄金市场从业人员应当做到以下几点：不得接受利益相关方的贿赂或对其进行商业贿赂，如接受或赠送礼物、回扣、补偿或报酬等；不得利用客户财产或者所在机构固有财产为自己或者他人牟取非法利益；不得利用职务之便或者所在机构的商业机会为自己或者他人牟取非法利益；不得侵占或者挪用客户财产或者所在机构固有财产；不得为了迎合客户的不合理要求而损害社会公共利益、所在机构或者他人的合法权益；不得私下接受客户委托从事黄金交易；不得从事可能导致与投资者或所在机构之间产生利益冲突的活动；抵制来自上级、同事、亲友等各种关系因素的不当干扰，坚持原则，独立自主。

2. 忠诚敬业

忠诚是一种责任，忠诚是一种义务，忠诚是一种操守，忠诚是一种品德，忠诚更是一种能力，而且是其他所有能力的统帅与核心。缺乏忠诚，其他的能力就失去了用武之地。丧失忠诚，就是对责任最大的伤害，也是对自己品行和

第七章 黄金市场从业人员的职业道德

操守最大的亵渎。对员工来说,首先要忠诚敬业于自己所在的机构,具体而言,黄金市场从业人员应当与所在机构签订正式的劳动合同或其他形式的聘任合同,保证黄金市场从业人员在相应机构对其进行直接管理的条件下从事执业活动。黄金市场从业人员应当严格遵守所在机构的授权制度,在授权范围内履行职责;超出授权范围的,应当按照所在机构制度履行批准程序。黄金市场从业人员提出辞职时,应当按照聘用合同约定的期限提前向公司提出申请,并积极配合有关部门完成工作移交。已提出辞职但尚未完成工作移交的,从业人员应认真履行各项义务,不得擅自离岗;已完成工作移交的从业人员应当按照聘用合同的规定,认真履行保密、竞业禁止等义务。黄金市场从业人员配偶、利害关系人进行黄金投资,应当遵守所在机构有关从业人员的黄金投资管理制度办理报批或报备手续。

三、客户优先

客户优先是调整黄金市场从业人员与投资者之间关系的道德规范。这里的"客户",是指符合本书第二章第三节相关定义的市场参与者。

(一)客户优先的含义

客户优先是指黄金市场从业人员的执业活动应保证客户的合法利益不受到损害。

(二)客户优先的基本要求

1. 保护客户合法利益

当自身利益或者相关方利益与客户的合法利益发生冲突或者存在潜在利益冲突时,应及时向客户进行披露,并且坚持客户合法利益优先。具体而言,黄金市场从业人员应当遵守下列规则:不得从事与投资者合法利益相冲突的业务,采取合理的措施避免与投资者发生利益冲突。在执业过程中遇到自身利益或相关方利益与投资者合法利益发生冲突时,应以投资者合法利益优先,并应及时向所在机构报告。不得侵占或者挪用黄金产品投资者的交易资金和黄金交易份额。不得在不同黄金交易资产之间、黄金交易资产和其他受托资产之间进行利益输送。不得在执业活动中为自己或他人牟取不正当利益。不得利用工作之便向任何机构和个人输送利益,损害黄金市场投资者利益。

第二节 黄金市场从业人员职业道德

2. 公平对待客户

公平对待客户是指黄金市场从业人员应当尊重所有客户并公平对待所有客户，不能因为黄金交易份额多寡或者其他原因而厚此薄彼。公平对待客户要求黄金市场从业人员在进行投资分析、提供投资建议、采取投资行动或从事其他专业活动时，应当公平地对待所有客户，不得为迎合客户的不合理要求而损害社会公共利益、所在机构或者他人的合法权益。

四、专业审慎

中华优秀传统文化强调"欲速则不达，见小利则大事不成"。近年来，地缘政治动荡、局部冲突频发，黄金市场价格波动加剧，面临的不安全、不稳定、不确定因素明显增加，要保持黄金市场稳定可控、健康发展，专业审慎是重要秘诀，而专业审慎是调整黄金市场从业人员与职业之间关系的道德规范。每种职业都要求其从业人员具备特定的职业技能，职业技能是指从事某一职业在相应专业技术方面所应具备的能力。

（一）专业审慎的含义

专业审慎是指黄金市场从业人员应当具备与其执业活动相适应的职业技能，应当具备从事相关活动所必需的专业知识和技能，并保持和提高专业胜任能力，勤勉审慎开展业务，提高风险管理能力，不得作出任何与专业胜任能力相背离的行为。这是对黄金市场从业人员专业素质和执业能力方面的道德要求。

黄金行业属于智力服务型行业，黄金市场从业人员的职业技能如何，直接关系到客户的利益和整个行业的形象。因此，黄金市场从业人员必须具备能够胜任专业工作的职业技能，并审慎开展相关活动。

（二）专业审慎的基本要求

专业审慎对于黄金市场从业人员的基本要求体现在三个方面：持证上岗、持续学习、审慎执业。

1. 持证上岗

持证上岗是指黄金市场从业人员应当具备从事相关活动所必需的法律法规、金融、财务等专业知识和技能，必须通过黄金市场从业人员资格考试，取得黄金市场从业资格，方可执业。

第七章　黄金市场从业人员的职业道德

持证上岗的目的在于保证黄金市场从业人员具备必要的执业能力和专业水平。黄金市场从业人员应当具备从事黄金行业工作所必需的专业知识和技能，黄金市场交易人员在执业之前通过资格考试并取得执业证书，说明其已经基本掌握了必要的专业基础知识。

2. 持续学习

持续学习是指黄金市场从业人员应当热爱本职工作，努力钻研业务，注重业务实践，积极参加黄金行业后续职业培训。黄金市场是个实践性强、知识更新快、新业务层出不穷、竞争激烈的行业。黄金市场从业人员要保持专业胜任能力，必须加强学习，随时汲取新知识，理论联系实际，注重在实践中总结和积累经验，不断提高自己的专业水平和执业能力。只有持续学习，才能保证持续的专业胜任能力。

3. 审慎执业

黄金交易从业人员在努力提高并保持自身专业水平的同时，应当本着对投资者高度负责的态度执业，在执业过程中审慎处理各项业务，具体而言，包括以下基本要求：黄金市场从业人员在进行投资分析、提供投资建议、采取投资行动时，应当具有合理充分的依据，有适当的研究和调查支撑，保持独立性与客观性，坚持原则，不得受各种外界因素的干扰。黄金市场从业人员应该牢固树立风险控制意识，强化投资风险管理，提高风险管理水平。黄金市场从业人员应当合理分析、判断影响投资分析、建议或行动的重要因素，区分投资分析和建议演示中的事实和假设，还必须记载和保留适当的记录，以支持投资分析、建议、行动等相关事项。黄金市场从业人员在向客户推荐或者销售黄金交易时，应充分了解客户的投资需求、投资目标以及客户的财务状况、投资经验、流动性要求和风险承受能力等信息，坚持销售适用性原则，向客户推荐或者销售合适的市场投资产品。

五、诚实守信

诚实守信是调整各种社会人际关系的基本准则。诚实是指言行与内心思想一致，不弄虚作假、不隐瞒欺诈。守信是指遵守自己的承诺，讲信用、重信用、守信用。

（一）诚实守信的含义

古人云："诚信者，天下之结也。"诚信是中华民族的文化瑰宝，是市场经

第二节 黄金市场从业人员职业道德

济发展的基石。黄金市场作为党领导下的金融基础设施以及全球性的金融市场，更要坚持诚信为本、做到重信守诺。同时，黄金行业又属于智力密集型行业。因此，黄金市场从业人员在执业过程中是否诚实守信，直接关系到投资者的合法权益，决定了投资者对黄金市场的信心和对黄金行业的信任。黄金市场的健康发展，必须以诚实守信为本，而诚实守信必然要落实到黄金市场从业人员的执业行为上，体现为黄金市场职业道德的核心内容。黄金市场从业人员要以维护和增进黄金行业的信用和声誉为重，诚实守信和恪尽职守，忠实于投资者，赢得投资者和社会的信任。

（二）诚实守信的基本要求

诚实守信要求黄金市场从业人员不得欺诈客户，对于同行不得进行不正当竞争。

1. 不得欺诈客户，诚实守信就是不欺诈

所谓欺诈，是指利用虚构事实或者隐瞒真相的方式欺骗客户，使客户产生错误的认识，最终作出错误的判断。欺诈的方式主要有两种：一是虚假陈述；二是舞弊行为。

从业人员应当以诚实的态度和合法的方式执业，客观、全面、准确地向投资者揭示投资风险，如实告知投资者可能影响其利益的重要情况，不得作出不当承诺或者保证。对黄金产品的介绍和宣传，应当与合约参数、产品说明书等内容相符，不得进行虚假或误导性陈述，或者出现重大遗漏。在销售黄金产品或者为投资者提供咨询服务时，应当向客户和潜在客户披露用于分析投资、选择产品、构建投资组合的投资过程的基本流程和一般原则。在陈述所推介黄金产品或其他黄金产品的过往业绩时，应当客观、全面、准确，并提供业绩信息的原始出处，不得片面夸大过往业绩，也不得预测所推介黄金产品的未来业绩。从业人员不得违规向投资者作出投资不受损失或保证最低收益的承诺。从业人员不得从事隐匿、伪造、篡改或者损毁交易数据等舞弊的行为，或作出任何与执业声誉、正直性相背离的行为。

2. 对于同行不得进行不正当竞争

竞争是市场经济的核心机制，黄金市场竞争存在一定的激烈程度，同业同行间如何开展竞争直接关系黄金市场的秩序和黄金行业的社会形象。诚实守信规范要求黄金市场从业人员不得进行不正当竞争，黄金市场从业人员应当公平、合法、有序地进行竞争。

第七章　黄金市场从业人员的职业道德

公平竞争是正当竞争的前提。黄金市场的竞争应当是产品和服务的竞争，而不应当是其他非市场因素的竞争。黄金市场从业人员应当在法律允许的范围内，在相同的条件下依靠专业水平和服务质量展开竞争。

合法竞争是正当竞争的基础，要求竞争手段要合法。黄金市场从业人员不得借助行政手段或其他不合法手段开展业务，不得给客户或承诺给客户不正当利益。同时，黄金市场从业人员应当尊重竞争对手，不诋毁、贬低或负面评价同业或非合作关系方及其从业人员，也不诋毁、贬低或负面评价同业或非合作关系方的产品或服务。

有序竞争是正当竞争的表现，正当竞争是在公平、合法的基础上，依据市场经济基本规则进行的有序的竞争。

六、保守秘密

（一）保守秘密的含义

保守秘密是指黄金市场从业人员不应泄露或者披露客户、所在机构以及相关交易机构向其传达的信息，除非该信息涉及客户或潜在客户的违法活动，或者属于法律要求披露的信息，或者客户或潜在客户允许披露此信息。保守秘密是黄金市场从业人员的一项法定义务，也是黄金市场职业道德的一项基本规范。对所有的黄金交易市场人员均有约束效力。

黄金市场从业人员在执业活动中接触到的秘密主要包括三类：一是商业秘密，二是客户资料，三是内幕信息。商业秘密是指不为公众所知悉的、能够带来经济利益、具有实用性并被采取保密措施的技术信息和经营信息。客户资料主要是指客户的个人资料，包括客户个人的身份证信息、移动电话号码、家庭成员信息、财务状况、投资需求等。保护客户隐私不仅是法律的要求，也是职业道德的要求。需要注意的是，保守秘密与守法合规中的举报他人违法行为并不冲突。职业道德要求黄金市场从业人员保守秘密的信息是内容合法的信息，对于违反法律规定的行为，不构成秘密，应该积极监督和举报。

（二）保守秘密的基本要求

保守秘密，要求黄金市场从业人员不得向第三者透露作为秘密的信息，也不得公开尚处于禁止公开期间的信息。具体而言，从业人员应当做到以下几点。

第二节 黄金市场从业人员职业道德

- 妥善保管并严格保守客户秘密，非经许可不得泄露客户资料和交易信息，且无论是在任职期间还是离职后，均不得泄露任何客户资料和交易信息。
- 不得泄露在执业活动中所获知的各相关方的信息及所在机构的商业秘密，更不得用于为自己或他人牟取不正当的利益。
- 不得泄露在执业活动中所获知的内幕信息。

黄金市场从业人员应当严格遵守所在机构的保密制度，不打听不属于自己业务范围的秘密，不与同事交流自己获知的秘密。如果某一秘密已经被泄露，应当尽快通知有关部门采取补救措施，防止损失进一步扩大。

附录

黄金交易相关的法规制度

一、黄金市场国家法律

中华人民共和国中国人民银行法

(1995年3月18日第八届全国人民代表大会第三次会议通过 根据2003年12月27日第十届全国人民代表大会常务委员会第六次会议《关于修改〈中华人民共和国中国人民银行法〉的决定》修正)

目 录

第一章　总则
第二章　组织机构
第三章　人民币
第四章　业务
第五章　金融监督管理
第六章　财务会计
第七章　法律责任
第八章　附则

第一章 总 则

第一条 为了确立中国人民银行的地位，明确其职责，保证国家货币政策的正确制定和执行，建立和完善中央银行宏观调控体系，维护金融稳定，制定本法。

第二条 中国人民银行是中华人民共和国的中央银行。

中国人民银行在国务院领导下，制定和执行货币政策，防范和化解金融风险，维护金融稳定。

第三条 货币政策目标是保持货币币值的稳定，并以此促进经济增长。

第四条 中国人民银行履行下列职责：

（一）发布与履行其职责有关的命令和规章；

（二）依法制定和执行货币政策；

（三）发行人民币，管理人民币流通；

（四）监督管理银行间同业拆借市场和银行间债券市场；

（五）实施外汇管理，监督管理银行间外汇市场；

（六）监督管理黄金市场；

（七）持有、管理、经营国家外汇储备、黄金储备；

（八）经理国库；

（九）维护支付、清算系统的正常运行；

（十）指导、部署金融业反洗钱工作，负责反洗钱的资金监测；

（十一）负责金融业的统计、调查、分析和预测；

（十二）作为国家的中央银行，从事有关的国际金融活动；

（十三）国务院规定的其他职责。

中国人民银行为执行货币政策，可以依照本法第四章的有关规定从事金融业务活动。

第五条 中国人民银行就年度货币供应量、利率、汇率和国务院规定的其他重要事项作出的决定，报国务院批准后执行。

中国人民银行就前款规定以外的其他有关货币政策事项作出决定后，即予执行，并报国务院备案。

第六条 中国人民银行应当向全国人民代表大会常务委员会提出有关货币政策情况和金融业运行情况的工作报告。

第七条 中国人民银行在国务院领导下依法独立执行货币政策，履行职责，开展业务，不受地方政府、各级政府部门、社会团体和个人的干涉。

第八条 中国人民银行的全部资本由国家出资，属于国家所有。

第九条 国务院建立金融监督管理协调机制，具体办法由国务院规定。

附录　黄金交易相关的法规制度

第二章　组织机构

第十条　中国人民银行设行长一人，副行长若干人。

中国人民银行行长的人选，根据国务院总理的提名，由全国人民代表大会决定；全国人民代表大会闭会期间，由全国人民代表大会常务委员会决定，由中华人民共和国主席任免。中国人民银行副行长由国务院总理任免。

第十一条　中国人民银行实行行长负责制。行长领导中国人民银行的工作，副行长协助行长工作。

第十二条　中国人民银行设立货币政策委员会。货币政策委员会的职责、组成和工作程序，由国务院规定，报全国人民代表大会常务委员会备案。

中国人民银行货币政策委员会应当在国家宏观调控、货币政策制定和调整中，发挥重要作用。

第十三条　中国人民银行根据履行职责的需要设立分支机构，作为中国人民银行的派出机构。中国人民银行对分支机构实行统一领导和管理。

中国人民银行的分支机构根据中国人民银行的授权，维护本辖区的金融稳定，承办有关业务。

第十四条　中国人民银行的行长、副行长及其他工作人员应当恪尽职守，不得滥用职权、徇私舞弊，不得在任何金融机构、企业、基金会兼职。

第十五条　中国人民银行的行长、副行长及其他工作人员，应当依法保守国家秘密，并有责任为与履行其职责有关的金融机构及当事人保守秘密。

第三章　人民币

第十六条　中华人民共和国的法定货币是人民币。以人民币支付中华人民共和国境内的一切公共的和私人的债务，任何单位和个人不得拒收。

第十七条　人民币的单位为元，人民币辅币单位为角、分。

第十八条　人民币由中国人民银行统一印制、发行。

中国人民银行发行新版人民币，应当将发行时间、面额、图案、式样、规格予以公告。

第十九条　禁止伪造、变造人民币。禁止出售、购买伪造、变造的人民币。禁止运输、持有、使用伪造、变造的人民币。禁止故意毁损人民币。禁止在宣传品、出版物或者其他商品上非法使用人民币图样。

第二十条 任何单位和个人不得印制、发售代币票券，以代替人民币在市场上流通。

第二十一条 残缺、污损的人民币，按照中国人民银行的规定兑换，并由中国人民银行负责收回、销毁。

第二十二条 中国人民银行设立人民币发行库，在其分支机构设立分支库。分支库调拨人民币发行基金，应当按照上级库的调拨命令办理。任何单位和个人不得违反规定，动用发行基金。

第四章 业 务

第二十三条 中国人民银行为执行货币政策，可以运用下列货币政策工具：

（一）要求银行业金融机构按照规定的比例交存存款准备金；

（二）确定中央银行基准利率；

（三）为在中国人民银行开立账户的银行业金融机构办理再贴现；

（四）向商业银行提供贷款；

（五）在公开市场上买卖国债、其他政府债券和金融债券及外汇；

（六）国务院确定的其他货币政策工具。

中国人民银行为执行货币政策，运用前款所列货币政策工具时，可以规定具体的条件和程序。

第二十四条 中国人民银行依照法律、行政法规的规定经理国库。

第二十五条 中国人民银行可以代理国务院财政部门向各金融机构组织发行、兑付国债和其他政府债券。

第二十六条 中国人民银行可以根据需要，为银行业金融机构开立账户，但不得对银行业金融机构的账户透支。

第二十七条 中国人民银行应当组织或者协助组织银行业金融机构相互之间的清算系统，协调银行业金融机构相互之间的清算事项，提供清算服务。具体办法由中国人民银行制定。

中国人民银行会同国务院银行业监督管理机构制定支付结算规则。

第二十八条 中国人民银行根据执行货币政策的需要，可以决定对商业银行贷款的数额、期限、利率和方式，但贷款的期限不得超过一年。

第二十九条 中国人民银行不得对政府财政透支，不得直接认购、包销国

附录　黄金交易相关的法规制度

债和其他政府债券。

第三十条　中国人民银行不得向地方政府、各级政府部门提供贷款，不得向非银行金融机构以及其他单位和个人提供贷款，但国务院决定中国人民银行可以向特定的非银行金融机构提供贷款的除外。

中国人民银行不得向任何单位和个人提供担保。

第五章　金融监督管理

第三十一条　中国人民银行依法监测金融市场的运行情况，对金融市场实施宏观调控，促进其协调发展。

第三十二条　中国人民银行有权对金融机构以及其他单位和个人的下列行为进行检查监督：

（一）执行有关存款准备金管理规定的行为；

（二）与中国人民银行特种贷款有关的行为；

（三）执行有关人民币管理规定的行为；

（四）执行有关银行间同业拆借市场、银行间债券市场管理规定的行为；

（五）执行有关外汇管理规定的行为；

（六）执行有关黄金管理规定的行为；

（七）代理中国人民银行经理国库的行为；

（八）执行有关清算管理规定的行为；

（九）执行有关反洗钱规定的行为。

前款所称中国人民银行特种贷款，是指国务院决定的由中国人民银行向金融机构发放的用于特定目的的贷款。

第三十三条　中国人民银行根据执行货币政策和维护金融稳定的需要，可以建议国务院银行业监督管理机构对银行业金融机构进行检查监督。国务院银行业监督管理机构应当自收到建议之日起三十日内予以回复。

第三十四条　当银行业金融机构出现支付困难，可能引发金融风险时，为了维护金融稳定，中国人民银行经国务院批准，有权对银行业金融机构进行检查监督。

第三十五条　中国人民银行根据履行职责的需要，有权要求银行业金融机构报送必要的资产负债表、利润表以及其他财务会计、统计报表和资料。

中国人民银行应当和国务院银行业监督管理机构、国务院其他金融监督管理机构建立监督管理信息共享机制。

第三十六条 中国人民银行负责统一编制全国金融统计数据、报表，并按照国家有关规定予以公布。

第三十七条 中国人民银行应当建立、健全本系统的稽核、检查制度，加强内部的监督管理。

第六章　财务会计

第三十八条 中国人民银行实行独立的财务预算管理制度。

中国人民银行的预算经国务院财政部门审核后，纳入中央预算，接受国务院财政部门的预算执行监督。

第三十九条 中国人民银行每一会计年度的收入减除该年度支出，并按照国务院财政部门核定的比例提取总准备金后的净利润，全部上缴中央财政。

中国人民银行的亏损由中央财政拨款弥补。

第四十条 中国人民银行的财务收支和会计事务，应当执行法律、行政法规和国家统一的财务、会计制度，接受国务院审计机关和财政部门依法分别进行的审计和监督。

第四十一条 中国人民银行应当于每一会计年度结束后的三个月内，编制资产负债表、损益表和相关的财务会计报表，并编制年度报告，按照国家有关规定予以公布。

中国人民银行的会计年度自公历1月1日起至12月31日止。

第七章　法律责任

第四十二条 伪造、变造人民币，出售伪造、变造的人民币，或者明知是伪造、变造的人民币而运输，构成犯罪的，依法追究刑事责任；尚不构成犯罪的，由公安机关处十五日以下拘留、一万元以下罚款。

第四十三条 购买伪造、变造的人民币或者明知是伪造、变造的人民币而持有、使用，构成犯罪的，依法追究刑事责任；尚不构成犯罪的，由公安机关处十五日以下拘留、一万元以下罚款。

第四十四条 在宣传品、出版物或者其他商品上非法使用人民币图样的，中国人民银行应当责令改正，并销毁非法使用的人民币图样，没收违法所得，

附录 黄金交易相关的法规制度

并处五万元以下罚款。

第四十五条 印制、发售代币票券，以代替人民币在市场上流通的，中国人民银行应当责令停止违法行为，并处二十万元以下罚款。

第四十六条 本法第三十二条所列行为违反有关规定，有关法律、行政法规有处罚规定的，依照其规定给予处罚；有关法律、行政法规未作处罚规定的，由中国人民银行区别不同情形给予警告，没收违法所得，违法所得五十万元以上的，并处违法所得一倍以上五倍以下罚款；没有违法所得或者违法所得不足五十万元的，处五十万元以上二百万元以下罚款；对负有直接责任的董事、高级管理人员和其他直接责任人员给予警告，处五万元以上五十万元以下罚款；构成犯罪的，依法追究刑事责任。

第四十七条 当事人对行政处罚不服的，可以依照《中华人民共和国行政诉讼法》的规定提起行政诉讼。

第四十八条 中国人民银行有下列行为之一的，对负有直接责任的主管人员和其他直接责任人员，依法给予行政处分；构成犯罪的，依法追究刑事责任：

（一）违反本法第三十条第一款的规定提供贷款的；

（二）对单位和个人提供担保的；

（三）擅自动用发行基金的。

有前款所列行为之一，造成损失的，负有直接责任的主管人员和其他直接责任人员应当承担部分或者全部赔偿责任。

第四十九条 地方政府、各级政府部门、社会团体和个人强令中国人民银行及其工作人员违反本法第三十条的规定提供贷款或者担保的，对负有直接责任的主管人员和其他直接责任人员，依法给予行政处分；构成犯罪的，依法追究刑事责任；造成损失的，应当承担部分或者全部赔偿责任。

第五十条 中国人民银行的工作人员泄露国家秘密或者所知悉的商业秘密，构成犯罪的，依法追究刑事责任；尚不构成犯罪的，依法给予行政处分。

第五十一条 中国人民银行的工作人员贪污受贿、徇私舞弊、滥用职权、玩忽职守，构成犯罪的，依法追究刑事责任；尚不构成犯罪的，依法给予行政处分。

第八章 附 则

第五十二条 本法所称银行业金融机构，是指在中华人民共和国境内设立的商业银行、城市信用合作社、农村信用合作社等吸收公众存款的金融机构以及政策性银行。

在中华人民共和国境内设立的金融资产管理公司、信托投资公司、财务公司、金融租赁公司以及经国务院银行业监督管理机构批准设立的其他金融机构，适用本法对银行业金融机构的规定。

第五十三条 本法自公布之日起施行。

中华人民共和国反洗钱法

（2006年10月31日第十届全国人民代表大会常务委员会第二十四次会议通过 2024年11月8日第十四届全国人民代表大会常务委员会第十二次会议修订）

目 录

第一章 总 则
第二章 反洗钱监督管理
第三章 反洗钱义务
第四章 反洗钱调查
第五章 反洗钱国际合作
第六章 法律责任
第七章 附 则

第一章 总 则

第一条 为了预防洗钱活动，遏制洗钱以及相关犯罪，加强和规范反洗钱工作，维护金融秩序、社会公共利益和国家安全，根据宪法，制定本法。

第二条 本法所称反洗钱，是指为了预防通过各种方式掩饰、隐瞒毒品犯罪、黑社会性质的组织犯罪、恐怖活动犯罪、走私犯罪、贪污贿赂犯罪、破坏金融管理秩序犯罪、金融诈骗犯罪和其他犯罪所得及其收益的来源、性质的洗钱活动，依照本法规定采取相关措施的行为。

预防恐怖主义融资活动适用本法；其他法律另有规定的，适用其规定。

附录　黄金交易相关的法规制度

第三条　反洗钱工作应当贯彻落实党和国家路线方针政策、决策部署,坚持总体国家安全观,完善监督管理体制机制,健全风险防控体系。

第四条　反洗钱工作应当依法进行,确保反洗钱措施与洗钱风险相适应,保障正常金融服务和资金流转顺利进行,维护单位和个人的合法权益。

第五条　国务院反洗钱行政主管部门负责全国的反洗钱监督管理工作。国务院有关部门在各自的职责范围内履行反洗钱监督管理职责。

国务院反洗钱行政主管部门、国务院有关部门、监察机关和司法机关在反洗钱工作中应当相互配合。

第六条　在中华人民共和国境内(以下简称境内)设立的金融机构和依照本法规定应当履行反洗钱义务的特定非金融机构,应当依法采取预防、监控措施,建立健全反洗钱内部控制制度,履行客户尽职调查、客户身份资料和交易记录保存、大额交易和可疑交易报告、反洗钱特别预防措施等反洗钱义务。

第七条　对依法履行反洗钱职责或者义务获得的客户身份资料和交易信息、反洗钱调查信息等反洗钱信息,应当予以保密;非依法律规定,不得向任何单位和个人提供。

反洗钱行政主管部门和其他依法负有反洗钱监督管理职责的部门履行反洗钱职责获得的客户身份资料和交易信息,只能用于反洗钱监督管理和行政调查工作。

司法机关依照本法获得的客户身份资料和交易信息,只能用于反洗钱相关刑事诉讼。

国家有关机关使用反洗钱信息应当依法保护国家秘密、商业秘密和个人隐私、个人信息。

第八条　履行反洗钱义务的机构及其工作人员依法开展提交大额交易和可疑交易报告等工作,受法律保护。

第九条　反洗钱行政主管部门会同国家有关机关通过多种形式开展反洗钱宣传教育活动,向社会公众宣传洗钱活动的违法性、危害性及其表现形式等,增强社会公众对洗钱活动的防范意识和识别能力。

第十条　任何单位和个人不得从事洗钱活动或者为洗钱活动提供便利,并应当配合金融机构和特定非金融机构依法开展的客户尽职调查。

第十一条　任何单位和个人发现洗钱活动,有权向反洗钱行政主管部门、公安机关或者其他有关国家机关举报。接受举报的机关应当对举报人和举报内容保密。

对在反洗钱工作中做出突出贡献的单位和个人，按照国家有关规定给予表彰和奖励。

第十二条 在中华人民共和国境外（以下简称境外）的洗钱和恐怖主义融资活动，危害中华人民共和国主权和安全，侵犯中华人民共和国公民、法人和其他组织合法权益，或者扰乱境内金融秩序的，依照本法以及相关法律规定处理并追究法律责任。

第二章 反洗钱监督管理

第十三条 国务院反洗钱行政主管部门组织、协调全国的反洗钱工作，负责反洗钱的资金监测，制定或者会同国务院有关金融管理部门制定金融机构反洗钱管理规定，监督检查金融机构履行反洗钱义务的情况，在职责范围内调查可疑交易活动，履行法律和国务院规定的有关反洗钱的其他职责。

国务院反洗钱行政主管部门的派出机构在国务院反洗钱行政主管部门的授权范围内，对金融机构履行反洗钱义务的情况进行监督检查。

第十四条 国务院有关金融管理部门参与制定所监督管理的金融机构反洗钱管理规定，履行法律和国务院规定的有关反洗钱的其他职责。

有关金融管理部门应当在金融机构市场准入中落实反洗钱审查要求，在监督管理工作中发现金融机构违反反洗钱规定的，应当将线索移送反洗钱行政主管部门，并配合其进行处理。

第十五条 国务院有关特定非金融机构主管部门制定或者国务院反洗钱行政主管部门会同其制定特定非金融机构反洗钱管理规定。

有关特定非金融机构主管部门监督检查特定非金融机构履行反洗钱义务的情况，处理反洗钱行政主管部门提出的反洗钱监督管理建议，履行法律和国务院规定的有关反洗钱的其他职责。有关特定非金融机构主管部门根据需要，可以请求反洗钱行政主管部门协助其监督检查。

第十六条 国务院反洗钱行政主管部门设立反洗钱监测分析机构。反洗钱监测分析机构开展反洗钱资金监测，负责接收、分析大额交易和可疑交易报告，移送分析结果，并按照规定向国务院反洗钱行政主管部门报告工作情况，履行国务院反洗钱行政主管部门规定的其他职责。

反洗钱监测分析机构根据依法履行职责的需要，可以要求履行反洗钱义务的机构提供与大额交易和可疑交易相关的补充信息。

附录　黄金交易相关的法规制度

反洗钱监测分析机构应当健全监测分析体系，根据洗钱风险状况有针对性地开展监测分析工作，按照规定向履行反洗钱义务的机构反馈可疑交易报告使用情况，不断提高监测分析水平。

第十七条　国务院反洗钱行政主管部门为履行反洗钱职责，可以从国家有关机关获取所必需的信息，国家有关机关应当依法提供。

国务院反洗钱行政主管部门应当向国家有关机关定期通报反洗钱工作情况，依法向履行与反洗钱相关的监督管理、行政调查、监察调查、刑事诉讼等职责的国家有关机关提供所必需的反洗钱信息。

第十八条　出入境人员携带的现金、无记名支付凭证等超过规定金额的，应当按照规定向海关申报。海关发现个人出入境携带的现金、无记名支付凭证等超过规定金额的，应当及时向反洗钱行政主管部门通报。

前款规定的申报范围、金额标准以及通报机制等，由国务院反洗钱行政主管部门、国务院外汇管理部门按照职责分工会同海关总署规定。

第十九条　国务院反洗钱行政主管部门会同国务院有关部门建立法人、非法人组织受益所有人信息管理制度。

法人、非法人组织应当保存并及时更新受益所有人信息，按照规定向登记机关如实提交并及时更新受益所有人信息。反洗钱行政主管部门、登记机关按照规定管理受益所有人信息。

反洗钱行政主管部门、国家有关机关为履行职责需要，可以依法使用受益所有人信息。金融机构和特定非金融机构在履行反洗钱义务时依法查询核对受益所有人信息；发现受益所有人信息错误、不一致或者不完整的，应当按照规定进行反馈。使用受益所有人信息应当依法保护信息安全。

本法所称法人、非法人组织的受益所有人，是指最终拥有或者实际控制法人、非法人组织，或者享有法人、非法人组织最终收益的自然人。具体认定标准由国务院反洗钱行政主管部门会同国务院有关部门制定。

第二十条　反洗钱行政主管部门和其他依法负有反洗钱监督管理职责的部门发现涉嫌洗钱以及相关违法犯罪的交易活动，应当将线索和相关证据材料移送有管辖权的机关处理。接受移送的机关应当按照有关规定反馈处理结果。

第二十一条　反洗钱行政主管部门为依法履行监督管理职责，可以要求金融机构报送履行反洗钱义务情况，对金融机构实施风险监测、评估，并就金融机构执行本法以及相关管理规定的情况进行评价。必要时可以按照规定约谈金融机构的董事、监事、高级管理人员以及反洗钱工作直接负责人，要求其就有关事项说明情况；对金融机构履行反洗钱义务存在的问题进行提示。

第二十二条　反洗钱行政主管部门进行监督检查时，可以采取下列措施：

（一）进入金融机构进行检查；

（二）询问金融机构的工作人员，要求其对有关被检查事项作出说明；

（三）查阅、复制金融机构与被检查事项有关的文件、资料，对可能被转移、隐匿或者毁损的文件、资料予以封存；

（四）检查金融机构的计算机网络与信息系统，调取、保存金融机构的计算机网络与信息系统中的有关数据、信息。

进行前款规定的监督检查，应当经国务院反洗钱行政主管部门或者其设区的市级以上派出机构负责人批准。检查人员不得少于二人，并应当出示执法证件和检查通知书；检查人员少于二人或者未出示执法证件和检查通知书的，金融机构有权拒绝接受检查。

第二十三条　国务院反洗钱行政主管部门会同国家有关机关评估国家、行业面临的洗钱风险，发布洗钱风险指引，加强对履行反洗钱义务的机构指导，支持和鼓励反洗钱领域技术创新，及时监测与新领域、新业态相关的新型洗钱风险，根据洗钱风险状况优化资源配置，完善监督管理措施。

第二十四条　对存在严重洗钱风险的国家或者地区，国务院反洗钱行政主管部门可以在征求国家有关机关意见的基础上，经国务院批准，将其列为洗钱高风险国家或者地区，并采取相应措施。

第二十五条　履行反洗钱义务的机构可以依法成立反洗钱自律组织。反洗钱自律组织与相关行业自律组织协同开展反洗钱领域的自律管理。

反洗钱自律组织接受国务院反洗钱行政主管部门的指导。

第二十六条　提供反洗钱咨询、技术、专业能力评价等服务的机构及其工作人员，应当勤勉尽责、恪尽职守地提供服务；对于因提供服务获得的数据、信息，应当依法妥善处理，确保数据、信息安全。

国务院反洗钱行政主管部门应当加强对上述机构开展反洗钱有关服务工作的指导。

第三章　反洗钱义务

第二十七条　金融机构应当依照本法规定建立健全反洗钱内部控制制度，设立专门机构或者指定内设机构牵头负责反洗钱工作，根据经营规模和洗钱风

附录　黄金交易相关的法规制度

险状况配备相应的人员，按照要求开展反洗钱培训和宣传。

金融机构应当定期评估洗钱风险状况并制定相应的风险管理制度和流程，根据需要建立相关信息系统。

金融机构应当通过内部审计或者社会审计等方式，监督反洗钱内部控制制度的有效实施。

金融机构的负责人对反洗钱内部控制制度的有效实施负责。

第二十八条　金融机构应当按照规定建立客户尽职调查制度。

金融机构不得为身份不明的客户提供服务或者与其进行交易，不得为客户开立匿名账户或者假名账户，不得为冒用他人身份的客户开立账户。

第二十九条　有下列情形之一的，金融机构应当开展客户尽职调查：

（一）与客户建立业务关系或者为客户提供规定金额以上的一次性金融服务；

（二）有合理理由怀疑客户及其交易涉嫌洗钱活动；

（三）对先前获得的客户身份资料的真实性、有效性、完整性存在疑问。

客户尽职调查包括识别并采取合理措施核实客户及其受益所有人身份，了解客户建立业务关系和交易的目的，涉及较高洗钱风险的，还应当了解相关资金来源和用途。

金融机构开展客户尽职调查，应当根据客户特征和交易活动的性质、风险状况进行，对于涉及较低洗钱风险的，金融机构应当根据情况简化客户尽职调查。

第三十条　在业务关系存续期间，金融机构应当持续关注并评估客户整体状况及交易情况，了解客户的洗钱风险。发现客户进行的交易与金融机构所掌握的客户身份、风险状况等不符的，应当进一步核实客户及其交易有关情况；对存在洗钱高风险情形的，必要时可以采取限制交易方式、金额或者频次，限制业务类型，拒绝办理业务，终止业务关系等洗钱风险管理措施。

金融机构采取洗钱风险管理措施，应当在其业务权限范围内按照有关管理规定的要求和程序进行，平衡好管理洗钱风险与优化金融服务的关系，不得采取与洗钱风险状况明显不相匹配的措施，保障与客户依法享有的医疗、社会保障、公用事业服务等相关的基本的、必需的金融服务。

第三十一条　客户由他人代理办理业务的，金融机构应当按照规定核实代理关系，识别并核实代理人的身份。

金融机构与客户订立人身保险、信托等合同，合同的受益人不是客户本人的，金融机构应当识别并核实受益人的身份。

第三十二条　金融机构依托第三方开展客户尽职调查的，应当评估第三方的风险状况及其履行反洗钱义务的能力。第三方具有较高风险情形或者不具备履行反洗钱义务能力的，金融机构不得依托其开展客户尽职调查。

金融机构应当确保第三方已经采取符合本法要求的客户尽职调查措施。第三方未采取符合本法要求的客户尽职调查措施的，由该金融机构承担未履行客户尽职调查义务的法律责任。

第三方应当向金融机构提供必要的客户尽职调查信息，并配合金融机构持续开展客户尽职调查。

第三十三条　金融机构进行客户尽职调查，可以通过反洗钱行政主管部门以及公安、市场监督管理、民政、税务、移民管理、电信管理等部门依法核实客户身份等有关信息，相关部门应当依法予以支持。

国务院反洗钱行政主管部门应当协调推动相关部门为金融机构开展客户尽职调查提供必要的便利。

第三十四条　金融机构应当按照规定建立客户身份资料和交易记录保存制度。

在业务关系存续期间，客户身份信息发生变更的，应当及时更新。

客户身份资料在业务关系结束后、客户交易信息在交易结束后，应当至少保存十年。

金融机构解散、被撤销或者被宣告破产时，应当将客户身份资料和客户交易信息移交国务院有关部门指定的机构。

第三十五条　金融机构应当按照规定执行大额交易报告制度，客户单笔交易或者在一定期限内的累计交易超过规定金额的，应当及时向反洗钱监测分析机构报告。

金融机构应当按照规定执行可疑交易报告制度，制定并不断优化监测标准，有效识别、分析可疑交易活动，及时向反洗钱监测分析机构提交可疑交易报告；提交可疑交易报告的情况应当保密。

第三十六条　金融机构应当在反洗钱行政主管部门的指导下，关注、评估运用新技术、新产品、新业务等带来的洗钱风险，根据情形采取相应措施，降低洗钱风险。

第三十七条　在境内外设有分支机构或者控股其他金融机构的金融机构，以及金融控股公司，应当在总部或者集团层面统筹安排反洗钱工作。为履行反

附录　黄金交易相关的法规制度

洗钱义务在公司内部、集团成员之间共享必要的反洗钱信息的，应当明确信息共享机制和程序。共享反洗钱信息，应当符合有关信息保护的法律规定，并确保相关信息不被用于反洗钱和反恐怖主义融资以外的用途。

第三十八条　与金融机构存在业务关系的单位和个人应当配合金融机构的客户尽职调查，提供真实有效的身份证件或者其他身份证明文件，准确、完整填报身份信息，如实提供与交易和资金相关的资料。

单位和个人拒不配合金融机构依照本法采取的合理的客户尽职调查措施的，金融机构按照规定的程序，可以采取限制或者拒绝办理业务、终止业务关系等洗钱风险管理措施，并根据情况提交可疑交易报告。

第三十九条　单位和个人对金融机构采取洗钱风险管理措施有异议的，可以向金融机构提出。金融机构应当在十五日内进行处理，并将结果答复当事人；涉及客户基本的、必需的金融服务的，应当及时处理并答复当事人。相关单位和个人逾期未收到答复，或者对处理结果不满意的，可以向反洗钱行政主管部门投诉。

前款规定的单位和个人对金融机构采取洗钱风险管理措施有异议的，也可以依法直接向人民法院提起诉讼。

第四十条　任何单位和个人应当按照国家有关机关要求对下列名单所列对象采取反洗钱特别预防措施：

（一）国家反恐怖主义工作领导机构认定并由其办事机构公告的恐怖活动组织和人员名单；

（二）外交部发布的执行联合国安理会决议通知中涉及定向金融制裁的组织和人员名单；

（三）国务院反洗钱行政主管部门认定或者会同国家有关机关认定的，具有重大洗钱风险、不采取措施可能造成严重后果的组织和人员名单。

对前款第一项规定的名单有异议的，当事人可以依照《中华人民共和国反恐怖主义法》的规定申请复核。对前款第二项规定的名单有异议的，当事人可以按照有关程序提出从名单中除去的申请。对前款第三项规定的名单有异议的，当事人可以向作出认定的部门申请行政复议；对行政复议决定不服的，可以依法提起行政诉讼。

反洗钱特别预防措施包括立即停止向名单所列对象及其代理人、受其指使的组织和人员、其直接或者间接控制的组织提供金融等服务或者资金、资产，立即限制相关资金、资产转移等。

第一款规定的名单所列对象可以按照规定向国家有关机关申请使用被限制的资金、资产用于单位和个人的基本开支及其他必需支付的费用。采取反洗钱特别预防措施应当保护善意第三人合法权益,善意第三人可以依法进行权利救济。

第四十一条　金融机构应当识别、评估相关风险并制定相应的制度,及时获取本法第四十条第一款规定的名单,对客户及其交易对象进行核查,采取相应措施,并向反洗钱行政主管部门报告。

第四十二条　特定非金融机构在从事规定的特定业务时,参照本章关于金融机构履行反洗钱义务的相关规定,根据行业特点、经营规模、洗钱风险状况履行反洗钱义务。

第四章　反洗钱调查

第四十三条　国务院反洗钱行政主管部门或者其设区的市级以上派出机构发现涉嫌洗钱的可疑交易活动或者违反本法规定的其他行为,需要调查核实的,经国务院反洗钱行政主管部门或者其设区的市级以上派出机构负责人批准,可以向金融机构、特定非金融机构发出调查通知书,开展反洗钱调查。

反洗钱行政主管部门开展反洗钱调查,涉及特定非金融机构的,必要时可以请求有关特定非金融机构主管部门予以协助。

金融机构、特定非金融机构应当配合反洗钱调查,在规定时限内如实提供有关文件、资料。

开展反洗钱调查,调查人员不得少于二人,并应当出示执法证件和调查通知书;调查人员少于二人或者未出示执法证件和调查通知书的,金融机构、特定非金融机构有权拒绝接受调查。

第四十四条　国务院反洗钱行政主管部门或者其设区的市级以上派出机构开展反洗钱调查,可以采取下列措施:

(一) 询问金融机构、特定非金融机构有关人员,要求其说明情况;
(二) 查阅、复制被调查对象的账户信息、交易记录和其他有关资料;
(三) 对可能被转移、隐匿、篡改或者毁损的文件、资料予以封存。

询问应当制作询问笔录。询问笔录应当交被询问人核对。记载有遗漏或者差错的,被询问人可以要求补充或者更正。被询问人确认笔录无误后,应当签名或者盖章;调查人员也应当在笔录上签名。

附录　黄金交易相关的法规制度

调查人员封存文件、资料，应当会同金融机构、特定非金融机构的工作人员查点清楚，当场开列清单一式二份，由调查人员和金融机构、特定非金融机构的工作人员签名或者盖章，一份交金融机构或者特定非金融机构，一份附卷备查。

第四十五条　经调查仍不能排除洗钱嫌疑或者发现其他违法犯罪线索的，应当及时向有管辖权的机关移送。接受移送的机关应当按照有关规定反馈处理结果。

客户转移调查所涉及的账户资金的，国务院反洗钱行政主管部门认为必要时，经其负责人批准，可以采取临时冻结措施。

接受移送的机关接到线索后，对已依照前款规定临时冻结的资金，应当及时决定是否继续冻结。接受移送的机关认为需要继续冻结的，依照相关法律规定采取冻结措施；认为不需要继续冻结的，应当立即通知国务院反洗钱行政主管部门，国务院反洗钱行政主管部门应当立即通知金融机构解除冻结。

临时冻结不得超过四十八小时。金融机构在按照国务院反洗钱行政主管部门的要求采取临时冻结措施后四十八小时内，未接到国家有关机关继续冻结通知的，应当立即解除冻结。

第五章　反洗钱国际合作

第四十六条　中华人民共和国根据缔结或者参加的国际条约，或者按照平等互惠原则，开展反洗钱国际合作。

第四十七条　国务院反洗钱行政主管部门根据国务院授权，负责组织、协调反洗钱国际合作，代表中国政府参与有关国际组织活动，依法与境外相关机构开展反洗钱合作，交换反洗钱信息。

国家有关机关依法在职责范围内开展反洗钱国际合作。

第四十八条　涉及追究洗钱犯罪的司法协助，依照《中华人民共和国国际刑事司法协助法》以及有关法律的规定办理。

第四十九条　国家有关机关在依法调查洗钱和恐怖主义融资活动过程中，按照对等原则或者经与有关国家协商一致，可以要求在境内开立代理行账户或者与我国存在其他密切金融联系的境外金融机构予以配合。

第五十条　外国国家、组织违反对等、协商一致原则直接要求境内金融机构提交客户身份资料、交易信息，扣押、冻结、划转境内资金、资产，或者作出其他行动的，金融机构不得擅自执行，并应当及时向国务院有关金融管理部门报告。

除前款规定外，外国国家、组织基于合规监管的需要，要求境内金融机构提供概要性合规信息、经营信息等信息的，境内金融机构向国务院有关金融管理部门和国家有关机关报告后可以提供或者予以配合。

前两款规定的资料、信息涉及重要数据和个人信息的，还应当符合国家数据安全管理、个人信息保护有关规定。

第六章　法律责任

第五十一条　反洗钱行政主管部门和其他依法负有反洗钱监督管理职责的部门从事反洗钱工作的人员有下列行为之一的，依法给予处分：

（一）违反规定进行检查、调查或者采取临时冻结措施；

（二）泄露因反洗钱知悉的国家秘密、商业秘密或者个人隐私、个人信息；

（三）违反规定对有关机构和人员实施行政处罚；

（四）其他不依法履行职责的行为。

其他国家机关工作人员有前款第二项行为的，依法给予处分。

第五十二条　金融机构有下列情形之一的，由国务院反洗钱行政主管部门或者其设区的市级以上派出机构责令限期改正；情节较重的，给予警告或者处二十万元以下罚款；情节严重或者逾期未改正的，处二十万元以上二百万元以下罚款，可以根据情形在职责范围内或者建议有关金融管理部门限制或者禁止其开展相关业务：

（一）未按照规定制定、完善反洗钱内部控制制度规范；

（二）未按照规定设立专门机构或者指定内设机构牵头负责反洗钱工作；

（三）未按照规定根据经营规模和洗钱风险状况配备相应人员；

（四）未按照规定开展洗钱风险评估或者健全相应的风险管理制度；

（五）未按照规定制定、完善可疑交易监测标准；

（六）未按照规定开展反洗钱内部审计或者社会审计；

（七）未按照规定开展反洗钱培训；

（八）应当建立反洗钱相关信息系统而未建立，或者未按照规定完善反洗钱相关信息系统；

（九）金融机构的负责人未能有效履行反洗钱职责。

附录　黄金交易相关的法规制度

第五十三条　金融机构有下列行为之一的,由国务院反洗钱行政主管部门或者其设区的市级以上派出机构责令限期改正,可以给予警告或者处二十万元以下罚款;情节严重或者逾期未改正的,处二十万元以上二百万元以下罚款:

(一) 未按照规定开展客户尽职调查;

(二) 未按照规定保存客户身份资料和交易记录;

(三) 未按照规定报告大额交易;

(四) 未按照规定报告可疑交易。

第五十四条　金融机构有下列行为之一的,由国务院反洗钱行政主管部门或者其设区的市级以上派出机构责令限期改正,处五十万元以下罚款;情节严重的,处五十万元以上五百万元以下罚款,可以根据情形在职责范围内或者建议有关金融管理部门限制或者禁止其开展相关业务:

(一) 为身份不明的客户提供服务、与其进行交易,为客户开立匿名账户、假名账户,或者为冒用他人身份的客户开立账户;

(二) 未按照规定对洗钱高风险情形采取相应洗钱风险管理措施;

(三) 未按照规定采取反洗钱特别预防措施;

(四) 违反保密规定,查询、泄露有关信息;

(五) 拒绝、阻碍反洗钱监督管理、调查,或者故意提供虚假材料;

(六) 篡改、伪造或者无正当理由删除客户身份资料、交易记录;

(七) 自行或者协助客户以拆分交易等方式故意逃避履行反洗钱义务。

第五十五条　金融机构有本法第五十三条、第五十四条规定的行为,致使犯罪所得及其收益通过本机构得以掩饰、隐瞒的,或者致使恐怖主义融资后果发生的,由国务院反洗钱行政主管部门或者其设区的市级以上派出机构责令限期改正,涉及金额不足一千万元的,处五十万元以上一千万元以下罚款;涉及金额一千万元以上的,处涉及金额百分之二十以上二倍以下罚款;情节严重的,可以根据情形在职责范围内实施或者建议有关金融管理部门实施限制、禁止其开展相关业务,或者责令停业整顿、吊销经营许可证等处罚。

第五十六条　国务院反洗钱行政主管部门或者其设区的市级以上派出机构依照本法第五十二条至第五十四条规定对金融机构进行处罚的,还可以根据情形对负有责任的董事、监事、高级管理人员或者其他直接责任人员,给予警告或者处二十万元以下罚款;情节严重的,可以根据情形在职责范围内实施或者建议有关金融管理部门实施取消其任职资格、禁止其从事有关金融行业工作等处罚。

国务院反洗钱行政主管部门或者其设区的市级以上派出机构依照本法第五十五条规定对金融机构进行处罚的，还可以根据情形对负有责任的董事、监事、高级管理人员或者其他直接责任人员，处二十万元以上一百万元以下罚款；情节严重的，可以根据情形在职责范围内实施或者建议有关金融管理部门实施取消其任职资格、禁止其从事有关金融行业工作等处罚。

前两款规定的金融机构董事、监事、高级管理人员或者其他直接责任人员能够证明自己已经勤勉尽责采取反洗钱措施的，可以不予处罚。

第五十七条 金融机构违反本法第五十条规定擅自采取行动的，由国务院有关金融管理部门处五十万元以下罚款；情节严重的，处五十万元以上五百万元以下罚款；造成损失的，并处所造成直接经济损失一倍以上五倍以下罚款。对负有责任的董事、监事、高级管理人员或者其他直接责任人员，可以由国务院有关金融管理部门给予警告或者处五十万元以下罚款。

境外金融机构违反本法第四十九条规定，对国家有关机关的调查不予配合的，由国务院反洗钱行政主管部门依照本法第五十四条、第五十六条规定进行处罚，并可以根据情形将其列入本法第四十条第一款第三项规定的名单。

第五十八条 特定非金融机构违反本法规定的，由有关特定非金融机构主管部门责令限期改正；情节较重的，给予警告或者处五万元以下罚款；情节严重或者逾期未改正的，处五万元以上五十万元以下罚款；对有关负责人，可以给予警告或者处五万元以下罚款。

第五十九条 金融机构、特定非金融机构以外的单位和个人未依照本法第四十条规定履行反洗钱特别预防措施义务的，由国务院反洗钱行政主管部门或者其设区的市级以上派出机构责令限期改正；情节严重的，对单位给予警告或者处二十万元以下罚款，对个人给予警告或者处五万元以下罚款。

第六十条 法人、非法人组织未按照规定向登记机关提交受益所有人信息的，由登记机关责令限期改正；拒不改正的，处五万元以下罚款。向登记机关提交虚假或者不实的受益所有人信息，或者未按照规定及时更新受益所有人信息的，由国务院反洗钱行政主管部门或者其设区的市级以上派出机构责令限期改正；拒不改正的，处五万元以下罚款。

第六十一条 国务院反洗钱行政主管部门应当综合考虑金融机构的经营规模、内部控制制度执行情况、勤勉尽责程度、违法行为持续时间、危害程度以及整改情况等因素，制定本法相关行政处罚裁量基准。

第六十二条 违反本法规定，构成犯罪的，依法追究刑事责任。

附录　黄金交易相关的法规制度

利用金融机构、特定非金融机构实施或者通过非法渠道实施洗钱犯罪的,依法追究刑事责任。

第七章　附　则

第六十三条　在境内设立的下列机构,履行本法规定的金融机构反洗钱义务:

(一) 银行业、证券基金期货业、保险业、信托业金融机构;

(二) 非银行支付机构;

(三) 国务院反洗钱行政主管部门确定并公布的其他从事金融业务的机构。

第六十四条　在境内设立的下列机构,履行本法规定的特定非金融机构反洗钱义务:

(一) 提供房屋销售、房屋买卖经纪服务的房地产开发企业或者房地产中介机构;

(二) 接受委托为客户办理买卖不动产,代管资金、证券或者其他资产,代管银行账户、证券账户,为成立、运营企业筹措资金以及代理买卖经营性实体业务的会计师事务所、律师事务所、公证机构;

(三) 从事规定金额以上贵金属、宝石现货交易的交易商;

(四) 国务院反洗钱行政主管部门会同国务院有关部门根据洗钱风险状况确定的其他需要履行反洗钱义务的机构。

第六十五条　本法自2025年1月1日起施行。

二、黄金市场行政法规

国务院关于清理整顿各类交易场所切实防范金融风险的决定

各省、自治区、直辖市人民政府，国务院各部委、各直属机构：

近年来，一些地区为推进权益（如股权、产权等）和商品市场发展，陆续批准设立了一些从事产权交易、文化艺术品交易和大宗商品中远期交易等各种类型的交易场所（以下简称交易场所）。由于缺乏规范管理，在交易场所设立和交易活动中违法违规问题日益突出，风险不断暴露，引起了社会广泛关注。为防范金融风险，规范市场秩序，维护社会稳定，现作出如下决定：

一、高度重视各类交易场所违法交易活动蕴藏的风险

交易场所是为所有市场参与者提供平等、透明交易机会，进行有序交易的平台，具有较强的社会性和公开性，需要依法规范管理，确保安全运行。其中，证券和期货交易更是具有特殊的金融属性和风险属性，直接关系到经济金融安全和社会稳定，必须在经批准的特定交易场所，遵循严格的管理制度规范进行。目前，一些交易场所未经批准违法开展证券期货交易活动；有的交易场所管理不规范，存在严重投机和价格操纵行为；个别交易场所股东直接参与买卖，甚至发生管理人员侵吞客户资金、经营者卷款逃跑等问题。这些问题如发展蔓延下去，极易引发系统性、区域性金融风险，甚至影响社会稳定，必须及早采取措施坚决予以纠正。

各地人民政府和国务院有关部门要统一认识，高度重视各类交易场所存在的违法违规问题，从维护市场秩序和社会稳定的大局出发，切实做好清理整顿各类交易场所和规范市场秩序的各项工作。各类交易场所要建立健全规章制度，严格遵守信息披露、公平交易和风险管理等各项规定。建立与风险承受能力、投资知识和经验相适应的投资者管理制度，提高投资者风险意识和辨别能力，切实保护投资者合法权益。

二、建立分工明确、密切协作的工作机制

为加强对清理整顿交易场所和规范市场秩序工作的组织领导，形成既有分

附录　黄金交易相关的法规制度

工又相互配合的监管机制,建立由证监会牵头,有关部门参加的"清理整顿各类交易场所部际联席会议"(以下简称联席会议)制度。联席会议的主要任务是,统筹协调有关部门和省级人民政府清理整顿违法证券期货交易工作,督导建立对各类交易场所和交易产品的规范管理制度,完成国务院交办的其他事项。联席会议日常办事机构设在证监会。

联席会议不代替国务院有关部门和省级人民政府的监管职责。对经国务院或国务院金融管理部门批准设立从事金融产品交易的交易场所,由国务院金融管理部门负责日常监管。其他交易场所均由省级人民政府按照属地管理原则负责监管,并切实做好统计监测、违规处理和风险处置工作。联席会议及相关部门和省级人民政府要及时沟通情况,加强协调配合,齐心协力做好各类交易场所清理整顿和规范工作。

三、健全管理制度、严格管理程序

自本决定下发之日起,除依法设立的证券交易所或国务院批准的从事金融产品交易的交易场所外,任何交易场所均不得将任何权益拆分为均等份额公开发行,不得采取集中竞价、做市商等集中交易方式进行交易;不得将权益按照标准化交易单位持续挂牌交易,任何投资者买入后卖出或卖出后买入同一交易品种的时间间隔不得少于5个交易日;除法律、行政法规另有规定外,权益持有人累计不得超过200人。

除依法经国务院或国务院期货监管机构批准设立从事期货交易的交易场所外,任何单位一律不得以集中竞价、电子撮合、匿名交易、做市商等集中交易方式进行标准化合约交易。

从事保险、信贷、黄金等金融产品交易的交易场所,必须经国务院相关金融管理部门批准设立。

为规范交易场所名称,凡使用"交易所"字样的交易场所,除经国务院或国务院金融管理部门批准的外,必须报省级人民政府批准;省级人民政府批准前,应征求联席会议意见。未按上述规定批准设立或违反上述规定在名称中使用"交易所"字样的交易场所,工商部门不得为其办理工商登记。

四、稳妥推进清理整顿工作

各省级人民政府要立即成立领导小组,建立工作机制,根据法律、行政法规和本决定的要求,按照属地管理原则,对本地区各类交易场所,进行一次集中清理整顿,其中重点是坚决纠正违法证券期货交易活动,并采取有效措施确保投资者资金安全和社会稳定。对从事违法证券期货交易活动的交易场所,严禁以任何方式扩大业务范围，严禁新增交易品种，严禁新增投资者，并限期取消或结束交易活动；未经批准在交易场所名称中使用"交易所"字样的交易场所，应限期清理规范。清理整顿期间，不得设立新的开展标准化产品或合约交易的交易场所。各省级人民政府要尽快制定清理整顿工作方案，于2011年12月底前报国务院备案。

联席会议要切实负起责任，加强组织指导和督促检查，切实推动清理整顿工作有效、有序开展。商务部要在联席会议工作机制下，负责对大宗商品中远期交易市场清理整顿工作的监督、检查和指导，抓紧制定大宗商品交易市场管理办法，确保大宗商品中远期交易市场有序回归现货市场。联席会议各有关部门要按照职责分工，加强沟通，相互配合，相互支持，尽职尽责做好工作。金融机构不得为违法证券期货交易活动提供承销、开户、托管、资金划转、代理买卖、投资咨询、保险等服务；已提供服务的金融机构，要及时开展自查自清，做好善后工作。

国务院
二〇一一年十一月十一日

国务院办公厅关于清理整顿各类交易场所的实施意见

各省、自治区、直辖市人民政府，国务院各部委、各直属机构：

为贯彻落实《国务院关于清理整顿各类交易场所 切实防范金融风险的决定》（国发〔2011〕38号，以下称国发38号文件），进一步明确政策界限、措施和工作要求，扎实推进清理整顿各类交易场所工作，防范金融风险，维护社会稳定，经国务院同意，现提出以下意见：

一、全面把握清理整顿范围

遵循规范有序、便利实体经济发展的原则，准确界定清理整顿范围，突出重点，增强清理整顿各类交易场所工作的针对性、有效性。本次清理整顿的范围包括从事权益类交易、大宗商品中远期交易以及其他标准化合约交易的各类交易场所，包括名称中未使用"交易所"字样的交易场所，但仅从事车辆、房地产等实物交易的交易场所除外。其中，权益类交易包括产权、股权、债权、林权、矿权、知识产权、文化艺术品权益及金融资产权益等交易；大宗商品中远期交易，是指以大宗商品的标准化合约为交易对象，采用电子化集中交易方

附录　黄金交易相关的法规制度

式,允许交易者以对冲平仓方式了结交易而不以实物交收为目的或不必交割实物的标准化合约交易;其他标准化合约,包括以有价证券、利率、汇率、指数、碳排放权、排污权等为标的物的标准化合约。

各类交易场所已设立的分支机构,按照属地管理原则,由各分支机构所在地省、自治区、直辖市人民政府(以下称省级人民政府)负责清理整顿。

依法经批准设立的证券、期货交易所,或经国务院金融管理部门批准设立的从事金融产品交易的交易场所不属于本次清理整顿范围。

二、准确适用清理整顿政策界限

违反下列规定之一的交易场所及其分支机构,应予以清理整顿。

(一)不得将任何权益拆分为均等份额公开发行。任何交易场所利用其服务与设施,将权益拆分为均等份额后发售给投资者,即属于"均等份额公开发行"。股份公司股份公开发行适用公司法、证券法相关规定。

(二)不得采取集中交易方式进行交易。本意见所称的"集中交易方式"包括集合竞价、连续竞价、电子撮合、匿名交易、做市商等交易方式,但协议转让、依法进行的拍卖不在此列。

(三)不得将权益按照标准化交易单位持续挂牌交易。本意见所称的"标准化交易单位"是指将股权以外的其他权益设定最小交易单位,并以最小交易单位或其整数倍进行交易。"持续挂牌交易"是指在买入后5个交易日内挂牌卖出同一交易品种或在卖出后5个交易日内挂牌买入同一交易品种。

(四)权益持有人累计不得超过200人。除法律、行政法规另有规定外,任何权益在其存续期间,无论在发行还是转让环节,其实际持有人累计不得超过200人,以信托、委托代理等方式代持的,按实际持有人数计算。

(五)不得以集中交易方式进行标准化合约交易。本意见所称的"标准化合约"包括两种情形:一种是由交易场所统一制定,除价格外其他条款固定,规定在将来某一时间和地点交割一定数量标的物的合约;另一种是由交易场所统一制定,规定买方有权在将来某一时间以特定价格买入或者卖出约定标的物的合约。

(六)未经国务院相关金融管理部门批准,不得设立从事保险、信贷、黄金等金融产品交易的交易场所,其他任何交易场所也不得从事保险、信贷、黄金等金融产品交易。

商业银行、证券公司、期货公司、保险公司、信托投资公司等金融机构不得为违反上述规定的交易场所提供承销、开户、托管、资产划转、代理买卖、投资咨询、保险等服务；已提供服务的金融机构，要按照相关金融管理部门的要求开展自查自清，并做好善后工作。

三、认真落实清理整顿工作安排

（一）排查甄别。各省级人民政府要按照国发38号文件和本意见要求，组织对本地区各类交易场所的交易品种、交易方式、投资者人数等是否违反规定，以及风险状况进行认真排查甄别。对违反国发38号文件规定的交易场所，严禁新增交易品种。

（二）整改规范。各类交易场所对自身存在问题纠正不及时、不到位的，有关省级人民政府要按照国发38号文件及本意见的要求，落实监管责任，对问题交易场所采取整改措施。交易规则违反国发38号文件规定的，不得继续交易；已暂停交易的，不得恢复交易，并依据相关政策规定修改交易规则，报本省（区、市）清理整顿工作领导小组批准。交易产品违反国发38号文件规定的，要取消违规交易产品并处理好善后问题；权益持有人累计超过200人的，要予以清理。

（三）检查验收。各省级人民政府应当组织对各类交易场所整改规范情况进行检查验收。重点核查交易场所章程、交易规则、交易品种、交易方式、投资者适当性、管理制度是否符合国发38号文件和本意见的规定，交易信息系统是否符合安全稳定性要求等。

（四）分类处置。各省级人民政府要对交易场所进行分类处置，该关闭的要坚决关闭，该整改的要认真整改，该规范的要切实规范。对确有必要保留的，要按照国发38号文件和本意见的要求履行相应审批程序。对于拒不整改、无正当理由逾期未完成整改的，或继续从事违法证券、期货交易的交易场所，各省级人民政府要依法依规坚决予以关闭或取缔。清理整顿过程中，各省级人民政府要采取有效措施确保投资者资金安全和社会稳定；对涉嫌犯罪的，要移送司法机关，依法追究有关人员的法律责任。

各省级人民政府要在清理整顿工作基本完成后，对清理整顿工作过程、政策措施、验收结果、日常监管和风险处置等情况进行全面总结，并书面报告清理整顿各类交易场所部际联席会议（以下简称联席会议）。

四、严格执行交易场所审批政策

（一）把握各类交易场所设立原则。

各省级人民政府应按照"总量控制、合理布局、审慎审批"的原则，统筹规划各类交易场所的数量规模和区域分布，制定交易场所品种结构规划和审查标准，审慎批准设立交易场所，使交易场所的设立与监管能力及实体经济发展水平相协调。

（二）严格规范交易场所设立审批。

1. 凡新设交易所的，除经国务院或国务院金融管理部门批准的以外，必须报省级人民政府批准；省级人民政府批准前，应取得联席会议的书面反馈意见。

2. 清理整顿前已设立运营的交易所，应当按照下列情形分别处理：

一是省级人民政府批准设立的交易所，确有必要保留，且未违反国发 38 号文件和本意见规定的，应经省级人民政府确认；违反国发 38 号文件和本意见规定的，应予清理整顿并经省级人民政府组织检查验收，验收通过后方可继续运营。各省级人民政府应当将上述两类交易所名单分别报联席会议备案。

二是未经省级人民政府批准设立的交易所，清理整顿并验收通过后，拟继续保留的，应按照新设交易场所的要求履行相关审批程序。省级人民政府批准前，应取得联席会议的书面反馈意见。

三是历史形成的从事车辆、房地产等实物交易的交易所，未从事违反国发 38 号文件和本意见规定，名称中拟继续使用"交易所"字样的，由省级人民政府根据实际情况处理，并将交易所名单报联席会议备案。

3. 从事权益类交易、大宗商品中远期交易以及其他标准化合约交易的交易场所，原则上不得设立分支机构开展经营活动。确有必要设立的，应当分别经该交易场所所在地省级人民政府及拟设分支机构所在地省级人民政府批准，并按照属地监管原则，由相应省级人民政府负责监管。凡未经省级人民政府批准已设立运营的经营性分支机构，要按照上述要求履行审批程序。违反上述规定的，各地工商行政管理部门不得为分支机构办理工商登记，并按照工商管理相关规定进行处理。

名称中未使用"交易所"字样的各类交易场所的监管办法，由各省级人民政府制定。

五、切实贯彻清理整顿工作要求

（一）统一政策标准。各省级人民政府在开展清理整顿工作中，要严格按照国务院、联席会议及有关部门的要求，统一政策标准，准确把握政策界限。实际执行中遇到疑难问题或对相关政策把握不准的，要及时上报联席会议。

（二）防范化解风险。各省级人民政府在清理整顿工作中，要制定完善风险处置预案，认真排查矛盾纠纷和风险隐患，及时掌握市场动向，做好信访投诉受理和处置工作。要加强与司法机关的协调配合，严肃查处挪用客户资金、诈骗等涉嫌违法犯罪行为，妥善处置突发事件，维护投资者合法权益，防范和化解金融风险，维护社会稳定。

（三）落实监管责任。各省级人民政府要制定本地区各类交易场所监管制度，明确各类交易场所监管机构和职能，加强日常监管，建立长效机制，持续做好各类交易场所统计监测、违规处理、风险处置等工作。相关省级人民政府要加强沟通配合和信息共享。联席会议成员单位和国务院相关部门要做好监督检查和指导工作。

国务院办公厅
2012 年 7 月 12 日

附录　黄金交易相关的法规制度

三、黄金市场部门规章

财政部　国家税务总局关于黄金税收政策问题的通知

财税〔2002〕142号

各省、自治区、直辖市、计划单列市财政厅（局）、国家税务局、地方税务局，新疆生产建设兵团财务局：

为了贯彻国务院关于黄金体制改革决定的要求，规范黄金交易，加强黄金交易的税收管理，现将黄金交易的有关税收政策明确如下：

一、黄金生产和经营单位销售黄金（不包括以下品种：成色为au9999、au9995、au999、au995；规格为50克、100克、1公斤、3公斤、12.5公斤的黄金，以下简称标准黄金）和黄金矿砂（含伴生金），免征增值税；进口黄金（含标准黄金）和黄金矿砂免征进口环节增值税。

二、黄金交易所会员单位通过黄金交易所销售标准黄金（持有黄金交易所开具的《黄金交易结算凭证》），未发生实物交割的，免征增值税；发生实物交割的，由税务机关按照实际成交价格代开增值税专用发票，并实行增值税即征即退的政策，同时免征城市维护建设税、教育费附加。增值税专用发票中的单价、金额和税额的计算公式分别为：

$$单价 = 实际成交单价 \div (1 + 增值税税率)$$
$$金额 = 数量 \times 单价$$
$$税额 = 金额 \times 税率$$

实际成交单价是指不含黄金交易所收取的手续费的单位价格。

纳税人不通过黄金交易所销售的标准黄金不享受增值税即征即退和免征城市维护建设税、教育费附加政策。

三、黄金出口不退税；出口黄金饰品，对黄金原料部分不予退税，只对加工增值部分退税。

四、对黄金交易所收取的手续费等收入照章征收营业税。

五、黄金交易所黄金交易的增值税征收管理办法及增值税专用发票管理办

三、黄金市场部门规章

法由国家税务总局另行制定。

国家税务总局
二〇〇二年九月十二日

国家税务总局关于印发《黄金交易增值税征收管理办法》的通知

国税发明电〔2002〕47号

各省、自治区、直辖市、计划单列市国家税务局：

为了贯彻国务院关于黄金体制改革决定的要求，加强黄金交易的增值税征收管理，并根据财政部、国家税务总局《关于黄金税收政策问题的通知》的规定，现将《黄金交易所黄金交易增值税征收管理办法》印发给你们，请遵照执行。各地在对黄金征收增值税的过程中如发现问题，应及时上报国家税务总局。

附件：黄金交易所黄金交易增值税征收管理办法

附件：

黄金交易所黄金交易增值税征收管理办法

一、关于黄金交易的品种

1. 标准黄金产品

四种成色：AU9999、AU9995、AU999、AU995。

五种规格：50克、100克、1公斤、3公斤、12.5公斤。

2. 非标准黄金产品

除上述四种成色、五种规格以外的黄金产品。

二、关于黄金交易的有关征税规定

1. 为便于增值税的征收管理，按照黄金交易所章程规定注册登记的会员以及按照黄金交易所章程规定登记备案的客户，通过黄金交易所进行的标准黄金产品交易〔并持有黄金交易所开具的《黄金交易结算发票》（结算联）〕，未发

附录　黄金交易相关的法规制度

生实物交割的，由卖出方会员单位或客户按实际成交价格向黄金交易所开具普通发票，并免征增值税；如发生实物交割的，由黄金交易所主管税务机关代黄金交易所按照实际成交价格向具有增值税一般纳税人资格的提货方会员单位或客户开具增值税专用发票（增值税专用发票的发票联、记账联、存根联由黄金交易所留存；抵扣联传递给提货方会员单位）。对提货方会员单位或客户为非增值税一般纳税人的，不得开具增值税专用发票。

"标准黄金实物交割"是指：会员单位或客户将在黄金交易所已成交的黄金从黄金交易所指定的金库提取黄金的行为。

2. 黄金交易所交易环节发生标准黄金实物交割，应按实际成交价格开具增值税专用发票，实际成交价格为所提取黄金买卖双方按规定报价方式所成交的价格，不包括交易费、仓储费等费用。为准确计算所提黄金的实际成交价格，黄金交易所应按后进先出法原则确定。

3. 为便于增值税的征收管理，在黄金交易所开业初期，对非黄金生产会员单位或客户（不包括银行系统），应按本单位的黄金实际使用量从黄金交易所的指定金库提取黄金。对没有按本单位黄金实际使用量而从黄金交易所指定金库多提取的黄金，不得再向黄金交易所指定的金库存入黄金进行交易，包括黄金交易所开业之前非黄金生产会员单位或客户（不包括银行系统）在本单位的库存黄金。

4. 黄金交易所可享受增值税即征即返的优惠政策，同时免征城市维护建设税、教育费附加。

5. 对纳税人不通过黄金交易所销售标准黄金的，不享受增值税即征即退和免征城市维护建设税、教育费附加的政策。

三、会员单位和客户增值税进项税额的核算

1. 对会员单位（中国人民银行和黄金生产企业除外）或客户应对在黄金交易所黄金交易的进项税额实行单独核算，对按取得的黄金交易所开具的增值税专用发票上注明的增值税税额（包括相对应的买入量）单独记账。对会员或客户从黄金交易所购入黄金（指发生实物交割）再通过黄金交易所卖出时，应计算通过黄金交易所卖出黄金进项税额的转出额，并从当期进项税额中转出，同时计入成本；对企业当期账面进项税额小于通过下列公式计算出的应转出的进项税额，其差额部分应当立即补征入库。

应转出的进项税额 = 单位进项税额 × 当期黄金卖出量

单位进项税额 = 购入黄金的累计进项税额 ÷ 累计黄金购入额

2. 对会员单位（中国人民银行和黄金生产企业除外）或客户通过黄金交易所销售企业原有库存黄金，应按实际成交价格计算相应的进项税金转出额，并从当期进项税额中转出，计入成本。

应转出的进项税额＝销售库存黄金实际成交价格÷（1＋17%）×17%

四、增值税一般纳税人的认定

1. 为便于增值税的征收管理，黄金交易所应向所在地的主管税务机关申请办理增值税一般纳税人的认定手续，并申请印制《黄金交易结算发票》。

2. 会员单位和客户符合增值税一般纳税人认定资格的，可向其所在地的主管税务机关申请办理增值税一般纳税人的认定手续。

会员和客户在黄金交易所所在地设有分支机构的，并由分支机构进行黄金交易的，对符合增值税一般纳税人资格的分支机构可向黄金交易所的主管税务机关申请办理一般纳税人的认定手续。

五、关于税务机关代开增值税专用发票

黄金交易所主管税务机关代开增值税专用发票中的单价、金额和税额的计算公式：

$$单价＝实际成交单价÷（1＋增值税税率）$$
$$金额＝数额×单价$$
$$税额＝金额×税率$$

单价小数点后保留四位。

六、对会员单位和客户应按黄金交易所开具的《黄金交易结算发票》作为会计记账凭证进行财务核算；对买入方会员单位和客户取得税务部门代开的增值税专用发票（增值税专用发票的发票联、记账联、存根联由黄金交易所留存，抵扣联传递给提货方会员单位），只作为核算进项税额的凭证，不得作为财务核算的凭证。

七、会员单位和客户未发生实物交割的，应凭黄金交易所开具的《黄金交易结算发票》（结算联），向会员单位和客户所在地税务机关办理免税手续。

八、为便于增值税的征收管理，黄金交易所应加强对会员单位和客户的基础管理工作，会员单位的自营黄金交易与代理客户的黄金交易应分别进行核算。

国家税务总局

2002年10月28日

附录　黄金交易相关的法规制度

财政部　国家税务总局关于铂金及其制品税收政策的通知

财税〔2003〕86号

各省、自治区、直辖市、计划单列市财政厅（局）、国家税务局、地方税务局，新疆生产建设兵团财务局：

为规范铂金交易，加强铂金交易的税收管理，经国务院批准，现将铂金及铂金制品的税收政策明确如下：

一、对进口铂金免征进口环节增值税。

二、对中博世金科贸有限责任公司通过上海黄金交易所销售的进口铂金，以上海黄金交易所开具的《上海黄金交易所发票》（结算联）为依据，实行增值税即征即退政策。采取按照进口铂金价格计算退税的办法，具体如下：

即征即退的税额计算公式：

$$\text{进口铂金平均单价} = \frac{\sum\left(\text{当月进口铂金报关单价} \times \text{当月进口铂金数量}\right) + \text{上月末库存进口铂金总价值}}{\text{当月进口铂金数量} + \text{上月末库存进口铂金数量}}$$

中博世金科贸有限责任公司进口的铂金没有通过上海黄金交易所销售的，不得享受增值税即征即退政策。

三、中博世金科贸有限责任公司通过上海黄金交易所销售的进口铂金，由上海黄金交易所主管税务机关按照实际成交价格代开增值税专用发票。增值税专用发票中的单价、金额和税额的计算公式为：

$$\text{单价} = \text{实际成交单价} \div (1 + 17\%)$$

$$\text{金额} = \text{成交数量} \times \text{单价}$$

$$\text{税额} = \text{金额} \times 17\%$$

实际成交单价是指不含黄金交易所收取的手续费的单位价格。

四、国内铂金生产企业自产自销的铂金也实行增值税即征即退政策。

五、对铂金制品加工企业和流通企业销售的铂金及其制品仍按现行规定征收增值税。

六、铂金出口不退税；出口铂金制品，对铂金原料部分的进项增值税不实行出口退税，只对铂金制品加工环节的加工费按规定退税率退税。

七、铂金首饰消费税的征收环节由现行在生产环节和进口环节征收改为在零售环节征收，消费税税率调整为5%。具体征收管理比照财政部、国家税务总局《关于调整金银首饰消费税纳税环节有关问题的通知》〔（94）财税字第095号〕和国家税务总局关于印发《金银首饰消费税征收管理办法的通知》规定执行。

八、对黄金交易所收取的手续费等收入照章征收营业税。

九、黄金交易所铂金交易的增值税征收管理及增值税专用发票管理由国家税务总局另行制定。

十、本通知自2003年5月1日起执行。

财政部　国家税务总局
二〇〇三年四月二十八日

中国人民银行　发展改革委
工业和信息化部　财政部　税务总局
证监会关于促进黄金市场发展的若干意见

银发〔2010〕211号

中国人民银行上海总部；各分行、营业管理部；各省会（首府）城市中心支行，各副省级城市中心支行；各省、自治区、直辖市、计划单列市发展改革委、工业和信息化主管部门、财政厅（局）、国家税务局、证监局；上海黄金交易所，上海期货交易所；各国有商业银行、股份制商业银行：

为促进黄金市场健康发展，进一步完善金融市场体系，发挥黄金市场在促进黄金产业发展中的重要作用，现提出如下意见：

一、充分认识促进黄金市场健康发展的重要意义

黄金市场是金融市场的重要组成部分。黄金兼具金融和商品两种属性，大力发展黄金市场，有利于发挥黄金不同于其他金融资产的独特作用，形成与其他金融市场互补协调发展的局面，进一步完善我国金融市场体系，扩大金融市场的深度和广度，深化金融市场功能，提高金融市场的竞争力和应对危机的能力，维护金融稳定和安全。

黄金产业的发展，既有利于提高我国黄金产业竞争力，也有利于带动其他矿产资源的发展。改革开放以来，我国黄金产业稳步发展，形成了黄金勘探、开采、选冶、交易、投资、加工和零售完整的产业链条，黄金生产能力、加工

附录 黄金交易相关的法规制度

能力和消费水平不断提高。功能完善的黄金市场能够满足产业的融资需求和规避风险的需要，降低企业生产成本，向企业提供市场信息，有利于企业制定合理的生产经营计划，促进产业结构调整和升级，提高产业竞争力。

我国居民有消费和投资黄金的文化传统，随着国民经济健康快速的发展和人民生活水平的提高，居民对黄金首饰、金币和投资性黄金的需求稳步增长。品种丰富的黄金市场，有利于拓宽投资渠道，满足投资者多样化的投资需求，帮助投资者合理配置资产，提高投资收益，保障资产安全。

二、进一步明确黄金市场发展定位

统购统配政策取消后，我国黄金市场发展迅速，初步形成了上海黄金交易所黄金业务、商业银行黄金业务和上海期货交易所黄金期货业务共同发展的市场格局，形成了与黄金产业协同发展的良好局面。未来黄金市场的发展，要服务于我国黄金产业发展大局，立足于提高我国金融市场竞争力，着力发挥黄金市场在完善金融市场中的重要作用。要加大沟通协调力度，建立上海黄金交易所和上海期货交易所合作协调机制。要切实加大创新力度，积极开发人民币报价的黄金衍生产品，丰富交易品种，完善黄金市场体系，进一步深化市场功能，提高市场的规范性和开放性，促进形成多层次的市场体系。

上海黄金交易所要尽快明确未来发展方向和市场定位，改善和加强服务体系建设，完善各项制度，保障市场规范运行。要围绕市场需求开发新的产品，丰富交易品种。按法规规章和市场需要调整会员结构，扩大参与主体范围。要认真听取会员的意见和建议，切实做好对会员的相关服务工作。要加强和改善交易、黄金和资金清算、合格金锭认证、黄金仓储及运输服务。要深入研究国内国际黄金产业和黄金市场的发展变化规律，切实发挥上海黄金交易所在促进产业发展，完善黄金市场体系建设中的重要作用。

上海期货交易所要充分利用期货市场价格发现和管理风险的功能，不断加强市场基础性制度建设，稳步推进我国黄金风险管理市场健康发展。要围绕着市场功能发挥，不断完善黄金期货合约与业务规则，做深做细黄金期货，提升服务国民经济发展的能力。要不断提高市场风险控制能力，加强对会员的自律管理，有效防范和化解市场风险。优化黄金市场投资者结构。支持黄金企业积极参与和利用期货市场进行套期保值，积极引导金融机构运用黄金期货管理风险。

商业银行要围绕黄金开采、生产加工和销售等整个产业链条，切实创新金融产品，着力改善金融服务，努力提高服务成效，向黄金产业提供多方位的金融服务。结合产业和市场发展需要，加大产品创新力度，开展实物金销售、黄金租赁、黄金远期和黄金期权等业务，丰富市场品种，满足企业融资需求和规避风险的需要。鼓励和引导商业银行开展人民币报价的黄金衍生品交易。引导更多的金融机构参与黄金市场，扩大黄金市场的广度和深度。

三、切实加强黄金市场服务体系建设

加强黄金市场系统建设。上海黄金交易所要进一步加强交易系统建设，加大创新力度，完善黄金市场体系。丰富市场交易模式，引入做市商制度，提高黄金市场流动性。要加快灾备系统建设，完善备份系统。要进一步完善资金管理系统，保障客户资金安全。

健全完善黄金市场标准认定体系。结合我国黄金产业和市场发展实际，借鉴国际主要黄金市场经验，进一步完善我国黄金市场合格金锭申请、认定、鉴定和检查制度，提高我国黄金市场认定体系的影响力，推动建立我国黄金市场标准认证体系。综合考虑国家资源战略，结合黄金产业特点，合理确定合格金锭金条入库企业。

完善黄金市场仓储运输体系。综合考虑我国黄金生产和消费实际及黄金市场发展等因素，合理布局黄金交割库。统筹考虑商业银行和会员的经营成本，合理设定出入库费用和仓储费用。完善黄金运输服务体系，向市场提供快速低成本的运输服务。

完善黄金市场清算服务体系。根据黄金市场发展需要，切实加强黄金账户服务体系建设，向市场提供更便捷的黄金账户和黄金实物清算服务，进一步完善黄金实物清算服务体系。借鉴国际经验，研究推动多种黄金账户服务。完善黄金市场资金清算服务。

四、完善黄金市场法律法规和相关政策支持体系

加快黄金市场法律法规制度建设。推动出台《黄金市场管理条例》。制定出台黄金及其制品进出口管理办法。加强对金融机构黄金业务的管理，引导并推动金融机构黄金业务稳步规范发展。

落实黄金市场相关税收政策。对上海黄金交易所和上海期货交易所黄金的税收政策继续按现行规定执行。研究推动完善投资性黄金和商业银行黄金业务税收政策。

研究扩大黄金市场实物供给渠道。结合我国黄金市场发展实际，根据市场需求状况，扩大有进出口黄金资格的商业银行数量，推动市场创新，提高市场流动性。在市场化原则基础上，进一步发展黄金租借市场。

附录　黄金交易相关的法规制度

　　切实做好黄金市场融资服务。对符合黄金行业规划和产业政策要求的大型企业,商业银行要按照信贷原则扩大授信额度。要重点支持大型黄金集团的发展和实施"走出去"战略,切实做好支持大型黄金集团"走出去"的相关金融服务工作。支持大型企业集团发行企业债券、公司债券、中期票据和短期融资券,拓宽企业融资渠道,降低企业融资成本。为具备条件的企业发放并购贷款,促进产业整合,实现集约化经营。结合黄金加工企业和零售企业的产业特点、生产加工周期,形成从流动资金贷款到货物销售等一系列的金融服务体系。通过应收账款质押和存货抵押等方式,创新信贷产品,改善服务。鼓励金融机构开展黄金质押融资服务。对黄金加工企业和零售企业遇到的信贷问题,银行要结合实际情况,认真研究,提出具体的解决办法。

　　完善外汇政策。进一步完善当前黄金市场外汇管理政策。为鼓励引导商业银行开展人民币报价的黄金衍生品交易,结合上海黄金交易所询价系统建设,允许开展黄金衍生品人民币报价的商业银行,在没有真实贸易背景下,在境外对冲境内黄金交易头寸,并研究将开展黄金衍生品人民币报价交易所涉汇率敞口头寸纳入结售汇综合头寸进行境内平补的可行性。

　　推动黄金市场对外开放。稳步增加上海黄金交易所外资类会员数量。研究推动允许境外合格金锭提供商向上海黄金交易所提供合格金锭。研究推动境外机构参与上海黄金交易所进行交易。

五、切实防范黄金市场风险

　　加大黄金市场监管力度。各相关部门应认真履行监督管理黄金市场相关职责,加大沟通协调力度,形成合力,切实维护市场主体利益,促进市场规范协调发展。

　　商业银行要加大风险控制力度。要制订相关业务规划,保证合规开展业务。要加强相关系统建设,切实保障交易安全。要根据各种业务特点和风险特点,采取相应措施,防范风险。

　　中介机构要加强自律性管理。上海黄金交易所和上海期货交易所要结合产品上线和系统建设等情况,完善交易、交割、清算和黄金账户服务等制度,保证各项服务的安全性。规范会员行为,维护市场秩序。要根据市场变化情况,及时采取应对措施,防范市场风险。

六、切实保护投资者利益

　　采取多种形式,切实加强对投资者的教育,培育成熟的黄金市场投资群体。加大对黄金市场从业人员的培训力度,提高从业人员素质。切实加强黄金市场的风险教育，提高市场参与主体的风险意识。市场主体要从维护投资者利益和维护黄金市场健康发展的大局出发，发现问题及时报告。规范黄金市场参与者行为，严禁参与地下炒金活动。对参与地下炒金活动的市场主体，相关部门应予以严惩，并将相关信息录入征信系统。

中国人民银行　发展改革委　工业和信息化部
财政部　税务总局　证监会
二〇一〇年七月二十二日

中国人民银行　公安部　工商总局　银监会证监会关于加强黄金交易所或从事黄金交易平台管理的通知

银发〔2011〕301号

中国人民银行上海总部，各分行、营业管理部，各省会（首府）城市中心支行，各副省级城市中心支行；各省、自治区、直辖市、计划单列市公安厅（局），工商局，银监局，证监局；国家开发银行，各政策性银行，国有商业银行，股份制商业银行，中国邮政储蓄银行；上海黄金交易所，上海期货交易所：

为促进黄金市场健康发展，防范金融风险，维护金融稳定，根据《中华人民共和国中国人民银行法》、《期货交易管理条例》、《国务院关于清理整顿各类交易场所切实防范金融风险的决定》（国发〔2011〕38号）和中央编办《关于进一步明确黄金市场及黄金衍生品交易监管职责的意见》（中央编办发〔2011〕29号），现就设立黄金交易所或在其他交易场所内设立黄金交易平台的有关事项通知如下：

一、上海黄金交易所和上海期货交易所是经国务院批准或同意的开展黄金交易的交易所，两家交易所已能满足国内投资者的黄金现货或期货投资需求。任何地方、机构或个人均不得设立黄金交易所（交易中心），也不得在其他交易场所（交易中心）内设立黄金交易平台。

二、除上海黄金交易所和上海期货交易所外，对于有关地方（机构、个人）正在筹建黄金交易所（交易中心）或准备在其他交易场所（交易中心）内设立黄金交易平台应一律终止相关设立活动；对已经开业或开展业务的，要立即停止开办新的业务，并在当地人民政府统一领导下，由人民银行牵头，妥善做好

附录　黄金交易相关的法规制度

其黄金业务的善后清理工作。当地工商部门根据人民银行或地方人民政府的决定，对被责令关闭或撤销的黄金交易所（交易中心），责令限期办理变更登记、注销登记，或者依法吊销营业执照；银行业金融机构停止为其黄金业务提供开户、托管、资金划汇、代理买卖、投资咨询等中介服务；对于涉嫌犯罪需要作出行政认定的，人民银行及其当地分支机构依照相关规定出具行政认定意见后，移送当地公安机关依法查处。

三、上海黄金交易所和上海期货交易所要进一步加强系统管理，完善各项制度规则，保障市场规范运行；要围绕市场需求加大产品创新力度，为投资者提供便利化服务。

请人民银行副省级城市中心支行以上分支机构和银监会、证监会当地派出机构与当地公安、工商部门联合将本通知转发至辖区内银行业金融机构和公安、工商部门。

中国人民银行　公安部　工商总局
银监会　证监会
二〇一一年十二月二十日

中国人民银行关于加强贵金属交易场所反洗钱和反恐怖融资工作的通知

银发〔2017〕218号

中国人民银行上海总部，各分行、营业管理部，各省会（首府）城市中心支行，各副省级城市中心支行，上海黄金交易所：

为预防洗钱和恐怖融资活动，遏制洗钱犯罪及相关犯罪，加强贵金属交易场所反洗钱和反恐怖融资工作，根据《中华人民共和国中国人民银行法》、《中华人民共和国反洗钱法》、《中华人民共和国反恐怖主义法》等法律法规，现就有关事项通知如下：

一、高度重视贵金属交易领域的洗钱和恐怖融资风险

贵金属交易存在交易金额大、现金交易比例高等特点，国际社会普遍将其视为洗钱和恐怖融资高风险领域。从事的业务或者提供的服务涉及贵金属现货交易的贵金属交易场所（以下简称交易场所）以及在其场所内从事贵金属现货交易的贵金属交易商（以下简称交易商）应当充分了解并妥善处理所在领域面临的洗钱和恐怖融资风险。

二、交易场所、交易商应当积极履行反洗钱和反恐怖融资义务

（一）交易场所、交易商应当评估本机构面临的洗钱和恐怖融资风险，建立健全与其风险水平相适应的反洗钱和反恐怖融资工作机制及风险防控措施。

（二）交易场所应当对交易商就本场所内的活动履行反洗钱和反恐怖融资职责进行管理，加强指导。

（三）交易场所、交易商应当勤勉尽责，遵循"了解你的客户"原则，针对具有不同洗钱或者恐怖融资风险特征的客户、业务关系或者交易应当采取相应的客户身份识别措施，了解客户及其交易目的和交易性质，了解客户资金的来源和性质，了解实际控制客户的自然人和交易的实际受益人。

（四）交易场所、交易商识别客户身份时，应当核对客户的有效身份证件或者其他身份证明文件，登记客户身份基本信息，并留存有效身份证件或者其他身份证明文件的复印件或者影印件。

（五）交易场所、交易商应当妥善保存客户身份资料和交易记录，保存期限不少于5年，保证能够完整准确重现每笔交易，并对依法履行反洗钱和反恐怖融资义务获得的客户身份资料、交易信息及其他工作信息予以保密，除法律法规另有规定外，不得向任何单位和个人提供。

（六）交易场所、交易商发现或者有合理理由怀疑客户、客户的资金或者其他资产、客户的交易或者试图进行的交易与洗钱、恐怖融资等犯罪活动相关的，不论所涉资金金额或者资产价值大小，应当在确认可疑交易后立即向中国反洗钱监测分析中心报送可疑交易报告。

（七）可疑交易符合下列情形之一的，交易场所、交易商在向中国反洗钱监测分析中心报送可疑交易报告的同时，应当以电子形式或者书面形式向所在地中国人民银行分支机构、公安机关或者国家安全机关报案：

1. 明显涉嫌洗钱、恐怖融资等犯罪活动的；
2. 严重危害国家安全或者影响社会稳定的；
3. 其他情节严重或者情况紧急的情形。

（八）交易场所、交易商应当采取必要的监控措施，对国家有权机关公布的恐怖活动组织及恐怖活动人员名单等进行监测，不得与名单上的任何实体、组织或者个人建立业务关系，或者为其提供任何形式的服务，对与恐怖活动组织和人员等有关的资金或者其他资产，依法立即采取冻结措施，并按照规定及时

附录 黄金交易相关的法规制度

向所在地公安机关、国家安全机关和中国人民银行分支机构报告。

（九）交易场所、交易商在提供服务或者开展业务时，原则上应当采取非现金的方式。采取银行转账方式的，应当使用交易当事人的同名银行账户；发生退款的，应当按原支付途径，将资金退回原付款人的银行账户。

交易场所、交易商在提供服务或者开展业务时确需使用现金支付，与客户当日单笔现金交易或者明显存在关联关系的现金交易累计达到人民币5万元（含5万元）以上或者外币等值1万美元（含1万美元）以上的，应当在交易发生之日起5个工作日内向中国反洗钱监测分析中心报送大额交易报告。

三、加强对交易场所、交易商反洗钱和反恐怖融资工作的监督管理

（一）中国人民银行依照《中华人民共和国反洗钱法》，组织、部署交易场所、交易商反洗钱和反恐怖融资工作，依法对交易场所、交易商履行反洗钱和反恐怖融资义务的情况进行监督检查，负责反洗钱和反恐怖融资的资金监测，在职责范围内调查可疑交易活动。交易场所、交易商应当积极配合中国人民银行及其分支机构依法进行的反洗钱调查，不得拒绝、阻碍反洗钱调查，不得谎报、隐匿、销毁相关证据材料。

（二）交易场所、交易商为履行反洗钱和反恐怖融资义务依法开展的工作受法律保护。

本通知所称的贵金属，是指黄金、白银、铂、钯等交易场所依法进行交易的标准化产品，以及前述标准化产品在加工、交易、回购过程中形成的其他制品。

本通知所称的交易场所，是指上海黄金交易所以及中国人民银行确定并公布的其他贵金属交易场所。

上海黄金交易所等贵金属交易场所具体的反洗钱和反恐怖融资工作要求，由上海黄金交易所等相关机构结合实际出台相关办法或者指引予以规范。

本通知自印发之日起施行。请上海黄金交易所及时将该通知转发至交易场所内进行现货交易的交易商（含会员和代理客户）。

中国人民银行
2017年9月26日

中国人民银行办公厅关于
黄金资产管理业务有关事项的通知

银办发〔2018〕215号

中国人民银行上海总部，各分行、营业管理部，各省会（首府）城市中心支行，各副省级城市中心支行；各国有商业银行、股份制商业银行，中国邮政储蓄银行；上海黄金交易所：

为加强对黄金市场的监督管理，规范黄金资产管理业务，防范黄金市场风险，维护市场秩序，保护投资者权益，根据《中华人民共和国中国人民银行法》等法律法规，按照《中国人民银行　中国银行保险监督管理委员会　中国证券监督管理委员会　国家外汇管理局关于规范金融机构资产管理业务的指导意见》（银发〔2018〕106号）的要求，现就黄金资产管理业务有关事项通知如下：

一、本通知所称黄金资产管理业务是指银行、信托、证券、基金、期货、保险资产管理机构、金融资产投资公司等金融机构接受投资者委托，将受托的投资者财产投资于实物黄金或黄金产品的金融服务。

黄金产品是指除实物黄金外，以黄金账户记录黄金持有人持有黄金重量、价值和权益变化的产品，以及以黄金为基础资产的衍生品。

二、黄金资产管理产品仅限金融机构发起设立，是金融机构的表外业务。

三、发起设立黄金资产管理产品的金融机构通过其他金融机构或经金融监督管理部门许可的互联网机构等代理销售其发行的黄金资产管理产品，要符合金融监管部门的管理规定。上述代理销售黄金资产管理产品的其他金融机构和互联网机构，以下统称代理销售机构。

四、按照有关金融监管规定发起设立的黄金资产管理产品，除了要符合金融监管部门的管理规定外，发起设立的金融机构还应当向中国人民银行备案：

（一）发起设立的金融机构为银行业金融机构的，按照《中国人民银行办公厅关于加强银行业金融机构黄金市场业务管理有关事项的通知》（银办发〔2012〕238号）要求备案；

（二）发起设立的金融机构为非银行业金融机构的，向公司法人注册所在地的中国人民银行分支机构备案，备案程序及金融机构应提供的材料比照《中国人民银行办公厅关于加强银行业金融机构黄金市场业务管理有关事项的通知》要求执行；

附录　黄金交易相关的法规制度

（三）通过代理销售机构销售的，发起设立黄金资产管理产品的金融机构应当同时提供代理销售机构是否符合代理销售监管规定的说明、双方合作黄金资产管理产品的有关情况、相关风险判断、双方各自遵守黄金市场法律法规的承诺、投资者保护等方面的材料；

（四）中国人民银行要求的其他材料。

五、对黄金资产管理产品投资的实物黄金应当进行登记托管，登记托管服务仅限金融机构和上海黄金交易所等经国务院、金融监管部门批准的黄金交易场所提供。金融机构应当在上海黄金交易所开立总账户，登记所托管的实物黄金。

黄金资产管理产品投资于上海黄金交易所等经国务院、金融监管部门批准的黄金交易场所的实物黄金，应当将实物黄金登记托管在上海黄金交易所等经国务院、金融监管部门批准的黄金交易场所；投资于金融机构的实物黄金，应当将实物黄金登记托管在金融机构；投资于非金融机构的实物黄金，应当将实物黄金登记托管在金融机构。

六、向黄金资产管理产品提供实物黄金登记托管服务的金融机构，在首次提供登记托管服务时，应当比照黄金资产管理产品的备案要求，分别向中国人民银行或其分支机构备案，备案时提供以下材料：

（一）提供登记托管服务的黄金资产管理产品及其发起设立机构有关情况；

（二）符合黄金资产管理产品登记托管要求的报告；

（三）中国人民银行要求报送的其他材料。

七、上海黄金交易所和金融机构应当为每一只黄金资产管理产品投资的实物黄金或黄金产品，开立独立的黄金账户进行专户管理。

八、上海黄金交易所应当于每月15日前向中国人民银行报送黄金资产管理产品持有实物黄金的情况，定期在其官方网站上披露黄金资产管理产品持有实物黄金的相关信息。

九、代理销售机构销售黄金资产管理产品的宣传口径，应当与黄金资产管理产品发起设立机构的官方网站或移动终端的宣传口径保持一致。

十、代理销售机构不得提供黄金账户、清算、结算、交割等服务，不得将代理销售黄金资产管理产品这一事项用于宣传本机构或其他机构的任何其他业务。

十一、黄金资产管理产品的发起设立机构和代理销售机构应当按照金融监管规定和投资者保护要求，进行信息披露，充分向投资者提示风险，做好投资者信息安全保护工作。

十二、黄金资产管理业务应当符合中国人民银行或其他金融监管部门发布的法律法规和制度的要求。

十三、违反本通知的，中国人民银行将按照《中华人民共和国中国人民银行法》等法律法规进行处罚。

十四、本通知自印发之日起执行。不符合上述要求的金融机构，应当在2020年底前按照本通知要求完成整改。

中国人民银行办公厅关于印发《金融机构互联网黄金业务管理暂行办法》的通知

银办发〔2018〕221号

中国人民银行上海总部，各分行、营业管理部，各省会（首府）城市中心支行，各副省级城市中心支行；各国有商业银行、股份制商业银行，中国邮政储蓄银行；上海黄金交易所：

近年来，黄金市场取得了较快发展，满足了居民投资黄金的需求，但随着互联网的兴起和普及，居民投资金融产品的方式发生了一定变化。为加强对黄金市场的监督管理，规范互联网黄金业务，防范黄金市场风险，维护市场秩序，保护投资者权益，人民银行制定了《金融机构互联网黄金业务管理暂行办法》（见附件），现印发给你们，请遵照执行。

请人民银行分支机构将本通知转发至辖区内相关金融机构，请上海黄金交易所将本通知告知黄金市场参与主体。

附件：金融机构互联网黄金业务管理暂行办法

附件

金融机构互联网黄金业务管理暂行办法

第一条　为加强对黄金市场的监督管理，规范互联网黄金业务，防范黄金市场风险，维护市场秩序，保护投资者权益，根据《中华人民共和国中国人民银行法》等法律法规，制定本办法。

第二条　本办法所称黄金产品是指除实物黄金外，以黄金账户记录黄金持

附录 黄金交易相关的法规制度

有人持有黄金重量、价值和权益变化的产品，以及以黄金为基础资产的衍生品。

黄金产品仅限金融机构、国务院和金融监管部门批准成立的黄金交易场所向市场提供，其他任何机构或个人不得向市场提供黄金产品。

第三条 本办法所称金融机构互联网黄金业务，是指金融机构通过自己的官方网站、移动终端销售或通过互联网机构代理销售其开发的黄金产品的活动。

第四条 在金融机构互联网黄金业务中，由金融机构提供黄金账户服务，互联网机构不得提供任何形式的黄金账户服务。

第五条 通过互联网机构代理销售其开发黄金产品的金融机构，应当具备上海黄金交易所银行间黄金询价市场做市商资格（含尝试做市商）。

第六条 代理销售金融机构黄金产品的互联网机构应当满足以下条件：

（一）互联网机构的公司法人应当在中华人民共和国境内依法设立，应当具备熟悉黄金业务的工作人员，注册资本应当不低于3000万元人民币，且必须为实缴货币资本。

（二）互联网机构应当具备互联网行业主管部门颁发的许可证或者在互联网行业主管部门完成网站备案，且网站接入地在中华人民共和国境内。

（三）近三年未受到过金融监管、互联网行业主管等部门的重大行政处罚。

（四）未开展非法金融业务活动。

金融机构应当在各项风险可控的范围内选择互联网机构，并对互联网机构的资质负责。

第七条 互联网机构代理销售金融机构的黄金产品，由开发黄金产品的金融机构一级法人主体向中国人民银行备案，备案时提供以下材料：

（一）拟开展该项黄金市场业务的备案报告，包括但不限于关于互联网机构代理销售的黄金产品的具体描述、风险判断、双方各自遵守黄金市场法律法规的承诺等。

（二）对代理销售黄金产品的互联网机构资质、投资者保护等方面的评估报告。

（三）中国人民银行要求报送的其他材料。

第八条 对已备案的金融机构互联网黄金业务，若发生代理的互联网机构变更等重大事项调整，金融机构应当及时将有关情况报中国人民银行。

第九条 金融机构负责互联网黄金产品的报价、黄金和资金的运用、产品推介说明的制作。

第十条 通过互联网机构代理销售其黄金产品的金融机构，不得将自身应承担的义务或责任转移给互联网机构。

互联网机构对其代理销售金融机构的黄金产品，可以提供产品展示服务，不得提供黄金清算、结算、交割等服务，不得提供黄金产品的转让服务，不得将代理的产品转给其他机构进行二级或多级代理，不得将代理销售黄金产品这一事项用于宣传本机构或其他机构的任何其他业务。

第十一条　互联网机构代理销售黄金产品的宣传口径应当与金融机构官方网站或移动终端的宣传口径保持一致。

第十二条　金融机构互联网黄金业务实行投资者风险自担原则。

对黄金资产管理业务，金融机构及代理销售的互联网机构不得承诺保本保收益，不得以任何形式刚性兑付。

第十三条　金融机构和互联网机构在向投资者推介黄金产品时，应当向投资者说明产品特性，并提示产品相关风险。应当做好投资者适当性管理，建立有效的投资者保护机制和风险承受能力评估体系，在开展业务前要充分评估投资者的风险承受能力，不得向风险承受能力不足的投资者销售黄金产品。

第十四条　金融机构和互联网机构应当做好投资者信息保护工作。

第十五条　金融机构互联网黄金业务应当符合外汇管理、金融衍生品、支付清算结算、反洗钱和反恐怖融资、金融消费者权益保护等法律法规和监管规定。

第十六条　中国人民银行依法对金融机构互联网黄金业务进行监督管理。违反本办法的，中国人民银行将按照《中华人民共和国中国人民银行法》等法律法规进行处罚。

第十七条　本办法自印发之日起实施。

中国人民银行办公厅关于印发《黄金积存业务管理暂行办法》的通知

银办发〔2018〕222号

中国人民银行上海总部，各分行、营业管理部，各省会（首府）城市中心支行，各副省级城市中心支行；各国有商业银行、股份制商业银行，中国邮政储蓄银行；上海黄金交易所：

为加强对黄金市场的监督管理，规范黄金积存业务，维护市场秩序，防范黄金市场风险，保护投资者权益，人民银行制定了《黄金积存业务管理暂行办

附录　黄金交易相关的法规制度

法》(见附件),现印发给你们,请遵照执行。

请人民银行分支机构将本通知转发至辖区内相关金融机构,请上海黄金交易所将本通知告知黄金市场参与主体。

附件:黄金积存业务管理暂行办法

附件

黄金积存业务管理暂行办法

第一条　为加强对黄金市场的监督管理,规范黄金积存业务,防范黄金市场风险,维护市场秩序,保护投资者权益,根据《中华人民共和国中国人民银行法》等法律法规,制定本办法。

第二条　本办法所称黄金积存,是指金融机构按照与客户的约定,为客户开立黄金账户,记录客户在一定时期内存入一定重量黄金的负债类业务。

黄金积存产品最小业务单位为1克。

第三条　黄金积存业务仅限银行业存款类金融机构开办,开办此业务的银行业存款类金融机构应当有熟悉黄金业务的工作人员。

第四条　客户所积存的黄金可以从银行业存款类金融机构处购买。黄金积存业务应当支持客户提取实物黄金或将黄金卖出获得相应的货币资金。

第五条　银行业存款类金融机构在对黄金积存产品进行定价时,可参考上海黄金交易所价格或市场上其他公允价格确定。

第六条　银行业存款类金融机构应当将黄金积存业务纳入资产负债表管理。

第七条　银行业存款类金融机构应当根据自身黄金业务状况,建立黄金积存业务实物黄金备付管理制度,加强对实物黄金流动性的管理,满足客户提取实物黄金的需求。

第八条　银行业存款类金融机构应当做好风险管理工作,根据自身业务需要和市场情况,选择上海黄金交易所等黄金市场或委托具有黄金询价市场做市商资格的金融机构进行平盘。

第九条　银行业存款类金融机构可通过其他金融机构(以下统称代理销售黄金积存产品的金融机构)或互联网机构代理销售黄金积存产品。互联网机构代理销售黄金积存产品要符合《金融机构互联网黄金业务管理暂行办法》(银办发〔2018〕221号文印发)的规定。

第十条 开办黄金积存业务的银行业存款类金融机构和代理销售黄金积存产品的金融机构，按照《中国人民银行办公厅关于加强银行业金融机构黄金市场业务管理有关事项的通知》（银办发〔2012〕238号）要求进行备案。通过互联网机构代理销售黄金积存产品的备案，还要符合《金融机构互联网黄金业务管理暂行办法》的规定。

第十一条 代理销售黄金积存产品的金融机构和互联网机构的宣传口径，应与开发黄金积存产品的银行业存款类金融机构官方网站或移动终端的宣传口径保持一致。

第十二条 代理销售黄金积存产品的金融机构和互联网机构不得提供黄金账户、清算、结算、交割等服务，不得将代理的产品转给其他机构进行二级或多级代理，不得将代理销售黄金产品这一事项用于宣传本机构或其他机构的任何其他业务。

第十三条 银行业存款类金融机构、代理销售黄金积存产品的金融机构和互联网机构在开展黄金积存业务时，要切实保护投资者权益，充分提示黄金积存业务风险。

第十四条 银行业存款类金融机构、代理销售黄金积存产品的金融机构和互联网机构要保护客户信息安全。

第十五条 银行业存款类金融机构、代理销售黄金积存产品的金融机构和互联网机构应遵守外汇管理、支付清算结算、黄金进出口、反洗钱和反恐怖融资、金融消费者权益保护等法律法规和监管规定。

第十六条 中国人民银行依法对黄金积存业务进行监督管理。违反本办法的，中国人民银行按照《中华人民共和国中国人民银行法》等法律法规进行处罚。

第十七条 本办法自印发之日起实施。不符合本办法要求且已开办黄金积存业务的金融机构，应当于2019年底前完成整改。

财政部 税务总局
关于继续执行的城市维护建设税优惠政策的公告

财政部 税务总局公告2021年第27号

《中华人民共和国城市维护建设税法》已由第十三届全国人民代表大会常务委员会第二十一次会议于2020年8月11日通过，自2021年9月1日起施行。

附录　黄金交易相关的法规制度

为贯彻落实城市维护建设税法，现将税法施行后继续执行的城市维护建设税优惠政策公告如下：

1. 对黄金交易所会员单位通过黄金交易所销售且发生实物交割的标准黄金，免征城市维护建设税。具体操作按照《财政部　国家税务总局关于黄金税收政策问题的通知》（财税〔2002〕142号）有关规定执行。

2. 对上海期货交易所会员和客户通过上海期货交易所销售且发生实物交割并已出库的标准黄金，免征城市维护建设税。具体操作按照《财政部　国家税务总局关于黄金期货交易有关税收政策的通知》（财税〔2008〕5号）有关规定执行。

3. 对国家重大水利工程建设基金免征城市维护建设税。具体操作按照《财政部　国家税务总局关于免征国家重大水利工程建设基金的城市维护建设税和教育费附加的通知》（财税〔2010〕44号）有关规定执行。

4. 自2019年1月1日至2021年12月31日，对增值税小规模纳税人可以在50%的税额幅度内减征城市维护建设税。具体操作按照《财政部　税务总局关于实施小微企业普惠性税收减免政策的通知》（财税〔2019〕13号）有关规定执行。

5. 自2019年1月1日至2021年12月31日，实施扶持自主就业退役士兵创业就业城市维护建设税减免。具体操作按照《财政部　税务总局　退役军人部关于进一步扶持自主就业退役士兵创业就业有关税收政策的通知》（财税〔2019〕21号）有关规定执行。

6. 自2019年1月1日至2025年12月31日，实施支持和促进重点群体创业就业城市维护建设税减免。具体操作按照《财政部　税务总局　人力资源社会保障部　国务院扶贫办关于进一步支持和促进重点群体创业就业有关税收政策的通知》（财税〔2019〕22号）、《财政部　税务总局　人力资源社会保障部　国家乡村振兴局关于延长部分扶贫税收优惠政策执行期限的公告》（财政部　税务总局　人力资源社会保障部　国家乡村振兴局公告2021年第18号）有关规定执行。

特此公告。

财政部　税务总局
2021年8月24日

三、黄金市场部门规章

财政部　税务总局
关于城市维护建设税计税依据确定办法等事项的公告

财政部　税务总局公告 2021 年第 28 号

《中华人民共和国城市维护建设税法》已由第十三届全国人民代表大会常务委员会第二十一次会议于 2020 年 8 月 11 日通过,自 2021 年 9 月 1 日起施行。经国务院同意,现将城市维护建设税计税依据确定办法等事项公告如下:

一、城市维护建设税以纳税人依法实际缴纳的增值税、消费税税额(以下简称两税税额)为计税依据。

依法实际缴纳的两税税额,是指纳税人依照增值税、消费税相关法律法规和税收政策规定计算的应当缴纳的两税税额(不含因进口货物或境外单位和个人向境内销售劳务、服务、无形资产缴纳的两税税额),加上增值税免抵税额,扣除直接减免的两税税额和期末留抵退税退还的增值税税额后的金额。

直接减免的两税税额,是指依照增值税、消费税相关法律法规和税收政策规定,直接减征或免征的两税税额,不包括实行先征后返、先征后退、即征即退办法退还的两税税额。

二、教育费附加、地方教育附加计征依据与城市维护建设税计税依据一致,按本公告第一条规定执行。

三、本公告自 2021 年 9 月 1 日起施行。

财政部　税务总局
2021 年 8 月 24 日

国家外汇管理局关于进一步促进外汇市场
服务实体经济有关措施的通知

汇发〔2022〕15 号

国家外汇管理局各省、自治区、直辖市分局、外汇管理部,深圳、大连、青岛、厦门、宁波市分局,各全国性中资银行,中国外汇交易中心、银行间市场清算所股份有限公司:

附录 黄金交易相关的法规制度

为进一步促进外汇市场发展,更好服务市场主体管理外汇风险,现就有关事项通知如下:

一、金融机构应持续加强服务实体经济汇率风险管理的能力建设

(一)引导客户树立风险中性理念。支持企业管理好汇率风险,综合考虑产品类型、客户分类和套期保值需求特征,为客户办理与其风险承受能力相适应和套期保值需求相一致的外汇衍生品业务,降低生产经营不确定性。注意引导客户遵循"保值"而非"增值"为核心的汇率风险管理原则,聚焦主业、套保避险。

(二)坚持实需原则,按照"了解客户"、"了解业务"和"尽职审查"原则灵活展业。在与客户达成合约前,根据客户拟叙做人民币对外汇衍生品的基础交易实际情况,有针对性地灵活运用客户身份识别、客户适合度评估、交易背景调查、业务单据审核、客户声明或确认函等一种或多种方法确认所办业务是否符合实需原则。

(三)持续提升基层机构外汇衍生品服务能力。强化对中小微企业的汇率风险管理服务,加强面向企业的外汇政策传导,提供精细化和专业化的套期保值服务,充分响应企业对基层外汇服务的需求。

二、丰富对客户外汇市场产品

(一)对客户外汇市场新增人民币对外汇普通美式期权、亚式期权及其组合产品。已具备对客户期权业务资格的金融机构,可自行开展上述新产品业务。

本通知所称普通美式期权,是指期权买方可以在到期日或到期日之前任何一天或到期日前约定的时段行权的标准期权。亚式期权,是指期权结算价或行权价取决于有效期内某一段时间观察值的平均值,分为平均价格期权和平均执行价格期权。

(二)金融机构为客户办理人民币对外汇衍生品业务,可根据客户外汇风险管理的实际需要,灵活选择反向平仓、全额或差额结算等交易机制。用于确定结算金额使用的参考价应是境内真实、有效的市场汇率。

对于人民币对外汇衍生品项下的损益、期权费,境内客户应以人民币结算,境外客户可以选择人民币或外币结算,但不得将损益、期权费分别按本外币结算。

(三)金融机构基于实需原则为客户办理外币对衍生品业务,反向平仓、差额结算产生的损益,可为客户办理相应的结售汇。金融机构不得协助客户开展规避外汇管理规定的外币对衍生品业务。

（四）金融机构与客户开展近远端人民币金额相同、外币金额不同的人民币外汇掉期产生的外汇敞口，可以纳入结售汇综合头寸统一管理。

三、支持中国外汇交易中心和银行间市场清算所股份有限公司提升外汇市场服务水平

（一）银行间外汇市场新增人民币对外汇普通美式期权、亚式期权及其组合产品，中国外汇交易中心和银行间市场清算所股份有限公司（以下简称上海清算所）应做好技术支持和市场服务。

（二）中国外汇交易中心可根据市场需求扩大银行间人民币对外汇衍生品的币种覆盖范围，上海清算所可根据市场需求拓展人民币外汇中央对手清算业务的期限和币种覆盖范围。

（三）支持中国外汇交易中心完善银企服务平台，实现企业电子化多银行询价、交易和全流程管理，降低企业交易成本，便利企业外汇交易和风险管理。

四、扩大合作办理人民币对外汇衍生品业务范围

具备资格银行可向合作银行提供相应产品资格的人民币对外汇合作衍生品业务服务，包括合作远期结售汇、合作外汇掉期、合作货币掉期。符合《银行合作办理人民币对外汇衍生品业务细则》（见附件）要求的合作银行可按规定开展合作人民币对外汇衍生品业务。

前款所称具备资格银行指具备相应衍生产品资格的银行间外汇市场做市商（包括尝试做市机构）及其分支机构。合作银行指境内不具备经营人民币对外汇衍生品业务资格的银行及其分支机构。

五、支持银行自身外汇风险管理

（一）银行资本金（营运资金）本外币转换，符合下列情形的，银行可自行审核并留存有关真实性资料后办理，但应提前20日书面告知所在地外汇局分局：

1. 符合《银行办理结售汇业务管理办法实施细则》（汇发〔2014〕53号）第二十五条第（一）款要求，本条第（二）款规定的政策性注资情形除外。

2. 外资银行因法人化改制或发展人民币业务需要将外汇资本金结汇。

（二）银行因政策性注资背景产生的资本金（营运资金）本外币转换，仍按照《银行办理结售汇业务管理办法实施细则》（汇发〔2014〕53号）办理。

（三）银行在境内办理以人民币计价的即期贵金属（包括但不限于黄金、白银、铂金）买卖业务，以及在上海黄金交易所从事的黄金和白银现货延期交收

附录　黄金交易相关的法规制度

业务,在境外市场平盘贵金属交易敞口而形成的外汇敞口,可自行办理自身结售汇交易平盘。

(四)银行自身项下的黄金进口、利润、资本金(营运资金,不含政策性注资)、直接投资等形成的外汇敞口,可按照实需原则办理人民币对外汇衍生品业务进行套期保值,并应自行留存有关真实性或支持性材料。银行自身项下衍生品交易视同对客衍生品交易纳入银行结售汇统计。

六、本通知自发布之日起实施。《国家外汇管理局关于合作办理远期结售汇业务有关问题的通知》(汇发〔2010〕62号)、《国家外汇管理局关于银行贵金属业务汇率敞口外汇管理有关问题的通知》(汇发〔2012〕8号)和《国家外汇管理局关于完善远期结售汇业务有关外汇管理问题的通知》(汇发〔2018〕3号)同时废止。此前规定与本通知不一致的,以本通知为准。

国家外汇管理局各分局、外汇管理部接到本通知后,应立即转发辖内中心支局、支局以及辖内有关金融机构。

特此通知。

附件:银行合作办理人民币对外汇衍生品业务细则(略)

国家外汇管理局
2022年5月12日

中国人民银行办公厅关于印发《黄金租借业务管理暂行办法》的通知

银办发〔2022〕88号

中国人民银行上海总部,各分行、营业管理部,各省会(首府)城市中心支行,各副省级城市中心支行;国家开发银行,各政策性银行、国有商业银行,中国邮政储蓄银行,各股份制商业银行;上海黄金交易所:

为加强黄金市场管理,促进黄金租借业务规范发展,更好地服务实体经济,人民银行制定了《黄金租借业务管理暂行办法》,现印发给你们,请遵照执行。

请人民银行分支机构将本通知告知辖区内相关金融机构,请上海黄金交易所将本通知告知黄金市场参与主体。

三、黄金市场部门规章

附件：黄金租借业务管理暂行办法

中国人民银行办公厅
2022 年 7 月 3 日

附件

黄金租借业务管理暂行办法

第一条　为加强黄金市场管理，规范黄金租借业务，维护黄金市场秩序，防范黄金市场风险，更好地服务实体经济，根据《中华人民共和国中国人民银行法》等有关法律法规，制定本办法。

第二条　本办法所称黄金租借业务是指一方通过黄金账户将黄金借给另一方，并按双方合同约定的期限、利率或者费率，收回等量黄金或者等值货币资金及孳息的行为。

第三条　本办法所称黄金账户是指用以记载黄金持有人所持黄金重量、价值和权益变化等情况的簿记系统。

黄金租借业务的黄金账户服务由银行业存款类金融机构和上海黄金交易所提供，其他机构不得为黄金租借业务提供任何形式的黄金账户服务。

第四条　金融机构之间的黄金租借业务，参照同业借款或者同业存款进行管理。

除银行业存款类金融机构外，其他金融机构不得向非金融机构借出黄金。

非金融机构借入方应当为涉金企业。涉金企业是指生产黄金、在生产中需要使用黄金的企业。

银行业存款类金融机构向非金融机构借出黄金时，借前的授信管理、借后的用途监测管理等参照贷款进行，同时应当做好信用风险、市场风险等全流程风险管理工作。

持有金融牌照的资产管理产品管理人（以下简称资产管理人）运用受托黄金资产开展黄金租借业务，应当按照《中国人民银行　中国银行保险监督管理委员会　中国证券监督管理委员会　国家外汇管理局关于规范金融机构资产管理业务的指导意见》（银发〔2018〕106号）等有关规定进行。

第五条　金融机构自身开展的黄金租借业务应当纳入资产负债表进行管理。

附录　黄金交易相关的法规制度

金融机构之间的黄金租借业务在拆出资金和拆入资金或者存放同业和同业存放会计科目核算。

资产管理人运用受托黄金资产开展的黄金租借业务，应当与资产管理人的自营业务分账管理，单独核算。

第六条　黄金租借期限、利率或者费率由租借双方自主协商确定，孳息可以黄金或者货币资金的方式支付。

第七条　上海黄金交易所可以为黄金租借业务提供黄金实物登记托管、黄金过户等服务。

上海黄金交易所在提供黄金账户、黄金实物登记托管和过户等服务时，应当保证所托管的黄金实物品质、重量等与黄金账户中记载的要素相一致。

第八条　中国人民银行对黄金租借业务实行事后备案管理。

国家开发银行、政策性银行、国有商业银行、中国邮政储蓄银行、股份制商业银行自身开展黄金租借业务，作为资产管理人运用受托黄金资产开展黄金租借业务，由其总行向中国人民银行备案。

其他银行业金融机构自身开展黄金租借业务，作为资产管理人运用受托黄金资产开展黄金租借业务，向其法人注册地的中国人民银行副省级城市中心支行以上分支机构备案。

非银行业金融机构自身开展黄金租借业务，作为资产管理人运用受托黄金资产开展黄金租借业务，向其法人注册地的中国人民银行副省级城市中心支行以上分支机构备案。

金融机构备案应当提供以下材料：关于开展黄金租借业务的报告、黄金租借业务的风险管理制度以及中国人民银行根据监管需要要求报送的其他材料。

第九条　金融机构、资产管理人、上海黄金交易所应当于每月前15个工作日内向中国人民银行上海总部报送上月黄金租借业务开展以及相关实物托管情况。

国务院金融管理部门建立黄金租借业务信息共享机制。

第十条　银行业存款类金融机构与非金融机构之间的黄金租借业务信息纳入金融信用信息基础数据库。

第十一条　黄金租借业务应当符合黄金市场、黄金进出口及外汇管理、资产管理业务、支付清算结算、征信管理、反洗钱和反恐怖融资等法律法规和监管规定。

第十二条　中国人民银行依法对黄金租借业务进行监督管理。违反本办法的，由中国人民银行按照《中华人民共和国中国人民银行法》等法律法规进行处罚。

第十三条 本办法自 2023 年 1 月 9 日施行。

附录　黄金交易相关的法规制度

四、上海黄金交易所制度规则

上海黄金交易所交易规则

（修订稿）

目　录

第一章　总则
第二章　交易业务
　第一节　一般规定
　第二节　竞价交易
　第三节　定价交易
　第四节　报价交易
　第五节　询价交易
第三章　风险管理
第四章　结算业务
第五章　交割业务
第六章　发票管理
第七章　异常情况处理
第八章　信息管理
第九章　监督管理
第十章　争议与调解
第十一章　附则

第一章　总　则

第一条　为规范市场交易行为，保护交易各方的合法权益和社会公共利益，根据中国人民银行《上海黄金交易所业务监督管理规则》和《上海黄金交易所章程》制定本规则。

第二条 上海黄金交易所（以下简称交易所）按照公开、公平、公正和诚实信用的原则，组织经中国人民银行批准的黄金及其他产品的交易、结算、交割和实物统一配送。

第三条 交易所的交易模式包括竞价交易、定价交易、报价交易、询价交易及中国人民银行批准的其他交易模式。

交易所为竞价交易、定价交易、报价交易和履约担保型询价交易等模式提供集中履约担保。

第四条 本规则适用交易所组织的交易活动，交易所、会员、客户、指定仓库、保证金存管银行、其他相关参与者及相关单位的工作人员应当遵守本规则。

第五条 交易所授权上海国际黄金交易中心有限公司（以下简称国际中心）对国际会员进行集中管理，并为国际会员及其客户提供服务。

国际中心、国际会员及其客户、国际中心保证金存管银行等其他相关参与者除应当遵守本规则外，还应当遵守国际中心的相关业务规则。

第二章　交易业务

第一节　一般规定

第六条 交易所上市的品种有黄金（Au）、白银（Ag）、铂金（Pt），以及其他经中国人民银行批准的品种。

第七条 交易日为每周一至周五（国家法定节假日及交易所公告的休市日除外），各交易品种的交易时间安排，详见各交易品种的合约表。

交易时间的调整根据交易所的公告执行。

第八条 根据交易模式的不同，交易所的上市合约分为竞价交易合约、定价交易合约、报价交易合约、询价交易合约及其他经中国人民银行批准的合约等。

根据交割地点的不同，交易所上市合约分为主板合约和国际板合约。

新增合约的上市根据交易所的公告执行。

第九条 合约的主要参数包括：交易品种、合约代码、交易方式、交易单位、报价单位、最小变动价位、最大单笔报价量、最小单笔报价量、交易时间、结算方式、交割品种、交割方式、交割时间、交割地点、交易手续费、交割

附录　黄金交易相关的法规制度

费等。

具体合约参数详见各上市合约的合约表。

合约参数的调整根据交易所的公告执行。

第十条　会员以席位为业务单元直接参与交易所交易。客户应当事先在具备相应代理业务资格的会员处办理开户登记，获得交易所的客户号后，由会员代理并通过会员的代理席位参与交易。

第十一条　按照代理会员的不同，客户分为国内客户和国际客户。国内会员代理的客户称为国内客户，国际会员代理的客户称为国际客户。按照其主体类型的不同，客户又可分为法人客户和自然人客户。

第十二条　交易所可对不同类型的客户参与各合约的交易设置不同的权限，具体的权限及权限的变更根据交易所公告执行。

第十三条　会员在受理客户开户申请时，应当向客户充分揭示交易风险，并认真评估客户风险承受能力。会员在接受客户开户申请时，双方应当签署委托代理协议。

第十四条　交易所实行交易编码管理制度，交易编码由会员席位号和客户号两部分组成。会员应当在代理席位下为每一个客户单独开立账户，申请交易编码，不得混码交易。

第十五条　交易所实行保证金制度。保证金用于结算和保证履约。保证金分为结算准备金和交易保证金。结算准备金是指未被合约占用的保证金，结算准备金最低余额由交易所决定；交易保证金是指已被合约占用的保证金，交易所可以根据市场情况调整不同合约的交易保证金标准。会员收取客户的交易保证金应当高于交易所对会员收取的交易保证金。

第十六条　交易所实行做市商制度。做市商是指经交易所及上级主管部门审核批准，在特定的交易模式、交易阶段、上市合约的交易中，按规定或按约定持续提供买、卖可成交报价的机构。

第十七条　会员的自营业务、代理业务都应当通过交易所的交易系统完成，不得私下对冲。

第十八条　交易指令分为市价指令、限价指令及交易所规定的其他指令。

第十九条　会员参与交易所各类合约的交易，应当按交易所的规定缴纳交易手续费。交易所可以根据市场状况调整不同合约的交易手续费标准。

第二节　竞价交易

第二十条　竞价交易是指在交易所按照"价格优先、时间优先"的原则，以自由报价、撮合成交的方式进行的交易。当买入价大于、等于卖出价则自动撮合成交。撮合成交价等于买入价、卖出价和前一成交价三者中居中的一个价格。

第二十一条 竞价交易合约分为现货实盘合约、现货即期合约、现货延期交收合约及其他衍生品合约。

第二十二条 现货实盘合约交易，买方报价时应当有全额资金，卖方报价时应当有相应的实物。交易所实时冻结报价对应的资金或实物。

报价成交后，卖出实物所得货款可用于本交易日内的交易；买入的黄金实物可用于当日或以后交易日的卖出，也可以申请提货；买入的铂金实物不能进行卖出交易，只能申请提货。

第二十三条 现货实盘合约的大宗交易是指由买卖双方协商确定成交价格、且成交数量较大的交易。会员可按交易所认可的方式进行现货实盘合约的大宗交易。

第二十四条 现货即期交易是指客户在 T+0 日以保证金达成交易，在 T+2 日以 T+0 日结算价进行实物交割的交易。现货即期合约的交易保证金比例为 20%，T+0 日终结算时，当日买入量和卖出量轧差后的净头寸，按当日结算价重新冻结 20% 保证金。持有净头寸的客户在 T+2 日不能履行实物交割的按交割违约处理，违约金比例为 20%。

第二十五条 现货延期交收交易是指以支付保证金的形式在交易所集中买卖某种现货延期交收合约的交易活动，客户可以选择合约成交当日交割，也可以延期交割，并引入延期补偿费机制来调节实物交割矛盾。

（一）现货延期交收交易可分为：买入开仓、卖出平仓、卖出开仓、买入平仓。买入开仓则形成多头持仓；卖出开仓则形成空头持仓。开仓需冻结相应的保证金；平仓则释放相应的保证金。

（二）现货延期交收合约的实物交割采用交收申报制度。在每日的交收申报时段，多头持仓可进行收货申报、空头持仓可进行交货申报。交收申报时，交易所冻结完成实物交割所需的实物和货款。

（三）延期补偿费是客户延期交收时，为了融通资金或实物所发生的成本。延期补偿费的支付方向根据交货申报和收货申报的数量对比情况确定，费率按交易所公告执行。当某现货延期交收合约空头方申报的交货量小于多头方申报的收货量时，当日延期补偿费支付方向为"空付多"；当某现货延期交收合约空头方申报的交货量大于多头方申报的收货量时，当日延期补偿费支付方向为

"多付空"；当交货申报量等于收货申报量时，不发生延期补偿费支付。

（四）当某现货延期交收合约的交货申报量与收货申报量不相等、即存在交收申报量差时，通过中立仓申报来调节实物交收的不平衡。中立仓是客户根据交收申报结果以实物或货款平衡交收申报量差时生成的持仓。中立仓可获取延期补偿费。

中立仓申报时，按申报方向冻结交割所需的实物或货款，同时按结算价冻结生成持仓所需的保证金。生成中立仓免收交易手续费。

（五）交收申报和中立仓申报按时间优先的原则进行集中撮合配对，配对成功的申报在当日结算时按合约当日结算价完成实物交割。交收配对成功但结算时没有相应的资金或库存，按交割违约处理。

（六）现货延期交收合约允许连续持有，直至平仓或完成交收。交易所可以对连续持有时间超过规定期限的超期持仓征收超期费。超期费的收取按照交易所相关公告执行。

第三节　定价交易

第二十六条　上海金集中定价交易是指市场参与者在交易所平台上，通过"以价询量、数量匹配"的定价过程，在市场量价平衡时，形成上海金人民币基准价，并按基准价成交的交易。

第二十七条　每个交易日进行早盘和午盘两场上海金集中定价交易，交易保证金比例及各场次的时间安排，详见上海金合约表。

第二十八条　上海金集中定价交易实行定价成员机制。定价成员在一定范围内承担平衡供求的职责。

第二十九条　上海金首轮定价的初始价通过定价交易开始前规定时间段内进行参考价申报方式产生，根据提供参考价成员与定价成员申报的参考价的算术平均价确定首轮定价的初始价。

第三十条　每场上海金集中定价过程由以下几个环节组成：

（一）根据定价成员和提供参考价成员报出的参考价计算出初始价，作为首轮定价的出价。

（二）会员和客户针对系统出价，在规定时间内申报买卖意向和数量，定价系统根据市场买入量与卖出量的对比情况（以下称为量差），调整出价进行下一轮定价或结束定价。

（三）当市场量差等于或小于成交阈值时，形成上海金基准价，针对该基准价格的所有有效申报全部按基准价格成交。成交阈值以内的量差由全部定价成员均摊补足。

第三十一条 上海金集中定价交易在 T+2 日结算时，按 T+0 的午盘基准价进行实物交割。

第四节 报价交易

第三十二条 报价交易是指按照"双边报价、点价成交"的原则，由做市商向市场提供连续双边报价，其他会员和客户通过点击报价与做市商直接成交的交易。

第三十三条 报价交易中的做市商是指经审核批准，向报价市场提供连续双边报价的交易所做市商。

第三十四条 报价交易实行保证金制度，客户的交易形式分为点价买入、点价卖出两种。增加持仓的点价占用交易保证金，减少持仓的点价释放交易保证金。

第三十五条 黄金报价合约的持仓可以根据交易所规定进行实物交割申请，申请成功的，按照当日该合约收盘价完成实物交割。

第三十六条 客户与报价做市商直接成交。会员不得与其代理客户私下对冲。

第五节 询价交易

第三十七条 询价交易是指交易双方就相关交易要素进行询问、磋商，达成一致意见后确认成交的交易模式。

第三十八条 询价交易相关业务包括通过交易所指定询价交易平台达成的询价交易业务，或交易双方通过其他方式达成询价交易后，在交易所进行的询价登记，以及其在交易所开展的确认、结算、交割等业务。

第三十九条 按照交易类型不同，交易所挂牌询价合约分为询价即期、远期、掉期合约，询价期权合约，询价拆借合约以及其他经批准的询价合约。

第四十条 询价交易实行做市商制度。询价做市商是指经审核批准，按规定在询价市场持续提供买、卖双边可成交报价的机构。

第四十一条 询价交易实行经纪商制度。询价业务经纪商是指经交易所认定的，通过电子技术或其他手段，帮助市场参与者达成询价交易并从中收取佣金的中介服务机构。

第四十二条 交易所询价交易分为以交易双方信用关系为基础的双边信用型询价交易和交易所收取保证金并进行逐日盯市结算的履约担保型询价交易。

第四十三条 对双边信用型询价交易，交易所根据询价交易双方的委托提

附录 黄金交易相关的法规制度

供结算与交割服务，但不承继交易双方交易项下的权利和义务。

第三章 风险管理

第四十四条 根据各合约的不同特点，交易所的风险管理措施包括保证金制度、涨跌停板制度、延期补偿费制度、超期费制度、限仓制度、交易限额制度、大户报告制度、强行平仓制度、风险警示制度、异常交易监控制度等。

第四十五条 交易所实行涨跌停板制度。涨跌停板幅度由交易所设定。交易所可以根据市场情况调整不同合约的涨跌停板设置。

第四十六条 交易所实行限仓制度。限仓是指交易所规定会员席位或客户对某一合约单边持仓的最大数量。交易所对会员席位及客户分别设定限仓。

第四十七条 交易所实行交易限额制度。交易限额是指交易所规定的会员席位或者客户对某一合约在某一期限内开仓交易的最大数量。交易所可以根据市场情况，对不同的上市品种、合约，对部分或者全部会员席位、客户，规定交易限额。

第四十八条 交易所实行大户报告制度。当会员席位或客户的某一合约持仓达到交易所规定的持仓报告标准或者交易所指定必须报告时，会员或客户应向交易所或国际中心报告其资金、头寸、交收意向等情况。

交易所可以根据市场风险状况，制定并调整持仓报告标准。

第四十九条 交易所实行强行平仓制度。对存在会员未按照规定追加保证金、会员或客户超仓、或者交易所规定的其他情形的，交易所或国际中心有权采取强行平仓措施。

强行平仓盈利部分按照有关规定处理，发生的费用、损失及因市场原因无法强行平仓造成的损失扩大部分由相关会员或者客户承担。

第五十条 交易所实行风险警示制度。交易所认为必要的，可以单独或者同时采取要求会员和客户报告情况、谈话提醒、书面警示和发布风险警示公告等措施，以警示和化解风险。

第五十一条 交易所实行异常交易监控制度。交易所对发现的异常交易行为，有权对相关会员或者客户采取相应处理措施。

第五十二条 当合约价格出现同方向连续涨跌停板或市场风险明显增大时，交易所可以采取调整涨跌停板幅度、提高交易保证金及按规定原则减仓等措施释放交易风险。采取风险控制措施后仍然无法释放风险时，交易所应宣布进入异常情况状态，由交易所理事会决定采取进一步的风险控制措施。

第五十三条 会员无法履约时，交易所有权采取下列措施：

（一）暂停开仓；

（二）按规定强行平仓，并用平仓后释放的保证金履约赔偿；

（三）将交存作为保证金的充抵物处置变现，用变现所得履约赔偿；

（四）依法处置质押物；

（五）依法处置该会员的实物库存；

（六）用该会员的会员资格费或会员资格转让所得款项或其他资金履约赔偿；

（七）按规定动用交易所风险基金；

（八）按规定动用交易所自有资金；

（九）交易所可以采取的其他措施。

交易所代为履约后，取得对违约会员的相应追偿权。

国际会员无法履约时，国际中心有权采取上述（一）至（五）项措施。

第五十四条 会员应对客户的交易风险控制负责。对交易保证金不足的客户，会员有权对客户持仓实施强行平仓。会员执行强行平仓应当符合双方协议规定的标准和条件，并以约定的方式通知客户。强行平仓造成的损失，由客户承担。

第五十五条 有根据认为会员或者客户违反交易所业务规则并且对市场正在产生或者将产生重大影响的，为防止违规行为后果进一步扩大，交易所或国际中心可以对该会员或者客户采取下列临时处置措施：

（一）限制入金；

（二）限制出金；

（三）限制开仓；

（四）提高保证金标准；

（五）限期平仓；

（六）强行平仓；

（七）交易所或国际中心可以采取的其他临时处置措施。

第四章 结算业务

第五十六条 本章适用于在交易所内进行的结算活动。交易所授权国际中

附录　黄金交易相关的法规制度

心为国际会员提供结算服务，具体结算规则由国际中心另行制定。

第五十七条　结算是指根据交易结果和交易所有关规定对交易双方的货款、保证金、盈亏、手续费等有关款项的应收应付数额进行清算后，按照确定的清算结果完成资金划转和交收的业务活动。

第五十八条　所有在交易所交易系统中达成的交易应当通过交易所进行统一清算，并完成结算。但根据交易所有关规定，交易双方另有约定的除外。

第五十九条　交易所按照"集中、净额、分级"的原则进行清算和结算。

"集中"是指交易所为会员提供集中清算和履约担保服务；

"净额"是指交易所对会员在交易所的成交额进行轧差处理；

"分级"是指交易所负责对会员实行结算，会员负责对其代理客户实行结算。

第六十条　交易所根据合约类型采取不同的结算制度。对现货实盘合约、现货即期合约和定价交易合约采取钱货两讫结算制度；对现货延期交收合约、报价交易合约和履约担保型询价交易合约采取保证金制度和当日无负债结算制度；对到期履约的双边信用型询价交易合约采取多边净额结算制度。交易所另有规定的除外。

第六十一条　经交易所批准，会员及其代理客户可以根据有关规定提交有价物以抵保证金。

第六十二条　交易所对会员按席位分别进行结算。

第六十三条　会员各自营与代理席位的会计账目必须严格分开。客户保证金属于客户所有，严禁会员以任何形式挪用客户资金。

第六十四条　交易所和会员之间的资金往来，应当通过交易所指定的保证金存管银行和专用账户进行。

第六十五条　交易所对会员每一席位的资金进行详细的会计记录，按日序时登记核算每一席位资金转入和转出、盈亏、交易保证金、手续费等。

第六十六条　当日交易结束后，交易所对会员进行清算，并完成日终结算，结算一旦完成不可撤销。会员可在交易所结算完成后通过交易所指定系统获得相关的结算数据和结算单据。

第六十七条　会员应详细记载交易业务，并对其代理客户的资金进行详细的会计记录，按日序时登记核算其代理客户资金转入和转出、盈亏、交易保证金、手续费等，控制其代理客户的交易风险。会员在每日交易收市后应当为其代理客户准备交易结算报告。客户有权按照委托代理协议约定的时间和方式知悉交易结算报告的内容。

第六十八条 会员结算准备金余额低于交易所规定的最低余额，应当追加资金，追加的资金应当在下一个交易日开市前补足。若结算准备金未按时补足，交易所将采取相关风险控制措施。

第六十九条 会员每天应及时取得交易所提供的结算数据和结算单据，作好核对工作，并将之妥善保存，保存时间不少于 5 年；对超过上述时限仍有争议的，应当保存至该争议消除时为止，涉及监管部门或交易所调查的，应当保存至调查工作结束。

第七十条 交易所结算时，会员或客户应当在其资金账户或实物账户上存有足额资金或实物用于结算，若不能满足以上条件，则构成违约。

第七十一条 会员应当承担其自营交易违约的违约责任，并先行承担其代理交易违约的全部责任。

第七十二条 客户对自己委托的交易负全部责任，并有向交易所反映会员代理业务中存在问题的权利。

第七十三条 交易所处理交割违约时，向守约方支付被违约部分的补偿金，向违约方收取违约部分的违约金，同时交收终止。

第七十四条 对双边信用型询价交易，上述违约处理条款不适用，违约交易由交易双方根据交易所有关规定自行协商处理。

第七十五条 交易所实行风险基金制度。风险基金由交易所设立，用于为维护市场正常运转提供财务担保和弥补因交易所不可预见风险带来的亏损。

第五章　交割业务

第七十六条 交易所提供实物登记托管、清算交割、质量认证、物流配送、质押过户、租借过户和黄金 ETF 等业务服务。

第七十七条 交割业务分为实物交割与现金交割两种方式。实物交割是指为履行交易合约，按照交易所的规则和程序进行的相应实物所有权转移的行为。现金交割（又称现金结算）是指按照交易所的规则和程序，以规定的结算价格进行现金差额结算，了结交易合约的行为。

第七十八条 交易所实物清算交割实行一户一码制，实物清算交割处理到每个会员及客户的实物账户。

第七十九条 会员及客户参与竞价交易、定价交易、报价交易、询价交易等合约交割的实物实行同一账户管理。

第八十条 交易所实物交割品种分为主板交割品种和国际板交割品种。主板交割品种用于主板合约的交割，国际板交割品种用于国际板合约的交割。

第八十一条 交易所交割的实物为交易所认定的及交易所认可的国际相关市场认定的合格供货商生产的标准实物。

第八十二条 交易所对实物的实际重量与标准重量的差额用资金进行溢短结算。

第八十三条 交易所设立指定仓库为交易所实物交割及会员、客户实物仓储业务等提供相关服务。

第八十四条 交易所为指定交割品种提供实物调运服务。

第八十五条 会员及客户对其存入指定仓库的实物质量承担全部责任。

第八十六条 会员及客户实物交割后即可申请提货。会员及客户提取实物后，如果对实物质量持有异议，可在规定期限内向交易所书面提出。

第八十七条 会员及客户应按规定足额缴纳仓储费、出入库费、运保费、交割费、质押登记费、租借登记费、黄金 ETF 认购申购赎回过户费等费用。

第六章 发票管理

第八十八条 国内会员及其法人客户参与主板黄金、铂金交易和实物交割涉及结算发票和增值税专用发票的，根据财政部和国家税务总局有关税收政策，其发票开具管理执行如下规定。

（一）结算发票名称及格式按税务主管机关要求设制，由交易所税务主管机关监印。

（二）增值税专用发票由交易所向税务主管机关申领，发票使用量由税务主管机关根据实际需要审核确定。

（三）通过交易所进行的黄金、铂金交易，由交易所按实际成交价格分别向买卖各方（自然人客户除外）开具结算发票。卖方应当按实际成交价格向交易所开具普通发票，并依此换取结算发票（结算联）；发生实物交割的（指通过交易所市场买入并从指定仓库提取实物的行为），由交易所税务主管机关向具有增值税一般纳税人资格的提货方按实际成交价格代开增值税专用发票，实际成交价格不包括交易手续费、仓储费等费用。

（四）买方应将交易所开具的结算发票（发票联）作为会计记账凭证进行财

务核算；买方（提货方）取得税务机关代开的增值税专用发票（抵扣联），仅作为核算进项税额的凭证。

（五）通过租借（拆借）取得并出库的实物，最终通过交易所市场买入并归还的，交易所根据其出库及买入成交记录开具增值税专用发票。

（六）交易所向具有增值税一般纳税人资格的会员单位开具交易手续费等费用项目增值税专用发票，费用金额为含税金额，并根据规定的税率转换成增值税专用发票中的金额和税额。

（七）增值税专用发票的开具周期、交付方式等其他事项按交易所相关规定执行。

第八十九条 国内会员及其客户参与白银交易，交易所不开具结算发票，发生实物交割的，增值税专用发票的管理按交易所相关规定执行。

第九十条 国际会员及其法人客户参与主板和国际板合约交易的，国内会员及其法人客户参与国际板合约交易的，交易所仅开具结算发票。

第九十一条 禁止一切利用黄金、铂金等合约交易套取增值税专用发票、虚开发票等违反国家税收政策及交易所相关规定的行为。

第七章 异常情况处理

第九十二条 在交易过程中，如果出现以下情形，交易所可以宣布进入异常情况，采取紧急措施化解风险：

（一）地震、水灾、火灾、战争、罢工等不可抗力或技术故障等不可归责于交易所的原因导致交易无法正常进行；

（二）会员无法完成结算或交割，对市场正在产生或者将产生重大影响；

（三）出现连续涨跌停板的情况并采取相应措施后仍未化解风险；

（四）交易所规定的其他情况。

出现前款第（一）项异常情况时，交易所可以采取调整开市收市时间、暂停交易等紧急措施；出现前款第（二）、（三）、（四）项异常情况时，理事会可以决定采取调整保证金、调整涨跌停板幅度、限制开仓、限期平仓、强行平仓、限制出金、调整开市收市时间、暂停交易等紧急措施。

第九十三条 因异常情况交易所采取相应措施造成的损失，交易所不承担责任。

第九十四条 交易所宣布进入异常情况并决定采取紧急措施，应当及时报

附录　黄金交易相关的法规制度

告中国人民银行，并予以公告。

第九十五条　交易所宣布进入异常情况并决定暂停交易时，暂停交易的期限不得超过 3 个交易日，但经中国人民银行批准延长的除外。

第八章　信息管理

第九十六条　交易所对当日市场行情以及必要的统计资料等其他有关信息予以发布。

第九十七条　会员可以通过交易所或国际中心对自身的各种信息进行查询。

第九十八条　交易所的市场交易信息归交易所所有。未经许可，任何机构和个人不得用于商业用途。

第九十九条　交易所、国际中心、会员、指定仓库、保证金存管银行不得发布虚假的或带有误导性质的信息。

第一百条　交易所、国际中心、会员、指定仓库、保证金存管银行不得泄露业务中获取的商业秘密。

交易所可以向有关监管部门或其他相关单位提供相关信息，并执行相应的保密规定。

第九章　监督管理

第一百零一条　交易所依据本规则及有关规定，对涉及交易的业务活动进行监督管理。交易所授权国际中心代表交易所对国际会员及其客户的业务活动进行监督管理。

第一百零二条　交易所和国际中心监督管理的主要内容是：

（一）监督、检查市场法律、法规、规章和业务规则的落实执行情况，控制市场风险；

（二）监督、检查各会员业务行为及业务管理情况；

（三）监督、检查各会员的财务、资信状况；

（四）监督、检查各指定仓库和保证金存管银行与交易所有关的业务活动；

（五）调解、处理交易纠纷，调查处理各种违规案件；

（六）协助司法机关、行政执法机关依法执行公务；

（七）对其他违背"公开、公平、公正"原则、制造市场风险的行为进行监督管理。

第一百零三条 交易所和国际中心可以每年对会员执行交易所业务规则的情况进行抽查，必要时将抽查结果上报中国人民银行。

交易所和国际中心发现会员或客户有涉嫌违规行为的，应组织调查。

第一百零四条 交易所、国际中心、会员和客户应当履行反洗钱和反恐怖融资义务。交易所和国际中心可以对会员、客户是否认真履行交易业务中的反洗钱和反恐怖融资义务进行监督检查。

第一百零五条 交易所和国际中心履行监督管理职责时可按有关规定行使调查、取证等权利，会员应当配合。

第一百零六条 会员、客户、指定仓库和保证金存管银行应当接受交易所和国际中心对其相关业务的监督管理。对于不如实提供资料、隐瞒事实真相、故意回避等不协助或妨碍交易所和国际中心工作人员行使职权的，交易所和国际中心可按有关规定采取必要的措施。

第一百零七条 会员、客户、指定仓库和保证金存管银行在从事相关业务时涉嫌重大违规，交易所和国际中心组织调查的，为防止违规行为后果进一步扩大，交易所和国际中心可采取相应措施。

第一百零八条 对交易过程中发生的重大问题，经理事会决定，可由会员代表、交易所或国际中心工作人员及有关人士组成特别调查委员会。特别调查委员会存续期间，按本规则行使监督管理权。特别调查委员会应实行回避制度。

第一百零九条 交易所和国际中心工作人员不能正确履行监督管理职责的，会员、客户、指定仓库和保证金存管银行有权向交易所投诉、举报。经查证属实的，应严肃处理。

第十章　争议与调解

第一百一十条 会员、客户、指定仓库和保证金存管银行之间因交易而发生纠纷时，可以自行协商解决，也可向交易所申请调解。

第一百一十一条 提请交易所调解的当事人，应提出书面调解申请。交易所的调解意见，经当事人确认，在调解意见书上签章后生效。

第一百一十二条 当事人也可以依法向仲裁机构申请仲裁或向人民法院提起诉讼。

附录　黄金交易相关的法规制度

第十一章　附　则

第一百一十三条　交易所可根据本规则制定相关办法或细则。

第一百一十四条　本规则以中文书写，任何其他语种和版本之间产生歧义的，以最近的中文文本为准。

第一百一十五条　本规则解释权属于上海黄金交易所理事会。

第一百一十六条　本规则的制定和修改应当经会员大会通过，按有关规定向中国人民银行报告。

第一百一十七条　本规则自发布之日起实施。其中报价交易、履约担保型询价交易需经中国人民银行批准，并自交易所公布相关实施细则之日起实施。

上海黄金交易所违规处理办法

（2019 年修订版）

目　录

第一章　总　则
第二章　核　查
第三章　违规处理
第四章　处罚与执行
第五章　纠纷调解
第六章　附　则

第一章　总　则

第一条　为加强管理，规范交易行为，保障市场参与者的合法权益，根据《上海黄金交易所章程》、《上海黄金交易所交易规则》、《上海黄金交易所会员管理办法》等有关规定，制定本办法。

第二条　本办法所称违规行为是指会员及市场相关参与者违反上海黄金交易所（以下简称交易所）章程、交易规则及其他有关规定的行为。

第三条 交易所根据公开、公平、公正的原则,以事实为依据,对违规行为进行调查、认定和处罚。违规行为构成犯罪的,移交司法机关,依法追究刑事责任。

第四条 本办法适用于交易所的相关业务活动。

第二章 核 查

第五条 核查是指交易所根据交易所的各项规章制度,对会员、指定仓库、存管银行及市场相关参与者的业务活动进行的监督和检查。

第六条 交易所履行监管职责时,可行使下列职权:

(一)查阅、复制相关的信息、资料;

(二)检查会员及客户的交易、结算及财务等技术系统;

(三)对会员、客户、指定仓库等单位和人员进行调查、取证;

(四)要求会员、指定仓库等被调查者申报、陈述、解释、说明有关情况;

(五)制止、纠正、处理违规行为;

(六)交易所履行监管职责所必需的其他职权。

第七条 会员、指定仓库及市场相关参与者应自觉接受交易所的监督。

第八条 交易所设立投诉、举报电话。举报人应身份真实、明确;举报人不愿公开其身份的,交易所为其保密。

第九条 对监管工作中发现、投诉举报的、监管部门和司法机关等单位移交的或其他途径获得的线索进行审查后,认为有违规行为发生的,交易所应予以专项调查。

第十条 对专项调查的违规案件,交易所应指定调查小组负责调查;调查小组应由两名以上调查人员组成。

第十一条 调查小组应客观、真实、公正地开展调查工作,调查结束后形成调查报告并报交易所。

第十二条 调查人员在调查工作中应严格遵守保密制度,不得滥用职权。对违反规定的,交易所根据不同情节给予相应的处分。

第十三条 会员、指定仓库和存管银行涉嫌重大违规,经交易所专项调查的,在确认违规行为之前,为防止违规行为后果进一步扩大,交易所可对其采取下列限制性措施:

(一)限期说明情况;

附录　黄金交易相关的法规制度

（二）暂停发放新的客户编码；
（三）暂停出金提货功能；
（四）降低持仓限额；
（五）调高保证金比例；
（六）限制开仓交易；
（七）限期平仓；
（八）强行平仓；
（九）暂停交易；
（十）限制指定仓库的仓储业务或存管银行的结算业务。

第三章　违规处理

第十四条　会员有多种违规行为的，分别定性，数项并罚。多次违规的，从重或加重处罚。

第十五条　会员有下列行为之一的，责令改正。情节较轻的，给予会员警告、通报批评、暂停交易一个月以内的处罚；情节严重的，给予会员暂停交易1至6个月、取消会员资格的处罚：

（一）违反《上海黄金交易所章程》、《上海黄金交易所交易规则》、《上海黄金交易所会员管理办法》及发票管理等有关规定的；

（二）故意破坏交易秩序、操纵价格的；

（三）指派未获得交易所认可的从业资格的人员从事交易的；

（四）违反资金结算和实物交割有关规定，造成资金逾期到账、实物逾期入库的；

（五）会员法定代表人、经营范围、注册地等变更后未履行报告义务的；

（六）未按规定的期限要求向交易所报送财务报表等有关材料的；

（七）不按规定保管有关交易、结算、财务、会计等资料的；

（八）伪造、涂改、买卖各种凭证或审批文件的；

（九）恶意破坏交易系统的；

（十）假借交易之名从事非法活动的；

（十一）采取虚假、欺骗和不正当手段骗取交易员资格的；伪造、涂改、借用交易员证件的；

（十二）未经交易所许可，擅自发布交易所信息的；

（十三）未按规定程序操作，给交易所交易系统造成损害的；

（十四）非法窃取其他会员的成交、结算资金等商业机密或破坏其他会员交易系统的；

（十五）会员拒绝、阻挠交易所依法对其交易行为、代理业务行为进行监督检查的；

（十六）交易所认定的其他违规行为。

对会员发生上述行为负有直接责任且情节严重的交易员，交易所有权给予暂停或取消交易员资格的处罚。受到暂停交易员资格处罚的交易员必须经交易所再培训后方可上岗操作；受到取消交易员资格处罚的交易员三年内不得再次申请交易员资格。

第十六条 会员蓄意违约，影响或企图影响实物交割的正常进行，牟取非法利益的，可视为构成违规行为。交易所对违规会员可给予警告、通报批评、暂停交易1至6个月的处罚。

第十七条 会员违反监管机构和交易所反洗钱、反恐怖融资管理规定的，交易所根据严重程度，视情况采取责令改正、给予警告、通报批评、暂停交易1至6个月、限制新开仓、限制持仓额度、暂停或取消业务开展权限，直至取消会员资格的处罚措施。

第十八条 会员具有下列违反代理业务管理规定行为之一的，责令改正。情节较轻的，给予会员警告、通报批评、暂停1个月新开户、限制开仓的处罚；情节严重的，给予会员暂停从事代理业务1至6个月、取消其从事交易所交易业务资格、取消会员资格的处罚：

（一）以欺骗手段获取代理业务资质的；

（二）擅自设立从事代理业务机构的；

（三）聘用未取得交易所认可的从业资格的人员从事代理业务的；

（四）为未履行开户手续或未按规定履行开户手续的客户进行交易的；

（五）违反代理交易协议书协议规定的；

（六）未按规定履行审核义务，为不符合开户条件的客户办理开户手续的；

（七）未如实向客户说明交易风险，或不签署风险说明书的；

（八）未向客户告知反洗钱相关规定的；

（九）利用客户账户为自己或他人交易的；

（十）向客户作获利保证或与客户私下约定分享盈利或共担风险损失的；

（十一）未按客户的委托事项进行交易，故意阻止、延误或改变客户下单指

附录 黄金交易相关的法规制度

令，诱导、强制客户按自己的意志进行交易的；

（十二）场外交易、私下对冲的；

（十三）未将自营账户资金和客户资金分户存放的；

（十四）允许客户在资金不足时进行交易的；

（十五）挪用或变相允许他人挪用客户资金或套用不同账户资金的；

（十六）故意制造和散布虚假的或容易使人误解的信息进行误导的；

（十七）泄露客户委托事项或其他交易信息的；

（十八）交易员接受本单位以外的其他单位和个人的委托指令进行交易的；

（十九）未按规定向客户提供有关成交结果、资金结算报表的；

（二十）未执行交易所保证金管理等资金结算要求的；

（二十一）其他违反交易所对代理业务管理规定的行为。

第十九条 会员具有违反交易管理规定的下列行为之一的，责令改正。情节较轻的，给予会员警告、通报批评、暂停交易1个月以内的处罚；情节严重的，给予会员暂停交易1至6个月、取消会员资格的处罚：

（一）通过合谋集中资金，统一指令，联手买卖，操纵市场价格的；

（二）利用在关联客户之间分仓等手段，规避交易所的持仓限制，超量持仓，控制或企图控制市场价格，影响市场秩序的；

（三）利用对敲等手段，影响市场价格、转移资金或者牟取不当利益的；

（四）不以成交为目的或明知申报的指令不能成交，仍恶意或连续输入交易指令企图影响市场价格，扰乱市场秩序的；

（五）为制造虚假的市场行情而进行连续买卖或蓄意串通，按事先约定的方式或价格进行互为买卖，制造市场假象，影响或企图影响市场价格或持仓量的；

（六）利用内幕信息或国家机密进行交易或泄露内幕信息影响交易的；

（七）通过操纵现货价格以影响相关延期合约价格获利的；

（八）不当集中持仓量的方式，控制交易所持仓合约，企图或实际严重影响市场行情或交割的；

（九）以操纵市场为目的，用直接或间接的方法操纵或扰乱交易秩序，妨碍或有损于公正交易，有损于国家利益和社会公众利益的；

（十）未遵守交易所风险警示制度的有关要求的；

（十一）存在被交易所认定为异常交易的市场行为的；

（十二）其他违反交易所有关交易管理规定的行为。

第二十条 会员具有违反交易所规定的下列行为之一的，责令改正。情节较轻的，给予会员警告、通报批评；情节严重的，给予会员暂停交易1至6个月、取消会员资格的处罚：

（一）未按时足额缴纳结算准备金的；

（二）按交易所规定提供经营情况和财务报表中做不真实记载的；

（三）对客户保证金未进行分账管理的；

（四）未对客户实行当日结算的；

（五）伪造、编造交易记录、财务报表、账册的；

（六）无正当理由未及时划付客户资金的、开具空头支票、虚开增值税专用发票及其他伪造票证的；

（七）其他违反交易所资金和发票管理规定的行为。

第二十一条 会员具有下列违反风险管理行为之一的，责令改正，并可以根据情节轻重，采取谈话提醒、书面警示、通报批评、公开谴责、限制开仓、暂停或者限制业务、调整或者取消会员资格等措施：

（一）利用分仓等手段，规避交易所的持仓限额，超量持仓；

（二）未按照交易所规定履行大户报告义务；

（三）会员未按照规定采取强行平仓措施的；

（四）违反风险警示制度有关要求；

（五）违反交易所风险控制管理制度的其他行为。

会员有以上行为的，交易所可以给予责任人暂停从事交易所相关业务的处理；情节严重的，取消其从事交易所相关业务的资格。

第二十二条 指定仓库有下列行为之一的，交易所给予责令改正、没收违规所得。情节较轻的，给予警告、通报批评；情节严重的，暂停仓储业务、取消其指定仓库资格：

（一）虚报出、入库数据的；

（二）账实不符的；

（三）挪用会员或客户库存实物的；

（四）泄露与交易所有关不宜公开的仓储信息或散布虚假信息误导市场的；

（五）与会员或客户联手，影响或企图影响市场价格的；

（六）交割实物与单证不符的；

（七）交割实物没有或缺少规定证明文件的；

（八）交割实物的箱数、块数、包装要求和交易所规定不符的；

（九）未完成规定的要求而办理出入库手续的；

附录　黄金交易相关的法规制度

（十）错收错发的；
（十一）在搬运、装卸、堆码等作业过程中造成包装和实物损坏的；
（十二）办理业务中不按规定收费的；
（十三）违反交割业务规则，限制、故意拖延交割实物的入库、出库的；
（十四）其他违反交易所规定的行为。

第二十三条　会员涉嫌违纪违法被立案调查期间，交易所有权对会员进行约谈、问询、检查并限制业务等措施。根据司法认定结果，会员违法事实成立的，交易所有权取消其会员资格。

第二十四条　会员存在下列情况之一的，交易所有权取消其会员资格：
（一）被监管机构认定为市场禁止进入的；
（二）违反监管机构及交易所制定的发票等相关管理规定，且情节严重的；
（三）私下转让交易席位，将交易席位委托给他人管理或发包给他人经营的；
（四）资金、人员和设施严重不足，管理混乱，经整改无效的；
（五）拒不执行会员大会或理事会决议的；
（六）无正当理由连续三个月不做交易的；
（七）参与非法交易活动的；
（八）伪造、涂改、买卖各种凭证或审批文件的；
（九）恶意破坏交易系统的；
（十）其他违反中华人民共和国法律、法规、规章和严重违反交易所章程及有关规定的。

第二十五条　会员未按规定及时缴纳应付费用（会员资格费、年会费、席位费、交易手续费、仓储费、运保费等），交易所有权给予每日万分之五的滞纳金处罚。超过六个月仍未缴纳的，取消会员资格。

第二十六条　存管银行未按交易所要求上报各类统计信息，交易所将按《上海黄金交易所保证金存管银行管理办法》进行处罚。

第二十七条　交易所认定的可提供标准金锭、金条和银锭企业生产的金锭、金条和银锭经会员举报、交易所证实或交易所监督检查，发现重量短少、化学成分不符合质量证明书等，根据《上海黄金交易所可提供标准金锭企业及其金锭品级资格注册认定准则》、《上海黄金交易所可提供标准金锭企业及其金锭品级资格注册认定准则（海外试行版）》、《上海黄金交易所可提供标准金条企业及品牌金条资格注册认定准则》、《上海黄金交易所可提供标准银锭企业及其银锭品级资格认定准则》相关规定进行处罚。

第四章　处罚与执行

第二十八条　交易所做出取消会员资格的处罚应由交易所理事会决定，并向人民银行报备。

第二十九条　交易所对违规行为查核后，事实清楚、证据确凿的，依照交易所章程、交易规则及本办法规定予以处罚并执行。

第三十条　交易所做出处罚应制作处罚决定书。

处罚决定书主要包括以下内容：

（一）当事人的姓名或者名称、住所；

（二）违规事实和证据；

（三）处罚种类和依据；

（四）处罚的履行方式和限期；

（五）做出处罚决定的日期。

第三十一条　交易所应将处罚决定书送达当事人。可以电子邮件、挂号邮寄等方式送达。邮件寄出后，市内 3 个工作日、市外 7 个工作日、国外 10 个工作日视为送达。

第三十二条　交易所做出的处罚决定书自送达之日起生效。

第三十三条　经交易所做出处罚决定承担履行义务的会员拒绝履行义务的，由交易所强制执行。

第五章　纠纷调解

第三十四条　会员、客户、指定仓库之间发生的交易纠纷可自行协商解决、提请交易所调解、提请仲裁机构仲裁或向人民法院提起诉讼。

第三十五条　交易所的调解机构是交易所理事会下设的会员管理委员会。

第三十六条　调解应在事实清楚、责任明确的基础上依据国家有关法律、法规和交易所的规章制度及相关合同或协议进行。

第三十七条　当事人向会员管理委员会提出调解申请，应从其知道或应知道其合法权益被侵害之日起 30 日内提出。

第三十八条　当事人申请调解应符合下列条件：

附录　黄金交易相关的法规制度

（一）有调解申请书；
（二）具体的事实、理由和请求；
（三）属于会员管理委员会的受理范围。

第三十九条　当事人向会员管理委员会申请调解，必须提交书面申请和有关材料。调解申请书应写明以下事项：

（一）当事人的姓名、性别、年龄、职业、工作单位和住所，或单位名称、住所和法定代表人或者负责人的姓名、职务；
（二）请求调解的事实、理由及要求；
（三）有关证据。

第四十条　会员管理委员会收到调解申请后，应认真审查有关材料是否符合要求，并于5日内告知当事人是否受理。

第四十一条　有下列情形之一的，会员管理委员会不予受理：

（一）当事人已向人民法院起诉的；
（二）当事人已向仲裁机构申请仲裁的；
（三）当事人一方要求调解，另一方不愿意调解的；
（四）会员管理委员会认定不予受理的其他情形。

第四十二条　当事人根据有关规定负有举证的责任。会员管理委员会认为必要时，可调查收集证据。

第四十三条　会员管理委员会调解纠纷，应在自愿的基础上调解，促使当事人相互谅解，达成协议。

第四十四条　经调解达成的协议应记录在案，并制作调解书，由双方当事人签字，调解员署名，加盖会员管理委员会印章后生效。

第四十五条　调解书应写明以下内容：

（一）双方当事人的名称、住所、法定代表人或者负责人的姓名及职务；
（二）争议的事项和请求；
（三）协议结果。

第四十六条　有下列情形之一的，会员管理委员会可以终止调解：

（一）当事人不参加调解或者未经许可中途退出调解的；
（二）调解事项涉及第三人利益，且第三人不参加调解或者不同意调解结果的；
（三）调解期间，当事人就调解事项另行起诉或者申请仲裁的；
（四）调解期间一方当事人要求终止调解的；

（五）在规定的期间内未能达成调解协议的。

第四十七条　会员管理委员会应在受理调解后 30 天内结案。到期未结案，双方当事人要求继续调解的，会员管理委员会应继续调解；有一方要求终止调解的，应终止调解。

第四十八条　调解不成的，当事人可以依法提请仲裁机构仲裁或向人民法院提起诉讼。

第六章　附　则

第四十九条　本办法以中文书写，任何其他语种和版本之间产生歧义的，以最近的中文文本为准。会员的交易所业务相关事务均适用中华人民共和国法律。

第五十条　本办法解释权属于上海黄金交易所理事会。

第五十一条　本办法自发布之日起实施。

上海黄金交易所会员管理办法

（2023 年修订版）

目　录

第一章　总　则
第二章　会员资格管理
第三章　会员业务管理
第四章　监督管理与处罚
第五章　附　则

第一章　总　则

第一条　为加强对会员的自律管理，保障会员的合法权益，规范会员在上

附录　黄金交易相关的法规制度

海黄金交易所（以下简称交易所）的业务活动，根据中国人民银行《上海黄金交易所业务监督管理规则》和《上海黄金交易所章程》，制定本办法。

第二条　会员是指根据有关法律、行政法规、部门规章的规定，经交易所批准，有权在交易所开展黄金等贵金属交易及其相关活动的法人或其他经济组织。

第三条　交易所会员分为普通会员和特别会员。

第四条　普通会员按照业务范围可分为金融类会员、综合类会员和自营类会员。金融类会员可开展自营和代理业务及监管机构批准的其他业务；综合类会员可开展自营和代理法人客户业务；自营类会员仅限开展自营业务。

自营业务是指会员以自己的名义和资金进行交易的活动；代理业务是指具有代理业务资格的会员接受客户委托，代理客户进行交易的活动。

第五条　特别会员包括国际会员、外资金融类会员及交易所认可的其他类型的机构投资者。

第六条　会员从事交易所业务活动，应遵守法律、法规、规章和交易所章程、交易规则及其实施细则，诚实守信，规范运作，接受交易所自律管理。

第七条　本办法适用于除国际会员外交易所会员及其相关从业人员，国际会员的管理办法由本所另行制定。

第二章　会员资格管理

第八条　申请成为交易所会员应具备下列条件：

（一）中华人民共和国境内登记注册的企业法人或其他经济组织；

（二）遵守国家法律法规、监管机构和交易所章程及各项业务管理制度；

（三）净资产不低于5000万元人民币，最近三个会计年度连续盈利；

（四）依法合规经营、信誉良好，最近三年无严重违法违规行为；

（五）有健全的组织机构和财务管理制度及完善的内部控制和风险管理制度；

（六）有固定的经营场所和必要设施；

（七）交易所规定的其他条件。

第九条　申请成为会员须向交易所提交下列书面材料：

（一）入会申请书。申请书需加盖公章，同时提供法定代表人身份证明文件复印件、影印件；

（二）工商或其他行政管理部门核发的相关经营证照等；

（三）经审计的最近三个会计年度的财务报告；

（四）住所或者营业场所使用证明；

（五）公司章程、相关业务制度及反洗钱、反恐怖融资、反逃税内控制度等；

（六）董事、监事、高级管理人员的个人资料；

（七）控股股东、实际控制人的名称、出资额、持股比例、业务范围、注册资本、注册地址和法定代表人以及受益所有人等信息；

（八）境内外控股子公司及主要参股公司信息；

（九）合规情况证明材料，包括企业信用评价、企业及其董事、监事、高级管理人员和实际控制人无严重违法违规行为证明；

（十）交易所认为需要提供的其他文件。

第十条 向交易所提交的入会申请书主要包括下列内容：

（一）申请交易所会员资格的目的和理由；

（二）公司经营情况和组织结构的设置情况；

（三）承诺遵守交易所章程，反洗钱、反恐怖融资、反逃税制度和各项规定；

（四）承诺认缴交易所的会员资格费和年会费等费用；

（五）承诺近三年无严重违法违规行为；

（六）承诺提供的申请材料真实、准确、完整；

（七）交易所要求说明的其他情况。

第十一条 交易所收到符合要求的入会申请材料后，应于60个工作日内提出是否同意入会申请的办理意见，普通会员经理事会会员管理委员会审议后提请理事长批准，特别会员由总经理审议后提请理事长批准（相关监管机构另有规定的除外），经批准通过后，交易所向申请单位发出入会通知书或相应批复材料。

第十二条 申请成为会员的单位自收到交易所入会通知书之日起30个工作日内，应办理如下事项：

（一）缴纳会员资格费和年会费；

（二）在交易所指定的保证金存管银行开设结算专用账户；

（三）提交有关人员和印鉴的授权文件；

（四）其他应办理的事项。

附录　黄金交易相关的法规制度

逾期未办的，视为自动放弃会员资格。

第十三条　普通会员入会时，应缴纳会员资格费，会员资格费缴纳标准：金融类会员，140万元人民币；综合类会员，110万元人民币；自营类会员，80万元人民币。会员资格费缴纳标准可由交易所根据实际情况另行调整。

外资金融类会员适用普通会员中金融类会员的会员资格费收费标准，其他特别会员的会员资格费缴纳标准由交易所根据实际情况另行制定。

第十四条　普通会员应按自然年度缴纳年会费，其中：金融类会员，5万元人民币；综合类会员，4万元人民币；自营类会员，3万元人民币。

第十五条　申请单位办理完入会手续后，交易所颁发会员资格证书，并予以公告。

第十六条　取得会员资格后，会员应当取得并至少持有一个交易席位，并按规定缴纳席位使用费。会员需开设交易席位的，应向交易所提出书面申请，由交易所进行审核。

第十七条　会员入会后应选派若干名交易员，交易员是指经过交易所业务培训并具备交易所认可业务资质的从业人员。

交易员须经其会员授权，在交易所从事的业务活动均由该会员承担全部责任。

交易员在同一时期内，只能受聘于一家会员，不得在其他会员处兼职。

会员资格终止的，该会员对其交易员的授权自动失效。

第十八条　会员申请名称变更登记，应向交易所提交下列文件备案：

（一）申请书；

（二）名称变更的批准文件；

（三）变更后的经营业务许可证；

（四）变更后的企业法人营业执照；

（五）变更后的章程；

（六）会员资格证书；

（七）变更后的受益所有人信息；

（八）交易所要求提交的其他文件。

第十九条　会员资格不得转让，禁止以发包、出租或抵押等方式变相转让会员资格。

第二十条　兼并会员的法人或与会员合并后新设立的法人若要承继会员资格的，应向交易所提出书面申请，经交易所审核批准后，方可承继会员资格。

第二十一条 会员应按照交易所规定条件和程序终止会员资格。会员资格终止后,交易所退回实缴会员资格费,对于会员已缴纳的其他费用不予退还。

第二十二条 会员申请终止会员资格,应向交易所提交下列文件:

(一)申请书;

(二)有关批准文件或者决定书;

(三)会员资格证书;

(四)业务清理情况说明;

(五)交易所要求提交的其他文件。

会员申请终止会员资格文件齐备的,交易所按照本办法要求完成退会手续办理。

第二十三条 会员存在以下情形之一的,经批准,交易所有权取消其会员资格:

(一)违反中华人民共和国法律、法规、规章,严重违反交易所章程、交易规则及有关规定的;

(二)被监管机构认定为市场禁止进入的;

(三)违反监管机构及交易所制定的反洗钱和反恐怖融资制度及发票等相关管理规定,且情节严重的;

(四)将会员资格或交易席位发包给他人管理或经营的;

(五)资金、人员和设施严重不足,管理混乱,经整改无效的;

(六)拒不执行会员大会或理事会决议的;

(七)无正当理由连续三个月未开展交易的;

(八)参与非法交易活动的;

(九)伪造、涂改、买卖各种凭证或审批文件的;

(十)恶意破坏交易系统的;

(十一)交易所认定的其他情形。

第二十四条 申请终止会员资格获批或被取消会员资格的会员,应按照本办法要求办理退会手续,完成如下事项:

(一)解除或全部履行交易及租借合约,并结清实物库存;

(二)结清在交易所内的全部债权与债务;

(三)退还各种票据和交易所办理的各种证件;

(四)办理专用账户的销户手续;

(五)按规定应办理的其他事项。

附录　黄金交易相关的法规制度

逾期未解除或未全部履行交易合约的，交易所有权于到期日下一个交易日对该会员实施平仓；未结清与交易所的债务的，交易所将在清退会员资格费前从会员资格费中扣除，会员资格费不足以结清与交易所债务的，交易所保留继续追索的权利；其他未办事项由交易所按有关规定办理。

第二十五条　发生会员资格取得、承继和终止的，交易所按规定向中国人民银行报备，并向市场公告。

第三章　会员业务管理

第二十六条　会员入会后，即可开展自营业务，相关代理业务需经交易所批准后方可开展。

第二十七条　会员开展代理业务应符合交易所制度要求并按规定程序办理，交易所代理业务相关细则另行制定。

第二十八条　会员、会员董事、监事和高级管理人员及其相关从业人员必须遵守中华人民共和国有关法律、法规、政策和交易所章程、交易规则、办法等各项业务规定。

第二十九条　会员应加强对客户的教育和培训，提高市场运作和经营水平，严格执行中华人民共和国反洗钱、反恐怖融资和税收等规定。

第三十条　开展代理业务的会员不得接纳有下列情况之一者为客户：

（一）不具有完全民事行为能力的；

（二）机构客户未能提供法定代表人授权委托书的；

（三）违反监管机构及交易所制定的反洗钱和反恐怖融资制度及发票管理规定，且情节严重的；

（四）未按交易所规定提供身份基本信息及资质证明的；

（五）法律法规、中国人民银行及交易所规定的其他情况。

第三十一条　会员接受客户委托从事交易时，应遵循"了解你的客户"原则，审核客户的有效身份证件或有效身份证明文件，登记身份基本信息，留存有效身份证件或其他身份证明文件的复印件或者影印件，了解其经营活动基本情况，了解实际控制客户的自然人和交易的实际受益人。

第三十二条　会员接受客户委托，应与客户签署代理业务协议书和风险揭示书，同时应以书面方式明确告知客户在反洗钱和反恐怖融资及反逃税制度方面的职责。会员接受客户委托，下达交易指令或资金调拨指令时，应以双方约定的授权委托形式开展。客户交易资金来源与客户名称不相符的，客户应提供交易资金合法来源及使用权的证明。

没有授权委托或授权不明的，不得代客户从事交易活动。

第三十三条　会员应及时、准确执行客户交易指令。委托交易完成后，会员应及时通知客户。

第三十四条　会员应将自有资金与客户保证金分账管理，客户保证金专户存储，严禁挪用、占用。会员不得将收取的客户保证金用于自身经营活动或充抵自身债务。会员不得允许他人擅自使用客户保证金或擅自用客户保证金为他人经营活动提供担保。

会员应设置独立的保证金科目并分客户进行明细核算，不得以结算单代替客户明细账。

客户办理存取款手续时，会员应要求客户或其合法资金调拨人提供完备的客户资金调拨手续。

第三十五条　会员应采取有效措施，妥善保存客户开户资料、委托记录、交易记录等文件资料，防止出现遗失、毁损、伪造、篡改等情况，保存期限不得少于十五年，如对交易交割结算有争议的，应保存至该争议消除时为止；涉及反洗钱和反恐怖融资调查，且反洗钱和反恐怖融资调查工作在规定的最低保存期届满时仍未结束的，应将其保存至反洗钱和反恐怖融资调查工作结束。

第三十六条　会员和保证金存管银行应对客户身份资料和交易记录保密，不得泄露业务中获取的商业秘密，法律、法规、规章另有规定的除外。

第三十七条　会员为控制交易风险，需要对客户持仓实施强行平仓的，应遵守双方合同规定的标准和条件，并以合同约定的方式通知客户。

会员不得允许客户透支交易。

第三十八条　会员不得以各种形式虚假开户、借用（或出借）账户，不得挪用、占用客户保证金。

第三十九条　会员不得以夸大宣传、编造或故意传播虚假信息等方式误导、欺诈客户。会员不得以任何形式向客户作获利保证，也不得以任何形式与客户约定分担风险或分享盈利。

第四十条　会员可依照与客户签订的双方合同收取结算准备金和代理手续费。

第四十一条　开展代理业务的会员应设立风险准备金专用账户，按不低于年代理手续费5%的比例提取风险准备金。

附录　黄金交易相关的法规制度

第四章　监督管理与处罚

第四十二条　会员、会员董事、监事和高级管理人员及其相关从业人员应接受主管机关和交易所监督。

第四十三条　会员应指定会员代表和合规专员配合交易所监督管理工作。

第四十四条　交易所有权对会员资质、交易员资格及会员的业务开展情况进行检查与监督。

第四十五条　会员应按照交易所的监管要求配合交易所提供相关报告。

第四十六条　会员存在下列情形之一的，应在20个工作日内向交易所书面报告：

（一）变更法定代表人；

（二）变更注册资本或股权结构；

（三）变更名称、住所或者营业场所、经营范围及联系方式；

（四）经营状况发生重大变化；

（五）取得其他交易所会员资格；

（六）发生重大诉讼案件或导致出现经营风险的经济纠纷；

（七）因涉嫌违法违规受到监管机关立案调查、处罚或者受到其他交易所处罚；

（八）交易所要求报告的其他情况。

第四十七条　会员出现下列情形之一的，应立即向交易所报告并持续报告进展情况：

（一）发生重大经营风险，影响业务正常开展的；

（二）交易及相关系统发生重大技术事故，导致交易无法正常进行的；

（三）发生不可抗力或意外事件，影响客户正常交易的；

（四）进入风险处置，被相关机构采取停业整顿、托管、接管、行政重组、撤销等处置措施的；

（五）发生其他影响会员正常经营的重大事件的。

第四十八条　交易所在会员监管过程中，有权对存在或者可能存在问题的会员根据调查确认的事实情况采取口头警告、书面警示、要求整改、约见谈话、专项调查等监管措施。

会员未能在限期内整改的，交易所有权暂停其相关业务直至取消其会员资格。

第四十九条　当市场出现突发或异常事件时，会员应维护市场正常运行秩序，协助交易所处理突发或异常事件。

当会员代理业务出现突发或异常事件时，会员应积极妥善做好风险处置工作，如会员不能有效进行处置，交易所可暂停其相关业务。

第五十条　会员应按照交易所的监管要求参加交易所组织的反洗钱、反恐怖融资、反逃税等相关活动或会议。

第五十一条　除交易所授权同意外，会员不得擅自使用交易所的标识及文字用于经营活动。一经发现，交易所有权要求其限期整改。会员未能在限期内整改的，交易所有权取消其会员资格，并追究相关法律责任。

第五十二条　会员应加强对投资者的投资知识教育和风险揭示，会员未履行职责做好投资者教育和保护工作导致出现各种突发或异常事件的，交易所可暂停其相关业务，并视情节轻重予以处罚。

第五十三条　交易所依据《上海黄金交易所章程》、《上海黄金交易所交易规则》、《上海黄金交易所违规处理办法》等规定对会员的违规行为进行处理。

第五章　附　则

第五十四条　本办法以中文书写，任何其他语种和版本之间产生歧义的，以最近的中文文本为准。会员与交易所签署的业务相关文件、协议、合同等一应法律文书均以中文文本为准。会员的交易所业务相关事务均适用中华人民共和国法律。

第五十五条　本办法解释权属于上海黄金交易所理事会。

第五十六条　本办法自发布之日起实施。

参考文献

［1］上海黄金交易所研究发展部．黄金投资必读［M］．北京：经济日报出版社，2008．

［2］高茹琨．聚焦中国黄金市场20年［M］．北京：中国经济出版社，2013．

［3］中国有色金属工业协会专家委员会．有色金属系列丛书——中国黄金［M］．北京：冶金工业出版社，2014．

［4］许贵阳．中国黄金产业组织与发展战略研究［M］．北京：经济管理出版社，2012．

［5］上海期货交易所．黄金期货合约交易操作手册——贵金属2018版［R］．上海期货交易所，2018．

［6］上海期货交易所．白银期货合约交易操作手册——贵金属2018版［R］．上海期货交易所，2018．

［7］上海黄金交易所．上海黄金交易所年报［R］．上海黄金交易所，2002—2023．

［8］上海黄金交易所．中国黄金市场报告［R］．上海黄金交易所，2008—2024．

［9］上海黄金交易所．上海黄金交易所社会责任报告［R］．上海黄金交易所，2019—2023．

［10］中国黄金协会．中国黄金年鉴［R］．中国黄金协会，2024．

［11］英国金属聚焦有限公司，中国黄金协会．全球黄金年鉴2024［R］．英国金属聚焦有限公司，中国黄金协会，2024．

［12］中国黄金协会．全球白银年鉴2024［R］．中国黄金协会，2024．

［13］中国黄金协会．全球铂族金属年鉴2024［R］．中国黄金协会，2024．

［14］余文建．以黄金市场高质量发展助推金融强国建设——加快建设自主可控安全高效金融基础设施［J］．中国金融，2024（12）．

后　记

　　本教材根据《"全国黄金交易从业水平考试"考试大纲》要求编写，在《黄金市场基础知识与交易实务（2020—2021年版）》的基础上，结合近年来黄金市场和交易所的新形势新变化进行修订，力求将中国多层次的黄金市场格局和多元化的产品业务全面、详尽地展示给读者。本教材不仅可作为全国黄金交易从业水平考试的辅导教材，帮助广大考生系统地掌握考试知识点，还可作为黄金行业、黄金市场从业人员及社会公众的知识普及读本，提升从业人员业务水平和投资者的金融素养。

　　教材的编写得到了中国人民银行金融市场司和上海总部、上海期货交易所、中国黄金协会、世界黄金协会的大力支持，中国银行、中国工商银行也提供了编写帮助。在此，对为本教材的编写付出辛勤努力的各位行业专家、编写人员和中国金融出版社的编辑表示衷心的感谢！

　　本教材为国内首套黄金市场领域的考试统编教材，因编写水平有限，难免存在诸多疏漏，敬请业内人士与广大读者批评指正。

全国黄金交易从业水平考试教材编写组
2025年1月